资产阶级的民主主义让位给工人阶级领导的人民民主主义，资产阶级共和国让位给人民共和国。

毛泽东《论人民民主专政》

中國法制通史

【第十卷】新民主主义政权

总主编 张晋藩

本卷主编 张希坡

本卷副主编 韩延龙 杨永华 郑治发

中国法制出版社
CHINA LEGAL PUBLISHING HOUSE

撰稿人（以撰写章节为序）

张希坡	绪言、第一章至第九章、第四十六章、第四十八章、第四十九章、第五十章
韩延龙	第十四章、第十七章、第二十一章、第二十二章
卓　帆	第十章、第十一章、第十二章、第十六章
雷晟生	第十九章、第二十三章、第五十三章
赵晓耕	第十三章、第十五章、第十八章、第二十章、第四十四章、第四十七章、第五十一章、第五十二章
杨永华	第二十四章、第二十五章、第二十八章、第二十九章
郭慧敏	第二十六章、第二十七章、第三十三章
陈　涛	第三十章、第三十五章、第三十六章、第三十八章
蒙振祥	第三十一章、第三十七章
侯欣一	第三十二章
侯欣一、刘为民	第三十四章
郑治发	第三十九章、第四十章、第四十五章
毛起雄	第四十一章、第四十二章、第四十三章

CONTENTS

目录

绪　言

新民主主义政权法制史，即中国共产党领导人民，在新民主主义革命时期，在革命根据地创建的人民民主法制产生发展的历史，也可称作革命根据地法制史或人民民主法制史。新民主主义革命时期的人民民主法制，就其阶级实质讲，是无产阶级领导的，以工农联盟为基础的，对人民实行民主，对帝国主义、封建主义和官僚资本主义实行专政的政治法律制度。

新民主主义政权法制史，开辟了中国法制史的新纪元。中国历史上各类剥削阶级的法律，是少数统治者压榨劳动人民的工具；而革命根据地的新民主主义政权法制，则是代表无产阶级和广大人民的意志，维护人民的基本权益，与国内外敌人进行斗争的武器。新民主主义政权的法律制度与现行的社会主义法律制度，属于同一类型，并处于直接历史渊源的地位，是两个既有原则区别又有密切联系的历史发展阶段。

认真研究新民主主义政权法制建设的历史经验，对于建设中国特色社会主义法制，具有重要参考价值和直接借鉴作用。我国社会主义的政治法律制度，都是自中国共产党成立以来，在革命根据地进行政权建设和法制建设的长期实践经验的总结。其中许多重要的基本制度、方针路线和法律原则，至今仍为社会主义法律制度所继承和发扬。这是我国法制建设的一大特点和优点。因此，为了正确理解和掌握我国现行社会主义法律的精神实质，必须从历史上考察其来龙去脉及其成功和失败的经验教训，借以避免因不懂历史而产生理论的或常识性的错误。同时，革命根据地法制史，又是对青年学生和政法干部进行爱国主义和革命传统教育的重要教材。应使革命根据地政法战线上积累的好思想好经验，在新时代得到不断丰富和发展。

从革命根据地人民民主政权和法制的演变情况看，革命根据地法制史基本上经历了以下四个发展阶段：

（1）中国共产党成立后和第一次国内革命战争时期——人民民主法制的萌芽阶段（1921—1927年）。

（2）第二次国内革命战争时期——人民民主法制的初创阶段（1927—1937年）。

（3）抗日战争时期——人民民主法制的形成阶段（1937—1945年）。

（4）第三次国内革命战争时期——人民民主法制向全国发展阶段（1945—1949年）。

以下即按这四个历史时期，分章加以具体阐述。

第一章　中国共产党的早期革命纲领和上海临时市政府的施政纲领

1840年英国发动侵略中国的鸦片战争，并在1842年8月29日强迫清政府签订了第一个丧权辱国的不平等条约——《中英南京条约》。以后西方列强接踵而来，胁迫中国签订一个又一个不平等条约。到1949年的一百年间，这种不平等条约共达1100多个。正是这些不平等条约，犹如千百条链条死死捆住了中华儿女的脖颈，使中国的主权几乎丧失殆尽，中华民族饱受屈辱之苦，中国社会逐步陷入半殖民地的深渊。

民国以来，中国的各派军阀，在帝国主义的扶植下，各霸一方，互相混战，横征暴敛，使中国人民的生命财产遭受严重摧残。在帝国主义、封建主义、买办资本主义三座大山的压迫下，中国人民的政治权利和自由无法得到有效保障，城乡经济凋敝，人民生活极端困苦。工人大批失业，农民遭受重租高利贷的盘剥，劳动人民丧失受教育的权利，广大妇女没有独立的人格，少数民族受到各种歧视，青年儿童得不到社会应有的保障。再加上反动当局的政治迫害和非法拘禁与拷讯，使广大革命志士和爱国人民受到人身摧残而死于非命。这就是半殖民地半封建的旧中国丧失民族独立和人权保障后血泪斑斑的悲惨画面！

中国人民为了争取中华民族的独立和人民的生存，经历了鸦片战争、太平天国、义和团和辛亥革命等多次斗争，但都失败了。1919年五四运动揭开了新民主主义革命的序幕。1921年诞生的工人阶级的政党——中国共产党，高举反帝反封建的大旗，为创建人民民主政权和革命法制，进行了艰苦卓绝的斗争。

第一节　中国共产党反帝反封建革命纲领的提出

1921 年 7 月，中国共产党召开了第一次全国代表大会，宣布了中国无产阶级的先锋队——中国共产党的诞生。从此，中国革命进入了一个崭新的历史时期。在党的第一次全国代表大会上，通过了《中国共产党第一个纲领》和《中国共产党第一个决议》[①]。上述《中国共产党第一个纲领》只是原则规定了长远奋斗目标，而没有确定当前的革命斗争任务。为了弥补这一缺陷，1922 年 6 月 15 日发布了《中国共产党第一次对于时局的主张》。该文指出，中国共产党是无产阶级的前锋军，但是在无产阶级未能获得政权以前，依中国政治经济的现状，目前最切要的工作，“应该联络民主派共同对封建式的军阀革命，以达到军阀覆灭能够建设民主政治为止”。为此，在这一文献中提出了目前奋斗目标 11 项，并指出其实施方法是，邀请国民党等革命民主派及革命的社会主义各团体，在上述政纲的基础上，共同建立民主主义的联合战线，向封建军阀进行斗争。可见，中国共产党在 1922 年 6 月就已在原则上提出要同国民党等革命民主派建立反帝反封建的革命统一战线的思想。

1922 年 7 月，党的第二次全国代表大会通过了《中国共产党第二次全国代表大会宣言》和若干重要决议案。一方面提出党的最高纲领是“组织无产阶级，用阶级斗争的手段，建立劳农专政的政治，铲除私有财产制度，渐次达到一个共产主义的社会”；另一方面提出了著名的反帝反封建的革命纲领，即为“推翻国际帝国主义的压迫”“打倒军阀”，统一中国为“真正

① 中央档案馆编:《中共中央文件选集》，中共中央党校出版社 1982—1987 年陆续出版，共 14 卷。以下凡引用中共中央文件，未注明出处者，皆见本选集相应各卷。

民主共和国”而奋斗。

1923 年 6 月，党的第三次全国代表大会通过的《中国共产党党纲草案》中，又提出“目前要求”18 条政纲。以后在 1925 年 1 月第四次、1927 年 5 月第五次党的全国代表大会决议案和多次对于时局的主张，以及其他文告中，对上述纲领进行了补充和修订。

第二节　中国共产党早期革命纲领的主要内容及其对于中国人权问题的基本主张

一、为了争取中华民族的生存权利，必须驱逐帝国主义势力，废除一切不平等条约，为国家独立和民族解放而斗争，这是争取基本人权的首要前提

1922 年 6 月 15 日《中国共产党第一次对于时局的主张》，最早提出：“改正协定关税，取消列强在华各种治外法权，清偿铁路借款，完全收回管理权。”这一规定，正如后来延安《解放日报》1943 年 2 月 4 日社论《中国共产党与废除不平等条约》所指出的：1922 年第一次对于时局的主张，“此乃废除不平等条约这一口号之嚆矢”。

1922 年 7 月《中国共产党第二次全国代表大会宣言》进一步提出：“推翻国际帝国主义的压迫，达到中华民族完全独立。”并发出“打倒国际帝国主义！”“为独立而战！”“受压迫群众之解放万岁！”等战斗口号。

1923 年 6 月，中国共产党第三次全国代表大会通过的《中国共产党党纲草案》又提出：“取消帝国主义的列强与中国所订一切不平等的条约，实行保护税则，限制外国国家或个人在中国设立教会、学校、工厂及银行。”同年 12 月 25 日中共中央专门发布《收回海关主权问题》的通告，指出：所谓协定关税，即税则及用人均不能自由行使主权，这是国际帝国主义者

制我死命的最毒政策。在此关税制度下，不得列强之许可，不能自由增加进口税，以遏外货之输入；不得列强之许可，不能自由增加出口税，以遏原料之输出；如此产业落后的国家，永远不易发展，永远成为销行外货之市场。因此，提出必须“收回全国海关主权，废除协定关税制”。

这样，反帝爱国运动便成为全国人民的共同行动准则。1925 年“五卅”运动遭受帝国主义镇压后，《中共中央为反抗帝国主义野蛮残暴的大屠杀告全国民众》中指出，帝国主义者“只准中国人做奴隶，不准中国人谋解放”。因此“不平等条约一日不废除，帝国主义在中国的一切特权一日不推翻，中国民族的生命与自由便一日没有担保”。同时《上海工商学联合会宣言》也指出：我工商学各界罢工、罢市、罢课，“决非盲目排外，盖深知其与上海市民之生存及中华民族之独立，均有重大之关系”。所以强烈要求必须撤退外国海军陆战队，并解除巡捕商团之武装，收回租界市政和会审公廨，所有被捕华人一律送回，惩办枪杀中国市民的凶手。同年 6 月香港、广州工人举行的省港大罢工中，明确提出反帝罢工的目的，是“为争国体，为争人格，为争自由”而奋斗。在《全港工团委员会对香港当局提出的罢工要求条件》中，提出：“香港居民，不论中籍西籍，应受同一法律之待遇，务要立时取消对华人之驱逐出境条例、笞刑、私刑之法律及行为。”上述争取国家独立和民族解放的纲领，深受广大人民的拥护，随着北伐战争的胜利发展，武汉的工人和各界人民直接从帝国主义手中夺回了汉口租界，推动了中国反帝爱国运动的迅猛发展。

二、为了反对反动统治者的政治迫害，必须彻底推翻反动政权，根本改革政治、经济、文化、社会制度，是确保中国人权的基本保障

1. 打倒军阀官僚地主买办阶级，建立和平、统一的“真正民主共和国”

1922 年 6 月党的第一次对于时局的主张提出：肃清军阀、没收军阀官

僚的财产，将他们的田地分给贫苦农民。同年7月党的“二大”决议：消除内乱，打倒军阀，建设国内和平。统一中国本部（包括东三省）为真正民主共和国。蒙古、西藏、回疆三部实行自治。但是，该决议也指出：中国全部统一的实现，是在中国能够脱离世界帝国主义的侵略和推翻封建制度的军阀建设真正民主主义国家的时候。1923年6月党的“三大”决议重申：肃清军阀，没收其财产以办公益的生产事业。1925年1月党的“四大”决议案，进一步明确把大商买办阶级列为革命的对象之一，指出：“这班大商买办阶级，完全是帝国主义之工具，他们和剥削农民的地主阶级还没有利害的冲突，且有联合压迫农工平民民族运动之倾向。他们（买办阶级及地主阶级）都是中国资产阶级之反革命派。”这样，便把资产阶级分为“大商买办阶级”和“新兴的工业资产阶级”两部分。前者是“反革命派”，是“革命的共同的敌人”。后者，“因国外帝国主义阻碍其发展”，已是中国革命的动力之一。与此同时，党的“四大”决议还提出工农联盟问题，指出农民“天然是工人阶级的同盟者”，“我们务必在反帝国主义反军阀的民族革命时代努力获得最大多数农民为工人阶级之革命的同盟”。特别是明确提出无产阶级对革命的领导权问题，更具有十分重要的意义，指出“在半殖民地的中国，工人阶级不仅为本阶级的利益而奋斗，同时还要参加民族革命运动，并且在民族运动中取得领导地位”。又说“中国的民族革命运动必须最革命的无产阶级有力的参加，并且取得领导地位，才能够得到胜利”。这些决议，都成为中国共产党指导革命运动的重要理论财富。

2. 实行民主政治，保障人民自由权利

1922年6月党的第一次对于时局的主张提出：采用无限制的普通选举制，保障人民结社、集会、言论、出版自由权，废止治安警察条例及压迫罢工的刑律。同年7月党的“二大”宣言提出：工人和农民，无论男女，在各级议会市议会有无限制的选举权，言论、出版、集会、结社、罢工绝对自由。1923年6月党的“三大”党纲草案除重申实行无限制的普通选举外，还规定平民须有建议权、罢官权、撤回代表权及废止法律权，中央地方重要的国家职员须经民选，并实行都市和乡村自治。1922年9月13日《向导发刊词——本报宣言》指出：“宪政就是国家给予人民权利的证书。所谓权利，最重要的就是这几项自由。所以世界各种民族，一到了产业发达人口集中的都市，立刻便需要这几项自由，也就立刻发生民主立宪的运动。这是政治进化的自然律，任何民族任何国家可以说没有一个例外。”

3. 实行男女平等的原则

1922年6月党的第一次对于时局的主张提出：承认妇女在法律上与男子有同等的权利。同年7月党的“二大”决议提出：废除一切束缚女子的法律，女子在政治上、经济上、社会上、教育上一律享受平等权利。1923年6月党的“三大”党纲草案规定：公私法上男女一律平等。

4. 改革财政经济制度，改善人民生活

1922年6月党的第一次对于时局的主张提出：制定保护童工、女工的法律及一般工厂卫生工人保险法，制定限制租课率的法律，废止厘金及其他额外的征税，征收累进率的所得税。同年7月党的“二大”宣言提出：制定关于工人和农人以及妇女的法律，废除丁漕等重税，规定全国城市及乡村的土地税则。1923年6月党的“三大”党纲草案规定：铁路、银行、矿山及大生产事业实行国有，划一币制，禁止辅币之滥发及外币之流通，财政公开，征收所得税及遗产税，每年审定租税一次，供给并改良都市贫民之住宅，规定限制房租的法律，限制一切日常消费品的最高价额。此外还具体规定保护农民利益的特别条款（如减田赋、限田租等）和保护工人的特别条款（如废除包工制，8小时工作制，救济失业工人等）。

5. 改革教育制度

1922年6月党的第一次对于时局的主张提出：实行强迫义务教育。同年7月党的“二大”宣言提出：改良教育制度，实行教育普及。1923年6月党的“三大”党纲草案规定：实行义务教育，教育与宗教分离。教育经费应严格保证。教员应享受年终加俸，到相当年龄应享受养老年金。1924年11月中共中央第四次对于时局的主张提出：应将收回庚子赔款用于小学免费，优待小学教师及推广平民教育。

6. 改革司法制度

1922 年 6 月党的第一次对于时局的主张和 1923 年 6 月党的“三大”党纲草案都规定：改良司法制度，废止肉刑及死刑。后者还规定免除一切诉讼手续费。

7. 改革军事制度

1923 年 6 月党的“三大”党纲草案提出：废止雇佣军队制度，改行民兵制，军饷公开。1924 年 11 月中共中央第四次对于时局的主张提出：全国非战时的常备军均以旅长为最高级军职，今后旅、团司令部应采取委员制，应改良现役兵士之生活及教育，退伍兵士须给以土地及农具或其他可靠的生活。1925 年 7 月《中共中央、青年团中央告“五卅”运动中为民族自由奋斗的民众》中明确提出：“农民工人有武装自卫之权。”

第三节　上海工人第三次武装起义中建立的上海临时市政府的施政纲领

上海是我国的产业中心。在中国近代史上，它是帝国主义侵略中国的基地，也是榨取中国人民血汗的中枢。同时，上海又是中国工人阶级最集中、力量最雄厚、最富有斗争传统的革命堡垒。

北伐战争的后期，上海工人阶级在中国共产党的领导下，在 1926 年 10 月 23 日、1927 年 2 月 19 日和 3 月 21 日，连续发动三次武装起义。特别是第三次武装起义，在周恩来（中共中央军委书记兼江浙区委军委书记）、罗亦农（中共江浙区委书记）、赵世炎（中共江浙区委组织部长兼上海总工会党团书记）、汪寿华（上海总工会委员长）的具体领导下，于 3 月 22 日，解放了大上海，并立即召开市民代表会议，成立了上海特别市临时市政府。《上海临时市民代表会宣言》宣称：“吾上海之革命民众，本民主国主权在民之原则，以全市农工商学各职业团体公推代表，组织市民代表会议，……执行全市市民的意旨，接受上海政权，建设民选市政府，而对于军阀之走狗官僚土豪劣绅之流，……决不宽容。”[①] 上海总工会在 3 月 19 日提出的《关于政治经济总要求》和 4 月 4 日《上海各界之总要求》，都被上海临时市政府确定为政府的施政纲领。同时在此基础上又制定了《上海特别市临时市政府政纲草案》，于 4 月 10 日由市政府委员会通过，11 日公布。综合上述各项政纲，主要确定以下要点：

1. 关于反帝反封建的总任务，规定：（1）继续扩大反对帝国主义运动，废除不平等条约，收回租界，撤退外国海陆军。（2）肃清军阀残余、贪官污吏、土豪劣绅、洋奴等一切反动势力。（3）拥护国民政府继续北伐，反对南北妥协。

2. 关于保障人民政治权利，规定：（1）人民有集会、结社、言论、出版、罢工的绝对自由，废除一切束缚言论、出版的苛法；新闻记者得自由出入公共场所采访新闻。为此，上海临时市政府于 4 月 7 日专门发布《恢复民众自由权利之布告》。（2）充分发展民众政权和民众组织。当时上海在起义过程中，逐步恢复或建立了上海总工会、学联会、学总会、三省联合会、各马路商界联合会（代表中小资产阶级）五大团体，为临时市政府的成立做出不同程度的贡献。特别是工会组织得到飞速发展。市总工会进行改选，并建立 16 个产业总工会和 8 个区工会联合会，基层工会共计 502 个，会员猛增至 82 万人。（3）上海治安由上海人民自己武装维持。组成了 5000 人的工人武装纠察队，另有一支“商人保卫团”。

3. 关于市政建设和社会改革，规定：（1）统一上海市政，发展市乡交通，设立失业介绍所。（2）取缔不良游艺场所，限期禁绝鸦片，禁止赌博，严禁卖淫业，严禁拐匪及买卖人口等。

4. 关于教育方面，规定：（1）力求教育普及，注意发展平民教育。（2）减

① 《申报》1927 年 3 月 13 日。

轻学费，提高教师待遇。学校经费公开，学生得参加校行政会议。（3）学校不准驻扎军队。（4）教会学校废止强迫学生读经及作祷告。

5. 关于财政方面，规定：（1）废除苛捐杂税，减轻人民负担。重捐外国卷烟及奢侈品，重征烟酒税，减少米麦捐。（2）统一上海货币和度量衡。（3）市政府财政公开，市民有稽查之权。

6. 关于商业方面，规定：（1）取缔不正当的营业，平定米价，限制房租额，限制物价高涨。（2）限制典当息金，减轻市上存放款利率。

7. 关于保护工人方面，规定：（1）颁布劳动法，不准厂主打骂工人，滥罚工资，或任意开除工人。（2）废除包工制，修改厂规及雇佣契约。（3）改良学徒制度，不准虐待学徒。（4）男女同工同酬，女工产期休假，工资照发。（5）改良工厂的设备和卫生条件，因公伤亡要给付医疗费和抚恤金。

8. 关于保护农民方面，规定：（1）限定最高租额，农民所得不少于收获量的 60%。（2）限制高利贷盘剥，月息不超过 8 厘。（3）不得预征钱粮。（4）禁止土豪劣绅混入农民协会破坏农民协会。

9. 关于保护妇女儿童方面，规定：（1）废止男女不平等的法律和习惯，妇女有参政权、继承权，以及职业平等、教育平等权利。（2）废止童养媳及蓄婢纳妾制度，保障结婚、离婚自由。（3）设立社会育儿院，保护私生子女。

10. 关于司法制度方面，规定：（1）法院实行陪审制度，由各界选派代表参加陪审。（2）剔除诉讼积弊，禁止差役勒索。（3）新闻记者不受军法制裁。

上述政纲，是将共产党的纲领依照上海的特点加以具体化。虽然还未来得及实施，上海临时市政府即宣布夭折，但是它却为以后革命根据地制定施政纲领提供了重要经验。

第二章　工农运动中产生的革命政权组织

第一节　省港大罢工中建立的革命政权

一、省港罢工委员会的建立及其性质和任务

1925 年“五卅”运动爆发后，香港工人为了支援上海工人的反帝爱国斗争，争取民主权利，在中国共产党的领导下，举行了 20 多万人的反帝大罢工。罢工之后，10 多万人自香港回到广州。同时广州沙面租界内的“洋务”工人也在 6 月 21 日举行罢工。6 月 23 日广州群众举行游行示威，游行队伍经过沙面租界对岸的沙基时，遭到英法等国军队开枪射击，群众死伤 200 多人，史称“沙基惨案”。这次震动全国以至全世界的“省港大罢工”，坚持了 1 年 4 个月，从政治上、经济上给帝国主义以沉重打击，显示了中国工人阶级的伟大力量，促进了广东的统一和工农运动的发展，极大地巩固了广东革命根据地，为北伐战争创造了十分有利的条件。省港大罢工播下的革命种子，直接影响到 1927 年 12 月的广州起义。

早在香港罢工之前，邓中夏就以全国总工会代表的身份，在香港召集各工会代表联席会议，组成了以苏兆征为主席、邓中夏为副主席和总顾问的“全港工团联合会”。罢工工人回到广州后，中华全国总工会召集香港、沙面各工会代表开会，为了统一指挥起见，决定联合组成省港罢工委员会。其上设立省港罢工工人代表大会，其下设立分指挥机关，香港方面为“全

港工团罢工委员会”，沙面方面为“广州洋务工团罢工联合会”。7月2日召开省港罢工工人代表大会，选举产生了省港罢工委员会（7月6日正式宣告成立）。苏兆征为委员长，李森为干事局总干事，廖仲恺、邓中夏等为顾问（邓还兼任中共省港罢工委员会党组书记）。

省港罢工委员会的性质和任务。省港大罢工，不是通常的向资本家要求“增加工资”“减少工时”的经济斗争，而是“反对帝国主义为争得民族解放”的政治斗争。因此，其主要任务是采取“罢工、排货、封锁”等手段，对香港、沙面实行封锁，坚决惩办一切破坏罢工与封锁的工贼及一切反革命分子。为了坚持长期的反帝爱国斗争，必须有严密的组织领导和高度的纪律性。所以省港罢工委员会建立了政权机关所特有的各种机构。有最高权力机关和行政机关，有惩办破坏罢工的司法机关和执行封锁、控制各海口的工人纠察队（有队员2000人，船艇10艘），有筹措罢工经费的财政委员会，还有管理罢工工人食宿的组织，以及劳动学院和工人医院等附属机构。可见，省港罢工委员会不是单纯领导罢工的临时性的群众组织，而是在当时特定历史条件下，具有政权性能的革命组织，行使了政权机关的许多重要职能。正如邓中夏所说：“这个罢工委员会，按其实际，实不啻一个政府，它有绝对权力，可以处置一切与罢工相关之事，广东政府不得过问。”[①] 邓中夏在总结省港罢工的意义时指出：“它的意义的确超过‘罢工’以上。很明显的这个罢工在中国大革命的广东时代，无疑的起了无产阶级的领导作用。省港罢工委员会本身的确有独立的政权性质。”“它当时在南中国的确成了各社会民众团体的总领袖，它在广东的地位的确有举足轻重之势，它的影响的确是巨大无比。”[②] 又说：“省港罢工委员会俨然有一个小小工人政府的规模”，“是将来中国工人政府之先声”，是“工人

① 《中国职工运动史》，载《邓中夏文集》，人民出版社1983年版，第615、638页。

② 《中国职工运动史》，载《邓中夏文集》，人民出版社1983年版，第615、638页。

阶级掌握政权的学习”[①]。

二、省港罢工工人代表大会和省港罢工委员会

省港罢工委员会成立后，制定了关于省港罢工工人代表大会的法规，有1925年7月23日《省港罢工委员会章程》(6章18条)，8月20日《省港罢工工人代表大会会议规则》(13条)，1926年3月5日《省港罢工工人代表大会组织法》(6条)和《省港罢工委员会组织法》(17条)。最初规定省港罢工工人代表大会为最高议事机关，省港罢工委员会为最高指挥机关，“执行代表大会的决议，惟在紧急时亦得便宜从事，以免坐失时机”。1926年规定：“省港罢工委员会为最高执行机关”，除重要事项须征求工人代表大会同意外，得执行一切事宜。省港罢工委员会由委员13人组成(中华全国总工会2人，全港工团罢工委员会推举7人，广州洋务工团罢工联合会推举4人)。由委员会推选委员长1人，副委员长2人。下设干事局和各部局处会等行政机构。以下重点分析一下有关省港罢工工人代表大会的规定。

(一)组织与选举

1925年章程规定，每百人得选出代表1人。1926年组织法针对当时在广州的罢工工人共有3万多人，改为每50人选出一个代表。凡罢工工人无论有工会组织或无工会组织，都有选举权和被选举权。50人以上者递加，其不满50人之工会，也得选出一个代表。未加入工会之罢工工人，经省港罢工委员会批准，也可酌量派出代表。经过民主选举，最后组成由800名代表参加的罢工工人代表大会。规定代表受全体工友举托，应根据公意秉公发言。工人代表如有违法行为者，应由该工会撤换，并由代表大

① 邓中夏：《工人阶级的一首功课》，载《省港大罢工资料》，广东人民出版社1980年版，第187—189页。

会议决处置。1926年6月工人代表大会确定实行代表不得兼职的原则。议决案规定："本会为罢工最高议事机关，职责极重，若各代表仍兼任各部职员，诚恐有所偏忌，转滋流弊，亟应再行申禁。倘各代表尚有兼职者，应即辞去，以符原案，而昭隆重。"

（二）会议规则

根据1925年8月《省港罢工工人代表大会会议规则》的规定：（1）每次会议推举临时主席5人，组成主席团。凡出席代表必有各该工会正式证书，并经审查合格发给出席证者，才有表决权。凡有过半数代表的出席，即为正式会议。每一代表有一表决权。（2）凡临时提案，须有1人以上之附议，方得成立议案，由宣布员交会议讨论。各种议案，经出席代表的过半数表决通过，即为议决案。（3）讨论议案时，每个代表发言以3次为限（第一次20分钟，以后各次减半）。代表发言须起立。如有两人同时发言，由宣布员临时指定发言之先后。会场秩序由主席和宣布员维持。如有扰乱会场者，由主席先派人扶出会场，再提交会议处置。（4）表决方法，以举手或起立或投票解决，由宣布员酌定（后改为以举手表决，必要时得临时另定），以多数为通过。表决议案，如赞否人数相等时，则取决于主席。（5）会议各代表非有要故，不得离席，如离席时须经主席特许。散会时须经宣布员宣布散会，方得离席。（6）会议制度，开始固定每星期二、四、六开会。后期规定每星期开会若干次（1次或2次不等）。（7）代表大会开会时，省港罢工委员会各部机关得派员出席，以备随时报告各种事项。代表大会开会时，凡省港罢工工人得赴会旁听。（8）工人代表散会后，应将会议经过情形向各该工会工友宣布。

（三）职权

省港罢工工人代表大会是最高权力机关即立法机关。其主要职权是：（1）立法权。有权决定与罢工有关的各种决议和法令，交省港罢工委员会执行，并有权听取执行委员的工作报告。省港罢工委员会专门设有法制局，拟制法规条令草案，由工人代表大会通过，并监督法令的实施。罢工工人代表大会在立法方面作出了突出成绩。由罢工工人代表大会通过的法规，从时间上看，主要分为两批，第一批在1925年7月至12月，约有20件。第二批在1926年3月至4月，约有16件。从内容上看，主要是各机关的组织法（上至罢工工人代表大会组织法，下至各局处委员会的组织法），另有维护法纪的《纠察队纪律》和具有刑法性质的《会审处办案条例》。此外，还有1925年10月2日第30次代表大会通过的带有纲领性的文献，即《香港罢工工人恢复工作条件》（15条）和《广州及沙面罢工工人恢复工作条件》（9条），作为同香港沙面当局进行交涉的斗争纲领。（2）选举罢免权。依照组织法，省港罢工工人代表大会有权对省港罢工委员会以下各部会处主要职员进行选举或指派。各机关职员遇有违法渎职行为时，除由法制局向代表大会提出弹劾外，也可接受其他各方面的报告，一律秉公罢免或撤换。（3）接受群众申诉。组织法规定工人代表大会应接受各工友及各方面之报告，如有请求处理者，应秉公处理。（4）死刑复核权。1926年《纠察队纪律》规定：纠察队员犯有严重罪行，须处以枪毙者，“须省港罢工工人代表大会通过，方能执行”。

自1925年6月26日召开第一次工人代表大会，至1926年10月30日，共召开工人代表大会178次。据1926年3月31日罢工工人代表大会第一百次会议时统计，共通过决议案285项（省港罢工委员会的决议，不包括在内），其分类情况如下：

内部组织方面：（1）制定或修改组织法及章程14案；（2）选举或指派各机关职员17案；（3）添设、改组或撤销机关15案。

封锁政策及经济独立运动方面：（1）断绝港澳交通9案；（2）仇货充公或处罚15案；（3）工商联合15案；（4）黄埔开埠及筑路2案。

同政府合作肃清反革命方面：（1）援助廖仲恺6案；（2）援助东征与南征3案。

援助各地革命运动方面：（1）援助上海罢工 6 案；（2）响应北京各地运动 9 案；（3）援助广东工农运动 2 案。

国际联合方面：（1）与苏俄联合 4 案；（2）与英国工人联合 2 案；（3）与日本工人联合 2 案。

整饬纪律方面：（1）撤革职员查办或惩戒舞弊者 46 案；（2）规定职责及防范舞弊 31 案；（3）镇压反动活动 3 案。

其他方面：（1）准备解决罢工 6 案；（2）改良工友生活 22 案；（3）排解工会之争 7 案；（4）抚恤死难工友 6 案；（5）杂案 43 案。

三、省港罢工委员会在政权组织制度上的主要建树和经验

（一）建立严密的组织机构，制定必需的革命法规

邓中夏在总结省港罢工委员会的经验时指出："我们的组织如此完备，差不多同政府一样组织，实真像一个工人政府的雏形。这点是很重要的，假使不然，罢工早失败了。所以我们组织完备严密，能团结工友作长期奋斗。"[①] 建立严密的组织机构，又是同法制建设密切结合的。凡是决定成立一个机构，就制定一个组织法，建立必要的规章制度。所以，基本上做到"令出法随"，"有法可依"。正如法制局在 1926 年 3 月 3 日在《工人之路》上所发表的《法制录・弁言》中强调的："盖招聚数十万失业之群众，而与凶强之帝国主义者抗衡，作长期之奋斗，内谋衣食居处之维持，外图联群御侮之运动，非有完备组织，未足以收成效。故省港罢工委员会中，机关普设，法制局特其一焉。原夫法者治之具，……吾人办事，岂无所循？斯局之设，所以订立规章，申明纪律，科惩罪恶，嘉奖劳勋，庶会功过有彰，法程无越，遂得露布天下，使知吾辈工友此次运动，组织之密，秩序之严，

① 《工人之路》1926 年 4 月 29 日。

必慕而敬爱，喜而援助。”[①]

（二）充分发挥最高权力机关工人代表大会的权威

邓中夏在总结省港罢工的历史经验时，高度评价罢工工人代表大会制度的积极作用。他说：“我们须特别指出的，是这次罢工，这个八百余人的代表大会的确起了不可思议的伟大作用。罢工策略经过集体的讨论，因而取得一致的团结。罢工内部许多纠纷，都依靠代表大会的威权予以解决。黄色领袖以及一切反动分子之阴谋企图，都受到代表大会的严厉制裁。工人群众的一切意志，都经过代表带到代表大会。罢工消息又经过代表带入工人群众。罢工委员会的会务及财政，皆经常在代表大会报告，以致外面一切谣言，都失其效用。罢工各机关重要职员，都经过代表大会选举，不称职时又经过代表大会随时撤职，因此罢工各机关不致腐化。真的，代表大会奠定了此次罢工。这个经验，我们是在这次罢工中第一次取得的。”[②]这一结论是完全符合当时实际情况的。

（三）坚持了“民主集中制”的正确原则

省港大罢工中，在组织制度上创立了一条基本的经验，就是贯彻“民主集中制”的原则。邓中夏在总结这一经验时指出：“省港罢工工人代表大会，一方面表现有真实意义的‘普遍民主主义’的精神；另一方面又有他‘民主集中’的特性。何谓‘民主集中’？就是说：代表是由工人自己选举出来，他们就信托代表大会能够依据他们公共的意思和利益，决议各项问题；决议之后，大家就绝对遵守，不得违背。所以代表大会有至高无上的权力；又由代表大会产生罢工委员会为最高执行机关；负对内对外指挥的责任。……依据代表大会原则上之决定，分别用具体的方法见诸实行，在

① 《工人之路》1926 年 3 月 5 日。

② 《中国职工运动简史》，载《邓中夏文集》，人民出版社 1983 年版，第 616 页。

其不违背代表大会表决的条件之下，代表大会赋予‘便宜从事’的权力。于是乎‘民主集中’的特性，就这样的充分实现了。”①

省港大罢工中创建的这些可贵经验，对后来人民民主政权和法制建设，具有重要借鉴意义，并为中共中央所肯定。例如，1947 年 11 月 28 日《中央工委关于政权制度及城市工作给东北局的指示》指出：“在一切群众业已充分发动的乡村和城市，由下而上建立各级人民代表会，并使之成为各级政府的最高权力机关。……并须经常开会，由各级代表会的主席团自行召集，由各级政府向代表会作报告，并提出各种议案，使代表会真正成为解决各种重要问题的权力机关（例如大革命时的省港罢工工人代表会）。并实行少数服从多数，下级服从上级，上级政府委员会及代表会有权改变下级代表会的决议及解散下级代表会重新选举召集之。”②

第二节　农民运动中建立的革命政权

列宁说：“一切革命的根本问题是国家政权问题。”③ 马克思经典作家早已指出，工人阶级不能简单地握取现成的国家机器，必须彻底打碎它。但是，在中国如何打碎反动国家机器，如何创建革命政权，当时还处在探索过程中。农民运动自从兴起之后，在摧毁反动政权建立革命政权方面发挥了巨大的创造精神，这便为研究我国的政权问题提供了丰富的实践经验。彭湃在 1926 年出版的《海丰农民运动》一书中指出，农民运动的最大成就，就是“乡村的政治权力，已由绅士土豪之手，而移至农会”。1926年9月1日，毛泽东在为《农民问题丛刊》所写的序《国民革命与农民运动》中也指出：

① 《省港大罢工资料》，广东人民出版社 1980 年版，第 188—189 页。

② 《中共中央文件选集》第 13 册，第 766 页。

③ 《列宁全集》第 24 卷，第 18 页。

"中国农民运动的性质……乃政治斗争、经济斗争这两者汇合在一起的一种阶级斗争的运动。内中表现得最突出的尤在政治斗争这一点。这一点与都市工人运动的性质颇有点不同。都市工人阶级目前所争政治上只是求得集会结社之完全自由，尚不欲即时破坏资产阶级之政治地位。乡村的农民，则一起来便碰着那土豪劣绅大地主几千年以来持以压榨农民的政权（这个地主政权，即军阀政权的真正基础），非推翻这个压榨的政权，便不能有农民的地位，这是现时中国农民运动的一个最大的特色。"①1926 年 11 月共产国际第七次扩大执行委员会通过的《关于中国形势问题的决议》，对于农民运动中的政权问题，明确指出："中国共产党应该支持消灭农村土豪和官僚专权的要求，支持用执行革命政府法令并保护基本农民群众利益的革命政权的基层机关代替旧的半封建官僚制度，并应协助农民建立县政权机关。"② 毛泽东在 1927 年 3 月《湖南农民运动考察报告》中，总结了农民群众的实践经验，提出"打倒土豪劣绅，一切权力归农会"的战斗口号，这便为创建农村革命政权指明了正确方向。在农民运动高涨地区，"地主权力既倒，农会便成了唯一的权力机关"，"发号施令，指挥一切"，而且达到"飞灵"的程度。这就是农民运动前后农村重大变化的主要标志。

一、农民协会是农村政权的雏形

农民协会，完全不同于旧式的民间秘密团体（那种原始的落后的"会党"式的民间组织，在新的历史条件下已失去存在的价值），更不同于地主阶级操纵的旧"农会"。农民运动中建立的农民协会，一方面是农民的

① 原载 1926 年《农民问题丛刊》，转引自中国人民大学中共党史系资料室编：《中共党史教学参考资料》第 3 集，第 187—191 页。

② 《共产国际有关中国革命的文献资料》（1919—1928 年），中国社会科学出版社 1981 年版，第 281 页。

群众组织，同时又是当时的基层革命政权。正如 1927 年 6 月 6 日《中共中央农学第七号通告》所指出的：农民协会“实际上是农民政权的雏形”。[①]

中国共产党领导建立的最早的农民协会，是 1921 年 9 月在浙江省萧山县成立的衙前农民协会。同年 9 月 27 日通过的《衙前农民协会章程》[②]宣布“本会与田主地主立于对抗地位”，规定“凡本村亲自下气力耕种土地的，都得加入本会为本会会员”。农民协会的组织，是由会员大会选举 6 名委员，由委员互选议事委员 3 人，执行委员 3 人。任期 1 年。议事委员，议决关于大会所交议及会员 3 人以上所提议的事件。凡有益于本会事项，议事委员有考察提议的责任。执行委员，执行由大会及议事会议决事件，并联络别村的农民团体。两村以上成立农民协会，得组织农民协会联合会。凡是关于两村以上的农民利害关系发生时，随时可由联合会协议解决。

第一次国共合作实现后，孙中山根据扶助农工政策的精神，于 1924 年 6 月 24 日批准公布了国民党中央农民部制定的《农民协会章程》，共 15 章 83 条。分别就农民协会的组织手续，会员条件和权利义务，全国、省、县、区、乡各级农民协会的组织、职权和任期，以及纪律与经费等问题，作了系统的规定。依照这一章程，各级农民协会在国民政府管辖地区取得了合法地位，因而推动了农民运动的发展。

1925 年 10 月 10 日中国共产党中央委员会扩大会议通过的《告农民书》规定：“农会会员以年满十六岁之佃农、雇农、自耕农及农村中手工业者体力劳动者为限。”农民协会分为村、乡（区）、县、省各级。根据上述原则，1926 年 5 月广东省第二次农民代表大会通过《广东省农民协会修正章程》13 章 56 条。规定：

1. 农民协会本解放劳动者之意旨，集合广东受压迫之贫苦农民组织之。其目的在谋农民之自卫，并实行改良农村组织，增进农人生活。

---

① 《中共中央文件选集》第 3 册，第 150 页。

② 《新青年》第 9 卷第 4 号“附录”，1921 年 8 月（实际为延期出版）。

2. 会员条件：凡居住广东之自耕农、半自耕农、佃农、雇农、农村之手工业者，及在农村之体力劳动者，不分男女，年满 16 岁，履行入会手续，皆得为会员。但下列条款之一者拒绝入会：（1）有田地百亩以上者；（2）以重利剥削农民者；（3）与农民处于利益相冲突之地位者；（4）为宗教宣传职业者（神甫、僧巫等）；（5）受外国帝国主义操纵者；（6）吸食鸦片及嗜赌者。

3. 组织体系：以乡农民协会为基本组织，上设区、县、省农民协会。以乡会员大会和区以上的会员代表大会为各该级农民协会的权力机关。选出各级执行委员会和常务委员会，执行日常会务。下设各种工作部门。

据 1927 年 6 月的统计，全国已有广东、湖南、湖北、江西、河南五省成立了省农民协会。县农民协会共 201 个，区农民协会 1103 个，乡农民协会 16144 个，村农民协会 4011 个。

从当时的农村政权建设的实际情况看，省县农民协会的代表参加了省县政府的创建工作。乡和区的农民协会，成为实际上的基层地方政权机关。从农村中基层政权的阶级性质考察，它是无产阶级领导的，以贫雇农为骨干，联合中农以及农村各革命阶层（包括手工业者、小商贩、革命知识分子及其他赞成农民运动者），向地主豪绅以及其他反革命分子实现专政的人民民主政权。

二、农民代表大会是农民运动的最高权力机关

在农民运动中，各级农民代表大会在政权建设中居于十分重要的地位。特别是省级农民代表大会，作用尤为突出。每年开会一次，其主要职权是：听取省执行委员会的工作报告，决定本省农民运动的方针政策，选举执行委员。当时广东省召开过两次全省代表大会，湖南、湖北、江西、河南等省各召开过一次。通过了许多重要决议案。如湖南省农民代表大会，是于 1926 年 12 月 1 日在长沙召开的。出席大会的代表来自 52 县两个特别区共 170 人。大会通过了宣言和“铲除贪官污吏土豪劣绅决议案”“乡村自治问

题决议案”以及自卫武装、地租、雇工、司法问题等40个决议案。选举产生了湖南省农民协会执行委员会。柳直荀任省农民协会秘书长（以后代理委员长）。江西省农民代表大会是在1927年2月召开的。通过了“惩办土豪劣绅决议草案”、“严禁烟赌决议草案”和“取缔高利贷草案”等20多个议案。选举方志敏为省农民协会常委兼秘书长。这些决议案成为推动和指导农民运动的法律根据和斗争武器。因此，各省农民代表大会实际上发挥了临时最高权力机关的作用。

江西省第一次全国农民代表大会《组织法》（10条）和《会议规则》（16条），是在省港罢工工人代表大会会议规则的基础上又有新的补充和发展。两个法规的主要内容是：（1）本代表大会由各县的出席代表组成。各代表须持有县农民协会或县农民协会筹备处或各路办事处的证明，经代表资格审查委员会审查合格，发给出席证者，方有表决权。（2）由代表大会推举5人组织主席团。设立秘书处，秉承主席团办理一切会务。秘书处设有秘书长和编辑股、速记股、文书股、会计股、庶务股、招待股、游艺股。（3）主席团下还设有各种委员会，包括代表资格审查委员会、报告审查委员会、提案审查委员会、宣言起草委员会、决议起草委员会、预算决算审查委员会。以上机构的人选，除代表资格审查委员、招待股干事，由省农协筹委会推定人员担任外，其余概由本大会推举。（4）代表大会凡有过半数代表出席则为正式会议。每一代表有一表决权。表决议案如赞否人数相等时，则取决于主席。各种议案如有出席代表过半数通过，即为决议案。凡临时议案，须有3人以上附议，方得成立，由主席团提交大会讨论。（5）讨论某一议案，每一代表发言以3次为限，每次不得超过十分钟。代表发言须起立报告，如有两人同时发言，由主席定其先后。（6）会场秩序由主席维持。开会时各代表非有要故不得离席，如离席时须经主席特准。如不请假继续3次缺席者，停止其代表资格。大会允许旁听，须得各级农民协会或社会团体的介绍，必须遵守会场规则，不得有妨碍会议的举动，否则主席团得令其退席。

三、乡村自治委员会是实现县民会议、省民会议的基础

农民运动深入之后，在农民协会的基础上，由农民协会邀请其他革命民众团体，筹建“乡村自治委员会”，这是农村政权建设的进一步发展，是基层政权的另一种组织形式。毛泽东在1927年2月6日为视察湖南农民运动给中央的报告中，强调乡村自治的重要性。他说：“湘中湘南各县多数经过了一个烈风暴雨的农村革命时期”，“应立即实现民主的乡村自治制度”，“建立农村联合战线，以免去农民孤立的危险，农村中武装、民食、教育、建设、仲裁等问题也才有最后的着落；目前的湖南政治问题，莫急于完成乡村自治这一点，省民会议、县民会议非在完成村自治之后决无可言。”[①] 根据湖南省农民代表大会通过的《乡村自治问题决议案》的规定，“为保障民主运动的胜利，必须发展革命的民权，建设民主的自治。此种民主自治，属于乡村一般民众，封建余孽及一切反革命分子，当然不许其参与”。“其使命在集合乡村各种民众势力，树立民主革命的真实基础，实现乡民之要求，发展农村之经济。”可见，这种乡村自治的性质，正是《湖南农民运动考察报告》中所说的“新的乡村自治机关——农民政权的乡村自治机关”。乡村自治，一般分为乡、区两级。乡民全体大会、区代表会议（或区民会议）是乡、区自治的权力机关。其执行机关为乡务委员会和区务委员会。委员由各该级权力机关选举产生。

乡村自治的发展趋势是召开县民会议和省民会议，实行县长、省长民选。1926年7月12日《中国共产党第五次对于时局的主张》就提出：“实行省长民选、县长民选，实行由省到乡村的地方自治平民自治政权，肃清贪官污吏。”1926年10月2日《中国共产党湖南区第六次代表大会宣言》提出：“县政府改委员制，由人民选举。”根据上述精神，湖南各民众团体

① 《毛润之同志视察湖南农运给中央报告》，载中国人民解放军政治学院党史教研室编：《中共党史参考资料》第4册，第207页。

很快组织了“省民会议筹备处”，并草拟了《湖南省民会议大纲》和《湖南省民会议组织法》，积极筹备省民会议。当时中共湖南区委负责人李维汉在 1927 年 4 月《湖南革命的出路》一文中谈到政权建设任务时指出：“实现民众政权——乡民会议，区民会议，县民会议，市民会议，省民会议接受政权选举各级政府，反革命没有选举权和被选举权。”[①] 后来由于第一次大革命的失败，上述县民会议、省民会议的计划没能实现。

综观上述农民运动中关于政权建设的情况，提供了一条重要的经验，那就是中国的政权问题，必须依靠农民才能解决。毛泽东在 1926 年 9 月《国民革命与农民运动》一文中早已指出：“陈炯明的故乡历来土豪劣绅贪官污吏猬集的海丰县，自从有了五万户二十五万人之县农民协会，便比广东任何县都要清明——县知事不敢为恶，征收官吏不敢额外刮钱，全县没有土匪。土豪劣绅鱼肉人民的事几乎绝迹。”[②] 以后毛泽东又在 1927 年 3 月《湖南农民运动考察报告》中加以重申，并得出以下重要结论：“县政治必须农民起来才能澄清，广东的海丰已经有了证明。这回在湖南，尤其得到了充分的证明。”[③] 从而说明，我国的政权问题，实质上就是授权给农民的问题，因为占人口最大多数的农民阶级是中国革命的基本力量。所以，解放农民阶级，就成为中国民主革命的主要内容。以无产阶级为领导，以工农联盟为基础，是决定人民民主专政的政权性质的最基本的因素。对于这个问题，后来毛泽东在《新民主主义论》和《论联合政府》中，更有进一步的论述。其基本结论是，“新民主主义的政治，实质上就是授权给农民”。[④] “建立一个在无产阶级领导下的以农民解放为主要内容的新民主主义性质的”[⑤] 政权。

---

① 《李维汉选集》，人民出版社 1987 年版，第 38 页。

② 《农民问题丛刊》，载中国人民大学中共党史系资料室编：《中共党史教学参考资料》第 3 集，第 187—191 页。

③ 《毛泽东选集》合订本，人民出版社 1964 年版，第 29 页。

④ 《毛泽东选集》合订本，人民出版社 1964 年版，第 652、960 页。

⑤ 《毛泽东选集》合订本，人民出版社 1964 年版，第 652、960 页。

第三节　上海工人三次武装起义建立的上海临时市政府

一、上海临时市政府的筹备和建立

上海市革命政权，是随着三次工人武装起义的进程逐步建立起来的。大体上经历以下三个阶段：

第一阶段，早在1926年准备第一次武装起义时，就提出政权问题。1926年9月6日《中共上海区委告上海市民书——上海市民的出路》提出："租界内的居民应一律有平等的参加市政权"，"南北市的市政应由民选的自治机关管理"。[①]同年10月19日《中共上海区委宣传部政治宣传大纲》提出"上海市政归上海市民"的口号。10月20日《中共上海区委告上海市民书》号召"推翻一切军阀政权，建立市民政权"，"召集市民会议"。

1926年10月23日第一次武装起义失败后，市政府的筹建工作进入第二阶段。同年11月28日，上海总工会联合商学各界，冲破反动军阀的戒严令，召开了5万人的市民大会，要求上海实行自治。12月6日将"五卅"时期成立的"上海工商学联合会"改称"上海特别市市民大会"，以筹建组织市政府事宜。1927年2月19日第二次武装起义开始，2月20日《中国共产党上海市执行委员会为总同盟罢工告上海市民书》提出："由上海市临时革命政府召集市民代表大会，成立正式上海市民政府，直属于国民政府。"并确定市民代表大会的组成及其选举原则，还提出12项政纲。2月22日《中共上海区委为宣布市民临时革命委员会成立及动员暴动的特别紧

① 《上海工人三次武装起义》，上海人民出版社1983年版，第7页。以下关于上海临时市政府的史料，凡未注明出处者，皆见该书。

急通告》宣布“上海市民临时革命委员会”正式成立，由汪寿华、罗亦农等11人组成。这一革命委员会也就是未来的市政府。第二次武装起义又失败后，2月25日《中国共产党为上海总同盟罢工告民众书》除提出“为准备更大的争斗而复工”的决定外，还提出：“由市民公会召集全上海市民代表大会，一切权力归市民代表大会，实现国民政府之北伐目的——市民会议的政权！”

第三阶段自1927年3月初开始。3月7日上海各民众团体代表会议，讨论通过《上海市民临时代表会议组织法》。会后，根据这一组织法的规定，各工会和各民众团体陆续选出市、区两级代表会议的代表。3月12日召开上海市临时代表会议第一次会议，出席代表200多人。通过《第一次市民代表会议宣言》和关于起草上海临时代表会议组织法的四项原则。大会选举罗亦农、汪寿华等31人为执行委员。3月14日执行委员举行第一次会议，推举汪寿华、林钧等5人为常务委员，研究工作分工和起草各种文告。3月20日晚，北伐革命军先头部队到达上海近郊新龙华，中共江浙区委于21日晨发出举行第三次武装起义的指令，以工人武装纠察队为先锋，在广大人民的支援下，经过两天一夜的血战，从反动军阀手中解放了中国最大城市上海市。从而提供了一条重要的历史经验，即城市的武装起义必须与城外的武装部队里应外合，才能取得胜利。后来中共中央吸取了这一经验，在1944年6月5日《中共中央关于城市工作指示》指出：“由于中国特殊条件，城市武装常常只有在响应城外进攻军队的条件下，即在里应外合条件下，才有胜利可能（例如1927年上海起义）。”①

起义胜利后，于22日召开第二次市民代表会议，选出19名市政府委员，组成“上海特别市临时市政府”。23日市政府委员会开会，决定发布复工令，接受上海总工会提出的《关于政治经济总要求》作为市政府的施政纲领。3月26日上海市民代表会议第三次会上，通过《上海特别市市民

① 《中共中央关于工人运动文件选编（下）》，档案出版社1985年版，第184—185页。

代表政府组织条例草案》。3月25日武汉国民党政治委员会批准上海市政府，并由武汉国民政府加以委任。3月29日上海市政府委员举行就职典礼。上海临时市政府的成立，得到上海工人阶级和各界人民的热烈欢迎，认为“这是中国民众以自己的力量奋斗而得来的结果。这是中国民众破天荒的创造”。

二、上海临时市政府的政权性质

上海临时市政府的政权性质是工人阶级领导一切被压迫的市民，反对帝国主义、封建军阀及一切反革命分子的人民民主专政。工人阶级是上海临时市政府的领导阶级和骨干力量。赵世炎当时曾明确指出：“在半殖民地被压迫民族中的革命，在被帝国主义与军阀统治下的上海市民革命，没有工人的战斗，即没有市民的战斗；没有工人的革命，即没有市民的革命；没有工人的政权，即没有市民的政权。”但是，这是不是要在上海建立单纯的“工人政府”呢？赵世炎接着说：“上海工人现在的目的，并不是工人政府，而是市民政府——民主主义的市民政府。”即工人阶级“领导一切被压迫的市民，建立市民的民主主义政权”。[①] 由全市工农商学各界和各职业团体公推代表组成市民代表会议，选举市政府，执行全市市民的意旨。“凡贪官污吏、土豪劣绅、工贼、军阀、洋奴、土贩以及曾效忠帝国主义者，与一切反革命分子，均无选举权和被选举权”。[②] 正如市政府委员宣誓词所说：“誓死反对帝国主义，收回租界，铲除劣绅土豪、贪官污吏等封建残余势力，实现民主政治，绝不妥协。余等誓不贪污，任用私人，虚糜公款，及压迫一切革命的民众。”[③] 总之，“上海特别市市政府是上海人民的政府”。[④]

① 赵世炎（施英）：《上海总同盟罢工的记录》，载《向导》第189期，1927年3月28日出版。

② 《组织法》起草原则见《申报》1927年3月13日。

③ 《申报》1927年3月30日。

④ 1927年3月23日《中共上海区委宣传大纲》。

中国共产党是临时市政府的领导核心。当时直接领导上海市的中共江浙区委（领导江苏、浙江、安徽3省和上海市），对上海市临时市政府的工作极为关注，委派党和工会中的得力干部，致力于市政府的工作（共产党员在市政府委员中占半数）。赵世炎经常对政权和法制建设给以理论上的指导。他在谈到共产党对于革命政权的领导时曾指出："我们要参加政权，不是派个代表就完事，而是要在政治思想上拿住群众，在政府中力争民众的利益。"又说，在市政府中要组织党团，作为市政府的"后台老板"。"这个后台老板要认真工作，主张毫不能客气，做到认真领导，我们代表在政府的发言，要成为群众的呼声。"[①] 这些论断，对于当时革命政权建设工作具有重要指导意义。特别是在陈独秀右倾路线统治时期，赵世炎关于加强共产党对革命政权领导作用的正确思想，更显得十分难能可贵。

三、上海临时市政府的选举制度和组织体制

根据1927年3月26日通过的《上海特别市市民代表政府组织条例草案》的规定，上海市的革命政权分为市、区两级。市、区两级代表会议的代表皆由市民直接选举产生。其选举办法是：由各工厂、各手工业工会、各店员公会、各农民协会、各商会、各兵营、各学校学生会、各自由职业团体（如新闻记者联合会、律师公会、医师公会、会计师公会、教职员联合会等）之全体群众，分别开会，直接选出区和市的代表（同时选或分开选均可）。革命政党也得选派代表参加。但有下列各项之一者，均不得有选举权和被选举权：（1）非中华民国国籍者；（2）曾为帝国主义或军阀效力者；（3）受国民政府刑事上之宣告剥夺公权尚未复权者；（4）曾倡言反对革命者；（5）洋奴；（6）工贼；（7）土豪劣绅；（8）贪官污吏；（9）学阀；（10）土贩等。凡非职业团体（如学术团体、慈善团体、教育研究团体及

① 转引自《赵世炎生平史料》，载《文史资料选辑》58辑，第130页。

同乡会等），不得选派代表。代表人数，由各职业机关或团体按其所属人数比例选出。区代表，每500人选出1人；市代表，每1000人选出1人；不满500（或1000）人的职业团体，亦得选出代表1人。市、区代表均任期1年，但得连选连任。代表溺职（即渎职）时，得由原选举机关或团体召开大会议决撤回，另选他人，补足其任期。

市民代表会议，为全市最高权力机关。其决议，市执行委员会须绝对执行。每月召开一次，必要时由执行委员会随时召集临时会议。其职权是：（1）选举市执行委员；（2）议决全市一切应兴应革事宜；（3）议决市立法、工资、粮食、房租、失业救济、教育、市政工程等事件；（4）议决市税、市公债、市预算决算；（5）议决各代表提议其所代表之团体群众对于市政之意见；（6）议决发展市有产业事件；（7）议决市内各区管辖区域变更事件；（8）议决市执行委员会之报告及提议事件；（9）议决向国民政府建议事件。市代表会议开会时，分设财政、经济、军事、市政、外交五组，各组讨论决议案，分别提交大会议决执行。市执行委员会及其常委会执行市代表会议的议决案，总揽全市政务。由市民代表所选的19名政府委员组成市政府委员会，是全市市政执行机关，分局办事。

上海特别市（包括原淞沪商埠公署管辖区域及原有租界地）共分八个区。各区设立区代表会议，为全区最高权力机关。选出执行委员会及其常务委员会，处理全区日常政务。

当时上海市即按上述规定，建立了市、区两级革命政权。《上海特别市市民代表政府组织条例草案》曾提出以下改组计划，即由市代表会选出执行委50人，组织市执行委员会。“此执行委员会即市政府委员会，由市政府委员选出常务委13人，组织常务委员会，总揽全市政务。”即不再由市代表会议另选市政府委员会。但是，这一方案尚未来得及付诸实施，即发生“四·一二”政变。

上海市临时市政府实行新政治制度的特点是：（1）市、区两级代表会议的代表，都由群众直接选举产生，而不采用复选制；又按职业机关团体为单位选出，而不以区域为单位选出。这样使群众与代表关系密切，每个代表都有固定的联系单位；既能及时反映群众意见，又便于对代表实行群众性的监督。并能使不称职的代表，随时得以撤换。（2）实行民主集中制的议行合一制。代表会议是最高权力机关，其决议，执行委员会或市政府都必须坚决执行。这与资产阶级“三权分立”的代议制不同，政府无权解散代表会议，在执行委员会和政府委员会内部，都采取集体领导原则，而不用行政长官独任制。这样，便于集思广益，在充分发扬民主的基础上，实行集中统一的领导。

综合本章所述省港罢工工人代表大会和农民运动中的农民代表大会，以及上海特别市的市民代表会议的建立及其初步实施，已经显示了各种代表大会制的优点和特点。因此，它们便成为我国民主集中制的人民代表大会制度的早期珍贵萌芽。

第三章　工农运动中的行政组织和监督管理

第一节　工农运动中产生的行政机构

一、省港罢工委员会的行政组织

1926年3月《省港罢工委员会组织法》规定："省港工人因反对帝国主义而罢工，特组织省港罢工委员会，以掌理省港罢工一切事宜。"省港罢工委员会之下，设立干事局，分部办事。干事局设干事局长一人。其下分设七部，办理一切有关事务。即文书部、招待部、宣传部、庶务部、交通部、游艺部、交际部。

在省港罢工委员会指挥下，得设立各种特设机构，并制定了相应的行政法规。

1. 财政委员会：负募捐、保管、支配之责，下设会计部，掌理出纳、司账等事。由省港罢工委员会推举5人组成（省1人，港4人），委员长由委员互选（苏兆征兼任）。1926年3月6日公布《财政委员会组织法》14条。

2. 法制委员会：负责草拟各机关组织法规，送交工人代表大会讨论决定。如发现工人代表大会通过之法规有被背弃者，得向工人代表大会进行弹劾。法制委员会由11人组成（省4人，港7人）。1926年3月6日公布《法制局组织法》10条。

3. 纠察队委员会：纠察队的任务是，维持秩序，截留粮食，严拿走狗，拘捕工贼，查缉仇货，封锁香港、澳门及沙面之交通。纠察队委员会由7人组成，有指挥与改编纠察队之全权。下设大队、支队、小队和班。另设有水陆侦查队和纠察队驻各地办事处。纠察队委员会内设秘书处、军务处、训育处、军需处、军法处、调查处六处。1926年3月9日公布《纠察队委员会组织法》13条和《纠察队组织法》5章19条，3月10日公布《纠察委员会各地办事处组织法》8条，3月17日公布《水陆侦查队暂行规则》14条。

4. 保管拍卖处：为保管省港罢工委员会所辖各机关在各处执获解来之船只货物等，如经判决充公者负责当众投标拍卖。设主任副主任各1人。1926年3月30日公布《保管拍卖处组织法》13条。

5. 筑路委员会：管理罢工期内一切筑路事宜。设正副委员长各一人，其下分科办事。1926年3月17日公布《筑路委员会组织法》11条。

6. 骑船队：骑船队奉省港罢工委员会命令，随时派员往各船监视其行动。设主任副主任各一人。1926年4月7日公布《骑船队组织法》8条。

此外，省港罢工委员会还联合广东四商会，共同组成“广东工商审查仇货委员会”和“工商检验货物处”。前者负责对违反“善后条例”者的审查处理，后者负责对进口货物的检验放行。1925年10月20日公布《广东工商审查仇货委员会章程》12条，1926年1月20日公布《工商检验货物处章程》9条。

上述各行政组织的建立，对贯彻执行省港罢工工人代表大会的决议和命令，发挥了积极作用。

二、农民协会和乡村自治委员会的行政各部委

农民协会在执行委员会下设立各行政机构。其具体组织情况，各个不同时期不同地区以及省县区乡各级，不尽相同。1923年1月海丰总农会，

设有农业部、财政部、教育部、宣传部、仲裁部、交际部、卫生部、文牍部和庶务部等。1926 年 5 月《广东省农民协会修正章程》规定乡农民协会，得组织军事部、农业改良部、雇农部、佃农部、手工业部、妇女部、青年农民部、教育部和合作部。

1926 年 12 月湖南省《乡村自治问题决议案》规定：在高级乡村自治机关之下，得设立民食、财政、教育、农事、交通、水利、森林、自卫、救济、公断、调查等各种委员会。低级机关则斟酌地方需要，决定其行政组织。1927 年 2 月湖北省《乡政问题决议案》规定各级自治机关的行政委员会与湖南省基本相同，另有专管堤工和卫生两种事业的委员会。

三、上海临时市政府的行政机构

依照 1927 年 3 月《上海特别市市民代表会议政府组织条例草案》的规定，临时市政府内设置财政、公安、教育、建设、卫生、土地、司法、劳动八局。各局长必须由市政府委员担任。

第二节　干部监督管理和财政审计制度

一、省港罢工委员会的干部管理制度

省港罢工委员会成立后，为了所属各行政机构有法可依，各级干部有所遵循，在各机关组织法中对工作人员提出了廉洁公正的严格要求。这是中国共产党在第一次国内革命战争时期领导制定的有关廉政建设的最早法规。

1926 年 3 月 5 日《省港罢工委员会组织法》规定：“省港罢工委员会为最高执行机关，于执行职务，应一律秉公，以身作则。无论各部何种机

关有舞弊受贿等情，应依合法手续，严厉取缔，施以相当应得之罪，无得庇护。”省港罢工委员会的委员“如有违法行动被人告发，或为法制局弹劾于工人代表大会及各机关，一经查确，应罪加一等”。同年3月《水陆侦查队暂行规则》规定：“本队员须慎诚将事，操守廉正。”“本队员务须遵守纪律，不得借事骚扰及诬捏行为。”“如有违犯上项各条者，除取消名籍外，仍须分别轻重查办。”“各队员如有违犯规则畏罪而逃者，除通令缉究外，仍须追究保证人。”同年3月《纠察队纪律》更有详尽的规定：（1）“纠察队委员如有失职及违法情事，得由省港罢工委员会或省港罢工工人代表大会科以应得之惩罚。”而且还规定对于纠察队委员会“委员之受惩罚，应比委员会下之各级队部职员之惩罚加重一等”。（2）“各大、支、小队、班长等该管所有犯一二等罪者，该管长员若串同犯法，罪加一等；若实不知情，乃管理无方，疏于防范，应记过一次；如记过三次以上者，应由本委员会公议处罚。”（3）对队员和职员的惩罚分为四等，除一、二等须判刑者外，凡失职违法者，根据情节轻重，分别处以申斥、记过、记大过、取消名籍（撤差）、改组或解散该级机构等。（4）为便于群众对违法乱纪者进行检举揭发，总部设有“广益”“告密”两箱，如有何项意见，可投入广益箱；如得知某人有舞弊之真确证据，可投入告密箱。

综上所述，可见自革命一开始，就对各级干部和所有成员提出严格的革命纪律，特别是对各级负责人，更强调必须以身作则，廉洁奉公；如有违犯，不仅不能享有任何减免处罚的特权，而且要加重处罚。正如当时省港罢工委员会干事局总干事李森所说的：“各部机关有不好的，则令改组，无需要的，则令取消。职员中有不守法律奉公的，革职查办，以儆效尤；轻者记以大过，以示惩戒。这种大公无私的精神，与一般賂賄公行的资产阶级的国会，那（哪）里可以同日而语。”①

① 1926年5月《省港罢工工人代表大会第一百次纪念刊》，载《省港大罢工资料》，广东人民出版社1980年版，第194页。

二、省港罢工委员会的财政审计制度

财政审计制度，是对行政干部进行法律监督的重要组成部分。我国新民主主义革命时期财政审计制度，发端于省港罢工委员会的审计局。1926年3月29日《审计局组织法》规定：审计局直属于省港罢工委员会，“有审计自省港罢工委员会以下各机关所有经常费用之审计权”。审计局设有委员11人，由省港罢工工人代表大会选出。推举正副局长各1人，另设有预算、决算、调查、核算各员。该组织法还规定：“审计局如审计出各机关之进支数目及购办物件中有舞弊事情，应即据实呈报省港罢工委员会查办之。”审计局须每日一次将已审计之数目单据，汇表呈报省港罢工委员会。

同年3月8日《财政委员会组织法》规定：“凡省港罢工委员会各部门领取经常费，必须列明预算交审计局审核后，转财政委员会照准执行。如特别费用，除送审计局审核后转财政委员会照准，仍须呈交省港罢工委员会批准，始行执行。”

同年3月30日《保管拍卖处组织法》也规定相应的审计监督制度。（1）如各方解来本处保管之船只货物等，经省港罢工委员会发交会审处判决充公时，得分别种类，订定底价，当众投标，举行公开拍卖。（2）如充公之船只货物价值50元以上者，应由审计局会同订定底价；如价值50元以下者，由保管拍卖处自定。（3）保管拍卖处应由省港罢工委员会指定各工会轮值（每日派出4个工会，每工会1人），会同监视一切事宜。倘有违法，得向罢工委员会报告查办。（4）保管拍卖处每星期应将来往账目，送交审计局核算有无错漏。

省港罢工委员会的审计局是中国工人阶级建立最早的审计机构。当时省港罢工委员会所经办的大量财物之所以有条不紊，除了实行财政公开之外，审计制度的建立的确发挥了重要作用。

三、上海临时市政府的监察制度

上海临时市政府所属各机构，除了接受市民代表会议自上而下和由选民自下而上的监督之外，还确定建立监察制度。根据 1927 年 3 月《上海特别市市民代表会议政府组织条例草案》第八条规定："由市民代表会议选出监察委员七人，监察市内贪官污吏，搜集证据，控告于市代表会议。"这是文献资料可见的规定人民监察制度最早的法规。

第四章　新民主主义劳动法的产生

中国工人阶级，是中国近代大工业的产物，是伴随着外国资本的输入以及中国早期的官僚资本和民族资本等近代工业的出现，而产生的一个新兴的阶级。中国的工人阶级，由于身受帝国主义、封建主义和官僚资本主义的三重压迫和剥削，其生活处境之恶劣，是世界各民族中所少见的。以20世纪20年代前后的历史为例，其经济生活状况具有以下特点：（1）工时过长，又无法定休息制度。（2）工资低微，生活极为贫困。（3）童工艺徒地位低下。（4）女工更有其特殊的苦痛。（5）缺乏安全卫生设施，伤亡事故严重。此外，在政治上，工人没有选举权和组织工会的权利，人身自由毫无保障，并受到反动法律的迫害。北洋政府的《治安警察条例》和禁止罢工的刑律224条，都是镇压工人运动的反动武器。

富有革命传统的中国工人阶级，为了争取民族独立和人民的自由权利，为了改善工人的生活状况，在中国共产党的领导下，开展了轰轰烈烈的工人运动。为此，提出了早期的劳动斗争纲领，制定了保护工人权益的劳动法案，并为之进行了不懈的斗争。

第一节　中国共产党提出的早期劳动斗争纲领

1921年7月，中国共产党第一次全国代表大会通过的《中国共产党第一个决议》，提出建立工会的基本原则，规定：（1）本党的基本任务是成立产业工会。党在工会里要灌输阶级斗争精神，并派党员到工会中工作。（2）在一切产业部门要成立工人夜校，“学校的基本方针是提高工人的觉悟，使他们认识到成立工会的必要”。（3）工会应成立研究机构，特别注意研究产业工会的工作方法，研究“工人运动史”、“马克思的经济学说”以及“各国工人运动的当前形势”。可见，自从共产党一建立，就十分重视工会的建设工作，并强调加强党对工会的领导，还注意对马克思主义的理论和国际工人运动的历史与现状的研究工作。

1922 年 6 月 15 日，《中国共产党第一次对于时局的主张》提出“目前奋斗目标”11 项，其中与劳动纲领有关者有以下四项：（1）采用无限制的普通选举制；（2）保障人民结社、集会、言论、出版自由权，废止《治安警察条例》及压迫罢工的刑律；（3）制定保护童工女工的法律及一般工厂卫生工人保险法；（4）承认妇女在法律上与男子有同等的权利。同年 7 月《中国共产党第二次全国代表大会宣言》提出要制定“改良工人待遇”的法律，并规定六项具体要求：（1）废除包工制；（2）八小时工作制；（3）工厂设立工人医院及其他卫生设备；（4）工厂保险法；（5）保护女工和童工；（6）保护失业工人等。这次大会还确定在全国开展“劳动立法运动”。以后在 1923 年 6 月、1925 年 1 月、1927 年 5 月中国共产党第三、四、五次全国代表大会通过的《劳动运动决议案》中，都提出一些新的斗争策略和要求。这对于全国工人运动的开展和劳动立法工作，具有重要指导意义。

第二节　1922 年劳动立法运动和《劳动法案大纲》

1922 年 7 月中国共产党第二次全国代表大会决定在全国开展劳动立法运动，指出：“工会进行劳动者的经济改良运动，必须进于为劳动立法运动。同时使工会明白：获得劳动立法和争得劳动改善条件，均必须工会组织得坚固，在资本制度下，要能够使劳动立法劳动改良条件真正实现，必须以劳动者的力量能够压迫政府和东家才行的。”根据这一决议，中国劳动组合书记部（全国总工会的前身）拟定了《劳动法案大纲》，于1922年7月以《中国劳动组合书记部总部邓中夏等的请愿书》的形式，送交北京“参议院”，并于8月16日将《劳动法案大纲》在《工人周刊》上公开发表。同时还制定《劳动立法原则》并发出《关于开展劳动立法的通告》，要求各地工人团体立即对本大纲进行讨论。其目的，一方面是揭露北洋政府大唱所谓“保护劳工”的反动本质；另一方面是利用这一合法的斗争形式，向全国人民宣布共产党的劳动纲领，借以动员全国工人阶级团结起来，为改善工人生活条件和争取基本自由权利而斗争。

《劳动立法原则》共有4项，《劳动法案大纲》共19条。其基本内容和特点是：

1. 保障政治上的自由。《劳动立法原则》指出：“政治上之自由权，如言论、集会、结社等，为共和国任何阶级所享受。《临时约法》上虽亦有此规定，然自袁世凯公布《治安警察法》之后，实际上已形取消矣。至同盟罢工显为法律所禁止。从而劳动界之言论与行动，已全无发展之机会。”因此必须废除《治安警察法》和禁止罢工的刑律。《劳动法案大纲》明确规定以下权利：（1）承认劳动者之集会结社权。（2）承认劳动者之同盟罢工权。（3）承认劳动者之团体的契约缔结权。要求资本家必须遵守团体契约的规定。（4）承认劳动者之国际的联合权。中共第二次全国代表大会决议案中确定中国工会应参加赤色职工国际。

2. 改良经济生活。《劳动法案大纲》规定以下内容：（1）确定法定工作时间。日工不得过8小时，夜工不得过6小时，吃力的工作不得过6小时。禁止超过法定的工作时间，如有特别情形须得工会同意，才得增加工作时间。（2）规定了休假制度。每星期连续42小时的休息。各种工人和雇用人1年工作中有1月之休息，半年中有2个星期之休息，并有领薪之权。（3）保障最低工资。由国家以法律规定最低工资标准，无论公私企业机关的工资，均不得低于法定的工资标准。国家制定此项法律时，须准全国总工会代表参加。（4）规定对童工和女工的保护措施。禁止雇用16岁以下男女童工。18岁以下男女工人禁止超过法定工作时间。禁止女工及18岁以下之男工做夜工。女工产假是，体力劳动的女工产前产后各8个星期（共16周），非体力劳动的女工产前产后各6个星期（共12周），均照常领取工资。（5）建立工人保险制度，以保障所有公私企业机关内工人之损失。保险费由雇主和国家支付，不得由被保险者负担。一切保险事业的法规均须由工人参加制定。

3. 参加劳动管理。《劳动法案大纲》规定各种工人均有权通过工会选举代表参加政府经济机关和公私企业的管理，以及参加国家劳动检查局的权利。目的在于使工人代表了解生产情况，改良工厂管理制度，匡正雇主之错误，维护劳动者的利益，并为将来无产阶级管理工厂做好准备。

4. 劳动补习教育。《劳动立法原则》指出：现代社会之不平等，大半起于无受教育之机会。政府每年支出巨额款项，专为资产阶级办教育，至无产阶级则毫无顾及。故应要求以法律保证男女劳动者均有受补习教育的机会。这一要求也列入《劳动法案大纲》第十九条。

《劳动法案大纲》的主要特点是：（1）由于当时尚未取得革命政权，所以这时的劳动立法还不可能做到把工人阶级已经争得的权利和利益通过自己的政府，用立法形式确定在劳动法典中，并以革命政权为后盾，保证其贯彻实施。而只能是由中国共产党以及有关革命组织提出劳动立法的基本原则，号召并领导工人群众，向帝国主义、反动统治当局和资本家进行斗争，借以争取尚未得到的权利，维护工人阶级的基本利益。（2）由于当时缺乏劳动立法的实践经验，不可避免地要从外国的劳动法典中摘取某些条文。因此，有些规定显然要求过高，与中国的实际情况不相符合（如周休和女工产假过长等）。（3）在《劳动法案大纲》中对于工农联盟问题非常重视，主要表现对农民也规定了保护措施。如第八条“农人的工作时间虽可超过八小时，但所超过之工作时间的工值，须按照八小时制的基础计算”。第九条还专门规定“须以法律担保一般不掠夺别人劳动之农人的农产品价格，此项价格由农人代表提出，以法律规定之”。这些规定，在农民运动刚待开展时，是十分重要的。

《劳动法案大纲》公布后，中国共产党领导的工会组织先后发动全国各地工人群众举行了多次罢工，并在部分地区或厂矿争得了一定的权利。如 1922 年 8 月下旬邓中夏领导的长辛店铁路工人大罢工，迫使北洋政府控制的铁路当局答应了工人的部分条件（如增加了部分工资，工人因公受伤或在患病期间应发给工资等）。同年 9 月安源路矿工人大罢工后，路矿当局不得不承认路矿工人俱乐部有代表工人之权，并补贴部分经费，假日照发工资，因公殒命须发恤金，矿局职员工头不得殴打工人等。

第三节　1926 年《劳动法大纲决议案》是对《劳动法案大纲》的继承和发展

1926 年 5 月第三次全国劳动大会在广州召开。在国共合作的政治形势下，工人运动在广东地区取得了合法的地位。根据几年来中国工人运动的实践经验，专门制定了《劳动法大纲决议案》17 条。除了保留 1922 年《劳动法案大纲》的基本内容之外，主要修改增删了以下各点：

1. 关于罢工问题，决议案在规定“工人有罢工的自由”之后，又补充规定“惟在国民政府下，可经过劳资间或主管官厅之一度调解，方始罢工”。这一补充是必要的，是协调劳资关系的必要步骤。

2. 缩短休假时间，决议案规定：“星期日及重要纪念日休息，仍照给工资。”没有再规定“每星期连续四十二小时休息”，也没有规定年度休假日期。这是符合当时的实际情况的。

3. 关于工资问题，“以维持工人生活为最低工资，其不及维持工人生活之工资，政府得强制增加之”。并规定工资的给予以银元为标准，不得以物类代替或克扣。如延长工作时间须加倍付给工资。

4. 对青工和童工的保护措施，决议规定绝对禁止不及 16 岁的青年工人作不卫生及危险的工作，禁止使用未满 13 岁的童工。这便明确了禁雇童工的法定年限（未满 13 岁），以及童工（13 岁至 16 岁）和青工（16 岁至 18 岁）的年龄界限。

5. 修订了女工的产假期限，决议规定从事重体力工作者，产前产后共休息 8 个星期，从事轻体力工作者，共休息 6 个星期，均照发工资。此外还提出哺乳女工应有法定的哺乳时间，这也是一项重要补充。

6. 删除了关于农业劳动者的规定。因为这时农民运动已在各地逐步兴起，各省农民代表大会都通过了关于保护农业劳动者（雇农和牧童）的法规。因此在劳动法中可不再作此规定。但历次劳动大会仍有关于加强工农联合的决议案。

可见，1926 年的《劳动法大纲决议案》比 1922 年的《劳动法案大纲》修订得更加全面、合理，更加符合我国的实际情况，在文字上也更为明了确切。这一切都标志着我国劳动立法在学习国际工运经验与中国实际情况相结合方面，向前迈出了可喜的一步。这便为以后革命根据地的劳动立法奠定了良好的基础。

第五章　工农运动中的土地改革纲领和减租减息政策

我国是个农业大国，农村人口约占全国人口的 80%。但是，在半殖民地半封建的旧中国，广大农民在帝国主义和封建买办势力的压榨下，生活处境极为悲惨。地租重，利息高，捐税多，农村雇工条件极为恶劣，天灾战乱不断，政治迫害野蛮凶狠，使广大贫苦农民陷入绝境。为了解放农民，发展农村生产力，必须废除封建土地制度。中国共产党成立后，便积极发动农民运动，在斗争中提出了土地改革纲领，各省农民代表大会也通过了有关租赁土地问题的决议案。

第一节　中国共产党的早期土地改革纲领

1921 年 7 月《中国共产党第一个纲领》，提出没收土地，“归社会公有”。1922 年 6 月 15 日《中国共产党第一次对于时局的主张》规定，“没收军阀官僚的财产，将他们的田地分给贫苦农民”，制定“限制租课率的法律”。“废除厘金及其他额外的征税”，“征收累进率的所得税”。1922 年 7 月《中国共产党第二次全国代表大会宣言》提出制定保护农民的法律，重申了上述规定。

1923 年 6 月中国共产党第三次全国代表大会，在决定与国民党建立革命统一战线的同时，也决定加强农民运动，提高对农民问题的认识。大会通过的《农民问题决议案》指出："决议认为有结合小农佃户及雇工以反抗牵制中国的帝国主义者，打倒军阀及贪官污吏，反抗地痞劣绅，以保护农民之利益，而促进国民革命运动之必要。""三大"通过的《中国共产党党纲草案》中，专门规定保护农民利益的要求：（1）划一并减轻田赋，革除陋规。（2）规定限制田租的法律，承认农民协会有议租权。（3）规定重要农产品价格的最小限制。同年3月《共产国际执行委员会给中国共产党第三次代表大会的指示》强调中国农民问题和土地革命的重要意义，指出："在中国进行民族革命和建立反帝战线之际，必须同时进行反对封建主义残余的土地革命。只有把中国人民的基本群众，即占有小块土地的农民吸引到运动中来，中国革命才能取得胜利。""因此，全部政策的中心问题乃是农民问题。"为了实现工农联盟，必须实现下列土地革命的口号：（1）没收地主土地，没收寺庙土地并将其无偿分给农民；（2）歉收年不收地租；（3）废除现行征税制度，取消各省间的包税税卡，废除包税制度；（4）铲除旧官僚统治，建立农民自治机构，并由此机构负责分配没收的土地。最后要求共产党必须不断地推动国民党支持土地革命，在孙中山的军队占领地区必须实行有利于贫苦农民的土地政策及一系列革命措施。后来中国共产党帮助孙中山在1924年1月对国民党进行改组，明确实行扶助农工政策。在《中国国民党第一次全国代表大会宣言》中规定："严定田赋地税之法定额，禁止一切额外征收，如厘金等类，当一切废除之。""清查户口，整理耕地，调查粮食之产销，以谋民食之均足。""改良农村组织，增进农人生活。"1924年6月24日公布了经孙中山批准的《农民协会章程》，使农民协会取得合法地位。

1924年11月《中国共产党第四次对于时局的主张》重申：（1）规定最高限度的租额，取消田赋正额以外的附加捐及陋规，谋农产品和他种生活必需的工业品价格之均衡，促成职业的组织（农民协会）及武装自卫的组织，这都是农民目前急迫的要求。（2）废止一切厘金、牙税，废除盐税米税，以裕平民生计。1925 年 7 月 10 日《中共中央、青年团中央告“五卅”运动中为民族自由奋斗的民众》提出：“限定享有田地之最高额，大地主逾额之田地颁给贫农及无田地之农民，限定田租之最高额，佃户所出田租须尽量减低，并禁止预征钱粮。”

1925 年 10 月，中国共产党扩大执行委员会决议，提出“耕地农有”的口号。指出农民运动逐步在中国的南部和中部发展起来，“其最终目标，应当没收大地主军阀官僚庙宇的田地交给农民。中国共产党应当使一般民主派知道没收土地是不可免的政策，是完成辛亥革命的一种重要职任”。“如果农民不得着他们最主要的要求——耕地农有，他们还是不能成为革命的拥护者。”接着在同年 10 月 10 日《告农民书》中进一步解释说：“解除农民的困苦，根本是要实行‘耕地农有’的办法，就是谁耕种的田地归谁自己所有，不向地东缴纳租课。此外，废止盐税和厘金，关系农民生计也非常之大。可是要达到废止盐税、厘金和实行‘耕地农有’这些目的，那就非农民工人联合起来革命打倒军阀政府不可。”

以上规定，虽然比较原则，但对各地农民运动却起了积极推动作用。以后随着北伐战争的发展，各省农民运动逐步深入，初步取得一些实践经验。所以自 1926 年下半年开始，关于土地问题的政纲和各省对于农民问题的各种决议案，都较为具体。包括“阻禁”“平粜”，减租、减息、减押，废止苛捐杂税，改善雇工待遇，以及解决农民土地问题的方案，都有比较明确的规定。

第二节　减租减息和其他改善农民生活的规定

一、实行“阻禁”“平粜”

各地豪绅地主利用其经济势力，囤积居奇，任意抬高粮价，民食无法保障。农运兴起后，由农会下令，阻止地主任意将谷米运出境外高价出售，此即为“阻禁”。然后将地主的谷米，以平价卖给农民，即为“平粜”。1926 年冬湖南省农民代表大会《民食问题决议案》规定：以区或乡为单位，根据当地民食欠缺情况，要求地主存留一定数量的食谷，以平价卖给缺粮的农民。其余的粮食，可以任意流通，并不限价。这是农运初期采用的一种临时性保护农民利益的初步措施。

二、限制租地押金

租地押金，本是地主阶级强加给佃农的一种额外剥削。农民运动兴起后，首先提出禁止增加押金，以后逐步减少押金，并实行有息押金，最后到废止押金制度。

1926 年 10 月，中共湖南区第六次代表大会宣言中提出：“佃户押金租谷每石至多不得超过二元，并须按照当地普通利息计息。”同年 12 月湖南省第一次农民代表大会《地租问题决议案》指出：农民多为当地土著，并无缴纳押金之必要，自当废止押金制度。在押金制度未废除以前，亦应一律按照当地利率计息，不得有无息押金。押金最高限额可由各县农民协会酌定，经省农协批准请政府备案，以后即按此规定执行。如浏阳县制定的《承佃契约》规定：承佃人出备押金若干，交与发佃人收讫。此项押金自承佃之日起，应由发佃人出备年息若干，交与承佃人收用。

三、减轻地租

减轻地租剥削，是第一次国内革命战争时期农民运动开始时的中心任务。各地对减租的具体要求不尽一致。有的规定在原租额基础上减轻多少，如浙江衢前农民协会确定“三折还租”，即按原租额减轻 30%。有的规定按当年收获量确定地租的比例，如 1923 年 7 月广东海丰县确定“至多三成交租”，即交租不得超过收获量的 30%。有的规定实行减租后，农民所得不得少于当年收获量的多少。因为有的地方原租额过高，减租之后，仍然很高。为了保障佃农生活，特再规定一个农民所得的最低比例。如 1926 年 7 月中共第三次全国代表大会《农民运动决议案》规定减租之后，农民所得至少要占收获量的 50%。有的规定了灵活的减租幅度，如 1926 年 12 月湖南省第一次农民代表大会决议案规定：减租标准，应根据田亩的性质、大小、肥瘠，副业的多寡，押金的轻重和押金利息的有无、多少等情形，减少租额的 5% 至 30%。以后逐步形成以“二五”减租作为基本政策。

1926 年 10 月出版的《广东农民运动报告》所载《对于广东农民运动议决案》“目前最低政纲”第一条：“一般佃农的要求为佃租之减少。在广东已屡次发生减租运动，但口号必须切实而能行，并且要普遍，故主张分别依照向例纳税方法‘减原租百分之二十五’。”[①] 在实施方法中，除提出向群众宣传，使农民接受我们的要求外，同时也要“提出国民政府请求实现”。接着便将这一要求，提到同年 10 月 15 日在广州召开的国民党中央及各省区代表联席会议，为联席会议所采纳。

1927 年 7 月，中国共产党提出的《国民革命的目前行动政纲草案》也规定：“一律减租百分之二十五，佃农交租额最高不得超过收获量的百分之三十。”上述关于“二五”减租的原则和经验，为以后抗日根据地制定减租政策奠定了基础。

在各地有关减租问题的决议案中，还规定废除一切陋规，实行保护佃农的种种措施。如：

1. 废除包佃制（或称包农制）。即废除“二路地主”，有些地方由“二路地主”向田主承包田地，然后再提高地租转租给佃农，加重对佃农的剥削。因此，广东、湖北各省皆明令予以废除。

2. 废除业佃之间的一切不平等契约。如取消上期交租。废除地租以外

① 《中共中央文件选集》第 2 册，第 164 页。

的各种苛例，如田信鸡、送工、送礼等。废止“铁租”，实行荒年免租。湖南浏阳《承租契约》规定：遇水旱荒歉认为应予减免时，得由本地农民协会秉公酌定，双方不得无理争执。

3. 实行丈田、插标。因地主出租土地的面积很不准确，地主乘机多收地租（如长沙市郊将只应收租一石的土地，夸大为收租四石的面积）。所以湖南有些地区决定实行清丈土地，按实际面积缴纳地租和捐税。上述清丈土地，是保护佃农的利益。插标则是使无地的失业农民能够租得一定的耕地，即重新调整土地的耕种权（土地所有权仍归地主），确定某人耕种某地后，插标为记，以解决农民租地的争执。

4. 禁止地主无故抽佃，保护农民的永佃权。湖南省规定：地主不得无故或借故退佃。农民如因退佃而受损失，应由地主赔偿。1926 年 11 月《共产国际第七次扩大执委会议关于中国问题决议案》提出：“担保佃农永久租借他所耕种的土地。”同年 11 月《中国共产党关于农民政纲草案》也规定：“保证佃户在其所耕种地上有无限期租佃的权利，并由农会会同革命政权的代表规定租课额。”此即保护农民的永佃权。1927 年 3 月江西省第一次农民代表大会决议案也规定：“地主不得任意收回佃农田地，如有特别原因，亦必须得农民协会的同意。”1927 年 5 月党的第五次全国代表大会再次肯定保护佃农的永佃权。

四、废除高利贷，减低债息

农民运动兴起后，各地皆宣布废除高利贷，实行减息政策。但减息标准，各地不尽一致，逐步倾向于年息不超过 20%。1925 年 5 月广东省第一次农民代表大会《经济问题决议案》规定：“反对高利贷（并父债子还）与高利押。”1926 年 5 月广东省第二次农民代表大会专门通过《取缔高利贷决议案》，以大量篇幅揭露了各种名目繁多的高利贷盘剥形式之后，着重指出：救国之计，首在救人，此种高利贷之盘剥，不但害人，且足以亡国。

应请政府明令制止，规定最高利率，以杜流弊，而安民生。1926 年 7 月中国共产党第三次中央执委扩大会议《农民运动决议案》明确提出：“限制高利盘剥，每月利息最高不能过二分五厘。”1926 年 10 月出版的《广东农民运动报告》所载《对于广东农民运动议决案》：“规定借贷利率，不得超过二分。如违以违法论罪。”同年 10 月 2 日中共湖南区第六次代表大会宣言也规定：“银钱借贷年息不得超过二分，借谷年息不得超过一成，如私自增息，以违法论罪。”后来便将此原则确定在 1927 年 7 月中国共产党提出的《国民革命的目前行动政纲草案》中：“禁止高利贷，年利不得超过百分之二十。”到抗日战争时期，在抗日根据地里，即参照这一精神确定新的减息政策。

五、废除苛捐杂税，减少捐税负担

广东、湖南、湖北、江西等省的农民代表大会，都通过了《废除苛捐杂税决议案》，综合起来主要规定以下各点：

1. 宣布贫苦农民历年积欠的田赋，一律豁免。以后遇有天灾，应酌情减免田赋。

2. 废除一切征税陋规，反对“包税制”，反对预征和复征钱粮。清丈地亩，解决经界不清造成田多粮少或田少粮多现象，取消无地钱粮。

3. 重新制定统一累进所得税法。征收田赋税捐重点应由大地主和殷富者负担。一切征收皆按市价计算。

4. 取消田赋以外的一切附加征收。如认为有必要时，得由农民协会邀请各革命民众团体厘定附加税的数目与用途。凡非地方公益正当开支应一律免除，属于正当开支也应尽可能减少。湖南省规定自耕农有田 20 亩以上者才能征收亩捐。佃农不纳捐。江西省规定“禁止户宰家酿税”。

5. 扫除厘金积弊，以一种厘金代替多种繁杂厘金。使商人交纳一次厘金之后，不再征收第二次。有的地区规定肥料与荒月食粮，关系农业与民食甚大，均应免除厘金。此外，还规定减轻盐税，废除“引岸”[①]。取缔牙帖居间剥削，使农民生产的农产品在市场自由贩卖。

以上税收改革的实施，适当减轻自耕农的负担，并促进商品流通，这对联合全体劳动农民、团结中小工商业者、积极支持反帝反封建的革命斗争，具有重要意义。

六、改善农村雇工生活

在广东、湖南、湖北、江西等省的农民代表大会上，分别通过《改善雇农生活决议案》或《农村雇工问题决议案》和《青年农民运动决议案》，对农村雇工和牧童提出以下保护措施：

1. 增加工资。农村雇工的工资与工作及生活物价过于不相称者，须酌情增加工资。要规定青年农民的最低工资。凡与成年农民做同样工作者应得同样工资。将年终结账改为三节（端午、中秋、过年）结账。

2. 减少工时，年节休假。有的规定每日工作八小时或十小时，不做夜工。有的规定现时农村经济状况虽不能规定固定工作时间，但超过雇农能力之过长时间，因而危及健康者，均须加以限制。年节喜庆日休假，工资照发。有的提出每月应有例假。

3. 雇主不得虐待打骂雇工和牧童，不得做危险的工作，禁止强迫童工妇女做超过其能力的工作。废止“父债子还”制度。雇工特别恶劣的饭食应予改善，病伤应由东家医治，不得克扣工资。

4. 不得无故开除雇工，如中途辞退雇工，东家应赔偿失业损失。如有特殊原因辞退雇工，须得农民协会的同意。

5. 东家应资助青年农民及牧童的教育费，使之得到免费教育的机会。

① “引岸”，指中国旧时规定的引盐行销制度，即商人向政府购引（运盐凭证）后，可凭引支盐，运往指定地区，独占该区内的食盐销售特权。

应以乡村公款举办俱乐部，以便青年农民进行娱乐。雇农参加农民协会的会议或其他革命活动，雇主不得借口干涉或减少工资。

第三节 关于土地问题的解决方案和初步实施

没收封建地主阶级的土地，实现“耕者有其田”，是中国共产党反帝反封建民主革命阶段的中心问题和主要纲领之一。但如何实现这一目标，却有一个逐步提高认识和在实践中摸索经验的过程。

一、“耕者有其田”和“耕地农有”口号的提出

中国共产党成立不久，就提出要没收大地主、军阀官僚和庙宇的土地，分给贫苦农民。以后农民运动得到孙中山为首的国民党的支持。孙中山《在广州农民运动讲习所第一届毕业礼的演讲》[①]中，提出了“耕者有其田”的口号。

1925 年 10 月 10 日，中共中央执委扩大会议《告农民书》在此基础上提出“耕地农有”的口号，“就是谁耕种的田地，归谁自己所有，不向地东缴纳租课”。其实施的前提条件是，“革命的工农等平民得了政权，才能够没收军阀、官僚、寺院、大地东的田地，归耕地的农民所有”[②]。就是要以国家政权采取“剥夺剥夺者”的手段，无代价地没收地主官僚的土地，分给无地少地的农民。可见，建立革命政权，是实施土地制度改革的基本保证。

① 《孙中山全集》第 10 卷，第 554—558 页。
② 《中共中央文件选集》第 1 册，第 435 页。

二、中国共产党第五次全国代表大会关于土地问题决议案

随着农民运动的深入发展，农村政权得以巩固，政治斗争取得基本胜利，土地问题便自然提到议事日程。1927 年 5 月中国共产党第五次全国代表大会关于《土地问题决议案》指出，“要取消封建式的剥削，只有将耕地无条件地转给耕田的农民，才能实现”。现在“两湖的农民斗争，已经开始要解决土地问题——没收土豪劣绅的土地，并有分配土地的运动”。因此，大会经过热烈的讨论，通过以下土地政策：

1. 没收一切所谓公有的田地以及祠堂、学校、寺庙、外国教堂及农业公司的土地，交诸耕种的农民，此等没收的土地之管理，应付诸土地委员会。此等土地的管理形式，是否采用公有制度或分配于耕种者的农民，皆由土地委员会决定。

2. 无代价地没收地主租与农民的土地，经过土地委员会将此等土地交诸耕种的农民。但是属于小地主的土地和革命军人现有的土地，可不没收。可见，这一规定只限于没收非革命军人的大地主的土地。

3. 耕种已没收的土地之农民，除缴纳累进的地税于政府外，不纳任何杂税。未没收的土地之租率，应减至相当的程度。耕种者享有永久租佃权。

但应指出两点：（1）上述土地纲领，只没收公有土地和大地主的土地，是很不彻底的，不能满足农民的土地要求。即便这一个极不彻底的土地方案，也并未立即公布予以实施。正如《中共“八七”会议告全党党员书》所指出的：“在第五次大会时，土地问题议决案虽然通过了，但是党的领袖陈独秀、谭平山同志，却说现在只要扩大而暂时不能深入革命，所以没收土地还要等一等。”（2）当时是以土地国有作为党对农民问题的基本原则。党的“五大”决议案规定：“共产党将领导农民从事于平均地权的斗争，向着土地国有、取消土地私有制度的方向而努力进行。”这一规定与中国当时的国情不相符合，直接影响到以后苏区土地革命的前中期的土地立法，到 1930 年才得以正确解决。

三、长沙霞凝乡第一个实施土地分配方案

第一次国内革命战争的后期，农民运动深入地区，已由一般减租减息转入没收地主土地分配给农民的阶段。在湖北，据 1927 年 5 月 26 日汉口《民国日报》报道："罗田、黄冈、阳新等县的农民，已提出分配土地的要求。"有许多地主基于各种原因，自愿献出土地。但是乡区农协没有适当处置办法，就是省农协现在也还没有具体方针。

在湖南省，长沙、湘潭、醴陵、浏阳等地农民开始自动起来分配地主田地。具有代表性的是长沙市。首先是长沙市党部在 1927 年 4 月 18 日提出呈文要求"将所有土地没收归公，由农民协会及区乡自治机关组织土地委员会将土地分配于农民"。[①] 同年 5 月，长沙市召开市民会议时，专门通过了《关于近郊农民决议案》，明确规定："此时必须实行没收反动派及土豪劣绅的土地及近郊荒地，交给无地耕种的农民。"根据这一决议，长沙市郊霞凝乡的农民，在省农民协会秘书长柳直荀的领导下，着手没收地主豪绅的土地，按人口和劳动力情况分别进行分配。正如柳直荀所记载的，分田"是根本的否认地主的所有权而将它分给农民。长沙附近的霞凝乡要算是首先实行的区域，农民将田地依照人数力量分配。成年每人可得产谷八石面积的土地，未成年者又依其年龄之大小，给以四石或六石的土地"[②]。这一事例，也可从林祖涵（伯渠）1927 年 5 月《关于土地问题之报告》中得到证实和补充。他说："分田制，系由长沙附近之霞凝乡农民自行提出。其分配之法，以人口为标准，每男子 1 人，每年作谷 8 石，有妻室者倍之。有子或女者，每丁加谷 4 石。田地依此标准，被分者甚多。"[③] 可见霞凝乡是第一个创造性地提出分配土地方案的典型代表。在中国现代土地革命史上居于重要历史地位，对于后来苏区制定土地分配法具有直接借鉴作用。

---

① 《湖南民报》1927 年 4 月 19 日。

② 柳直荀:《湖南农民革命的追述》，载《布尔什维克》第 13、14 期，1928 年 1 月 2 日出版。

③ 《中国农民》第 2 卷第 1 期，1927 年 6 月出版。

第六章　工农运动中的婚姻家庭和继承制度改革

第一节　妇女解放和婚姻制度改革的基本原则

一、中国共产党早期政纲中关于妇女解放和婚姻家庭制度改革的基本原则

1922 年 6 月 15 日《中国共产党第一次对于时局的主张》提出："承认妇女在法律上与男子有同等的权利。"

同年 7 月中国共产党第二次全国代表大会《关于妇女运动的决议》首先指出："自国际资本主义侵入中国以来，无产阶级的妇女渐渐降到工钱奴隶地位。……全国所有的妇女，都还拘囚在封建的礼教束缚之中。"因此，决议提出目前妇女奋斗目标是：帮助妇女们获得普遍选举权及一切政治上的权利与自由。打破旧社会一切礼教习惯的束缚。特别是在这一决议中，提出以下两个观点，是十分重要的。一是"中国共产党认为妇女的解放是要伴着劳动解放进行的，只有无产阶级获得了政权，妇女才能得到真正解放"。二是目前的妇女运动"不过为达到完全解放目的必须经过的站驿。在私有财产制度之下，妇女真正的解放是不可能的。前进，才能跑进妇女解放的正路"。在《中国共产党第二次全国代表大会宣言》中提出："废

除一切束缚女子的法律，女子在政治上、经济上、社会上、教育上一律享有平等权利。”在共产党二次代表大会《关于国际帝国主义和中国共产党的决议案》中提出：“制定保护妇孺的法律。”

1923 年 6 月中国共产党第三次全国代表大会通过的《妇女运动决议案》又进一步提出：“一般的妇女运动如女权运动、参政运动、废娼运动等，亦甚重要。”大会决定中国共产党应随时指导并联合这种运动，并提出以下口号：“全国妇女运动的大联合”，“打破奴隶女子的旧礼教”，“男女教育平等”，“男女职业平等”，“男女社交平等”，“母性保护”（即保护母亲）以及“结婚离婚自由”等。同年 8 月中国社会主义青年团第二次代表大会决议案中，又提出：“反对蓄婢，反对买卖人口，反对纳妾及重婚，反对童养媳的恶俗。”这些规定对于推动工农运动中改革婚姻家庭制度，具有重要指导意义。

二、工农运动中关于改革婚姻家庭制度的原则规定

（一）上海临时市政府政纲草案的规定

第一次国内革命战争时期，工人运动中关于保护女工的规定，已在劳动法中专门阐述，此处侧重说明上海工人第三次武装起义后，在大城市关于保护妇女权利和改革婚姻家庭制度的原则规定。1927 年 3 月上海工人武装起义后建立的权力机关——上海市民代表会议，于 4 月 11 日制定公布了《上海特别市临时市政府政纲草案》，其中明确规定：（1）妇女与男子一律平等，得参加一切市政权。（2）严惩拐匪及贩卖人口。严禁卖淫业，现有妓女准其自由择配。（3）市内各学校得男女同学。女学生享有通讯、社交及婚姻自由。（4）保障结婚离婚自由。废除童养媳及奴婢纳妾制度。改良济良所。（5）设立育儿院，保护私生子，并使无力养育儿女或母亲工作关系须暂寄儿女者，得享此社会育儿院的权利。[①]

① 上海《新闻报》1927 年 4 月 11 日。

（二）各省农民代表大会决议案的规定

毛泽东在《湖南农民运动考察报告》中指出："政权、族权、神权、夫权，代表了全部封建宗法的思想和制度，是束缚中国人民特别是农民的四条极大的绳索。"农民运动兴起后，"地主政权既被打倒，族权、神权、夫权便一概跟着动摇起来"。广大农村妇女争得了一定的民主权利，参加了农民协会（农会设有妇女部），有的成立了"乡村女界联合会"，有的参加了梭镖队，开始向地主豪绅及一切宗法思想和制度展开斗争。

1926 年 12 月湖南省农民代表大会和 1927 年 2 月江西省农民代表大会都通过了《农村妇女问题决议案》，综合起来主要包括以下要点：（1）注意领导妇女加入农民协会和乡村自治委员会以及各种集会，并引导她们为争取妇女解放而斗争。农民协会所办学校应收纳妇女。女工操同样工作时应得相等的工资。（2）严禁虐待女孩及溺毙女婴，反对恶姑残害媳妇丈夫虐待妻子，禁止童养媳，反对虐待童养媳，禁止妇女缠足、穿耳等恶习。（3）反对买卖婚姻，取消聘金制度。婚姻须得女子之同意，再婚妇在社会上须一律待遇，不得蔑视。会员不得虐待其妻子。①

第二节　继承制度改革的基本原则

中国共产党早期政纲中关于改革继承制度提出以下基本原则：

1923 年 6 月中国共产党第三次全国代表大会通过的《妇女运动决议案》，明确规定"女子应有遗产继承权"。

1925 年 1 月中国共产党第四次全国代表大会通过的《关于妇女运动决议案》进一步规定："女子应有财产权与继承财产权。"这一规定不仅肯定

① 《第一次国内革命战争时期的农民运动资料》，人民出版社 1983 年版，第 424、577 页。

女子应有遗产继承权，而且应与男子具有平等的财产所有权。后一补充是十分必要的。

根据上述原则，1927 年 4 月《上海特别市临时市政府政纲草案》也明确规定“保障女子之承继权”。

第七章　工农运动中的经济管理法规

第一节　省港罢工委员会开创革命经济立法的先河

1925 年 6 月，省港罢工委员会成立后，在数十种革命法规中，有关经济管理方面的法规，占有相当的比重。主要包括：（1）独立自主地制定对外经济管理法规，这在半殖民地半封建的中国是前所未有的。（2）制定保护民族工商业和华侨利益的法规，对于团结民族工商业和华侨坚持反帝爱国斗争具有十分重要的意义。（3）制定有利于农民和渔户的经济法规，进一步加强了工农联盟。上述规定说明，省港罢工委员会的经济立法是中国共产党领导人民制定经济法规的萌芽。

一、高举反帝爱国旗帜，独立自主地制定对外经济管理法规

（一）对外轮出入口岸的管理法规

省港罢工之后，宣布所有轮船和轮渡一律禁止来往于香港和沙面，在经济上给帝国主义以沉重的打击。但在罢工初期，由于一律不加区别地断绝一切对外来往，不利于分化外商，为我所用。同时，美、日、法等国的商人都想打入广州市场。有鉴于此，省港罢工委员会于 1925 年 8 月 1 日第七次工人代表大会决定，实行“特许证”制度，即只对英国采取经济绝

交对策，而对非英国船、非英国货又不经过港澳者，可以直来广州。由省港罢工委员会会同商务厅、公安局、外交部审核签发特许证，即准于通行和贩卖。罢工之前由香港运来被查封的货物，决定处理办法是，英国产品完全充公。非英国产品之粮食、药材处以5%的罚款，其他原料罚款10%。这一斗争策略实行后，英国以外的商船闻风而至。如美国的大来公司，日本的三井洋行以及其他国家的商船，都要求领证复业。以后广州每日入港的船只可达40余艘。这对拆散帝国主义的联合战线，促进广东经济的独立发展起到了积极作用。

（二）对外国店户轮船复业复工的规定

1925年9月9日《省港罢工委员会关于复工问题的通告》和9月14日《省港罢工委员会对于日、美、法等国的轮船店户条例》作了以下规定：凡英国以外日、美、法等国的公司商店和轮船，要求复工者，须事前呈报本会，并要继续雇用以前罢工之工人（工资照旧），由雇主、工人与本会三方订立复工条约，始可开工；如不呈报本会而私自招工开业或违背条例者，以破坏罢工论处。倘有辞退旧日罢工工友，另雇他处工人者，本会必予严厉制裁。如违背三方所定条约，立即停止其营业，并从严处罚。凡外国公司商店自港澳沙面搬来广州市营业者，必须遵守中国的一切法律。

（三）决定实行海关“二五附加税”

海关本是国家的经济命脉之一，但自鸦片战争以来，我国海关却被帝国主义者占据。为此，中共中央早在1923年12月就发布收回海关的通告。1926年9月北伐革命军占领武汉后，全国革命形势发生很大变化。因此，中共广东区委在同年9月28日提出改变斗争策略自动停止封锁香港结束罢工的决定。省港罢工委员会根据这一决定，于9月30日罢工工人代表大会第166次大会上通过了《关于变更罢工政策结束封锁的决议》，决定在关税上征收附加“二五税”，作为收束罢工的经费。即对普通货物，照现行海关所征税率加征 2.5%；对奢侈品加征 5%。由广州政府外交部于 1926 年 10 月 10 日致函各国驻广州领事皆须按此规定执行。10 月 11 日由省港罢工委员会和国民政府共同组织“二五附加税”征收机关，开始执行这一法令。这是省港罢工委员会的一大革命创举。

总之，省港罢工委员会的上述规定，是代表中国人民对帝国主义强加于我国的一切不平等条约和“治外法权”的坚决否定，体现了中国无产阶级和各界人民独立自主地行使对外管理职权，从而维护了国家主权和民族尊严。

二、实行工商联合政策，保护华侨正当利益

（一）从实行出入口“特许证”制度到“善后条例”

实行罢工封锁政策虽然是必要的，但在罢工初期，由于断绝海外一切交通，给广东经济带来一定困难，这就不能不影响到同广州商人的关系。为了加强工商联合、一致对外，8 月 14 日《省港罢工委员会关于设立特许证的通告》和 8 月 16 日省港罢工工人代表大会发布的《关于货物审查标准的布告》规定：本市商民在沙面外仓中所存货物，如非英国产品，且已为华商所买者，准其出仓自行处理。实行“特许证”后，很快恢复了海内外的交通和贸易，这对发展广东经济、团结爱国商人反对帝国主义具有重要意义。

“特许证”制度实行不久，因手续繁杂，广东商人提请取消。省港罢工工人代表大会特于 1925 年 8 月 27 日召开大会讨论决定，与广东四商会（广州总商会、广东全省商民联合会、广州市商会、广州商民协会）协商善后办法。于 9 月 3 日联合发布《取消特许证后之善后条例》，14 日又增补一条《附加善后条例》，规定：（1）凡在广州之货，只要不是英国货，而且不是英国人的，均可开仓买卖，并在广东界内自由贸易（政府专卖品及

违禁品例外)。(2)决定简化签证手续，只要在省港罢工委员会领取轮船出入口证，即可通行无阻，不必再到商务厅、公安局和外交部签证。(3)为了“保障罢工，维持商业”，决定由省港罢工委员会和四商会共同组成“工商审查仇货委员会”和“工商检验货物处”。如有违反善后条例者，皆由该二机构进行检查和处理。实行上述改革后，广东经济逐渐恢复和发展，以广州海关收入为例，1926 年 1 月比 1925 年 1 月增加了 2/3。

(二)允许港澳船只回省复业

罢工之后，本国的船商在港澳营业者，纷纷请求回省复业。为此，省港罢工委员会特于 1926 年 3 月 22 日制定《港澳船只回省复业条例》。规定回省复业者必须符合以下条件：(1)非英船改名者及与英国资本完全无涉者。(2)罢工期并无破坏工商合订条例及一切罢工政策者。(3)所有船上雇用工人须先由该船公司到本会报明，按复工条例由三方签订条约。(4)船上职员不得任用英籍人。(5)须觅具殷实商店之担保，绝对遵守工商合订条例及本会所定一切船务细则。(6)须按该船之种类(帆船、轮船)和容量分级缴纳一定的“报效费”。

(三)保护华侨正当利益

1926 年 3 月，南洋华侨巨商陈嘉庚公司运来胶轮等货品入口，因该胶轮有“新加坡”字样，被纠察队扣留审查。罢工委员会将此案提到工人代表大会讨论，认为“陈为南洋巨商中最能牺牲个人财产，以谋增进国内教育之人，且能制新式货品，与外国工商业争衡”，该胶轮又系由厦门运来，根据“保护农工，发展实业”政策，一致决议“全数发还”。并在罢工委员会机关报《工人之路》加以报道，公开宣传罢工委员会的侨务政策。

省港罢工委员会为了优待华侨，在 1926 年 4 月致函国民党中央海外部，为防止海外华商自制牛皮运粤时的错扣事件，希转告各地侨胞：凡非仇属和仇商所产之牛皮，可先到该地党部报明(何厂出产、何船运粤、数量多少、付货收货商号），由党部审查属实，电告敝会，并另缮证明书交由该商随带来粤缴验，便转告工商检验货物处及纠察队等查明放行。

1926 年 6 月 16 日，纠察队委员会还专门发布优待华侨的布告，规定归国华侨随身携带之仇货，“如非贩运仇货，立即放行，毋稍留难”。倘有与罢工条例相抵触者，可将详情证明呈报本会，以便妥善处理。

上述政策措施深受华侨欢迎。海外华侨对于此次反帝罢工运动给以热情支持。自罢工以来，各地华侨汇交省港罢工委员会的捐款共达 113 万元，占省港罢工委员会全部财政收入的 23%。

三、加强工农联盟，解决农民渔户的实际困难

在封锁香港过程中，由于农产品也一律禁止出口，逐渐引起农民的不安。省港罢工委员会针对这一情况，及时制定了相应法令，以解决农民的实际困难。具有代表性的有以下两道法令。

（一）省港罢工委员会特准宝安县农民过界采购耕种条例

1926 年 4 月 9 日公布的《省港罢工委员会特准宝安农会农民经过英界条例》规定：特许各乡农民过英界到内地采办米盐等货物。但必须持有农会证明，并保证不挟载仇货，到深圳纠察队办事处领取过境证明。各农会农民有必要经过英界耕种者，也应由农会担保办理证件，方准来往通过。如违反以上规定，将违例物充公。工人纠察队或农民协会截获违例物被判决充公者，将给截获者一定比例的奖励。

（二）省港罢工委员会关于咸鱼运输办法的训令

咸鱼，是关系沿海渔户生活及内地贫民的重要食料。罢工之后，因确有少数奸人故意违例自香港贩运咸鱼，故纠察队不得不严加检验。但时间一长，咸鱼易致霉坏。为了保障渔户和商人的利益，由省港罢工委员会于

1926年4月17日训令公布《省港罢工委员会关于咸鱼运输办法》，规定：（1）凡属咸鱼，经当地纠察队检查后，准予在沿海及内地自由贩运，各地不得留难，检验手续务求迅捷，以免停滞霉坏。（2）凡专运土咸鱼的船只，不得兼运他货。（3）如确已证实系由香港运入的咸鱼，一律截缉充公。

以上两个法令实施后，解决了农民渔户的切身问题，从而进一步加强了工农之间的团结。农民协会派出大批农民自卫军配合工人纠察队严密封锁各海口，这对坚持长期罢工和封锁发挥了十分重要的作用。

第二节　工农运动中有关组织合作社的规定

在共产党历次代表大会的文件中和工农革命组织的决议中，都提出要在工人、农民中兴办各种形式的合作社。

一、工人合作社的规定

最早提出在工人中建立合作社的主张，是1922年7月党的“二大”《关于“工会运动与共产党”的决议案》之附加决议案，规定“工人消费合作社是工人利益自卫的组织”。1925年1月党的“四大”《对于职工运动之决议案》确定合作社的种类应包括生产的、消费的和金融等合作社，还特别强调兴办合作社是“引导工人从事经济的斗争的一种方式”。

根据以上决议，首先在安源和水口山等地的工会中，开始组织了第一批合作社，并制定了简要规章。如在安源，1922年5月1日成立了工人俱乐部。在“创办消费合作社可买便宜货”的号召下，工人积极参加俱乐部，并集股加入合作社。当时的章程规定一股一元，每人一股，平等受益。为了加强对合作社的领导，安源工人俱乐部在“主任团”的领导下，设立“合作社”（合作社隶属于互济股），李能至（立三）、易礼容、毛泽民先后担任过消费合作社的总经理。根据《安源路矿工人俱乐部办事细则》第二十一条规定："消费合作社每星期须将其营业状况及经济状况，报告主任团一次，每月总报告一次，社内各项用费每月须报告一次。"安源工人合作社自1923年3月开办，8月已增设三个分社，营业很发达。为了减少商人中间剥削，工人不仅买货到合作社，银元兑换铜元以及工人储蓄也找合作社。为此，合作社内专设"兑换股"和"储蓄部"。这便意味着消费合作社逐步向金融合作社发展。安源工人合作社兴办了两年多，到1925年9月由于反动军阀封闭俱乐部而被迫停办，但在安源工人中却留下深刻的印象。

二、农民合作社的规定

1923年《中国共产党对于目前实际问题之计划——农民问题》指出："组织农民消费协社，中国农民间有合资向城市购物之习惯，应就此习惯扩大为消费协社。"1926年5月，广东第二次农民代表大会通过的《农民合作运动决议案》，阐明各种合作社的作用，指出"信用合作社，确能谋贫农间金融之流通，而轻减其借贷之利息，以抵制地方土豪地主等高利贷。购买消费合作社，确能使农民收价廉物美之效果，而使其生活容易减少层层奸商之盘剥。贩卖合作社，确实使农民卖得其值，不致为奸商土豪垄断其利益。生产合作社，确能增加并改良农民之生产，而使其生活有富余"。大会决定在广东全省农民中宣传合作社之组织，并促其实现。

为了指导农民合作社的发展，1925年10月中共中央扩大执委会决议案决定，在农民协会中要组织专门机构，负责合作社的工作。根据这一决定，广东省自1926年5月在乡农民协会组织合作部。以后湖北省农民代表大会决定在省至乡各级农民协会皆设立合作部。1927年湖北省第一次农民代表大会通过的《农村合作社问题决议案草案》，决定要组织"信用合作社""购买合作社""贩运合作社""生产合作社"，并决定注意培植各种合作社的人才。

1927年6月14日，中共中央发布的《中央通告农字第八号——农运策略说明》，总结了第一次国内革命战争时期创办合作社的经验，指出要走自己的路，不能照抄外国的做法。通告指出："协作社对于中国农民运动，现时已是非常之重要。所谓协作社，不必一定照着'西洋学院'的组织，而要实现其主要的意义，帮助贫农脱离重利盘剥及奸商之垄断居奇等种剥削。所以各地可以就原有的组织或农民自己的习惯为改良之形式，不必尽同。必须造成协作社的人才，研究各地各农民自己的经验，从速创办协作社，以补助农民的经济斗争——尤其是信用合作社。"同时还将中央农委拟制的《关于协作社之决议草案》作为附件随文发下。该草案强调，在农民合作社中，必须在政治上加强无产阶级的领导，建立坚强的农民协会，使合作社成为引导农民和手工业者加入农民协会并参加农村斗争的组织形式。草案还提出在已有二三十个小合作社的乡区，应组织一个较大的合作社。在城市或省会应建立中心合作社，以便在较便宜的市场上购买农民所需要的物品。

综上所述，不难看出，在第一次国内革命战争时期，中共中央对合作社的重要意义，合作社的种类和组织体制（基层社、联合社、中心社等）以及加强合作社的领导问题，已有一定的认识，并积累了初步经验，这是一个良好的开端。

第三节　有关农林水利的规定

在第一次国内革命战争时期的农民运动中，中共中央对植树护林、改良农田水利等方面的工作也很重视，并通过相应的决议提出了许多重要的工作原则和办法。

一、关于植树护林的规定

1926 年 12 月湖南省农民代表大会《农业生产问题决议案》指出：农民欲求解放，除了用革命手段打倒帝国主义土豪劣绅，消除人为压迫之外，必须将科学技术输入农村，以抵御自然灾害。接着决议进一步指出，水旱灾害之所以不断发生，还在于“森林破坏，河道淤塞，堤垸不固，塘坝不修”。因而大会特提出要“疏河浚湖”，“广造森林”。同年 10 月《中国共产党湖南区第六次代表大会宣言》也将“整顿农田水利，培植森林”列为农民最低经济要求之一。

1927 年 2 月江西省农民代表大会专门通过《保护森林决议案》，规定：“一、各地既存的森林，农民协会竭力保护之，不论谁概不得自由盗伐伤害。二、凡本会会员应于 3 月 23 日，各植树十株。”另外，在《整顿水利决议案》中，也规定“农民协会应积极地在堤防上造成森林”。这是我国新民主主义革命中最早的一批关于植树护林的革命法规。

当时的农民运动不仅作出上述规定，而且在不少地方业已付诸实施。如 1923 年海丰总农会成立后，在发动群众植树护林方面作出了出色的成绩，彭湃曾给予很高评价。他说：“我们要养成农民有公共的观念，乃由农会发起种山松。因各乡村前后都有大小的山，这些山是毫无树木的。城市的资本家想去种山，农民多不肯，而农民本身又无能力。乃决（定）由农会出资买松苗，农会会员出工去种，将所有的山松，归为全县农民之公有财产。到有利可得的时候，那负担作工的，得多分配一点。一举办之后，各乡有山的，都欢迎农会去种。并且种下去的山松，不要什么森林警察，因农民个个都是警察，如有遇火，附近农民便会去救，甚为得法。我们当时计划三年内就可把全县的童山变成绿色的森林，关于水患也可减少。”①

① 彭湃：《海丰农民运动》，1926 年 10 月广东省农民协会编印，第 30—31 页。

二、关于改良农田水利的规定

早在 1923 年 6 月，中国共产党第三次代表大会决议案就提出“改良水利，改良种籽地质”的要求。同年《中国共产党对于目前实际问题之计划》提出：要从土地税中拨款支持贫农开垦官荒。要从国库或地方经费中拨款修理河道，特别是黄淮流域。此等河道之开浚，不但与农民有迫切的利害关系，而且在工商运输上，又有重要作用。1925 年 11 月《中国共产党告农民书》中，又提出“中央及地方政府均须设立治河局，政府预算均须指定治河专款，不得移作别用”。各级农会要建立水利局、害虫检查会等，并要聘请各种技术人员，助理各项事务。

根据上述精神，各地农民代表大会作了具体规定。如 1926 年 10 月《中共湖南区第六次代表大会对于目前最低限度要求之主张》，提出“清丈湖田，以其收入修堤、疏河、浚湖”。同年 12 月湖南省农民代表大会《农业生产问题决议案》又具体规定：“选择种子，制造肥料，改良农作方法以及修筑道路，以利运输，防止病害，驱逐害虫，都必须采用科学方法。”

1927 年 3 月湖北省农民代表大会专门通过《堤工问题决议案》，着重指出：湖北地势处于江汉两水汇流的地方，水势汹涌，每当春夏洪水暴发时，沿江汉一带堤岸，都有被冲溃的危险。因此，堤工问题成为关系湖北 30 余县农民命脉的重大问题。因此，大会决定，除催促财政机关以海关附加税拨作修堤费外，由省县农民协会会同有关机关，组成省县“堤工委员会”，负责计划堤工之改造，保管堤工款项，清查堤款之用途。民堤之建筑费及江河堤垸崩裂之抢险费，应由地主及富户担负，贫民免收堤费。并决定没收侵吞堤款的贪官污吏地主豪绅的财产，作为修堤用费。

1927 年 3 月，江西省农民代表大会通过《整顿水利草案》和《开垦荒地荒山决议案》。后者决定：“各地官荒、荒山、荒州、野塘及荒地等，应归农民协会接收，分配给无地贫农开垦。如有业主管理者，限其在半年以内开垦，否则农民协会将派人收管开垦之。”

第四节　有关金融问题的规定

在中国共产党的早期文件中和农民代表大会的决议案中，有关金融问题的规定，主要包括以下两方面的问题：一是关于改革币制问题，一是兴办农民银行问题。

一、关于改革旧币积弊的主张

1926 年 7 月 12 日《中国共产党第五次对于时局的主张》提出："禁止军用票，滥发纸币及勒派公债军饷。"

1927 年 7 月，中国共产党提出的《国民革命的目前行动政纲草案》又提出："取消在华外国银行之一切特权，禁止外国银行在中国境内发行纸币。凡中国资本之银行，具有充分之担保与合法之地位者，其纸币得通用于全国。"并提出将"中央""中国""交通"三行合并为一国家银行，发行一种全国通用的纸币。"私立银行概无发行纸币之权。"

1926 年 12 月湖南省农民代表大会通过的《金融问题决议案》指出：中国币制紊乱已极，农民及一切贫民所受影响极为深广。本大会为救济这种不良现象起见，特决定：（1）禁止城乡商店或个人发行市票。（2）中央银行、省银行及其他经政府准许的银行发行票币，都应该无限制地兑现。（3）铜元的成色须确定不变，制造数量须适合社会的需要，不要过多或过少。（4）禁止轻质的广东毫子及四川轻质铜元入境。（5）钱水问题，按以下三种规定解决：银两纹银以 7 钱 2 分算作大洋 1 元，元丝银以 1 两算作大洋 1 元 3 角；铜元制钱，按当时市价计算大洋；票币按照政府颁布之钱水价格表计算大洋。

二、关于创建农民银行的规定

1923年《中国共产党对于目前实际问题之计划》，为解除农民高利贷的痛苦，提出下列政策："组织农民借贷机关，中国农村向有宗祠、神社、备荒等公款，应利用此等公款及富农合资，组织利息极低的借贷机关。"1924年5月中国共产党扩大执委会制定的《农民兵士间的工作问题议决案》重申："创立农民借贷银行——免除高利贷之苦。"

依照上述决议精神，在湖南、湖北各县相继建立起农民银行（或信用合作社）发行货币，并办理储蓄业务。如湖南省浏阳县东部六区，在1926年冬联合集资6万元，并以该区公有财产不动产20万元担保，创办了"浏东平民银行"。从1927年1月至3月发行浏东平民银行临时兑换券和信用券，面额有1角、2角、3角、5角、1元五种。其票币在县城及各经理处随时兑换。同时还开展存款业务。另外还有浏阳县金刚区的公有财产保管处，也在1927年2月发行有期证券，面额有1角、2角、1元三种。湖北省黄冈县农民协会信用合作社在1927年2月至7月发行过一串文的流通券，也开办存款业务。以上就是我国新民主主义革命时期由劳动人民最早创办的银行及其第一批发行的革命货币，为以后革命根据地的金融事业提供了初步经验。

第八章　工农运动中的刑事法规

在新民主主义革命过程中，中国共产党和革命人民同国内外敌人进行着尖锐激烈的斗争，因此，十分重视用革命刑法，惩办国内外敌对分子的破坏活动和革命队伍内部的违法犯罪分子。我国新民主主义革命的刑事法规，最早产生于第一次国内革命战争时期的工农运动中，以及第一次国共合作时期国民政府的某些刑事立法，包括惩治反革命罪、破坏反帝罢工罪、贪污渎职罪及惩治土豪劣绅等法规。

第一节　反革命罪的提出

一、省港罢工运动中关于间谍侦探罪的规定

1925 年省港大罢工中，采用"罢工、排货、封锁"等手段，同帝国主义进行斗争，这一斗争必然遇到帝国主义和反动势力的种种破坏活动。有时帝国主义直接出动飞机兵舰或指使商团土匪武装，对执行封锁任务的工人纠察队进行武装袭击，有时从香港派遣间谍暗探到广州进行阴谋破坏活动。为了惩办破坏罢工的罪犯，省港罢工工人代表大会先后制定了一些与刑法有关的法规。从广义来说，凡国内外敌人一切破坏罢工的行为，都是反革命行为。但此处只着重引证直接规定为反革命罪的条款。如 1925 年 7 月 5 日，省港罢工工人代表大会通过的《省港罢工委员会纠察队应守的纪

律》。第二条规定纠察队的主要任务是“维持秩序”，“镇压一切反革命行为”。第五条规定：“队员发现敌人间谍及侦探时，……应即拘送队本部审讯处分。”[①]

1925 年 11 月 15 日《会审处办案条例》规定：“侦探罢工消息报告敌人者”[②]，作为重要罪犯，解送“特别法庭”审判。此即明确规定对于帝国主义派遣的间谍侦探，作为重要反革命分子予以逮捕法办。

二、农民运动中关于反抗革命和反革命宣传罪的规定

农民运动兴起后，根据广大农民的要求，湖南省、湖北省制定的《惩治土豪劣绅条例》和《惩治贪官污吏条例》，其中也有关于反革命罪的规定。如 1927 年 1 月《湖南省惩治贪官污吏暂行条例》第三条规定：“勾结帝国主义军阀，为反革命行为，或反抗革命运动者，处死刑或无期徒刑，并没收其财产。”[③]1927 年 3 月《湖北省惩治土豪劣绅暂行条例》第一条、第二条规定：“反抗革命或阻挠革命及作反革命宣传者”，“处死刑或无期徒刑，并得没收其财产”。以上就是对于勾结帝国主义反动军阀进行反革命行为及作反革命宣传者进行惩治的最早的刑事法规。

后来根据形势发展的需要，总结同反革命罪犯作斗争的经验，由武汉国民政府于 1927 年 3 月 30 日公布了《国民政府反革命罪条例》，这是革命政府运用刑事立法对工农运动中提出的反革命罪行的正式确认。（《国民政府反革命罪条例》的内容，详见第九卷第二十三章第四节。）

---

① 《工人之路》第 12 期，1925 年 7 月 5 日。

② 《工人之路》第 256 期，1926 年 3 月 11 日。

③ 长沙《大公报》1927 年 1 月 8 日。

第二节　省港罢工运动中关于惩治破坏反帝罢工和惩办贪污渎职罪的规定

一、关于惩治破坏反帝罢工的规定

1925 年 11 月 15 日，省港罢工工人代表大会公布《会审处办案条例》，规定以下行为是破坏罢工的重要罪行：（1）接济敌人粮食物品者；（2）未经准许擅自复工者；（3）策动工人返工者；（4）私运人物往港澳沙面者；（5）缉获货物私自拍卖并放行者。以上罪犯，要解送“特别法庭”审理。

1925 年 9 月实行“善后条例”后，允许日、美、法等国的公司商店在广州营业，但须经省港罢工委员会批准，并由雇主、工人和罢工委员会三方订定复工条约，始能复工。凡擅开工者，“均以破坏罢工论”，“予以严重之制裁”。各船务公司如有船只自广州开往各埠时，须一律报请骑船队派员监视（不准经过香港）。“否则，违章瞒报，擅自开行者，定以破坏罢工论罪，决不宽贷。”

1925 年 11 月 18 日《纠察队纪律》规定，纠察队员如有包运粮食、盗卖截货、私运货人往香港、澳门、沙面及掳人勒索者，处以枪毙之处罚（须经省港罢工工人代表大会通过，方能执行）。

对破坏罢工罪犯予以坚决制裁，给反动势力以沉重打击，这对坚持长期反帝大罢工发挥了重要作用。

二、关于惩治贪污贿赂罪的规定

省港大罢工中，各个罢工机构和公务人员经常截留仇货管理大量财物，帝国主义者和投机奸商乘机拉拢收买某些不坚定的分子，为其所用。

因此，罢工委员会为了杜绝贪污舞弊行为，在许多法规中都规定了防范措施和严格要求。如 1925 年 12 月 28 日《省港罢工委员会组织法则》明确规定：“无论各部何项机关有舞弊受贿等情，应依合法手续严厉取缔，施以相当应得之罪，无得庇纵。”1926 年 3 月《审计局组织法》规定：“如审计出各机关之进支数目及购办物件有舞弊事情，应即据实呈报省港罢工委员会查办。”1925 年 7 月《纠察队应守的纪律》规定：“队员不得借端捏造情事，假公济私”，“不得乱取人民财物”。《骑船队组织法》规定：“骑船队员应秉公回报经过情形，不得受贿匿报。倘被告发或被查出，应即扣留严办。”1926 年 3 月《会审处组织法》规定：“会审处收受各方解来之人犯，应由承审员署名签收，并将犯人原有之衣物等，一概随同犯人点检签收。”同时还规定：“会审处审讯案件，应秉公依法，无枉无纵，不得擅用私刑及受贿舞弊。”

1925 年 11 月《会审处办案条例》列举了 27 种罪行，其中与贪污舞弊有关联者，约占 1/3。如侵吞公款者，克扣工人粮食者，私卖证章、饭券者，受贿纵逃罪犯者，插赃诬告者，偷窃及私卖公物者，勒索钱物者，缉获货物私自拍卖并放行者，职员受贿舞弊者，等等，都要作为重要罪犯，解送特别法庭审理。

1926 年 3 月 23 日《省港罢工委员会公告》，除申明工商检验货物处的职员如对货主进行勒索当依法严办外，还提出要惩治“行贿罪”，“如货主私自行贿，则亦定即严行拘究，决不宽假”。

省港罢工委员会关于惩治贪污贿赂罪的刑事法规，具有以下基本特点：

1. 虽然没有集中统一的《惩治贪污条例》，处刑标准也不是很具体，但却基本上包括了贪污受贿罪的种种表现形式及其主要手段。凡公务人员利用职权之便，有侵吞公款、贪污自肥、受贿舞弊、假公济私、截留财物、盗卖公物证券、克扣粮食、勒索钱物等行为，一经查出，即以贪污受贿罪论处。向公务人员私自行贿者，也要受到法律制裁。

2. 确定对各机关负责人的违法犯罪须加重处罚的原则。各种组织法和纪律规则皆明确规定：各种委员会的委员如有违法行为，比一般职员“应罪加一等”。纠察队的队长、班长犯法，比队员“也要罪加一等”。从而确定一条原则，即各级负责人犯法，不仅不能享受减免处罚的特权，而且应从严要求，加重处分。

3. 令出法随，严格依法办事，绝不徇情枉法。根据1926年3月罢工工人代表大会第一百次大会时的统计，由大会通过的确定职务及防范舞弊的议案31件，撤革查办或惩戒舞弊的议案46件。如工人纠察队驻江门第十三支队队长郑福非法盗卖火油，经群众揭发，派员密查核实后，报工人代表大会讨论决定，将该犯交特别法庭处以死刑，并追缴被侵吞的公款。又如干事局招待部的干事彭某，原系海员工会会员，1925年10月假借招待所名义，私售火油，渔利自肥。经海员工会一致决议，将彭某送交会审处依法查办。另有同敬工会会员何某充任筑路委员会的会计，其经手款项手续不清，即离职不归，由省港罢工委员会在《工人之路》发布通告，如不在7日内回会，即行通缉追究。

三、关于渎职罪及侵犯人身权利罪的规定

1. 渎职罪。《纠察队纪律》规定：凡故意违抗命令，玩忽职守，失误戎机，或遗失枪械者，要处以监禁。纠察队下属人员违法，其长员若实不知情，管理无方，疏于防范，应记过一次。如记过三次以上者，由纠察队委员会决定处罚办法。如纠察队军法处，因工作失职，致使在押人犯越狱潜逃，军法处主任受记大过处分，值班人员及管狱员“按律惩戒”。又如会审处某书记员因遗失文件畏罪潜逃。经罢工工人代表大会派员检查，发现会审处承审员玩忽职守，容忍书记员越权任意处理人犯，致使案卷遗失。最后大会决定，改组会审处，重选承审员，并对违法人员进行究办。此案公布后，在工人群众中引起强烈反响，纷纷表示意见说：会审处的法规，原是我们代表大会决定，他们竟不遵守，实有负工友的重托。因而热

烈拥护代表大会对会审处的决定。这便充分体现省港罢工委员会“执法必严”“违法必究”的革命法制精神。

2. 侵犯人身权利罪。1926 年 3 月《会审处办案条例》规定：“私自捕拿押留人犯者”“滥用私刑者”“殴打罢工职员者”“打架伤人者”，皆作为重要罪犯，解送特别法庭依法审判。

此外，还规定“恃众凌人者”“职员恃势凌人者”，以及制造谣言、赌博、宿娼、酗酒闹事者，定为违法乱纪行为，轻者给以行政处分，重者要受到刑事处分。

第三节　农民运动中产生的惩治土豪劣绅条例

一、惩治土豪劣绅条例的制定

土豪劣绅，是封建地主阶级的政治代表，是帝国主义军阀官僚统治农民的“地头蛇”。他们凭借政治权势和经济实力，在地方横行霸道，做出许多欺压群众的罪恶勾当。农民运动兴起后，他们又与农民协会为敌，或勾结土匪团防武装，组织反革命团体，进行各种破坏活动，甚至杀害农民或农运干部。1927 年 2 月 27 日湖北省阳新县发生的“二二七”惨案，就是最突出的例证。阳新县是当时农民运动发展最快的地区之一，因而引起反动势力的极端仇视。反动豪绅与反动的县长、公安局长相勾结，经过密谋策划，将省农协特派员成子英和农会干部及农友共 9 人拘捕吊打后，竟惨无人道地用煤油柴火将 9 人活活烧死。以上土豪劣绅的罪恶活动，激起农民群众的极大义愤，坚决要求予以回击。1926 年年末、1927 年年初，湖南、湖北、江西等省的农民代表大会都通过了《惩办土豪劣绅决议案》。为了统一方针政策，减少阻力，并将这一斗争纳入法制化的轨道，湖南、湖北两省的共产党组织决定通过共产党人参加的国民党省党部、省政府制定单行刑事法规。湖南省组成了谢觉哉等参加的起草委员会，制定了《湖南省惩治土豪劣绅暂行条例》[①]，于 1927 年 1 月 28 日公布实施。湖北省在董必武领导下，组成了邓初民等参加的起草委员会，制定了《湖北省惩治土豪劣绅暂行条例》，于 1927 年 3 月公布实施。前者 11 条，后者 10 条。后者是以前者为基础，并作了补充和修改。因而两者大同小异，后者较为详尽确切。

二、惩治土豪劣绅条例的主要内容和特点

现以湖北省的条例为主，以湖南省的条例作补充，综述如下。

（一）规定了“土豪劣绅”的定义及其主要罪行

湖北省的条例第一条规定：“凭借政治、经济、门阀身份以及一切封建势力或其他特殊势力（如凭借团防勾结土匪），在地方有左列行为之土豪劣绅，依本条例惩治之。”[②]［湖南省则规定：“凭借政治、经济或其他特殊势力（如团防等），在地方有左列行为之土豪劣绅，依本条例惩治治之。”］

接着在第一条内具体列举了 11 项罪行（湖南为 9 项）：（1）反抗革命

① 长沙《大公报》1927 年 1 月 29 日。

② 关于《湖北省惩治土豪劣绅暂行条例》原文的说明：现在国内外广为流传的版本，是人民出版社 1953 年出版的《第一次国内革命战争时期的农民运动》翻印的日本人田中忠夫在 20 世纪 30 年代所写的“图解介绍”，而不是原文。因而错误百出，是一件极不可靠的史料。经笔者多方查找，现已掌握 1927 年 5 月《国民党二届中央执行委员第三次全体会议宣言训令及决议案》的附件，1927 年 3 月 6 日汉口《民国日报》登载的条例草案，和武昌“毛泽东同志旧居和中央农民运动讲习所旧址纪念馆”收藏的早年油印稿。将三者互相补充校正，整理出符合原文的全部条文。此处所引证的即校正稿。该条例全文曾发表在《江汉论坛》1980 年第 4 期《一九二七年〈湖北省惩治土豪劣绅暂行条例〉简介》和 1983 年北京市法学会《法学论集》刊载的《再论田中忠夫对〈湖北省惩治土豪劣绅暂行条例〉图解介绍中的主要问题》。

或阻挠革命及作反革命宣传者；（2）反抗或阻挠本党及本党所领导之民众运动（如农民运动、工人运动、商民运动、青年运动、妇女运动）者；（3）勾结军匪蹂躏地方党部或党部人员者；（4）与匪通谋坐地分赃者；（5）借故压迫平民，致人死亡者；（6）借故压迫平民，致人有伤害或损失者；（7）包揽乡间政权，武断乡曲，劣迹昭著者；（8）欺凌孤弱，强迫婚姻，或聚徒掳掠为婚者；（9）挑拨民刑诉讼，从中包揽，图骗图诈者；（10）破坏或阻挠地方公益者；（11）侵蚀公款或假借名义敛财肥己者。（湖南省的条例无上述 4、8 两项，多一项“杀害人民及纵火、决水、强奸、虏（掳）掠者”。湖南将“假借名义敛财肥己者”和“侵蚀公款者”，分列在 6、9 两项，湖北则将两者合并到第 11 项，后者较为恰当。）

上述规定，将土豪劣绅的反动身份和法定的各种罪行相结合，便为执法机关和革命群众提供了识别和处理土豪劣绅的法律根据。这样，既可以防止放纵土豪劣绅，又可避免因无法可依而出现的乱捉乱杀现象。

（二）依照罪行轻重规定了各种刑罚

湖北条例规定的刑种有：死刑、无期徒刑、有期徒刑、罚金、剥夺公权、没收财产 6 种。湖南条例多 1 刑种，拘役。

关于有期徒刑，两个条例都只规定某罪处几等有期徒刑，不直接列明年限。根据当时中国的通例，有期徒刑分为五等，即一等有期徒刑，15 年以下，10 年以上；二等有期徒刑，10 年未满，5 年以上；三等有期徒刑，5 年未满，3 年以上；四等有期徒刑，3 年未满，1 年以上；五等有期徒刑，1 年未满，2 月以上（拘役，2 月未满，1 日以上）。

两省对于贪污犯的处理办法是基本一致的。即按贪污款数多少，分别列为四个阶梯：（1）10 元以上，未满 500 元者，处四等或五等有期徒刑（湖南还规定“或拘役”），并科千元以下之罚金；（2）500 元以上，未满千元者，处二等至四等有期徒刑，并科 2000 元以下之罚金；（3）千元以上，未满 3000 元者，处一等或二等有期徒刑，并科 6000 元以下之罚金；（4）3000

元以上者，处死刑或无期徒刑，并没收其财产。这种按贪污款数确定量刑轻重的方式，为以后革命根据地的惩治贪污条例所沿用。

两省条例都专门规定一条："犯本条例之罪者，终身剥夺其公权。"湖南省还规定："本党党员犯本条例之罪者，加一等处断。"

（三）体现了革命的原则性与策略灵活性相结合的特点

这一特点表现之一，反映在国共两党关系上。因为那时处在"国共合作"的特殊条件下，共产党员以个人身份参加到国民党各级党部或农民协会中，担任各种工作职务。从原则上讲，当时整个农民运动，以及惩治土豪劣绅条例的制定和执行，无疑都是在共产党的实际领导下进行的。但是在策略上，却采用国民党省党部和省政府的名义，如两个条例的最后两条都是"本条例最高之解释权属于省党部；自省政府公布之日施行"。

这一特点表现之二，反映在同旧法律的关系上，既在坚决废除旧法的原则下，又从旧法律中吸取某些对革命斗争有用的东西。农民运动的兴起，猛烈地冲击了一切反动旧法体系。1926 年 12 月湖南省农民代表大会通过的《司法问题决议案》，揭露旧法的本质说："现时法律偏于保护特殊阶级。负债的乡村农民，尤其是佃农与贫农，因法律偏于保护债权及地权，所受痛苦最大，……在习惯上农民简直不能与地主立于平等诉讼地位。"因而决定："民刑法律须全部改订，凡不利于农民的条文须一律废除。"[①] 但是，在废除旧法的前提下，并不排除从旧法律中吸取某些可用的东西。如两省条例都有专条规定："暂行新刑律总则与本条例不相抵触者，得适用之。"例如刑罚的种类和有期徒刑五个等级的划分，就是借用《暂行新刑律·总则》的规定，这也是当时广州、武汉国民政府通用的处刑办法。另在审判实践中，许多审判土豪劣绅的判决书里也有此类例证，如数罪并罚的处理原则，也是参用《暂行新刑律》的规定。以湖北省审判土豪劣绅委员会第

① 《第一次国内革命战争时期的农民运动资料》，人民出版社 1983 年版，第 423 页。

7 号判决书为例，被告傅宗说，在任当阳县瓦仓区团总时，犯有“侵蚀公款罪”，处二等有期徒刑 3 年，并科罚金 1000 元；犯“伙同摧残党部罪”，处一等有期徒刑 10 年零 6 个月；又犯“武断乡曲罪”，处一等有期徒刑 10 年零 6 个月。系“俱发罪”（即数罪并罚），合并执行有期徒刑 17 年，并科罚金 1000 元，褫夺公权全部终身。第 4 号判决书，被告汪律彬，犯“侵蚀公款罪”，处四等有期徒刑 2 年 8 个月；犯“摧残党部罪”（解散“乡俗改良会”），处无期徒刑；犯“强迫婚姻罪”，处二等有期徒刑 8 年。系“俱发罪”，应执行无期徒刑，剥夺全部公权终身。

第九章　工农运动中的司法机关和诉讼制度

第一节　人民司法机关的雏形

我国的人民司法机关，主要产生于第一次国内革命战争时期的工农运动中。

一、省港罢工委员会的审判机关

省港大罢工中，为了镇压反革命分子和惩治破坏罢工的工贼，曾建立了军法处、会审处和特别法庭等司法机关。

（一）工人纠察队军法处

军法处，直接隶属于省港罢工委员会纠察队委员会。依据1926年3月《纠察队军法处组织法》的规定，军法处设主任一人，由纠察委员兼任。下设讯问员、录事员、差遣若干人，由纠察委员会编定。纠察队的任务是，维持秩序，截留粮食，严拿走狗，拘捕工贼，查缉仇货，封锁香港、澳门及沙面之交通。军法处接受由纠察队员解来之各种人犯。凡纠察队部之违法人员，军法处有权直接进行审判。非纠察队部之犯法人等，由军法处讯问后，即连同原供转送会审处审判。移解非纠察队员之人犯时，如有与犯人有连带关系之物品，应列明一同移解。军法处每日应将办案经过情形，呈报纠察队委员会。军法处如办理重大之案件，得报请纠察委员会襄办。对于纠察队员之犯法违纪案件，即按《纠察队纪律》规定的四等处理原则，分别进行惩处。

（二）会审处

会审处，直属于省港罢工委员会。会审处设立初期，负责“审判破坏罢工，私运粮食，偷卖仇货之走狗的机关，并有监狱，拘禁犯人”。特别法庭建立后，重要案犯即由特别法庭审理。1926 年 3 月《会审处组织法》规定，会审处设承审员 5 人，由省港罢工工人充任（省占 2 人，港占 3 人）。所属各项员役由承审员酌量配备。会审处为初级司法机关。收受各方解来之人犯，应于 24 小时内审讯清楚，分别定夺：（1）如确属无辜者，应即释放，不得留难。（2）依照《会审处办案条例》的规定，有 27 种重要罪犯须转解特别法庭审理，应于 24 小时内转送。（3）依照条例规定应由会审处直接处理者，主要是处以拘留 5 至 10 天的轻微刑事或违纪案件（如聚赌、打架、造谣惑众以及假冒罢工工人等）。组织法还规定会审处收受各方解来之人犯，应由承审员署名签收，并将犯人原有衣物等一概点检签收。会审处收押的人犯，无论任何机关非依合法手续，不得取保及请求释放。会审处每日应将审理案件情形详细汇表呈报省港罢工委员会备案，并应函复所解来之机关。

（三）特别法庭

特别法庭，是省港罢工委员会同广州国民政府交涉后，共同建立的专门审理破坏罢工案件的司法机关，也是会审处的上诉审级。围绕特别法庭的建立，曾经历过一场尖锐的斗争。当时国民党和国民政府内，成员非常复杂，对工农运动的态度也截然不同。以廖仲恺为代表的国民党左派，对工农运动和省港罢工委员会，在政治上和财政上予以大力支持。但是，被右翼政客和反动法官所掌握的公安局、检察厅，却处处与罢工委员会作对，千方百计地包庇破坏罢工的反动分子。如罢工开始不久，帝国主义从香港派遣一个“作恶多端，港人同愤”的反动分子名叫林和记，到广州来暗地策划罢工海员回港复工，被工人当场捕获。证据确凿，林犯对其阴谋罪行也直认不讳。会审处正准备邀请各工会代表共同会审商定处理意见，突然广州总检察厅总检察长卢某公开出面干涉，假惺惺地以“尊重法律，保障人权，破坏罢工，罪不至死”为遁词，又是呈文上告，又是登报“抗议”。与此同时，广州公安局也将罢工委员会解送羁押的重要案犯擅自释放，因而激起罢工工人的义愤。1925 年 7 月 22 日罢工工人代表大会讨论决定，致函国民政府，“严责卢检察长之谬妄”。省港罢工委员会在 24 日《致国民政府公函》中，对卢某的谬论一一进行批驳。首先指出：“法律随时势为转移，革命以变法为目的。我国改革虽十四年，而司法法规尚多承袭前清帝制时代之旧制，欧战以还，世界法律思想，大有变迁。天赋人权、个人主义之说，已不适于今日。”查《中国国民党第一次全国代表大会宣言》明定：“凡卖国罔民以效忠于帝国主义及军阀者，无论其为团体或个人，皆不得享有此等自由及权利。”又说，今日乃中国民族与帝国主义立于敌对之时。此次罢工，乃中国一部分国民（工人）协同各界国民，反对帝国主义的爱国行为。处于反帝罢工非常时期，必须有革命的新法律。林和记之流，竟然甘当帝国主义的走狗，破坏我反帝爱国罢工运动，“不仅卖工，实属卖国”，“即使戮之于市，亦足大快人心”。身为总检察长的卢某，“平日对于社会犯法之徒，当街戮人抢物之举”①，从未以“保障人权”而提起公诉，惟独对于反帝罢工委员会因拘讯林和记，公然摆出一副“法理湛深的法律家”的架势，说什么“破坏罢工，罪不至死”，实属谬妄已极。卢某之流所谓“尊重法律”，实为“持旧法以相绳”，即维护北洋军阀《新刑律》中镇压工人罢工的法律。所谓“保障人权”，即“有意包庇帝国主义的走

① 当时《工人之路》登载一篇“省港要闻”，标题是《工人生命贱过三只菱角》。说是有一过路工人，走到西关菱塘地时，吃了三只菱角，被田主用大竹棍将其背骨打断。在工人已认错赔罪之后，田主又命数名打手，将这个贫而无援的徒手工人，乱棍击毙。可是检察司法当局并无人追究。

狗”。最后提出鲜明的革命法律观点，那就是：“敌国遣人以谋我，不论此人是否华籍或西籍，皆应以敌人视之，如实系情节重大，处以死刑，亦非常时期应有之非常手段也。”并且进而指出：卢某实为“帝国主义张目的亡国法律家”，“包庇奸人，罪应同科”。要求国民政府除“根本修改现行法律”外，“立即明令派员与敝会会审员共同组织特别法庭，审断此等卖国人犯，以平群众心理之愤怒，而免国家地位之濒危”。此函公布后，引起社会各界热烈反响，认为“所驳卢检察长各节，尤为精辟绝伦，为我国革命以来未有之痛快文字！”“组织特别法庭的主张，正是合乎时势的要求”。

1925 年 7 月 30 日，省港罢工委员会收到国民政府的复函，同意组织特别法庭，并准备起草特别法庭组织法和特别刑事条例。8 月 1 日省港罢工委员会再次致函国民政府，提出以下要求：（1）起草特别法庭组织法及特别刑事条例，应有罢工委员会的代表参加，并须经工人代表大会通过，始能生效。（2）政府所派特别法庭之委员，必事先征得罢工委员会的同意，“至效忠于帝国主义者之法官，请勿令其参加”。后来经过苏兆征、邓中夏等反复交涉，最后决定由国民政府特派审判委员 3 人，罢工委员会选派陪审员 3 人，联合组成特别法庭（又称“特别刑事审判所”）。1925 年 10 月 1 日特别法庭正式宣告成立。但是组织法及特别刑事条例却迟迟没有制定。而是按 1926 年 3 月《会审处办案条例》，将重要案犯解送特别法庭审理。特别法庭成立后，在广大工人的强烈要求下和省港罢工委员会的督促下，审判了一些有关破坏罢工的案件。但由于当时整个革命的领导权问题没有正确解决，许多国民党的右翼政客从中作梗，法官律师仍以反动的旧刑律作为断案的根据，使许多重要案犯受到庇护而暗自释放。正如当时邓中夏所说：“可惜特别法庭成立之后，仍落在卢 ×× 手里，一切走狗汉奸，他为之设一辩护的律师，什九宣告无罪。”[①] 从此不难看出，审判权是革命政权的重要职权。只有彻底摧毁旧法体系，废除一切反动法律，清除一切与

① 《一年来省港罢工的经过》，载《邓中夏文集》，人民出版社 1983 年版，第 272 页。

人民为敌的法官政客，才能使司法机关牢牢掌握在人民自己手中，成为打击敌人保护人民的有力武器。这是一条十分重要的历史经验。

二、农民运动中审判土豪劣绅的司法机关

在农民运动中，随着惩治土豪劣绅条例的制定，相应地建立了审判土豪劣绅的司法机关。湖南、江西两省称作“特别法庭”，湖北省称作“审判土豪劣绅委员会”。

1927年3月《湖北省审判土豪劣绅委员会暂行条例》[①]共10条。设立省、县两级审判委员会，皆由10人组成，人民团体的代表在其中占有较大比例。即由省县两级的党部、政府和农民协会，各选派委员2人，另由工会、商民协会、妇女协会、学生联合会各选派委员1人组成。开庭时以县长或省政府要员1人为主席委员。各级审判委员会得设书记1人，由审判委员会委任。在湖北省的这一条例中，有一突出特点，即县农民协会在审判委员会中占有特别重要的地位。如该条例第一条第一款规定：“上举各人民团体有未成立者，其委员从缺。但无县党部及县农民协会之组织者，则不适用本条例。”这一规定非常重要。按此规定凡是没有成立县党部和县农民协会的地方，不准成立县审判委员会。这一规定直接体现了审判委员会以农民为主体的特点，同时也有利于发挥共产党的积极领导作用（因为当时在农运高涨地区的国民党县党部和农民协会负责人，主要是由共产党人和国民党左派人士担任）。这样便从组织上保证了审判委员会的革命性和人民性，发挥人民专政机关的威力，而不像省港罢工中的“特别法庭”那样，为反动势力所操纵。以上在司法建设上的这些经验教训，都是珍贵的历史遗产。

① 《中国国民党第二届中央执行委员三次全体会议宣言训令及决议案》（附件），1927年5月出版，第41—42页。

第二节　人民诉讼制度的产生

第一次国内革命战争时期，工农运动中建立了革命审判机关以后，也对有关审判原则和诉讼制度作了一些初步的规定，主要有以下各点。

一、审判合议制

省港罢工委员会 1925 年 7 月 6 日《会审处细则》规定：会审处由 5 名会审员组成，但“至少须出席 3 人以上，方得开审。如该会审员有不得已事故时，亦得叙述事由，签字盖章，委托代理人，但须得其他会审员之同意，方为有效”。

1927 年 3 月《湖北省审判土豪劣绅委员会暂行条例》第六条规定：“县、省审判委员会之公开审判，须有过半数委员出席，其审判结果须有过半出席委员同意，始得判决之。”

总之，确定司法审判工作采用合议制的原则，以过半数委员的同意，确定判决的内容。

二、陪审员制度

省港罢工委员会自 1925 年 10 月起建立陪审员制度。根据工人代表大会 37 次会议决定，由各工会派出干员 1 人，由干事局编配 9 人为一组，每日轮流到会审处为陪审员，以示大公。同时，省港罢工委员会也选派 3 名陪审员参加特别法庭的审判工作。

1927 年 4 月 11 日《上海特别市临时市政府政纲草案》“关于政治者”第八项规定：“法院取陪审制，由各界陪审。”农民运动中的审判土豪劣绅委员会，因有各人民团体代表参加，没有再规定陪审员制度。

三、公开审判原则和公审制

省港罢工委员会会审处实行公开审判。1925 年 7 月 6 日公布的《会审处细则》第六条规定："会审处得准工友旁听，以昭大公。惟各工友旁听时，不得越权干涉，或肆意叫嚣，以损法权。如有特别案件，须秘案审讯者，不在此限。"

1927 年 3 月《湖北省审判土豪劣绅委员会暂行条例》第六条规定：省、县两级审判委员会都实行公开审判。

公审制，是在工农运动中，对罪大恶极的罪犯，用公审大会的形式进行审判。如湖北省制造"二二七"阳新惨案的凶犯，经查获审讯核实定案后，于 4 月中旬在阳新县召开了"二二七死难烈士追悼大会"，同时将 7 名主要凶犯经大会公审，执行枪决。这种公审大会的方式，在湖南早已采用。

四、复核制和复审制

复核制，是为防止判案发生错误，对已判决的案件交权力机关或上级司法机关进行审核。有死刑复核和一般案件的复核。复审制，即已经判决的案件，上级司法机关认为必要时，可提审进行复审。1926 年 3 月省港罢工委员会《纠察队纪律》规定：凡纠察队人员如有包运粮食，盗卖截货，私运华人往香港、澳门、沙面及掳人勒索，吞货自肥，违抗命令，截留公款者，得处以枪毙。但此项处罚，须经省港罢工工人代表大会通过，方能执行。

1927 年 1 月《湖南省审判土豪劣绅特别法庭组织条例》第三条、第四条规定："第一审审判后，五日内附具全案，报由第二审复核。""第二审核准后，交县署执行。但认为有疑义时，应提案复审。”

五、上诉制度

1926年3月省港罢工委员会《会审处组织法》第十二条规定：“会审处判决人犯，如不服判时，得向特别法庭上诉。”1927年3月《湖北省审判土豪劣绅委员会暂行条例》第七条也规定：“不服县审判委员会判决者，得于五日不变期间内，向原审判委员会声请上诉，由原审判委员会录案详请省审判委员会复判之。如逾期不声请上诉者，即照判执行。”

上诉制度既是诉讼人的一种重要权利，又是保证办案质量的诉讼必经程序。

六、废止肉刑，严禁逼供信

废止肉刑，严禁滥施私刑进行逼供，是中国共产党反帝反封建民主革命纲领的一项重要内容，也是人民诉讼制度中的一项基本政策和工作纪律。早在1922年6月15日，《中国共产党第一次对于时局的主张》就明确提出“改良司法制度”，“实行废止肉刑”。省港罢工委员会重申并切实执行了这一原则。首先表现在坚决反对帝国主义强加给中国人民的种种侵犯人权的肉刑，如1925年10月2日通过的《香港罢工工人恢复工作条件》明确要求：“务须立即取消华人之驱逐出境条例、笞刑、私刑等之法律及行为。”其次，在人民执法队伍内部也要坚决反对擅自捕人滥施肉刑。1925年7月6日《会审处细则》规定：“会审处不得使用笞刑逼供，以重人道。”同年7月《纠察队应守的纪律》中也规定：“队员发现敌人间谍及侦探时，不得任意殴打。”罢工工人代表大会对贯彻这一原则极为重视。如1925年10月第30次工人代表大会上，代表尹铁士向大会报告说：今日前往东园，见纠察队乱打犯人，上前劝阻，反受其辱骂，似此行动社会诸多批评，应予查办。经过大会讨论决定："交罢工委员会转饬纠察队本部严行查办，以维全体名誉。"当时又有一代表附议：纠察队与会审处，须一律废止肉刑。大会遂即议决："通过上案，以后对于犯人，只许拘留讯办，不许擅用私刑。"后来又将此原则正式规定在1926年3月《会审处组织法》中，即"会审处审讯案件，应秉公依法，无枉无纵，不得擅用私刑"。

以上各项制度和原则，后来在革命根据地的人民司法机关中，又得到不断地补充和发展。

第三节　人民调解制度的产生

人民调解制度，是中国共产党领导人民在新民主主义革命时期创建的，依靠群众解决民间纠纷的一种组织形式。它产生于第一次国内革命战争时期的工农运动中，到抗日战争时期在各抗日根据地里得到很大发展，逐步成为人民司法工作的必要补充和得力助手。它是在我国民间排解纷争的历史传统的基础上，加以改造而成的一种具有中国特色的重要制度。我国自古就有民间调处纠纷的习惯，遇有争议问题，双方当事人就请出乡亲地邻以及各种头面人物进行排解。但是，在旧中国的民间调处，由于受到乡绅权贵的操纵和宗族亲疏关系的影响，特别是要以封建法典及旧礼教习俗作为判断是非曲直的标准，所以往往不能得到公平正确的处理。

第一次国内革命战争时期，工农运动兴起后，中国的社会制度开始发生天翻地覆的变化。特别是在农民运动高涨地区，"一切权力归农会"，"土豪劣绅倒了，没有了讼棍。农民的大小事，又一概在各级农会里处理"，"连两公婆吵架的小事，也要到农民协会去解决"。[①] 为了适应这一

① 《湖南农民运动考察报告》，载《毛泽东选集》合订本，人民出版社1964年版，第14、30页。

需要，自农民协会一产生就成立专门的调解组织。在工人运动兴盛地区的工会组织中，也建立调解机构。其共同特点是，这些新型的调解组织，都是以工农推举的代表主持调解工作，以共产党的革命政纲和工农运动中制定的规约禁令，以及进步的风俗习惯，作为判断是非曲直的主要根据，因此能使纠纷得到公正合理的解决。这样，便形成一种新型的人民调解制度。

一、农民运动中关于调解组织的规定

我国农民运动的先驱浙江省萧山县衙前镇早在1921年9月制定的《衙前农民协会章程》中就规定：农民协会由会员大会选举委员6人组成，由委员互选议事委员3人，执行委员3人。“凡本会会员有私人是非的争执，双方得报告议事委员，由议事委员调处和解；倘有过于严重的争执，由全部委员开会审议解决。”[①] 这一条例公布不久，就受到国外学者的重视和称赞。日本人田中忠夫1924年写的《中国的农民运动》中，在引证这一条例后对议事委员会给予很高评价。他说：“因自己解决会员相互间的争议，故减少县长和警察的诉讼事件，农民得免官宪的压制，且其解决比较官宪颇为公平。”[②]

1922年彭湃领导的广东海丰农民运动，也把排解争端作为农民协会的重要职权。最初是在海丰的赤山约（约即区），农民协会成立后，“发现农民时常自己发生争端，每为绅士土豪所利用，诉诸官厅，卒至倾家荡产。我们乃发出通告：凡农会会员，自己发生争端，须先报告农会，如不先报

① 《新青年》第9卷第4号“附录”，1921年8月。《衙前农民运动》，中共党史资料出版社1987年版，第24页。

② 原文写于1924年，译文载于《村治》第2卷第3册，1931年7月15日。《衙前农民运动》，中共党史资料出版社1987年版，第57页。

告农会，而去报告绅士及官厅者，姑无论其很有道理，即宣告除名，以全力帮助其对敌之会员。如本会会员与非会员争端时，会员亦须先来报告。如对于地主有争议时，不来报告而交涉失败，本会概不负责。”结果“农会既为农民解决许多纠葛及帮助其胜利，故加入者日众”[①]。1923年1月，海丰县成立总农会，专门设立了调解纠纷的“仲裁部”。后来在广东省农民协会执行委员会内，也设有“仲裁部”，彭湃亲自兼任仲裁部部员。海丰县总农会“仲裁部”成立后，调解处理了大批案件。据该部的统计报告：婚姻案为最多，占30%（主要是离婚、入赘等冲突）；钱债案占20%；业佃争议占15%；产业争夺占15%；命案占1%；犯会章占1%；迷信占10%；其他占8%。[②]可见农民协会的仲裁部是早期的人民调解机构，并兼管会员违章的纪律处分。

后来有些地区将调解组织改为“公断处”。如1926年中共广东区委扩大会议通过的《农民运动决议案》规定：“乡村裁判应由乡民大会选举公断处执行之。”1926年10月《中国共产党湖南区第六次代表大会宣言》也规定：“由乡民大会选举人员组织乡村公断处，评判乡村中之争执。”

二、工人运动中关于调解组织的规定

在工人运动中，也有调解工人纠纷的规定，并在工会中建立了相应的组织。早在1920年10月制定的《上海机器工会简章》第十条规定理事会的职责之一，就包括“设法增进会员的和睦，除去会员的纷

① 彭湃：《海丰农民运动》，1929年10月广东省农民协会编印。《第一次国内革命战争时期的农民运动资料》，人民出版社1983年版，第154—155、160—161页。

② 彭湃：《海丰农民运动》，1929年10月广东省农民协会编印。《第一次国内革命战争时期的农民运动资料》，人民出版社1983年版，第154—155、160—161页。

争”。[①]1926年12月《湖南全省工会章程》规定工会对会员同雇主之争执，得执行仲裁。“关于会员对雇主争执及冲突事件，得对于当事者发表并征集意见，或指导会员作一致之行动，或与雇主之代表开联席会议，执行仲裁。”

最具有代表性的工人调解组织，是安源路矿工人俱乐部“裁判委员会”。1922年5月安源路矿工人俱乐部成立（先后由李立三、刘少奇为主任）。同年9月举行大罢工取得胜利后，俱乐部争得合法地位。“二七”惨案后，全国工运转入低潮，安源俱乐部仍在领导工人坚持斗争，直到1925年9月被反动军阀查封，历时3年有余。刘少奇等在1923年10月《俱乐部组织概况》中指出：“因部员间或部员与非部员间纠纷繁多，事实上需要一裁判机关，遂由最高代表会决定推选7人，组织裁判委员会。为最高代表会的直辖机关。”[②]开始时裁判委员会主任由刘少奇兼任。1923年9月《安源路矿工人俱乐部办事细则》第十二条规定：“凡本部部员间，或部员与非部员间所发生之纠葛纷争，均由裁判委员会处理。”[③]“并设立问事处于部内，受理各种纷争事件。”[④]实行结果，正如刘少奇在1925年总结指出的：“现在安源的工人，作完了工可以读书，……秩序有自己的纠察团维持，不受兵警的蹂躏；犯事有自己的裁判委员会裁判，不致受腐败法庭的虐待。”[⑤]李立三在回忆中也说：“‘二七’前5个月，安源各方面的工作有很大的发展，当时工会简直是半政权机关，什么事情都找工会，司法官、矿警局没有用处。工人有纠察队，打架就找工会。”[⑥]

综上所述，不难看出，工农运动中产生的人民调解组织，自革命一开

① 上海《民国日报》1920年10月17日。
② 《刘少奇与安源工人运动》，中国社会科学出版社1981年版，第47页。
③ 《刘少奇与安源工人运动》，中国社会科学出版社1981年版，第86页。
④ 《刘少奇与安源工人运动》，中国社会科学出版社1981年版，第27页。
⑤ 《刘少奇与安源工人运动》，中国社会科学出版社1981年版，第49页。
⑥ 《刘少奇与安源工人运动》，中国社会科学出版社1981年版，第150页。

始，就发挥了相当的作用，并积累了许多有益的经验。但是不久，随着第一次大革命的失败，工农调解组织皆全部解散。从而证明，在没有彻底摧毁旧政权和反动军警衙门的条件下，工农调解组织是难以巩固的，更不可能与反动组织长时期地和平共处。只有像后来在革命根据地建立起巩固的革命政权之后，人民调解制度才能在新的条件下得到迅速发展。

第十章　红色政权的建立和新民主主义法制的初创

第一节　大革命失败后的形势和红色区域的开辟

1924年至1927年，中国人民反帝反封建的大革命，在中国共产党的影响、推动和组织之下，得到了迅速的发展并取得了伟大的胜利。但是，由于当时的同盟者国民党内的反动集团在1927年叛变了革命，而且当时帝国主义和国民党反动集团的联合力量过于强大，特别是在这次革命的最后一个时期内，党内以陈独秀为代表的右倾思想发展为投降主义路线，在党的领导机关中占据了统治地位，以至于当国民党反动集团叛变革命，向人民发起突然袭击的时候，党和人民不能组织有效的抵抗，这次革命最终失败了。

大革命失败后，国内阶级关系发生了重大变化，不仅民族资产阶级附和着买办资产阶级叛变了革命，而且上层小资产阶级也离开了革命。帝国主义、封建势力、买办资产阶级扶植国民党反动派作为新工具，代替北洋军阀，在全国范围内建立了反革命的新军阀统治。

国民党反动派对中国共产党和革命人民实行极端残酷的反革命恐怖，疯狂屠杀中国共产党人和革命群众。在城市，大革命时期建立起来的革命工会被封闭，工人武装被缴械，工人领袖惨遭杀害，工人阶级争得的政治上、经济上的权利被剥夺殆尽。在农村，豪绅地主向农民实行反攻倒算，农民协会被解散，农民领袖被捕杀。

但是，“中国共产党和中国人民并没有被吓倒，被征服，被杀绝。他们从地上爬起来，擦干净身上的血迹，掩埋好同伴的尸首，他们又继续战斗了”[①]。1927年8月1日，以周恩来为代表的中国共产党人，举行了南昌起义，打响了武装反抗国民党反动派的第一枪。中国共产党领导工人阶级、农民阶级和其他劳动人民及革命知识分子，单独地肩负起领导中国革命的伟大历史任务。

1927年8月7日，中共中央在汉口召开紧急会议，即“八七”会议。“八七”会议在中国革命的危急关头坚决地纠正和结束了陈独秀的右倾投降主义，确定了土地革命和武装反抗国民党反动派的总方针。“八七”会议通过了《中共“八七”会议告全党党员书》《党的组织问题议决案》《最近职工运动议决案》《最近农民斗争的议决案》，并选举出由瞿秋白、苏兆征、李维汉等人组成的临时中央政治局，毛泽东被选为政治局候补委员。临时中央政治局作出了《中国共产党的政治任务与策略的议决案》。

“八七”会议确定了土地革命和武装反抗国民党反动派的总方针，并决定把秋收起义作为“共产党现时最主要的任务”。1927年9月9日，在毛泽东领导下爆发了湘赣边界农民秋收起义。起义军曾攻占醴陵、浏阳等县城，向长沙进击。但由于当时整个革命形势已趋向低潮，敌强我弱，9月19日，毛泽东决定改变原来攻打长沙的计划，向井冈山进军。10月27日到达茨坪，开始了创建第一个农村革命根据地——井冈山革命根据地的斗争。先后在宁冈、永新、茶陵、遂川等县建立和恢复中国共产党的组织，团结改造地方武装，发展革命力量，打退了国民党军队的几次进攻，建立了地方政权，进行了土地革命，开创了工农武装割据的新局面。1928年4月，朱德、陈毅等率南昌起义保存下来的部队和湘南起义农民军到达井冈山，和毛泽东领导的部队会师，成立了工农红军第四军，朱德任军长，毛

① 《论联合政府》，载《毛泽东选集》第3卷，人民出版社1968年版，第1036页。

泽东任党代表。5月20日召开了中共湘赣边界第一次代表大会，成立了以毛泽东为书记的湘赣边界特委。随后成立了湘赣边界工农兵政府。井冈山革命根据地的建立，开辟了一条农村包围城市，最后夺取全国胜利的道路。

在1927年秋至1928年前后，中国共产党还在其他各地先后领导了一百多次武装起义。其中规模和影响较大的有：1927年10月海陆丰农民起义，11月鄂东黄安、麻城地区农民起义，12月广州起义及赣东北弋阳、横峰农民起义；1928年年初湘鄂边桑植地区起义，7月湖南平江起义等。从1928年到1930年，主要农村革命根据地有中央区、鄂豫皖区、湘鄂西区（包括洪湖区），广西左、右江区等。中央革命根据地包括：湘赣、赣南、闽西、湘鄂赣和闽浙赣（赣东北）等区。至1931年，中央革命根据地，以瑞金为中心，拥有21座县城，250万人口和5万平方公里土地。全国苏维埃区域已扩大到十五六万平方公里，拥有1000多万人口。并建立了红军第一、四方面军和第二、六军团。

毛泽东在《中国的红色政权为什么能够存在》和《井冈山的斗争》中，提出了“工农武装割据”的重要思想，为中国革命必须走农村包围城市的道路奠定了理论基础。在毛泽东“工农武装割据”的思想指导下，毛泽东、朱德率领红四军主力从井冈山出发，向赣南、闽西进军，经过一年多的艰苦转战，在赣南、闽西地区建立中央革命根据地的基础。同时，赣东北、洪湖、湘鄂边、鄂豫皖以及其他农村革命根据地也都在不断粉碎敌军的进攻中站住了脚。这时，党内还有一些人照搬从巴黎公社到俄国十月革命期间资本主义国家共产党的经验，认为摧毁资产阶级反动政权建立无产阶级政权，是在全国革命高潮到来，全国武装总起义时才能办的事，在强敌进攻面前怀疑革命根据地发展的前途，提出“红旗到底打得多久”的疑问，反对建立农村根据地，视建立红色政权的工作为徒劳，主张用轻便的流动游击方式去扩大政治影响。

毛泽东在《星星之火，可以燎原》一文中，进一步论述了建立红色政权的必要性及重大意义。指出：“这种全国范围的、包括一切地方的、先争取群众后建立政权的理论，是于中国革命的实情不适合的。他们的这种理论的来源，主要是没有把中国是一个许多帝国主义国家互相争夺的半殖民地这件事认清楚。”如果认清了就会明白：“红军、游击队和红色区域的建立和发展，是半殖民地中国在无产阶级领导之下的农民斗争的最高形式，和半殖民地农民斗争发展的必然结果；并且无疑地是促进全国革命高潮的最重要因素。”“单纯的流动游击政策，不能完成促进全国革命高潮的任务，而朱德毛泽东式、方志敏式之有根据地的，有计划地建设政权的，深入土地革命的、扩大人民武装的路线是经由乡赤卫队、区赤卫大队、县赤卫总队、地方红军直至正规红军这样一套办法的，政权发展是波浪式地向前扩大的，等等的政策，无疑义地是正确的。”“这里用得着中国的一句老话：‘星星之火，可以燎原。’”[①] 从而指出了一条以农村斗争为中心，实行武装斗争、土地革命和建立革命根据地，走农村包围城市，最后夺取城市，从而取得全国胜利的道路。

毛泽东关于中国红色政权的存在和发展的理论，指导了各农村革命根据地工农民主政权的建立、巩固和发展。1931 年 11 月，中华苏维埃共和国中央政权建立，并经过长期艰苦奋斗，最后夺取城市，取得革命在全国的胜利。给全世界殖民地半殖民地民族解放运动树立了一个把马克思列宁主义当作行动指南，结合自己国家的具体情况去取得胜利的光辉典范。

第二节　工农民主政权立法的性质及其发展阶段

一、工农民主政权立法的性质

第二次国内革命战争时期，随着红军区域的开辟和工农民主政权的建

① 《毛泽东选集》合订本，人民出版社 1964 年版，第 94—99 页。

立，各地方苏维埃和中央苏维埃先后制定了一系列的法律、法令和法规，建立起一个中国历史上所不曾有的，与国民党政权的立法根本对立的工农民主法制。

工农民主法制，是在中国共产党的领导下，依据党的民主革命的总路线和总政策创立的，属于新民主主义性质的人民民主法制。它集中地反映了广大人民群众反帝反封建的革命意志，体现了广大人民群众的利益。工农民主法制，亦即人民民主法制。因为“我们的政府不但是代表工农的，而且是代表民族的。这个意义，是在工农民主共和国的口号里原来就包括了的，因为工人、农民占了全民族人口的百分之八十至九十”[①]。

工农民主政权根本区别于以国民党为代表的地主资产阶级政权，它“号召组织领导全国革命民众进行坚决的民族革命战争。组织领导红军与民众为着保卫苏维埃领土发展苏维埃领土而斗争，以坚决的进攻粉碎帝国主义国民党的屡次‘围剿’。严厉镇压苏维埃领土内的一切剥削分子的反革命企图。一切土地给予农民与红军士兵。工人实行 8 小时工作制，增加工资，救济失业，实行社会保险制度。给一切革命民众以集会结社言论出版罢工的完全自由。引进广大工农群众管理自己的国家机关，只不准任何剥削分子的参加。组织民众的经济生活，使民众生活从过去地主资产阶级统治时代受尽饥寒的地位进到不但完全免除饥寒并且日益向上改良的地位。组织民众的文化生活，将过去地主资产阶级统治时代完全没有享受教育可能的广大民众，进到日益提高文化程度的地位。所有这一切也都是为着一个目的：推翻地主资产阶级在全国的统治，驱逐帝国主义出中国，将几万万民众从帝国主义国民党统治的压迫剥削之下解放出来，阻止灭亡中国的殖民地道路，建立自由独立领土完整的苏维埃中国”[②]。

由此可见，工农民主政权的法制具有鲜明的时代特色和阶级性质。

---

① 《毛泽东选集》合订本，人民出版社 1964 年版，第 144 页。

② 毛泽东：《对第二次全国苏维埃代表大会的报告》。

二、工农民主政权立法的发展阶段

工农民主政权立法的发展，可以分成三个阶段：第一阶段（1927—1931年），土地革命的前期和中期；第二阶段（1931—1935年），土地革命的后期；第三阶段（1935—1937年），土地革命的最后期。

第一阶段，是革命根据地的开辟和创建各地工农民主政权的阶段。这个阶段，尚未形成统一的中央政权，各革命根据地的工农民主政权，依据中共中央关于土地革命、武装斗争的路线、方针和政策，制定地方性的法规，主要是地方政权组织法和土地法。

第二阶段，是革命根据地的巩固和发展，中华苏维埃共和国的成立和建设的阶段。这个阶段，建立了统一的中央政权，领导各革命根据地人民坚持进行革命战争与各项建设，颁布了宪法大纲，政权组织法，选举法，以及行政、土地、经济、劳动、婚姻、刑事、司法机关组织、诉讼等一系列法律和法规，统一了苏区法律制度，建立起初具规模的新民主主义法律体系。

第三阶段，是北上抗日，开创抗日民族统一战线的新阶段。这个阶段，中国共产党的总路线，是“不但要团结一切可能的、反日的基本力量而且要团结一切可能的反日同盟者，……参加到反日的战线上去”，组织“最广泛的民族统一战线”。中华苏维埃共和国及其中央政府宣告：“把自己改变为苏维埃人民共和国，把自己的政策，即苏维埃工农共和国的政策的许多部分，改变到更加适合反对日本帝国主义”，代表“中华民族的基本利益”[①]。中共中央和中华苏维埃中央政府发布了改变选举权与被选举权，改变对富农、地主、民族工商业资本家，以及对国民党政府和军队等许多方面的重要政策和决定，使苏维埃的各种政策，“具有明确的人民性质与深刻的民族性质”[②]。

① 《中央关于目前政治形势与党的任务决议》，1935年12月25日中央政治局瓦窑堡会议。
② 《中央关于土地政策的指示》（1936年7月22日）。

第十一章 《中华苏维埃共和国宪法大纲》

第一节 《宪法大纲》制定前的革命政纲

一、革命政纲的制定和发展

“八七”会议决定在湘鄂粤赣四省率先举行秋收暴动，推翻国民党的反动统治，夺取政权。此时，对于革命政权的形式和性质，“还只限于宣传苏维埃”，“不提出组织苏维埃的口号”。“为指导各地暴动起见，应当在各地建立革命委员会。”[①]“期除夺取乡村政权之外，于可能的范围应夺取县政权，联合城市工人农民（小商人）组织革命委员会，使成为当地的革命中心”[②]。在江西，中共江西省委于1927年9月颁布了《江西省革命委员会行动政纲》。“政纲”共34条，分政治、经济、工农、军事、文化五个方面，提出了一切政权属于工人农民及一切革命的平民：实行统一财政，取消一切苛税杂捐；实行改良工人农民及一般革命平民的生活；解散反革命的武装，建立工农革命军；实行普及教育，提高革命文化。基本内容是贯彻“八七”会议的各项决议。同年9月19日，临时中央政治局会议通过《关于“左派国民党”及苏维埃口号问题决议案》，决定放弃“左派国民党”

① “八七”会议临时中央政治局的《中国共产党的政治任务与策略的议决案》。

② 《湘鄂粤赣四省秋收暴动大纲》。

旗帜，公开提出建立苏维埃政权的口号。10 月 24 日，中共中央第 13 号通告进一步指出：今后革命的任务是，创立工农贫民的革命独裁的政权——苏维埃的政权。11 月，中共江西省委制定了《江西省苏维埃临时组织法》和《江西省苏维埃临时政纲》。“政纲”共 28 条，吸纳了《江西省革命委员会行动政纲》规定的各项政策，改“没收大地主及中地主的土地”为“没收地主土地”。

1928 年 6 月召开的中国共产党第六次全国代表大会《政治决议案》，提出党在民主革命中的三大任务和十大政纲。三大任务为：第一，消灭地主阶级，彻底实现土地革命；第二，驱逐帝国主义，统一中国；第三，武装暴动推翻反革命的资产阶级国民党的政权，建立工农兵苏维埃政权。各革命根据地以“六大”政纲为依据，制定了各地的政纲。如：1929年4月《兴国县革命委员会政纲》，共 8 条；1929 年 10 月 1 日《信江苏维埃政府政纲》，共 24 条；同年 10 月 2 日《湘鄂赣边革命委员会革命政纲》，共 27 条。

1930 年 5 月召开的全国苏维埃区域代表大会通过的《政治决议案》亦提出了十大政纲。根据全国苏维埃区域代表大会的政纲，各地工农兵政府又颁布了以下政纲：1930年7月《湖南省工农兵苏维埃革命政纲》，共25条；1930 年 10 月《江西省工农兵苏维埃政府布告——宣布本府成立及政纲》，共 13 条；1931 年 3 月《赣东北特区苏维埃政府施政大纲》，共 27 条。

二、“十大政纲”的主要内容

从政纲的制定和发展来看，“六大”总结“八七”会议以来革命斗争的经验，明确提出“十大政纲”，经各革命根据地贯彻实施和全国苏维埃区域代表大会之后，加以发展。其主要内容如下：

1. 取消帝国主义一切特权，推翻帝国主义在中国的统治势力。废除不平等条约，收回租界占领地，撤销领事裁判权，驱逐帝国主义在华海陆军，没收外国资本的企业、银行、工厂。

2. 推翻军阀、豪绅、地主、买办资产阶级的国民政府，建立工农兵代表会议（苏维埃）政府。

3. 实行 8 小时工作制，男女同工同酬，保护女工童工，增加工资，施行失业救济与社会保险等。

4. 没收一切地主阶级的和祠堂、庙宇、教堂的土地财产，分配给农民使用，优待红军及红军家属。

5. 革命群众有言论、集会、结社、出版、罢工的自由。男女在政治上、经济上、教育上一律平等，保障婚姻自由，禁止蓄婢纳妾买卖妇女。创办红色学校，发展社会教育，实行工农兵及贫民子弟免费入学。

6. 建立红军赤卫队，扩大工农武装，由志愿兵制逐步过渡到实行义务征兵制。解除国民党军阀军队、挨户团、靖卫团、商团、警察等反动武装。

7. 取消国民党政府、军阀的一切捐税和厘金，实行保障工农利益的统一累进税。宣布高利贷的契约概作无效。在遵守苏维埃政府法令下，允许商人自由贸易。

8. 建设水利，改良农业，奖励生产事业。组织农业银行及信用合作社，办理低利借贷，扶助农村经济的发展。

9. 消灭军阀战争，统一中国，实行民族自决。

10. 联合世界无产阶级和苏联，援助殖民地革命。

第二节 《宪法大纲》制定的原则和制定经过

一、《宪法大纲》制定的原则

1930 年 5 月，全国苏维埃区域代表大会确定建立全国苏维埃政权，作出了两项重要决定：（1）于本年 11 月 7 日召开第一次全国工农兵贫民苏维埃代表大会，成立中华苏维埃共和国临时中央政府；（2）由中共中央、全国总工会、各苏维埃区域、各红军、各革命团体的代表组成全国苏维埃大会中央准备委员会，以领导第一次全国苏维埃代表大会的准备工作。同年6月《共产国际执委政治秘书处关于中国问题的决议案》亦指示：中国“苏维埃运动在党面前提出第一等重要的任务，即组织苏维埃中央政府”。8月，共产国际东方部又作出了《关于中国苏维埃问题决议案》，提出“为准备苏维埃的版图再进一步的扩大起见，召集苏维埃省份的成立大会，以建立中国苏维埃共和国的问题变成为实际的问题了。这个大会必须通过苏维埃共和国的宪法及其他基本法律，指正并确定省县以及村镇苏维埃的工作，决定各省县一致的法律，……”等。中共中央积极地进行了宪法和其他基本法的起草。

1930年9月12日，全国苏维埃大会中央准备委员会全体会议在上海召开，会议讨论通过由中共中央提出的《中华苏维埃共和国国家根本法（宪法）大纲草案》和其他法律草案。随后又在《红旗日报》上发表。

《中华苏维埃共和国根本法（宪法）大纲草案》（以下简称《草案》）规定了《宪法大纲》制定的原则。《草案》说：革命战争“正在日益剧烈和扩大，而苏维埃政权的建立还没有普遍到全中国，所以这次大会还不能够立刻就决定详细的国家根本法的具体条文。但是必须明确的规定苏维埃国家根本法的原则，使全国劳动民众深刻的认识苏维埃是真正的他们自己的政权，热烈地坚决地为这一政权而奋斗！”

《草案》规定七个“最大原则”：

1. 实现代表广大民众真正的民权主义。保障劳动群众自由、平等。

2. 真正实现劳动群众自己的政权——工农兵会议（苏维埃），使政治的权力握在最大多数工农群众自己手里。

3. 彻底地实行妇女解放，实行各种保护女性的办法和保障青年的一切权利。

4. 彻底地承认并且实行民族自决，一直到承认各小民族有分立国家的权利。

5. 争取并且确立中国经济上、政治上真正的解放——推翻帝国主义对于中国的统治，取消帝国主义在中国的一切特权，确立中国劳动民众完全的主权。同时与世界无产阶级和被压迫民族，尤其是苏联结成巩固的联盟。

6. 实行工农民权的革命独裁，在将来社会主义的阶段更进于无产阶级的独裁。

7. 要彻底拥护工人利益，实行土地革命，消灭一切封建残余，有系统地进攻资本主义的剥削关系，努力进到社会主义发展的道路。

"七大原则"及其内容，以后在第一次全国苏维埃代表大会通过的《中华苏维埃共和国宪法大纲》中，都得到了贯彻和体现。

二、《宪法草案》的拟制

共产国际时刻注意着中国革命情况的发展变化，先后于 1930 年 6 月发出了《共产国际执委政治秘书处关于中国问题的决议案》,8 月发出了《共产国际东方部关于中国苏维埃问题决议案》，10 月发出了《共产国际执委给中共中央关于立三路线问题的信》，以及 1931 年 8 月发出了《共产国际执委主席团关于中国共产党任务的决议案》等。

1931 年 1 月中国共产党六届四中全会根据共产国际的指示，为第一次全国苏维埃代表大会起草《中华苏维埃共和国宪法草案》和各种法令草案。

《宪法草案》[1] 分四篇：第一篇空缺；第二篇，苏维埃政权构成；第三篇，选举权；第四篇，中华苏维埃共和国的国徽和国旗。第二、三、四篇，分 8 章，共 78 条。

① 《中央革命根据地史料选编》(下)，江西人民出版社 1982 年版，第 121—132 页载有《中华苏维埃共和国宪法草案》，只有第二、三、四篇。

三、《中华苏维埃共和国宪法大纲》的通过和修正

第一次全国苏维埃代表大会于1931年11月7日在瑞金的叶坪召开，从11月7日到20日，历时14天。大会由项英致开幕词，毛泽东代表中共苏区中央局作《政治问题报告》，项英作《劳动法报告》，张鼎丞作《土地法报告》，朱德作《红军问题报告》，周以栗作《经济政策报告》，王稼祥作《少数民族问题报告》，邓广仁作《工农检察处问题报告》。关于宪法，大会主席团决定由任弼时、王稼祥、毛泽东、周以栗、邓发、张鼎丞、曾山、袁德生、刘建中、梁柏台和各代表团推举一名代表组成宪法起草委员会，负责制宪事宜。

经过讨论修改，大会通过了《中华苏维埃共和国宪法大纲》，共17条。《宪法大纲》的基本内容是“苏维埃政纲”的扩充，是宣布中华苏维埃“要在全中国所实现的基本任务”。

1934年1月，召开了中华苏维埃第二次全国代表大会，由项英作《关于宪法的报告》。大会修正通过《中华苏维埃共和国宪法大纲》。在第一条中加上“同中农巩固的联合”，这是总结苏维埃建设和土地革命的经验教训，是对“左”倾错误的一个重要纠正。

第二次全国苏维埃代表大会，还通过了关于国徽、国旗和军旗的决定。在“一苏大”的《宪法草案》中，即有了中华苏维埃共和国国徽、国旗和军旗的规定，“二苏大”通过了关于国徽、国旗和军旗的决定[①]，由林伯渠宣读，毛泽东和项英作了说明。中华苏维埃共和国的国徽是，在地球形上插交叉的镰刀与锤子，右为谷穗，左为麦穗，架载地球形之下和两旁，地球之上为五角星。上书“中华苏维埃共和国”，再上则书“全世界无产阶级和被压迫的民族联合起来”！地球形为白色底子，轮廓经纬线为蓝色，地球上的镰刀、锤子为黑色，五角星为黄色。

---

① 《红色中华》1934年2月3日。

国旗：红色底子，横为5尺，直为3尺6寸，加国徽于其上。旗柄为白色。

军旗：红色底子，横为5尺，直为3尺6寸，中为黄色的交叉镰刀、锤子，右角上为黄色的五角星。旗柄为白色。

第三节 《中华苏维埃共和国宪法大纲》的基本内容

《中华苏维埃共和国宪法大纲》共17条。条文之前，有全国苏维埃代表大会向全世界全中国劳动群众的宣言，宣布《中华苏维埃共和国宪法大纲》是中华苏维埃在中国所要实现的基本任务，号召全中国的工农劳动群众，在中华苏维埃共和国临时中央政府的指导之下，为这些基本任务在全中国的实现而斗争。

一、中华苏维埃共和国国家性质

中华苏维埃共和国“是工人和农民的民主专政国家”（第二条）。工人和农民的民主专政，即苏维埃政权是属于工人、农民、红色战士及一切劳苦民众的，在苏维埃政权下，所有工人、农民、红色战士及一切劳苦民众都是国家的主人，都有权选派代表掌握政权的管理。对军阀、官僚、地主、豪绅、资本家、富农、僧侣及一切剥削人的人和反革命分子则实行专政，这些人没有选举代表参加政权和政治上自由的权利。特别在敌人对于苏区不断地举行军事进攻时，这些被推翻的剥削者时刻企图以反革命行动响应进攻的敌人。因此，苏维埃政权不能不从各方面对于这些分子实行专政措施。第一，拒绝他们于政权之外，完全取消他们的选举权，取消他们在红军中在地方部队中服兵役的权利；第二，剥夺他们的言论出版集会结社的自由；第三，利用革命武力与革命法庭镇压一切反革命活动。

二、中华苏维埃共和国政权组织形式

中华苏维埃共和国的政权组织形式是工农兵苏维埃代表大会。全国最高政权为全国工农兵苏维埃代表大会，地方政权为地方各级工农兵苏维埃代表大会。

工农兵苏维埃代表大会的政权组织，实行“议行合一”的原则。即苏维埃代表大会，既是议事的机关，又是执行的机关，兼有立法和行政的职权。如《大纲》第三条规定：“中华苏维埃共和国之最高政权为全国工农兵苏维埃代表大会，在大会闭会的期间，全国苏维埃临时中央执行委员会为最高政权机关，在中央执行委员会下组织人民委员会，处理日常政务，发布一切法令和决议案。”

三、中华苏维埃共和国基本任务和政策

中华苏维埃共和国的基本任务，“在于保证苏维埃区域工农民主专政的政权和达到它在全中国的胜利”。目的“是在消灭一切封建残余，赶走帝国主义列强在华的势力，统一中国，有系统的限制资本主义的发展，进行苏维埃的经济建设，提高无产阶级的团结力与觉悟程度，团结广大贫农群众在它的周围，同中农巩固的联合，以转变到无产阶级的专政”。（第一条）

根据基本任务和目的，确定以反帝反封建为中心的各项革命纲领和政策、方针：

1. 消灭封建剥削。以消灭封建剥削及彻底地改善农民生活为目的，颁布土地法，没收一切地主阶级的土地，分配给雇农、贫农、中农，并以实现土地国有为目的。（第六条）

2. 赶走帝国主义列强在华的势力。宣布中华民族的完全自由与独立，不承认帝国主义在华的政治上、经济上的一切特权；宣布一切与反革命政

府订立的不平等条约无效，否认反革命政府的一切外债。在苏维埃领域内，帝国主义的海、陆、空军不容许驻扎，帝国主义的租界、租借地无条件地收回，帝国主义手中的银行、海关、铁路、商业、矿山、工厂等，一律收回国有。在目前可允许外国企业重新订立租借条约继续生产，但必须遵守苏维埃政府的一切法令。（第八条）

3. 经济政策。保障工农利益，宣布取消一切苛捐杂税，征收统一累进税。采取一切有利于工农群众并为工农群众所了解的走向社会主义的经济政策。（第七条）

4. 民族政策。承认中国境内少数民族的民族自决权，蒙古、回、藏、苗、黎、高丽人等，凡是居住在中国的地域内的，他们有完全自决权：加入或脱离中国苏维埃联邦，或建立自己的自治区域。中国苏维埃政权现在要努力帮助这些弱小民族脱离帝国主义、国民党、军阀、王公、喇嘛、土司等的压迫统治，而得到完全自主。苏维埃政权更要在这些民族中发展他们自己的民族文化和民族言语。（第十四条）

5. 外交方针。宣告同世界无产阶级与被压迫民族站在一条革命战线上，同无产阶级专政国家——苏联是巩固的联盟。（第十七条）对于凡因革命行动而受到反动统治迫害的中国民众以及世界革命战士，给予托庇于苏维埃区域的权利。（第十五条）对于居住在苏维埃区域内从事劳动的外国人，一律使其享有苏维埃法律所规定的一切政治上的权利。（第十六条）

四、中华苏维埃共和国公民的民主权利

在苏维埃政权领域内，工人、农民、红色战士及一切劳苦民众和他们的家属，不分男女、种族、宗教，皆为苏维埃共和国的公民。（第四条）他们享有：

1. 平等权。在苏维埃法律前一律平等。（第四条）

2. 参政权。有权选派代表掌握政权的管理。（第二条）在 16 岁以上者

皆有选举权与被选举权，直接派代表参加各级工农兵苏维埃的大会，讨论和决定一切国家的地方的政治任务。（第四条）

3. 参军权。以极力发展和保障工农革命在全中国胜利为目的，坚决拥护和参加革命战争为一切劳苦民众的责任，制定普遍的兵役义务，由志愿兵役制过渡到义务兵役制。惟手执武器参加革命战争的权利，只能属于工农劳苦民众。在苏维埃政权下，反革命与一切剥削者的武装，必须全部解除。（第九条）

4. 民主自由权。以保证工农劳苦民众有言论、出版、集会、结社的自由为目的，反对地主资产阶级的民主，主张工人农民的民主，除去反动社会束缚劳动者和农民自由的一切障碍，并用群众政权的力量，取得印刷机关（报馆、印刷所等）、开会场所及一切必要的设备，以保障他们取得这些自由的物质基础。（第十条）

5. 信教自由权。以保证工农劳苦民众有真正的信教自由的实际为目的，绝对实行政教分离的原则。一切宗教，不能得到苏维埃国家的任何保护和供给费用。一切苏维埃公民有反宗教宣传之自由，帝国主义的教会只有在服从苏维埃法律时才能允许其存在。（第十三条）

6. 婚姻自由权。以保证彻底地实现妇女解放为目的，承认婚姻自由，实行各种保护妇女的办法，使妇女能够从事实上逐渐得到脱离家务束缚的物质基础，而参加全社会经济的、政治的、文化的生活。（第十一条）

7. 劳动权。以彻底改善工人阶级的生活状况为目的，制定劳动法，宣布 8 小时工作制，规定最低限度的工资标准。创立社会保险制度与国家的失业津贴，并宣布工人有监督生产之权。（第五条）

8. 受教育权。以保证工农劳苦民众有受教育的权利为目的，在进行革命战争许可的范围内，应开始施行完全免费的普及教育，首先应在青年劳动群众中施行。应保障青年劳动群众的一切权利，积极地引导他们参加政治的和文化的革命生活，以发展新的社会力量。（第十二条）

第四节 《宪法大纲》的历史地位

《中华苏维埃共和国宪法大纲》，是中国历史上第一部人民民主的宪法，在中国民主宪政史上具有划时代性。它与历史上一切借“宪政”之名、行专制之实的“约法”“宪法”根本对立，是一部由劳动人民当家作主，确保人民民主制度的宪法；是中国共产党领导人民进行彻底反帝反封建、实行工农民主专政，保证革命在全中国胜利的纲领。它把革命已经取得的成果，用根本法形式确认下来，同时指出今后奋斗目标和各项施政方针。它的颁布和实施，极大地鼓舞了苏区人民为巩固工农民主政权和争取革命战争的胜利而英勇斗争的积极性，同时也在全国产生极大影响，给全国人民带来了希望，并为后来的人民民主宪法提供了宝贵的经验。

《中华苏维埃共和国宪法大纲》，是中国共产党领导人民制宪的最初尝试，由于缺乏经验，兼之其制定和修改时党内“左”倾路线居于统治地位，因而规定了超越民主革命阶段的和一时还无法实现的过左条款，如宣布“资本家、富农、僧侣及一切剥削人的人……没有选举代表参加政权和政治上自由的权利”。“采取一切……走向社会主义去的经济政策”，“限制资本主义的发展”等。显然是无产阶级革命和专政，而不是新民主主义革命阶段所应有的政治和经济政策。在民族问题上，承认少数民族有自决权是正确的，但扩大到“有同中国脱离，自己成立独立的国家的权利”，在国家结构上要搞“中国苏维埃联邦”等，有违中华民族悠久的历史传统，完全脱离了中国国情。历史证明，中国革命照搬西方的模式，建立资产阶级共和国，是行不通的；照搬苏联的模式，也是不适宜的。毛泽东在《新民主主义论》中说：“这种新民主主义共和国，一方面和旧形式的、欧美式的、资产阶级专政的、资本主义的共和国相区别，……另一方面，也和苏联式的、无产阶级专政的、社会主义的共和国相区别，……一切殖民地半殖民地国家的革命，在一定历史时期中所采取的国家形式，只能是第三种形式，这就是所谓新民主主义共和国。”新民主主义共和国，“是在无产阶级领导下的一切反帝反封建的人们联合专政的民主共和国”[1]。

① 《毛泽东选集》合订本，人民出版社 1964 年版，第 636 页。

第十二章　苏维埃制度的确立和政权组织法规的创制

第一节　政权组织立法概况和指导原则

一、苏维埃制度的确立和政权组织立法概况

苏维埃，是俄文的音译，即“代表会议”。它是俄国工人阶级于1905年革命时期创造的一种政权组织形式，十月革命胜利后成为苏联社会主义国家的新型政治制度。中共“八七”会议曾认为“现时不提出组织苏维埃的口号……还只限于宣传苏维埃的意义”。试图与左派国民党人联合，沿用“左派国民党”的旗号。1927年9月19日，临时中央政治局会议通过《关于“左派国民党”及苏维埃口号问题决议案》，决定放弃“左派国民党”旗帜，公开提出建立苏维埃政权的口号。同年11月，中共江西省委制定了《江西省苏维埃临时组织法》，对苏维埃政权的组织形式、产生办法、工作程序等都作了明确的规定，对江西各地苏维埃运动的开展和苏维埃政权的建立起了指导作用。12月广州起义，首次公开举起了苏维埃的旗帜，建立了全国第一个苏维埃政权——广州苏维埃政府。接着海陆丰也建立起苏维埃政权。这样就开始了中国苏维埃运动的实践。

在中华苏维埃共和国成立前，各革命根据地先后制定了地方性的苏维

埃组织法规，如 1929 年 8 月《闽西苏维埃政权组织法》，1930 年 3 月《信江苏维埃政府临时组织法》，同年 3 月《闽西苏维埃政府组织法案》，7 月《湖南省工农兵苏维埃政府暂行组织法》，9 月《修正闽西苏维埃政权组织法》，1931 年 7 月《鄂豫皖区苏维埃临时组织大纲》，同年 10 月《湘赣苏区各级苏维埃政府暂行组织法》等。

自 1930 年年初提出建立全国性政权起，开始了全国性苏维埃组织法的制定，如 1930 年 5 月，全国苏维埃区域代表大会通过的《苏维埃组织法》；1931 年 11 月，第一次全国苏维埃代表大会时的《中华苏维埃共和国宪法草案》第二篇“苏维埃政权的构成”。全国统一的中央政权建立后颁布的苏维埃组织法有：1931 年 11 月《苏维埃地方政府的暂行组织条例》、1933 年 12 月《中华苏维埃共和国地方苏维埃暂行组织法（草案）》、1934 年 2 月《中华苏维埃共和国中央苏维埃组织法》等。此外，还陆续制定了中央政权机构各部、委、局的组织纲要、条例。

但应指出，我国在第二次国内革命战争时期虽然采用了苏维埃代表会议的政权组织形式，但其性质却是反帝反封建的，是民主革命的工农民主专政，而不是社会主义的无产阶级专政。

二、政权组织的指导原则

（一）坚持中国共产党的领导

苏维埃政权是中国共产党提出并领导工农举行武装暴动，推翻地主豪绅的反动统治建立起来的。坚持中国共产党的领导，是苏维埃政权组织的一条基本原则。1928 年 7 月，中国共产党“六大”关于《苏维埃政权的组织问题决议案》指出：“苏维埃政权之正确的组织是要以党的坚固的指导为条件的”，“党随时随地都应作苏维埃思想上的领导者”。1931 年 6 月 1 日《苏区中央局为第一次全国苏维埃代表大会宣言》指出：“苏维埃政权是无产阶级领导下的工农民主专政，共产党是这个政权的领导者。”1934 年 1 月第二次全国苏维埃代表大会《苏维埃建设决议案》重要的一条，即“必须用力巩固苏维埃中的无产阶级领导。……为着巩固和加强无产阶级的领导，苏维埃首先必须坚决拥护无产阶级政党——共产党的领导”。

党的“六大”关于《苏维埃政权的组织问题决议案》规定：在苏维埃政权中建立党团组织，通过党团作用实施党对政权的领导。因此，党对苏维埃政权的领导，是通过制定和执行一系列的纲领、路线、方针、政策来实现，通过在苏维埃政权中的党团组织和党员的模范带头作用，使党的政策为政权组织的大多数代表或委员所接受，而有效地贯彻实施。同时防止发生“以党代苏维埃或以苏维埃代党”的现象。

（二）一切权力归于工农兵代表大会，实行“议行合一”的原则

苏维埃中央之最高权力机关为全国工农兵代表大会，在大会闭会的期间，中央执行委员会为最高权力机关，在中央执行委员会下组织人民委员会，处理日常政务；省、县、区工农兵代表大会，是各该地方的最高权力机关，在其执行委员会之下，直接设立行政各部；乡（市）苏维埃则负责一切事务，由代表直接执行。各级工农兵苏维埃代表大会既是议事的机关，它议决大政方针，制定法律；又是执行的机关，它直接组织行政，贯彻执行法律和各项决议，即“议行合一”。议行合一，保证由广大劳动人民选出的各级代表大会，具有充分的权力，不仅议事，反映人民的意志，而且可以直接去贯彻，实现人民的意志。

（三）民主集中制

各级工农兵代表大会都由民主选举产生，对人民负责，受人民监督，定期向选举单位和选民报告工作；选民或选举单位有权罢免不称职的代表。其他国家机关，包括行政机关、军事机关、司法机关都由工农兵代表大会产生，都要对工农兵代表大会负责，接受工农兵代表大会的领导和监督，

定期向工农兵代表大会报告工作；工农兵代表大会或其执行委员会有权选任和撤销其他国家机关的组成人员，撤销和变更其他国家机关的决定或命令。在工农兵代表大会制度下实行少数服从多数，下级服从上级，地方服从中央。毛泽东在井冈山时期就指出在苏维埃政权中实行“民主集中主义的制度”[①]。

第二节　临时革命政权——革命委员会

各革命根据地工农民主政权的建立，一般都先经过建立革命委员会的阶段，而后成立苏维埃。

一、革命委员会的建立方式

革命委员会的建立方式，分两种情况：

1. 先有革命群众团体的组织与工作而后暴动的地方，成立市或乡的革命委员会，由市或乡的革命群众团体选派代表组织；区革命委员会，由市或乡的革命委员会选派代表与区一级革命群众团体的代表共同组织；县革命委员会，由区革命委员会选派的代表与县一级革命群众团体的代表共同组织；省革命委员会，由县革命委员会选派的代表与省一级革命群众团体选派的代表共同组织。每个革命委员会的名单，除被白区隔离，交通断绝的地方外，均须报上级革命委员会或苏维埃执行委员会审查与批准。

2. 在红军或游击队部队新占领而过去没有革命群众团体的组织与工作的地方，市或乡的革命委员会由该市或该乡工作的红军或游击部队的政治

① 《毛泽东选集》合订本，人民出版社1964年版，第71页。

机关指定委员名单并予委任。委任后须召集该市或该乡工农贫民群众开会，宣布委任的名单。如当地附近有上级苏维埃或革命委员会，须报告该苏维埃或革命委员会加以委任。区、县的革命委员会，由驻在该县的红军或游击部队的政治机关指定委员名单并予委任。

二、革命委员会的组织机构

革命委员会分为省、县、区（市）、乡四级。区（市）以上各级革命委员会的组织为革命委员会全体会议、主席团。主席团会议推举主席 1 人，副主席 1 至 2 人，其下设：劳动、土地、军事、财政、粮食等部和肃反委员会。各部设部委员会，各部直接隶属于各该部的上级，绝对服从各该部上级的命令，同时受同级革命委员会的指导和节制。乡革命委员会不设主席团，其下也不设部或科。

三、革命委员会的任务

革命委员会的任务是，发展工农贫民群众对于地主资产阶级的斗争，从当地地主资产阶级的武装队伍中夺取其武装，组织革命委员会自己指挥而成分完全是被剥削的工农贫民的红色武装队伍，极力发展革命的战争，消灭并镇压当地一切反革命武装力量，领导群众镇压已被推翻而仍然暗中活动的一切反革命分子，领导群众没收并分配土地，实行劳动法，组织工会及贫农团，使之成为革命委员会的柱石。在城市中特别注意领导工人监督资本家的企业与商店，最后是召集工农兵代表大会，选举正式政权机关——苏维埃。

第三节　中央政权的组织机构及其职权

中华苏维埃共和国成立后，即建立起中央临时政府的组织机构，后来在实践中又经过调整，到 1934 年 2 月 17 日正式公布《中华苏维埃共和国中央苏维埃组织法》，规定中央政权的组织机构及其职权如下。

一、全国苏维埃代表大会

全国苏维埃代表大会，是中华苏维埃共和国的最高政权机关。由各省、中央直属市、县苏维埃代表大会及红军所选举的代表组成。大会每两年一次，由中央执行委员会召集。如遇特别情形不能按期召集时，得延期召集。遇必要时亦可召集临时代表大会，由执行委员会自动召集或应代表全国人口 1/3 的地方苏维埃的要求，由执行委员会召集。

全国苏维埃代表大会听取和讨论中央执行委员会的报告，制定和修改宪法及其他法律，决定全国的大政方针，改选中央执行委员会。

二、中央执行委员会

中央执行委员会由全国苏维埃代表大会选出，是代表大会闭幕期间的最高政权机关。它对代表大会负责并报告工作。执委会的名额不得超过 585 人。执委会的全体会议，每 6 个月一次，由执委会主席团召集。如遇特别情形不能按期召集时，得延期召集。由主席团决议，或半数以上执行委员之要求，得召集执委会的临时会议。

中央执行委员会可颁布各种法律和法令，审核和批准一切关于全国政治上、经济上的政策，改变国家机关的设置，停止和变更执委会主席团、人民委员会及其他机关的法令和决议。选举执委会主席团、主席和副主席，选任人民委员会及其主席。

《中华苏维埃共和国中央苏维埃组织法》专章规定“全国苏维埃代表大会及中央执行委员会的权力”：颁布和修改宪法（此为全国苏维埃代表大会的专权）；代表中华苏维埃共和国对外订立各种条约及批准国际条约；制定法院的系统组织，并颁布民事、刑事及诉讼等法律；颁布劳动法、土地法、选举法、婚姻法、苏维埃组织法及一切单行的法律；决定内政外交的大方针；改订国家的边界；确定地方苏维埃的权力，并解决地方苏维埃间的争执；划分行政区域，并有建立、合并、改造或解散地方政权机关之权；对外宣战与媾和；制定度量衡和币制；发行内外公债；审查并批准预算、决算；制定税率；组织并指导海陆空军；制定中华苏维埃共和国国民的公民权及居住在中华苏维埃共和国领土内的其他国籍人民的居留和公民权；宣布全部或一部的赦免；制定国民教育一般原则；选任和撤销人民委员会的委员及主席；规定工业、农业、商业及交通事业的政策和计划；代表中华苏维埃共和国与中国境内各民族订立组织苏维埃联邦共和国的条约；以及有撤换和变更下级苏维埃执行委员会委员之权等。

三、中央执行委员会主席团

中央执行委员会主席团，是中央执行委员会选出的，作为执委会闭幕期间的最高政权机关。它对执委会负责并报告工作。主席团人数不得超过25人，设主席1人，副主席2人至4人。

中央执行委员会主席团的权力：监督宪法、法律和执委会的各种命令及决议的实施；停止或变更人民委员会和各人民委员部的决议和法令；停止或变更各省苏维埃代表大会及其执行委员会的决议或命令；颁布各种法律和命令；审查和批准人民委员会和各人民委员部及其他所属机关所指出的法令、条例和命令；解决人民委员会与各人民委员部之间的关系问题及各省苏维埃之间的关系问题。

四、人民委员会

人民委员会是中央执行委员会的行政机关，负有指挥全国政务的责任。人民委员会及其主席由中央执行委员会选任。被选任为人民委员的，应为中央执行委员会的委员。人民委员会对中央执行委员会及其主席团负责并报告工作。人民委员会由人民委员会主席、各人民委员及工农检察委员会主席组成。人民委员这个名称只有人民委员会的委员才能用，中央和地方的其他委员不得用这个名称。

人民委员会的权力：在中央执行委员会所指定的范围内得颁布各种法令和条例，并得采取适当的行政方针，以维持行政上的迅速和秩序。其决议及所颁布的各种法令和条例，须报告中央执行委员会主席团。决议如与大政方针有关系者，应提交中央执行委员会或主席团审查批准。但遇紧急事项得先行解决，并报告中央执委会或主席团。它有审查修改或停止各人民委员部所提出的法令及其决议之权。各人民委员部及各省苏维埃执行委员会，如对人民委员会的决议和各种法令有不同意见，可向中央执行委员会或其主席团提出意见，但不得停止执行。

在人民委员会之下，设外交、劳动、土地、军事、财政、国民经济、粮食、教育、内务、司法等各人民委员部，以及革命军事委员会、工农检察委员会和国家政治保卫局。

五、最高法院

最高法院是中央执行委员会下设的审判机关，设院长 1 人，副院长 2 人，由中央执行委员会主席团委任。最高法院设检察长 1 人，副检察长 1 人，检察员若干人。正副检察长由中央执行委员会主席团委任。

实际上最高法院未曾建立，只组织临时最高法庭，执行最高法院的职权。

六、审计委员会

审计委员会是中央执行委员会下设的审计机关。其职权为，审核国家的岁入与岁出，监督国家预算之执行。委员会由 5 至 9 人组成，由中央执行委员会主席团委任，其中正副主任各 1 人。

第四节 地方政权的组织机构及其职权

一、中央政权建立前地方政权的组织机构

中央政权建立前地方政权的组织机构不尽一致。比如，1927 年 11 月《江西省苏维埃临时组织法》规定为省、县、区、乡四级。在大市镇或大产业区设市。区（市）以上各级苏维埃的组织为苏维埃代表大会、执行委员会、执行委员会主席团。下设军事、财政、土地、教育、内务等专门委员会。乡苏维埃的组织为全乡工农大会、执行委员会、不设主席团和各专门委员会，有关事宜由执委会直接办理。

1930 年 3 月《闽西苏维埃政府组织法》规定为闽西、县、区、乡四级。各级苏维埃政府分权力机关之系统和办事机关之系统。即各级工农兵代表大会、执行委员会、执行委员会常务委员会。其下分：权力机关之系统，设土地、经济、军事、财政等委员会（区乡设委员）；办事机关之系统，设土地、经济、军事、财政等部（县设科，区乡设委员）。

1930 年 7 月《湖南省工农兵苏维埃政府暂行组织法》规定为省、县、区、乡、村五级。省县区苏维埃的组织为工农兵代表大会、执行委员会、执行

委员会常务委员会。其下设各种委员会（区为委员）。乡、村苏维埃的组织为乡民代表大会或乡民大会（村群众大会）、执行委员会。不设常务委员会和各种委员会，有关事宜在执委内分工执行。

1931 年 7 月《鄂豫皖区苏维埃临时组织大纲》规定该区的政权组织为鄂豫皖区、县、区、乡、村五级。鄂豫皖区组织机构与中央相似。县区乡村的组织为苏维埃代表大会（乡村为苏维埃大会）、执行委员会、执行委员会常务委员会。下设内务、文教、土地等委员会（乡设委员；村不设各种委员，在执委内分工）。鄂豫皖区、县、区、乡各级设工农监察委员会。各级工农监察组织，由各该级苏维埃代表大会选举产生，受代表大会指挥，与各级执行委员会是平行的机关。

二、中央政权建立后地方政权的组织机构

"一苏大"后，为统一地方政权的组织机构，1931 年 11 月中央执行委员会第一次全体会议通过颁布了《苏维埃地方政府的暂行组织条例》，1933 年 12 月又颁布《中华苏维埃共和国地方苏维埃暂行组织法（草案）》，规定地方政权为省、县、区、乡四级。在市镇设市和市区苏维埃。

（一）省县区政权的组织机构

省县区（包括中央、省和县直属的市）政权的组织为，省县区苏维埃代表大会、省县区执行委员会、省县区执行委员会主席团。

1. 省县区苏维埃代表大会

省县区苏维埃代表大会为省县区各该级地方最高政权机关，由各下一级的苏维埃代表大会和各级所属红军所选出的代表组成。省苏维埃代表大会每年一次，县苏维埃代表大会每 6 个月一次，区苏维埃代表大会每 3 个月一次，由各执行委员会召集。代表大会的任务是，听取和讨论执行委员会的工作报告，讨论和决定本地方范围内苏维埃工作的方针，选举本级执

行委员会（省县 1 年一次，区半年一次）。

2. 省县区执行委员会

省县区执行委员会为各级苏维埃代表大会闭会期间的各地最高政权机关。省执行委员会议每 4 个月一次，县每 2 个月一次，区每月一次，市每月一次，由各主席团召集。省县区执行委员会须向本级苏维埃代表大会做工作报告，向所属下一级的苏维埃代表大会做工作报告，向上一级苏维埃执行委员会做工作报告。

3. 省县区执行委员会主席团

省县区执行委员会主席团为各级执行委员会闭会期间的各地最高政权机关。主席团由各执行委员会推选。主席团推选主席 1 人，副主席 1 至 2 人。主席团会议，省每 7 天一次，县 5 天一次，区 3 天一次。

省县区（中央、省和县直属的市）执行委员会及其主席团，直接负责领导本地方的政务。下设：劳动、土地、军事、财政、国民经济、粮食、教育、内务、裁判等部，工农检察委员会、国家政治保卫分局。省还设审计委员会。省军事部的工作归并于军区指挥部，不另设立。国家政治保卫局在区设特派员。各部、委、局属本系统垂直领导，成为垂直的组织系统，下级绝对服从上级。受同级执行委员会及其主席团的指导和节制。主席团没有停止各部、委、局执行其上级的命令之权。如主席团对于各该部（委、局）上级的命令有异议时，应提到上级执行委员会或主席团解决，未得上级执行委员会或主席团的指示之前，不得停止各部（委、局）执行其上级的命令。各部部长、副部长，委员会主任、副主任的选任，须报告上级执行委员会或主席团，经过上级各部、委审查后委任；非得各部、委上级的同意，不能随便调动；除不称职者外，不随执行委员会的改选而更换。

（二）乡（市）政权的组织

乡（包括市之下的“市区”和隶属于区的市）政权的组织为，苏维埃全体代表会议、主席团。苏维埃全体代表会议为全乡（市区或市）最高政权机关，由全乡（市区或市）选举大会所选出的代表组成。全体代表会议下不设执行委员会，由全体代表会议选举5人至7人（在居民5万人以上的市，以9人至11人）组织主席团，为代表会议闭会期间的最高政权机关。主席团推选主席1人，副主席1人至2人，其下不分科。

三、地方政权的职权

根据《苏维埃地方政府的暂行组织条例》和《中华苏维埃共和国地方苏维埃暂行组织法（草案）》规定，省县区乡（市）各级苏维埃的职权有：（1）执行中央政权机关的一切法律、命令、决议与指示，执行各该上级机关的命令、决议与指示。（2）决定并执行本区域内关于各种苏维埃建设工作的计划。办理土地、人口、婚姻、劳动、工商、文教、卫生、市政、救灾及组织地方武装、帮助红军作战等事宜。（3）解决一切地方性质的问题。（4）统一本区域内各级苏维埃机关的行政工作。

省苏维埃代表大会及其执行委员会对于全省各级苏维埃有监督之权；县苏维埃代表大会及其执行委员会对于全县各级苏维埃有监督之权。下级苏维埃机关绝对服从上级苏维埃机关。下级苏维埃的决议、命令及指示，有违背中央政权机关的法律命令决议指示及该管上级机关的命令决议指示者，上级苏维埃得予取消。下级苏维埃机关如有违抗上级苏维埃机关的命令、决议、指示者，各该上级苏维埃机关得将其一部改造或全部解散。

第五节　基层政权的工作制度和群众性组织

乡（市区与区属市）苏维埃，是苏维埃政权组织的基层政权。常驻人员很少，它的工作依靠广大民众的直接参与。

一、经常的代表会议制度

乡（市）苏维埃全体代表会议，每 10 天（在居民 5 万人以上的市，每 20 天）一次，代表的任务：一是代表选民到苏维埃工作，传达选民意见，将选民所要进行的工作提到乡（市）苏维埃去讨论；二是传达上级苏维埃的命令和指示，执行乡（市）苏维埃的决议。

二、代表与居民固定联系制度和代表主任制度

依照代表与居民住所的远近，将全体居民适当分配于各个代表的领导之下。通常以居民 30 人至七八十人置于 1 个代表的领导下，使各个代表与一定范围内的居民发生固定的联系。

同时，按代表住所远近，在 3 个至 7 个（或 5 个至 9 个）代表中，由主席团指定 1 人为代表主任，在主席团许可的范围内指导各代表的工作，传达乡（市）苏维埃主席团的通知，召集居民开会，解决居民较小的问题，必要时得参加主席团会议。

三、组织群众性的专门委员会

乡（市）苏维埃不设部或科，而组织群众性的专门委员会，以吸引群众中的积极分子参加各委员会的工作。不但乡（市）有各种委员会，村也有某些必要的委员会。乡可组织 25 个委员会，市可组织 28 个委员会，并得按照当地工作需要情况增加或减少。这样便把苏维埃工作组织成了网，使广大民众直接参加苏维埃的工作。这些委员会，一类是常设的委员会，另一类是临时性的委员会。常设的委员会，如扩大红军委员会、优待红军委员会、慰劳红军委员会、赤色戒严委员会、防空防毒委员会、义务劳动委员会、运输委员会、失业救济委员会、贫民委员会、房屋委员会、户口

委员会、工业委员会、农业委员会、工业研究委员会、农业研究委员会、国有财产委员会、商业税征收委员会、教育委员会、卫生委员会、桥路委员会、粮食委员会、备荒委员会、森林及山林委员会、水利委员会、土地登记委员会、各季农业生产委员会、工农检察委员会等。临时性的委员会，于任务完成后即行撤销，如没收征发委员会、农业税征收委员会、公债发行委员会、查田委员会、开荒委员会、选举委员会等。各委员会设主任1人，委员若干人。乡（市）苏维埃代表必须参加一个至两个委员会为委员。委员会充分吸收代表以外的工农、贫民积极分子参加，按乡（市）代表会议及主席团的决议进行工作。区（市）苏维埃的各部，对于乡（市）苏维埃下设的各种委员会，按其任务的不同，经过乡代表会议及其主席团与它们发生密切关系，必要时得召集与自己有关的委员会的主任到区开会，指示工作。

此外，乡（市）苏维埃还充分发挥各群众团体的作用。如职工会、贫农团、雇农工会、共青团、女工农妇代表会、赤卫队、少先队、儿童团、反帝拥苏同盟、互济会、劳动互助社、各种合作社等，它们从不同方面、不同角度拥有广大群众。苏维埃对各群众团体的工作，给以大力支持和指导，并吸收各团体的代表参加有关委员会，或直接经过这些团体去动员广大民众参加苏维埃的工作。

基层政权工作的群众化，直接依靠民众，同广大民众相结合，保证了苏维埃政权基础的巩固。

第十三章　工农民主政权的选举法规

第一节　选举法立法概况和基本原则

一、立法概况

1928年7月中国共产党第六次全国代表大会通过《苏维埃政权组织问题决议案》，根据这一议案，各革命根据地政权积极开始了选举立法活动。这一时期的选举立法，既有单行的选举法规，也有大量的组织法规。政府组织法是选举法的一个重要法源，成为此时期选举立法的重要特点。具有代表性的选举法规有：《中国工农兵会议（苏维埃）第一次全国代表大会选举条例》、《中国工农兵会议（苏维埃）第一次全国代表大会苏维埃选举暂行条例》、《中华苏维埃共和国的选举细则》、《苏维埃暂行选举法》、《闽西苏维埃政府布告》（新编第二号）、《闽西苏维埃政府通告》（新编第七号）、《鄂豫皖六安第六区苏维埃条例》（1930年5月）、湘鄂赣省工农民主政府颁布的《选民须知》（1933年6月）、《川陕省总工会为动员广大工人群众参加省苏维埃大会选举运动的通告》（1934年5月）等。

二、基本原则

从工农民主政权初建，到苏维埃共和国建立，中央和地方发布的法规贯穿一个总的精神，就是着眼于切实保障劳动群众的民主权利，以此为出发点，在立法中贯彻了如下原则：

1. 选举权和被选举权属于劳动人民，不给剥削者和反革命分子。1930年的《江西苏维埃临时组织法》、同年的《鄂豫皖六安第六区（选举）条例》都有明确规定。中华苏维埃共和国成立后，这一原则为《中华苏维埃共和国宪法大纲》（以下简称《宪法大纲》）所肯定。《宪法大纲》规定："在苏维埃政权下所有工人、农民、红军及一切劳苦群众都有权选派代表掌握政权的管理。只有军阀、官僚、地主、豪绅、资本家、富农、僧侣及一切剥削人的人和反革命分子是没有选派代表参加政权和政治上自由的权利的。"同时还规定，凡上述公民在16岁以上均享有选举权和被选举权。1933年8月9日中央执行委员会发布的《苏维埃暂行选举法》用列举资格的办法把《宪法大纲》的原则规定加以具体化。在王明"左"倾路线影响时期，选举法规中有关剥夺选举权的规定，存在着限制过多的倾向。

2. 代表名额的分配以有利于加强工人阶级领导为原则。工人阶级占有优越地位。早期工农民主政权颁布的选举法规，对工人和其他居民产生代表的人口比例作了不同的规定。中华苏维埃临时中央政府成立后，为保证工人阶级在国家政权中的领导地位，对各级苏维埃代表大会代表名额的分配作了统一规定，但具体比例各个发展时期又略有不同。

3. 选民对代表拥有监督权和罢免权。1930年3月《闽西苏维埃政权组织法》在总纲部分规定："各级代表会有不能代表他们所选出这区域机关之意见者，为该区域所不信任时，原区域机关将该代表撤回另派。"《中华苏维埃共和国宪法大纲》规定苏维埃代表"须按期向其选举人做报告，选举人无论何时，皆有撤回被选举人及实行新选举的权利"。1933年12月中央执行委员会发布的《中华苏维埃共和国地方苏维埃组织法（草案）》对行使罢免权的条件和要求罢免的代表人数比例做了更加具体的规定。

4. 划分选区既能保证各革命阶级选举出自己的代表，又便于代表与选民的联系及选民对代表的监督。这是实行代表大会制在选区划分上的显著特点。

5. 直接选举和间接选举并用。依照《苏维埃暂行选举法》，乡、区属市、县属市和中央直属市苏维埃代表大会，由乡或市选民大会选举产生，实行直接选举。区、县、省和全国苏维埃代表大会的代表，分别由下级苏维埃代表大会选举产生，实行间接选举。这是符合当时实际状况的规定。

第二节　选举的组织、程序和方法

一、选区的划分

依照生产单位和居住状况相结合的原则划分选区，是中华苏维埃选举制度的一大特色。1931 年 11 月《中华苏维埃共和国的选举细则》规定：城市工人以生产单位为单位，乡村以村为单位划分选举区域，红军单独选举。《苏维埃暂行选举法》着重强调：城市工人要坚持以生产单位为单位单独选举；在农村须以小村为单位，选区不可过大，因为“选举单位小，不仅可使选民的多数甚至全体都有选举机会，并且可使选民对被选举人的选择更加容易，选民的提案必定更好更多。日后的撤回权也更容易行使”。

二、选举委员会

1931 年 11 月以前各根据地的选举工作大多由苏维埃政府直接主持。1930 年《湖南省工农兵苏维埃政府暂行组织法》规定：县苏维埃政府执行委员会“根据实际情形决定选举全县代表人数，并召集代表大会，准备大会之一切报告，编定议事日程”。中华苏维埃共和国成立后，为搞好乡、市基层选举，决定于城市和区、乡设立选举委员会。市、区、乡选举委员会为非常设机关，于选举前组成，选举后撤销。选举委员会的主要任务是，宣传选举法，划分选区，登记选民名单，规定开会地点和选举日期，搜集选民提案，召集主持选举大会及编制选举预算等。选举工作结束后，选举委员会应将有关选举的全部文件（选民登记表、选举大会记录）送交市苏维埃或区执行委员会并作出工作报告、财政决算报告。

三、选民登记

选民登记是选举的一项重要程序和制度，选举法令规定：选举两个星期前，选民开始登记，由选举委员会在参选区主持进行。有组织的选民经其所在组织进行选民登记。无组织的游散选民由选举委员会特设工作人员负责登记。登记时，按照中央执行委员会制发的选民登记表，逐项填写，并由选举委员会负责核查，做到不错不漏。选民登记后，依《中华苏维埃共和国选举工作细则》的规定，选民由选举委员会发给通知书作为参加选举的法律依据。而被剥夺选举权者，则张榜公布。

四、选举大会

最初的选举，大多采取群众大会的方法，选举程序很不完善。中华苏维埃共和国成立后，废止了这种做法，以选举大会作为基层地方选举的法定形式。召开选举大会，选举乡、市苏维埃代表有一套比较严格的规则和程序。按规定只有经过选民登记而被赋予选举权的人才有权出席选举大会。选民参加大会须于进入会场时履行签到登记手续，并受核查。选举大会的召开受选区法定人数的限制，不到法定人数，须延期举行。

选民大会由大会主席团主持。选举大会的议程是：（1）主席宣布大会的召开及出席大会的人数是否合法；（2）选举产生代表；（3）通过提案。大会结束后，大会记录、选民到会登记表和一切有关选举大会的文件，上报上级苏维埃政府，接受审查。

第三节　红军中的选举

《苏维埃暂行选举法》第五章专门对红军中的选举作了特别规定。“属于区苏维埃的工农红军（如游击队等）直接选举代表出席全区的苏维埃代表大会；属于县苏维埃政府的工农红军（如独立团等）直接选举代表参加全县苏维埃代表大会；属于省苏维埃或不属于该省苏维埃政府管辖，而在该省内有长时期工作的工农红军（如独立师及湘鄂赣、湘赣、闽浙赣及其他苏区的各军团）则直接选举代表出席全省苏维埃代表大会；红军的方面军则直接选举代表出席全国苏维埃代表大会。”1933 年 9 月的《二次全苏大会在全军中怎样进行选举》，根据《苏维埃暂行选举法》，对红军中的前后方部队、机关、医院、兵站等的选举标准、选举组织工作作了具体规定。

一、方面军

方面军及受方面军直接指挥的各部队每 600 人选正式代表 1 人出席全苏代表大会；不足法定人数而达法定人数半数以上，亦得正式选派代表 1 名；如不足半数，得选候补代表 1 名。选举工作由团政治处指定 3 至 5 人负责，以团为单位开选举大会，不必经过筛复选。

二、地方性部队

地方性部队选举参加全区苏维埃代表大会的代表，每 25 人得选正式代表 1 人；选举出席全县代表大会的，每 100 人选正式代表 1 人；选举出席全省代表大会的，每 400 人得选举正式代表 1 名。不足法定人数，达半数以上亦选正式代表1名；半数以下，选1名候补代表。

选举工作由团政治处或独立营政治委员或连政治指导员指定3至5人组成选举委员会进行；选举区级代表，以连或营为单位召开选举大会进行；选举县及省级代表，以营或团为单位召开选举大会进行。

三、后方部队

各后方部队，因性质、特征、流动情况不同，因此选举的形式也因之各异。凡直属中央革命军事委员会指挥的部队，可直接选派代表参加全苏代表大会，而且可以参加地方选举。补充师、团、新编师、红军学校、直属医院、总兵站、通讯学校，各是一个选举单位，而中央革命军事委员会、总政治部、无线电队、电话总站、警卫连五个部分联合组成一个选举单位。医院以院为单位进行选举。总兵站可由中小站初选后，再集中到总兵站复选出席全苏代表大会代表。

四、被俘白军官兵

如何处理被俘白军军官及士兵的选举资格是个非常重要的问题。临时中央政府注意区别情况，分别对待，采取不同的法律措施。凡出身于工农的被俘白军士兵，不论在红军中服役时间长短，皆拥有选举权和被选举权。工农出身的白军被俘排长，在红军中服务1年以上，连长则须2年以上，经师政治部考察，由师政治部正式作出决定或由红军裁判所判决可以恢复选举权。但工农出身的营长须经过5年以上考察，如被恢复选举权，也可以取得选举权。至于白军团长以上的俘虏军官，则无选举权。

第四节　选举法的实施

法贵实施。中共中央和根据地政府把切实贯彻选举法规，真正实现民主选举，作为发展民主政治的重要任务。为了贯彻选举法，中央和根据地政府要求各地各单位做好以下工作：

1. 宣传鼓动。在选举期间，大力宣传苏维埃政权的民主性质，以提高广大工农群众对选举的认识及参与选举的意识。通过宣传，向干部群众灌输民主意识，在经济文化比较落后的苏区不失为一个实现民主政治的好办法。这种做法不仅有力地促进了根据地的民主政治的发展，而且增强了广大工农群众对自身价值的认识，激发了广大工农群众对苏维埃政权的热爱之情。

2. 向选民做工作报告。乡、市苏维埃的领导人员要到选民大会上做工作报告，上级政府领导人要到下级苏维埃大会上做工作报告，发动选民对政府的工作进行批评、检查和监督。

3. 重视乡市基层选举。乡和区属市苏维埃是工农民主政权的基础组织，它们最接近选民群众，直接担负着贯彻执行苏维埃的各项政策法令，组织动员群众支援革命战争和经济文化建设的艰巨任务。乡、市基层选举成功与否关系着基层工农政权建设的成败。因此，当时各地都着力于搞好乡市民主选举，力争保证乡市选举的成功，从而大大加强了基层政权建设。

4. “三结合”式选举。选举与革命战争相结合，选举与检查政策法令的执行情况相结合，选举与揭发苏维埃工作人员中的贪污腐化、消极怠工和官僚主义分子相结合，从而达到既保证搞好选举，又能提高苏维埃政权工作效率的目的。

5. 候选人名单应多于应选代表名额。发动选民对名单进行讨论，真正按民意选举。反对由上级批准再交选民大会“选举”，或者未经选举而由党委指派，应付了事的做法。

第二次国内革命战争期间，工农革命政权的选举立法开辟了中国法制发展史中选举立法的新天地，创造积累了丰富的经验。

第十四章　工农民主政权的行政法规

第一节　行政立法概述

行政立法是第二次国内革命战争时期红色区域法制建设的重要组成部分，经历了一个形成和发展的过程，大体上可划分为两个发展阶段。

一、行政立法的初创阶段

这个阶段从1927年10月井冈山革命根据地创建，到1931年11月中华苏维埃临时中央政府成立。这时，各地工农民主政府根据政权初创时期的需要，从本地实际情况出发，相继制定了各自的行政管理法规，其特点是：第一，它们带有较多的地方色彩，其效力只及于该革命根据地苏维埃政府的管辖区域。第二，各地工农民主政府虽然也颁布了若干有关军事、经济、民政、治安、文化教育等方面的单行法规，但大量的行政管理法律规范散见于其他法律文件之中，特别是集中地反映在政权组织法规之中。第三，这些政权组织法一方面规定了各级工农兵苏维埃代表大会的性质、组织和职权，同时也对行政机关的组织机构、行政管辖、人员编制和工作方式作出了规定。虽然这些规定尚欠周密和具体，但各地工农民主政府在创建之初就重视行政立法，注意用法律手段调整行政管理活动，未尝不是有益的探索。

二、行政立法的发展阶段

中华苏维埃共和国成立后，总结和吸收了各地工农民主政府的行政立法经验，先后颁布了一系列适用于各苏维埃辖境的行政法规，把行政立法工作推向一个新的发展阶段。

（一）制定政府管理体制的法规

1931 年 11 月 27 日，中华苏维埃中央执行委员会第一次全体会议通过了两个关系密切的条例，即《划分行政区域暂行条例》和《苏维埃地方政府暂行组织条例》，前者按照接近群众、减少层次、便于战争动员和开展经济文化建设的原则，规定地方苏维埃为省、县、区、乡四级，后者规定了各级政府的机构、任务、编制、活动方式和工作制度，为地方各级政府的组织与活动提供了法律依据。从这年 12 月下旬开始，首先在江西、福建两省和瑞金直属县，接着在其他苏区，开展了苏维埃建设运动，缩小了行政区划，健全了地方各级行政机关。

1933 年 7 月，中华苏维埃临时中央政府发布《关于重新划分行政区域的决议》，再次划分省、县、区、乡的行政管辖，同年 12 月发布《中华苏维埃共和国地方苏维埃暂行组织法（草案）》，进一步明确规定了地方各级行政机关的体制结构、职责范围、相互关系和工作方式。

（二）制定中央各部委及其所属机构的单行组织章程

中央各部委的机构设置和职权范围，是由中华苏维埃中央执行委员会于 1934 年 2 月 17 日颁布的《中华苏维埃共和国中央苏维埃组织法》规定的。在此之前，中华苏维埃共和国第一次全国工农兵代表大会通过并颁布了《工农检察部的组织条例》。此后，中央人民委员会或由它授权的各部委又制定了所属机构的若干单行组织章程，如《各级国民经济部暂行组织纲要》《各级劳动部暂行组织纲要》《财政部暂行组织纲要》《教育部暂行组织纲要》《省、县、市、区土地部暂行组织纲要》，以及《工农检查部控告局组织纲要》《国有企业管理局简章》《贸易局简章》《粮食调剂局简章》等。

（三）制定有关军事、民政、财经、文教、卫生等行政管理法规

这方面的法规在当时颁布的法律文件中占有相当的比重，广泛地调整了各个领域中的行政法律关系，如《中国工农红军优待条例》《关于优待红军家属的决定》《工商业投资暂行条例》《合作社暂行组织条例》《苏维埃国有工厂管理条例》《国库暂行条例》等。

第二节　行政机关的设置及其职权范围

一、机构设置

（一）中央国家行政机关

中央国家行政机关由人民委员会及其所属各人民委员部和委员会组成。人民委员会是最高国家行政机关，指挥全国政务。各部、会是人民委员会行使国家行政权的职能机构，各自拥有法定职权。

1933 年以前，人民委员会下设九部，即外交人民委员部、劳动人民委员部、土地人民委员部、军事人民委员部、财政人民委员部、教育人民委员部、内务人民委员部、司法人民委员部和工农检查人民委员部。另设革命军事委员会和国家政治保卫局。1932 年 7 月，在第四次反围剿斗争中，曾设劳动与战争委员会，负责“一切军事上、经济上、劳动上的动员的计划和指挥”，为非常设机构。

1933 年以后，人民委员会的组织机构有若干变动，增设国民经济人民

委员部和粮食人民委员部。原工农检查人民委员部改为工农检查委员会。

人民委员会作为国家最高行政机关，由主席、副主席和各部人民委员组成。人民委员部设人民委员 1 人，副人民委员 1 至 2 人。人民委员由中央执行委员会选任，他必须是中央执行委员会委员。副人民委员由中央执行委员会主席团委任，协助人民委员工作，人民委员因故缺席时，代理人民委员的职务。

各人民委员部之下，根据业务性质和需要设立相应的工作机构。如国民经济人民委员部下设五局一会，即调查统计局、设计局、粮食调剂局、对外贸易局、国有企业管理局、合作社指导委员会。劳动人民委员部下设三局，即劳动保护局、失业工人介绍局和经济评议局。局下设科，如劳动保护局下设劳动检查科、技术检查科和卫生检查科。失业工人介绍局设统计科和救济科。经济评议局设统计科和指导科。各局科的组成及其掌管的行政事务，由各部制定的组织章程具体规定。

（二）地方国家行政机关

地方国家行政机关，因其具体情况不同，可分为两种类型，一为中央苏区及与中央苏区连成一片的苏区，一为未与中央苏区连成一片的苏区。

在中央苏区及与中央苏区连成一片的苏区，省、县、区及隶属中央、省和县的市，均设执行委员会及其主席团，省、县、区执行委员会下设财政、土地、军事、内务、劳动、文化、卫生、粮食、工农检查各部。劳动部之下设劳动检查所和失业介绍所。工农检查部之下设控告局。内务部之下设民警所、市政所和刑事侦探局。市执行委员会之下设立与省、县、区各部相对应的科。1933 年 12 月 12 日，依据《中华苏维埃共和国地方苏维埃暂行组织法（草案）》的规定，临时中央政府对各级行政机构作了统一的规定。省、县、区、市执行委员会设置的工作部门有：劳动部、教育部、土地部、内务部、财政部、裁判部、军事部、粮食部、国民经济部、工农检查委员会和政治保卫分局。军事部只设于县、区、市，省不设军事部，而由省军区司令部担负军事行政工作，为县军事部的上级机关。政治保卫分局设于省和中央直属市、县和省属市，区和县直属市设特派员。省和中央直属市执行委员会均设审计委员会。

乡和市（指区属市和市区）是国家行政系统中的基层单位，其组织结构在不同时期也有若干变化。1933年以前，乡苏维埃只设主席1人（大乡设副主席1人），综理全乡事务。市设苏维埃主席团，主席团之下分设土地、劳动、内务、粮食、卫生、工农检查等科，以及处理日常事务的总务处。1933年12月12日，中华苏维埃中央执行委员会发布《中华苏维埃共和国地方苏维埃暂行组织法（草案）》，规定乡和市苏维埃均设主席团，并在主席团之下设立分管各项行政事务的专门委员会。

未与中央苏区连成一片的苏区，在行政机构的设置上有其特殊性。以川陕苏区为例，该苏区的行政机构分省、县、区、乡、村五级。

省执行委员会为最高行政机关，下设常务委员会，其工作机构分中央集权和地方分权两大类。属于中央集权的有：省军区指挥部、财政委员会、外交委员会、交通委员会、政治保卫局、革命法庭。属于地方分权的有：土地委员会、劳工委员会、粮食委员会、文化教育委员会、内务委员会、工农检查委员会。

县执行委员会及其常委会下设11个工作机构，即县军区指挥部、财政委员会、经济委员会、政治保卫局、交通局、革命法庭、土地委员会、劳工委员会、粮食委员会、文化教育委员会和内务委员会。

区和乡执行委员会及其常务委员会下设委员。区设土地委员、劳工委员、经济委员、粮食委员、裁判委员、内务委员、文化教育委员和政治保卫局代办处。乡只设土地粮食委员、劳工内务委员和裁判委员。

村是基层行政单位，也设执行委员会，但其主席和委员均不脱离生产，其下设“十家代表”，即每十家工农群众选出一名代表，负责传达村苏维埃决议，宣传政府法令，优待红军家属，监视地富分子。“十家代表”是基层群众性自治组织，不是村政权的组成部分。

二、职权范围

（一）中华苏维埃临时中央政府各人民委员部的职责权限

临时中央政府各人民委员部的职责权限，分别由各该部发布的组织纲要具体规定，以使它们职责分明，事权确定，做到各司其职。例如，1932年4月20日《中华苏维埃各级劳动部暂行组织纲要》规定，劳动部的职权是“执行监督苏维埃保护工人阶级各种法令的实施，以保障工人的权利”。再如，1931年11月《工农检察部的组织条例》规定该部的职责权限有以下五项：“甲、监督苏维埃的机关，要他们正确地站在工人、雇农、贫农、中农的利益上去没收并分配土地。乙、监督各级苏维埃机关正确地去执行苏维埃的政纲和策略，以适合其阶段的革命利益，巩固苏维埃区域和苏维埃政权，并向外发展。丙、监督苏维埃机关对于苏维埃的经济政策，首先是财政与租税政策，是否执行得正确。丁、有向各该级执行委员会建议撤换或处罚国家机关与国家企业的工作人员之权，对于该企业或机关的工作设施，有直接建议之权。戊、若发觉了犯罪行为，如行贿、浪费公款、贪污等，有权报告法院，以便施行法律上的检查和裁判。”

（二）地方苏维埃政府所属各行政机构的职责权限

地方苏维埃政府所属各行政机构的职责权限，政权组织法也有较为详尽的规定。依据1933年12月12日《中华苏维埃共和国地方苏维埃暂行组织法（草案）》，省、县、区、市各级土地部主管土地财产的没收、分配和土地检查，土地的调查、登记、统计、发放土地证，坡地、河堤、池塘的修筑与开发，山林的种植与保护，农业生产的发展，组织和指导农事试验场、农业产品展览所、犁牛合作社、劳动互助社等。财政部主管出纳账目的登记，预算的编制，商业税、农业税、山林税的征收、检查和监督，国有财产的登记、整理和出租，各种租金的征收等。教育部主管普通教育、社会教育和编审出版等。内务部主管选举指导、优待红军、民事行政、民警事务、交通、卫生等。

三、领导体制

（一）下级服从上级的原则

中央各人民委员部必须服从中华苏维埃人民委员会的领导，执行它的决议和命令，并按时向它报告工作。

省、县、区、市苏维埃各部实行双重领导，一方面受同级苏维埃及其主席团的指导和节制，同时分别隶属于上级对口主管部门。在双重领导中，上级对口主管部门的领导占有更为重要的地位。地方苏维埃政府的各部与其上级各部“成为垂直的组织系统，下级绝对服从上级”。地方苏维埃“主席团没有停止各部执行各该部上级的命令之权”。如果主席团对于各该部上级的命令有异议，应提交上级执行委员会或主席团去解决，未得上级执行委员会或主席团的指示以前，不得停止各部执行上级的命令。在人事上，上级各部对下级各部也拥有较大权力，以确保后者更好地履行其职权。法律规定，各级苏维埃非得各部上级的同意，不得随便调动主要的负责工作人员（部长、副部长等）。各部部长、副部长的选任，须报告上级执行委员会或主席团，经过上级各部审查后委任。各部部长、副部长，除不称职者外，不随执行委员会的改选而更换。

（二）首长负责制原则

中央各部和地方苏维埃各部一律实行首长负责制。中央各部的人民委员“在他的权限内有单独解决一切问题之权”，地方苏维埃各部部长“管理本部全部工作”。

中央各部和地方各部实行的首长负责制，不同于政治保卫局的单一首长集权制。在中央，各人民委员部均设部务委员会，为讨论和建议该部工作的机关。各部的部务委员会的委员，由人民委员会任命，委员的人数由人民委员会随时增减，以各该人民委员为该部部务委员会的当然主席。各人民委员虽有在其职责范围内独立解决一切问题之权，但该部的一切重要问题都要提交该部的部务委员会讨论。在地方，各级苏维埃政府所属各部，除军事部外，也一律设置本部的委员会，如粮食部设粮食委员会、内务部设内务委员会，等等。委员会委员由同级苏维埃主席团审查通过，报上级对口部批准。各部的委员会的部长、副部长和各科科长为当然委员，此外还广泛吸收部外有关方面的代表和下级对口部的部长参加。各部的重大问题，都要提交各该部的委员会讨论。

第三节　提高行政效能的措施

一、坚持实行精简原则，力求行政机构精干

红色区域行政管理工作的总方向是提高工作的速度和质量，适应革命战争的要求。为实现这一目标，中华苏维埃中央执行委员会和人民委员会采取了两项重大措施。

第一，严格编制定员。中央和地方设置的行政机构，均由法律明文规定。中央设置的十部、一委、一局，由《中华苏维埃共和国中央苏维埃组织法》规定。省、县、区、市设置的九部、二委（审计委员会只设于省和中央直属市）、一局（政治保卫局分局只设于省、中央直属市、县和省属市）、一处（总务处），均由《中华苏维埃共和国地方苏维埃暂行组织法（草案）》规定。如需设立新的行政工作机构，即使是暂时性的工作机构，都必须履行法律规定的程序。其次，在机构确定之后，实行编制定员，不得随意增加领取生活费的工作人员的人数。依据 1931 年 11 月中央执行委员

会第一次全体会议通过的《苏维埃地方政府的暂行组织条例》，领取生活费的工作人员，乡不得超过3人，市不得超过19人，区不得超过15人，县不得超过25人，省不得超过90人。在财政发生困难时，领取生活费的工作人员，乡减至1人，市减至9人，区减至7人，县减至15人。

第二，减少副职，不设虚职。临时中央政府人民委员会各部，设副职1至2人。地方苏维埃各部，省设副职1至2人，县、区、市设副职1人，各科及相当于科的局、所不设副职。以上设置，均以法律为依据，不得逾越。与此同时，临时中央政府坚决反对只挂名不干事的做法。如工农检察委员会规定，委员“凡只挂名而不到会的，要另行委任”。这一规定，有助于提高工作效率。

二、加强干部教育，提高干部队伍素质

红色区域各级政府的工作人员，绝大多数来自工农群众，他们斗争坚决，但普遍缺乏文化知识，为了提高广大干部的文化水平和业务能力，临时中央政府采取了多种有效措施，其中主要的有以下两个方面。

（一）实行强迫教育制度

临时中央政府1932年3月2日发布训令，要求“每一个在政府工作的人都应加紧学习，尽量提高自己的文化水平和工作能力”。从省、县到区、乡，各级政府都要设立识字班，对不识字的工作人员实行强迫教育，“平均每人每日至少要记住五个生字”。有一定文化程度的人要参加读书班，以中华苏维埃中央执行委员会和人民委员会发布的法律、条例、训令和《红色中华》为教材。凡忽视学业、敷衍塞责者，以“怠工”论。

（二）开办各种学校

1933年中央开办了第一期苏维埃工作人员训练班，同年8月创办苏维

埃大学，之后又设马克思共产主义大学（中央党校）、中央红军大学、中央农业学校、中央教育干部学校、无线电学校、高尔基戏剧学校，在沙洲坝创办了女子大学。1932 年开设了闽瑞师范和列宁师范，1933 年在瑞金九堡设立彭杨学校。与此同时，地方各级苏维埃政府也开办了各种学校，如赣西的劳动学校和红军学校、川陕的苏维埃学校和妇女学校，等等。这些学校培养了大批专门人才，提高了干部队伍的素质。

第四节　对行政机关的监督

红色区域的行政机关除接受中国共产党的领导和监督外，还必须接受以下四个方面的监督。

一、权力机关的监督

各级行政机关的领导成员均由权力机关选举产生，这些行政机关必须向权力机关负责并报告工作。在中央，人民委员会对中央执行委员会及其主席团负责，定期向它们报告工作；在地方，各级政府分别向下级和同级苏维埃代表大会报告工作，乡、市苏维埃直接向选民报告工作。选民对工作报告有批评和建议之权。

权力机关还有权对行政机关实行法制监督，其具体内容是：（1）中央执行委员会及其主席团监督宪法、命令和决议的实施情况；（2）中央执行委员会及其主席团有权停止和变更人民委员会和各人民委员部的决议和法令；（3）中央执行委员会主席团有权审查和批准人民委员会和各人民委员部及其他所属机关所提出的法令、条例和命令。

二、工农检察机关的监督

中华苏维埃共和国成立前，鄂豫皖苏区就建立了工农检察委员会，由同级苏维埃代表大会选举产生，与同级苏维埃执行委员会并列，在代表大会直接领导下工作。中华苏维埃共和国成立后，从中央到地方，普遍设立了工农检察委员会（初期称工农检察部），是同级苏维埃政府的组成部门，执行行政检察职能，其主要任务是：监督国家行政机关和国有企业及其工作人员正确执行法律和政令，接受群众控告，同官僚主义和贪污腐化作斗争。

工农检察委员会的工作方式有两种，一是有计划的检查，二是临时突击检查。有计划的检查由工农检察委员会组织专门委员会进行。如土地分配检察委员会、租税问题检察委员会等。临时突击检查，由工农检察委员会组织突击队进行。每个突击队至少由 3 人组成，队员均不脱离生产，检查所获材料，应写成记录，由该单位负责人签字，并向工农检察委员会详细报告。不论有计划的检查还是临时突击检查，都不得影响被调查单位的日常工作。

三、审计监督

1931 年 11 月中华苏维埃共和国成立后，在中央、省和中央直属市设立审计委员会，以执行对行政机关的监督职能。

中央的审计委员会，设于中华苏维埃中央执行委员会之下，和人民委员会并列，独立于行政系统之外，其成员由中央执行委员会主席团委任，设主任、副主任各 1 人。省和中央直属市的审计委员会，设于省和中央直属市执行委员会之下，隶属中央审计委员会，同时接受省和中央直属市执行委员会及其主席团的指导和节制。

中央审计委员会的职权是，审核国家的岁入与岁出，监督国家预算的执行。省和中央直属市审计委员会的任务是，审核省苏维埃、市苏维埃和全市各市区苏维埃财政收支的预算与决算，审核财政机关的临时收支账目，并得向中央审计委员会提出该省或该市预算的原则。在审计时，如发现各级苏维埃及地方部队的财政收支有违法或不当情事，得向主席团提出解决办法，并报告中央审计委员会。

县及县以下不设审计委员会，其预算由同级财政委员会负责初核，然后报送省审计委员会审核。

四、主管部门监督

这是指基于行政隶属关系而发生的上级行政机关对下级行政机关的监督。从制度和实践看，主要有以下几种监督形式：

1. 省、县、区苏维埃主席团对所属各部（科）的监督，上级苏维埃政府各部对下级苏维埃政府各对口部（科）的监督。这种监督主要表现为定期检查工作，也包括巡视员的视察。

2. 由临时中央政府规定统一的时间和要求，集中地自上而下地检查工作。省派人到县，县派人到区，区派人到乡，进行逐级检查。

3. 上级行政机关的负责人深入下层，指导和检查下级行政机关的工作。1932 年至 1933 年间，中央人民委员会多次派人到江西、福建两省和瑞金、兴国、会昌等市县检查工作。

4. 下级行政机关向上级领导机关报告工作。乡、市政府向区政府报告工作，区政府向县政府报告工作，县政府向省政府报告工作，省按照两个系统分别向中央有关领导机关报告工作，即省苏维埃执行委员会向中央执行委员会报告工作；省苏维埃执行委员会主席团向中央人民委员会报告工作。

第十五章　工农民主政权的战时动员法规

第一节　扩大红军和战时动员的法规

一、扩大红军的法规

为了建设和扩大红军，党中央和各革命根据地工农民主政府相继制定、颁布、实施了一系列的议案、训令、命令、决议等。例如，《关于红军问题决议案》（中华苏维埃工农兵第一次全国代表大会通过）、《中央执行委员会关于扩大红军问题训令》（1932 年 9 月 20 日）、《关于红军问题决议》（1934 年 1 月第二次全国苏维埃代表大会通过）等。

《中央执行委员会关于扩大红军问题训令》提出："目前虽是自愿兵役，但应立即开始宣传义务军役以准备将来的转变，并使广大工农群众认识当红军不仅是义务，而且是工农阶级的特有权利，一切剥削者这种权利都被剥夺了。""赤卫军根据十四号训令，以十八岁到四十岁的工农群众男女都应加入赤卫军（加入少先队者可不加入），在目前是用宣传方法使有选举权的自愿加入。但在这一工作中，要能使满十八岁到四十岁之工农群众全体加入，以建立将来实行义务兵役制的基础。"

各地政府及中央政府不仅制定了扩大红军的法规，而且制定了一些训令来督促法规的执行，确定了扩大红军的工作方法。

1. 扩大红军主要的是政治上的动员，要从革命战争的发展与胜利，从一切阶级斗争的发动与深入去发动最广泛工农群众对于参加战争的积极性，自愿地、踊跃地参加红军。

2. 要切实领导群众执行优待红军条例。

3. 要以宣传鼓动方式来发动群众的热情，鼓动群众当红军的热情，绝对消灭强迫命令。

4. 对于成分和质量要加以详细地检查，要使当红军的是工农群众中最健康、最积极的分子，这样才能提高红军的质量。

二、有关战时动员的法规

战时动员对于赢得战争有着重大的作用。各级苏维埃政府为此制定颁行了一系列有关法规，如《中央执行委员会第十二号命令——关于战争紧急动员令》（1933 年 10 月 18 日）、《中央政府为粉碎五次“围剿”紧急动员令》、《中央人民委员会第三十五号令——征发富农组织劳役队》、《中华苏维埃共和国临时中央执行委员会训令（执字第 13 号）——为发行革命战争短期公债事》、《中央内务人民委员部命令（第八号）——禁止粮食出口与糜费》等。其中《关于战争紧急动员令》规定了全民总动员，猛烈扩大红军，建立强有力的游击队，征收土地税、商业税、房租，开发财源，储备粮食，努力耕种，严密的赤色戒严，加紧肃反工作，整顿交通干线等十数项战争动员条令。使革命战争的动员做到有章可循，有条不紊，对革命战争的胜利起到了重要的作用。

第二节　优待红军家属条例

红军将士在前线浴血奋战，为消除红军将士的后顾之忧，更主要的是为激励更多的工农劳动群众参加红军，保卫革命政权，特别制定、实施了一系列优待红军家属条例。这些条例有：《优待红军家属礼拜六条例》《关于中国工农红军优待条例决议》《临时中央政府训令第九号——执行红军优待条例的各种办法》《中国共产党中央委员会、中华苏维埃共和国人民委员会关于优待红军家属的决定》等。主要规定：保障有土地的红军家属的土地得到及时完善的耕种；红军家属持优待证，可以以九五折的优惠价格在国家商店及合作社中购买商品；红军子女免费入学等。

在优待红军家属条例中最著名的是《优待红军家属礼拜六条例》（1934年1月10日）。该条例第一条规定："党、苏维埃后方军事机关、青年团、工会，以及一切群众团体的各级机关——从中央直到乡支部、乡政府，每个党员、每个团员及每个工作人员，凡是脱离生产，都应参加执行优待红军家属礼拜六的工作。"第三条规定："优待红军家属礼拜六的工作包括替红军家属做一切关于土地、山林以及砍柴挑水日常家事等工作。"

第三节　红军及参战人员伤亡抚恤办法

党中央和各级政府为鼓励前线将士及参战人员不怕牺牲，奋勇作战，捍卫工农革命政权，制定实施了红军及参战人员伤亡抚恤的法规，其中主要有中华工农兵苏维埃第一次全国代表大会通过的《关于中国工农红军优待条例决议》《临时中央政府训令第九号——执行红军优待条例的各种办法》《人民委员会对赤卫军及政府工作人员勇敢参战而受伤残废及死亡的抚恤问题的决议案》等。

依据《关于中国工农红军优待条例决议》规定：（1）红军在服务期间，因伤痛须休养时，应到最适宜之休养所休养，在休养期间一切费用由国家供给。（2）国家设立残废院，凡因战争或在红军服务中而残废者，入院休养，一切生活费用由国家供给。不愿在残废院者，按年发给终身抚恤费，由各县苏维埃政府按当地生活情形而定。（3）凡红军死亡或残废者，其子女弟妹幼小的，由国家设立革命纪念学校进行专门教育，并由国家维持其生活，直到年满 18 岁，由国家介绍职业为止。父母、妻子由国家发给相当津贴。

《人民委员会对于赤卫军及政府工作人员英勇参战而受伤残废及死亡的抚恤问题决议案》规定：凡赤卫军及政府工作人员，有因作战而受伤残废及死亡者，由当地县政府登记，呈报省政府，发给抚恤。因作战受伤致残不能服务者，送往残废院，由政府维持其生活。其愿意归家者，则须给予终身抚恤金，其数目以当地生活程度而定。因作战致残不能劳动者或死亡者，如其家属确无生活能力，应设法帮助。对其子女弟妹之幼小者，由国家负责送入学校读书，并帮助费用，以满 16 岁为止。

第二次国内革命战争时期的红军及参战人员伤亡抚恤办法，在合理安置伤亡人员及其家属、稳定军心、增强军队战斗力方面起了重要作用。

第十六章　工农民主政权的土地法规

第一节　土地改革立法的曲折发展

一、土地革命前期和中期的土地改革立法（1927—1931 年）

土地革命前期和中期土地改革的立法，不断修改，过程最为曲折，曾先后规定：没收大中地主的土地，没收一切土地，没收地主阶级的土地，没收地主阶级的土地和富农出租土地，没收地主阶级的土地和富农全部土地等。土地所有制也因之而不同。

（一）没收大中地主的土地

“八七”会议《关于最近农民斗争的议决案》提出，“没收大地主及中地主的土地，分这些土地给佃农及无地的农民”，主张“耕田农有”，分给农民的土地归农民所有。如 1927 年 9 月《广东省委给梅县特委的指示信》指出：“没收大中地主的土地，即将该土地之所有权交与原佃户。”

当时，在对中国农村土地和阶级关系的认识上，认为中国农村“大部分的田地（约 66%）为收租之大地主所占有”[①]，“大地主与豪绅是农民的敌人，他们也压逼小地主。所以农民（佃农、自耕农、无土地的雇农等）应

① 《中国共产党第五次全国代表大会关于土地问题议决案》（1927 年 5 月）。

当与小地主结成同盟，共同参加反抗大地主与豪绅的争斗"[①]。关于大地主的界定，南昌起义后农工委员会提出的《农民解放条例》规定："没收二百亩以上大地主土地。"在起义部队进军途中经多次讨论，最后改为"没收五十亩以上的大地主的土地"[②]。"八七"会议期间制定的《湘鄂赣粤四省农民秋收暴动大纲》也以50亩为界，规定对"五十亩以上之大地主，一律抗租不缴，对五十亩以下之地主实行减租"。

（二）没收一切土地

没收大中地主的土地，不没收小地主土地，为党内多数同志和各地暴动后农民所反对。1927年11月海陆丰苏维埃《没收土地案》和1928年12月《井冈山土地法》规定"没收一切土地"并实行"土地国有"，分配给农民耕种，禁止买卖。

这时，由于对国民党屠杀政策的仇恨和对陈独秀投降主义的愤怒而滋长起来的小资产阶级革命急性病，反映到党内，使党内的"左"倾情绪很快地发展起来。如"八七"会议后，湖南省委第一次会议上即有一种意见："中国革命的发展现在已经到了一个全部没收土地，土地归国有的时期。"[③]1927年11月，中共中央临时政治局扩大会议上，"左"倾路线第一次在党中央的领导机关内取得了统治地位。扩大会议制定的《中国共产党土地问题党纲草案》提出："要彻底变革中国的土地制度"，"一切私有土地完全归组织成苏维埃国家的劳动平民所公有。"

（三）没收地主阶级的土地

1929年年初，"六大"精神下达后，各土地法令作了"没收地主阶级

① 《中国共产党告全国农民群众》（1927年6月4日）。
② 《李立三报告》（1927年10月30日）。
③ 彭公达：《关于湖南秋暴经过的报告》（1927年10月8日）。

的土地”的规定。如1929年4月《兴国县土地法》，对《井冈山土地法》有一点重要的变更，就是把“没收一切土地”改为“没收地主阶级的土地”。实行没收的土地国有，分配给农民耕种使用，禁止买卖。自耕农的土地不没收，农民原有的土地，仍属农民私有。

中共第六次全国代表大会是在1928年7月召开的。大会批判了第一次“左”倾路线，正确地分析了中国社会是半殖民地半封建社会，中国现阶段的革命依然是资产阶级民主革命，认为“没收一切土地”有两个方面的错误。一方面，“是触犯一切富农甚至中农和少块土地的贫农，使农村阶级战线凌乱，削弱了土地斗争的力量，模糊了农民反对地主的阶级意识，以为土地革命的对象，不但是反对独占土地的地主阶级，还要反对他自己”；另一方面，“要走上平均一切土地的结果”，这是小资产阶级的社会主义者才有的“平产主义幻想”①。

（四）没收地主阶级的土地和富农出租的土地

1929年6月7日《共产国际执委给中共中央关于农民问题的信》认为，不没收富农的土地是错误的。“联合富农”是机会主义的口号。中央接到来信后，在9月1日作出了《中共中央接受国际对于农民问题之指示的决议》，重新确定“党的策略决不应企图联合富农在反封建势力的战线之内，而应坚决的反对富农”。于是有两种规定：没收地主阶级的土地和富农出租的土地，没收地主阶级的土地和富农全部土地。

1930年5月，全国苏维埃区域代表大会的《土地暂行法》，规定没收地主阶级的土地和富农出租土地。没收的土地国有，分配给农民使用，并组织集体农场。同时规定“禁止一切土地的买卖、租佃典押……等”。于是，自耕农原有土地的私有权受到了限制。

没收富农出租的土地，是反对富农兼有半封建半地主的剥削，不反对

① 《中央通告第二十八号——农民运动的策略（一）》（1929年2月3日）。

其资本主义性的经营。

1930年6月，红军前委和闽西特委在南阳召开联席会议，会后颁布的《中国革命军事委员会土地法》规定：没收地主阶级的土地和富农全部土地。没收的土地国有，分配给农民使用。无组织集体农场及禁止土地买卖出租等之规定。

1930年6月，《共产国际执委政治处关于中国问题的决议案》提出，中国革命“应该并不在于立刻就把资本主义排斥于一切社会关系之外，……应该容许贸易自由，暂行不要禁止土地买卖制”。9月，中共六届三中全会指出：“在目前革命阶段中，尚未到整个取消私有制度时，不禁止土地买卖和在苏维埃法律内的租佃制度。”[①] 因此，全国苏维埃大会中央准备委员会会议修订《土地暂行法》，便把“组织集体农场”和“禁止一切土地的买卖、租佃、典押……等”的条文删去。这便标志着土地所有制由国有转变为农民私有。

二、土地革命后期土地改革的立法

1931年年初，六届四中全会后，第三次“左”倾路线取得了统治地位，夸大中国革命反资产阶级斗争、反富农斗争的意义，指责“只反对兼半地主半封建性的富农，不反对资本主义性的富农”，“依然是联合富农的变相策略”，是“右倾机会主义”和“富农路线”[②]。在《土地法草案》和“一苏大”通过的《中华苏维埃共和国土地法》，确定没收地主阶级的土地和富农全部土地，并规定“地主不分田，富农分坏田”。

三、土地革命最后期土地改革的立法

1935年12月，中共中央政治局瓦窑堡会议，决定建立抗日民族统一

① 《土地问题与反富农策略——中共苏区中央局通告第九号》（1931年2月8日）。

② 王明：《两条路线底斗争》。

战线的策略。12月6日《中央关于改变对富农的策略的决定》，规定只没收富农出租的土地。该“决定”明确指出：在民族革命战争紧迫的时期，“富农也开始参加反对帝国主义侵略及豪绅地主军阀官僚的革命，或采取同情与善意的中立态度”，目前党的中心任务，是建立全国人民的抗日统一战线，加紧反对富农的策略“已经不适当”。并认为：“长期的苏维埃革命运动的经验，更告诉我们在加紧反对富农的斗争中，常常造成消灭富农的倾向，以致影响到中农群众，……在目前资产阶级民主革命的阶段上，资本主义必然要相当发展，这种发展，不是可怕的，而是有利的。”

第二节　土地改革法规的内容及演变

一、关于没收土地的规定

（一）没收土地的对象

毛泽东在《对第二次全国苏维埃代表大会的报告》中说：“苏维埃土地政策的原则，就在于完全推翻地主阶级与国民党军阀一切封建与半封建的剥削与压迫。”“土地斗争的阶级路线，是依靠雇农贫农，联合中农，削弱富农，与消灭地主。”因而，没收土地的对象主要是地主阶级。但在土地改革立法中却有以下演变过程：

1. 地主。没收地主的土地，经历了没收大中地主的土地，小地主的土地不没收；没收一切地主的土地的过程。1936年7月《中央关于土地政策的指示》规定：没收地主的土地，但对于各种小业主的土地不没收。包括：自由职业者、技术人员、教员、医生、学生、小商人和手工业者等小业主的土地；凭自己劳动所得积蓄起来的工人所有土地；生活情况很坏的小地主；原非地主，因失去劳动力而不得不出租土地的；将土地出租而自己仍受雇于人的；一切抗日军人及献身于抗日事业者的土地，不在没收之列。

2. 豪绅、军阀、官僚、反革命分子。没收豪绅、军阀、官僚、反革命分子的土地。至 1936 年 7 月《中央关于土地政策的指示》改为没收一切汉奸卖国贼的土地。

3. 一切公产、官产。包括宗祠、寺庙、教堂、会社等的土地，一概没收。《中华苏维埃共和国土地法》规定：“一切祠堂、庙宇及其他公共土地必须力求无条件交给农民。但在执行处理这些土地时，须取得农民自愿的赞助，以不妨碍他们奉教感情为原则。”

4. 大私有主。大私有主的土地，如大商家、高利贷者等的土地，无论自己经营或租佃，一概没收。1936 年 7 月《中央关于土地政策的指示》改为：“对于大农业主（主要的不依靠地租剥削而依靠大量雇农经营土地畜牧的业主）的土地，因其生产方式带有进步的色彩，应按照对待富农的政策办理。”

5. 富农。对待富农，经历了不没收其土地，没收其出租土地，直至没收其全部土地的过程。土地革命最后期改为没收其出租土地，后又改为不没收其土地。

（二）没收范围

没收范围，包括土地或土地以外的其他财产。

1. 根据《中华苏维埃共和国土地法》及以前土地法令的规定：没收地主、豪绅、军阀、官僚、反革命分子、大私有主、祠堂、寺庙、教会、会社的动产与不动产，房屋、仓库、牲畜、农具及水碓、油榨等。富农在没收土地后，多余的房屋、农具、牲畜及水碓、油榨等，亦予没收。

2.1933 年 10 月 10 日中央苏维埃政府发布《关于土地斗争中一些问题的决定》，对没收地主富农财产作了以下补充决定：（1）地主兼商人的，其土地及与土地相连的房屋、财产没收。其商业及与商业相连的店铺、住房、财产等不没收。（2）富农兼商人的，其土地及与土地相连的房屋、财产，照富农成分处理。其商业及与商业相连的店铺、住房、财产均不没收。

3.1936年7月《中央关于土地政策的指示》又改变为：（1）一切汉奸卖国贼和地主的土地财产全部没收。（2）富农的土地及其多余的生产工具均不没收。（3）大农业主按富农的政策办理。（4）商人兼大地主，其土地部分照一般地主办理，不侵犯其商业部分。

（三）对被没收土地者的处置

1. 土地革命前期和中期，对于被没收土地后的地主阶级，也分配给他们一份和农民同样的土地。如《中国革命军事委员会土地法》规定："豪绅地主及反动派的家属，经苏维埃审查，准其在乡居住，又无他种方法维持生活的，得酌量分与田地。"

2. 土地革命后期，"地主不分田，富农分坏田"。如《中华苏维埃共和国土地法》规定："被没收土地的以前的所有者，没有分配任何土地的权利。""富农在被没收土地后，如果不参加反革命活动而且用自己劳动耕种这些土地时，可以分得较坏的劳动份地。"

3. 土地革命最后期，1936年7月《中央关于土地政策的指示》规定：对于地主阶级的土地财产没收之后，"仍分给以耕种份地及必需的生产工具和生活资料；地主耕种份地之数量与质量，由当地农民群众多数的意见决定之"。

二、关于分配土地的规定

（一）分配土地的对象

关于分配土地的对象，《中华苏维埃共和国土地法》规定："被没收来的土地，经过苏维埃由贫农与中农实行分配。……雇农、苦力、劳动贫民，均不分男女，同样有分配土地的权利。乡村失业的独立劳动者，在农民群众赞同之下，可以同样分配土地。老弱残废以及孤寡，不能自己劳动，而且没有家属可依靠的人，应由苏维埃政府实行社会救济，或分配土地后另行处理。”红军“无论他的家庭现在苏维埃区域或在尚为反动统治的区域，均应分得土地，由苏维埃政府设法替他耕种”。

（二）分配办法

1. 分配农民共同耕种和组织集体农场

在土地革命前期和中期的一段时期，曾实行过把土地分配农民共同耕种和组织集体农场。如《井冈山土地法》规定分配方法之二“分配农民共同耕种”；《土地暂行法》规定“大规模的农场，不得零碎分割。应组织集体农场”，雇农同样分与土地时，“须让他们集合起来，组织集体的农场”。

2. 分配农民耕种

（1）以劳动力为标准和以人口为标准

土地革命前期和中期，分配农民耕种有以劳动力为标准和以人口为标准的两种规定和论争。

①以劳动力为标准

以劳动力为标准，即土地主要在有劳动能力的人之间平均分配，以一有劳动能力的人为一劳动单位，确定每一劳动单位分配的亩数。无劳动能力的人为非劳动单位，酌量分配。办法有以下几种：一种以劳动单位为标准，其余的土地在非劳动单位间平分。如 1928 年 5 月 5 日中央通告《关于没收土地和建立苏维埃》规定：“以年满 16 岁能自耕种的人为一劳动单位。每一劳动单位平均使用土地（酌量各地情形决定亩数），其余的土地按照各劳动单位所属的 4 岁以上的人口之多寡均平分给。”一种以劳动单位为标准，非劳动单位减半。如 1930 年 5 月《右江苏维埃政府土地法暂行条例》规定：“每一劳动单位分全份，非劳动单位分半份。”一种以劳动单位为标准，非劳动单位得 1/3。如 1931 年 2 月 8 日苏区中央局通告《土地问题与反富农策略》的决定。该通告决定男女自 14 岁至 50 岁为一个劳动力单位。

②以人口为标准

以人口为标准，就是男女老幼平均分配。如《井冈山土地法》的规定。1929年7月《中共闽西第一次代表大会关于土地问题决议案》提出“分田时以抽多补少为原则”。1930年6月红军前委、闽西特委联席会议《富农问题》决议，于“抽多补少”之外，加上“抽肥补瘦”。这样，以人口为标准，男女老幼平均分配，在办法上，以原耕为原则，“抽多补少”，“抽肥补瘦”。

（2）选择最有利于贫农、中农利益的混合分配方法

土地革命后期《中华苏维埃共和国土地法》，规定“应根据各乡村当地情形，选择最有利于贫农、中农利益的方法，或按照每家有劳动力之多寡同时又按人口之多寡——即混合原则来进行分配；或以中农、贫农、雇农按照人口平均分配，富农以劳动力为单位，人口为补助单位去分配”。

①按照劳动力同时又按人口的混合原则分配

依据闽西《重新分配土地的条例》规定，贫农、雇农与中农：1岁至10岁及61岁以上的分1/3；11岁至15岁的分2/3；16岁至60岁的分足成（即3/3）。富农：1岁至15岁及61岁以上者不分土地；16岁至60岁者分足成，并应分坏田（山田、少水、远田）。

②贫农、中农以人口为标准，富农以劳动力为标准

依据鄂东南的规定：雇农、贫农、中农按照人口平均分配。富农按照劳动力分配，15岁至50岁的，不论男女为一个劳动力，分配其土地；15岁以下，50岁以上的不分配土地。但如一家无一个劳动力年龄的，得按人口分配其2/3的土地。

3. 平分一切土地和只就没收的土地进行平分

（1）平分一切土地

平分一切土地，即把已经没收的地主富农土地连同中农贫农自己的土地一起平分。使贫农、雇农、中农分得同样多同样好的土地，多少分匀，好坏分匀。如中央苏区和赣东北苏区。

（2）只就没收的土地进行平分

只就没收的土地平分，即只把已经没收来的地主富农土地，依平均分配原则来分配。原耕农的土地不动，尤其是中农的土地以不动为原则。如鄂豫皖、湘鄂西等地。

1931 年 12 月 24 日《中央关于“平分一切土地”的口号的决议》提出：“中央认为有些苏区的党部，如赣东北、中央区等，只是机械的去平分一切土地，以为不实行平分一切土地，就是富农路线，就是机会主义，这种观点是完全错误的。他们在这种了解之下，完全忘记了中农，侵犯了中农的利益。中央根据各苏区分配土地的经验，必须使全党同志了解，在实行平分土地的过程中，中农的土地以不动为原则。对于那些利用平分一切土地的口号，去侵犯中农利益的‘左’的企图，必须给以最严厉的与坚决的打击。”但又认为：“我们不反对而且赞成在‘基本农民群众（自然中农也在内）愿意和直接拥护之下’去实行平均分配一切土地，因为这是土地革命中最彻底的办法。”

1935 年 12 月《中央关于改变对富农策略的决定》，则进一步规定：“如果某一乡村大多数农民要求平分一切土地时，……土地之平分与否，主要的决定于中农群众的赞成或反对。”

三、关于土地使用和所有权的规定

一切水利、江河、湖沼、森林、牧场、大山林，由苏维埃管理，以便利于贫农、中农的公共使用。桑田、竹林、茶山、渔塘等，如稻田、麦田一样，分配给农民使用。（《中华苏维埃共和国土地法》）

在实行土地国有的土地法时，农民分得的土地，只享有使用权，由苏维埃政府发给土地使用证（耕田证）。一些土地法令规定了土地的使用和收回办法。如 1930 年 3 月闽西第一次工农兵代表大会《土地法案》的规定：

1. 土地之使用：（1）农民分得田地后得继续使用5年，在5年内如有特别情形，经3/4以上群众要求、县政府批准者，得重新分配，其5年满后尚无问题，农民相安者，仍可不分。（2）凡耕领田地，不准种鸦片及违禁品，不准建造坟地，未得政府批准，不准擅自架造房屋。

2. 土地之收回：（1）死亡者将其本身之田收回，但为革命而死亡依照士兵优待条例，准其家属再耕3年。（2）逃跑或迁徙外方者，将本人之田收回。（3）分田后，不从事耕耘或不愿耕者收回其田地。（4）分得田地后，仍从事反革命活动者，其本人及家属领耕田地收回。

在确定土地归农民私有后，一些土地法令规定了农民土地所有权。如1931年3月江西省县区苏维埃主席联席会议通过的《土地问题提纲》规定：（1）确定土地归农民私有，发展生产。（2）生的不补，死的不退。（3）土地可以自由租借，自由买卖，租额由出租者、承租者双方自由议定。买卖土地时应向政府登记。（4）土地遗产任土地所有者生前自由处理，或分给子女，或送给继承亲属，或捐办公益，政府不加干涉。（5）女子与男子享有平等的土地所有权，结婚离婚时，对于自己的土地有完全自由处理之权。

1931年11月《鄂东南各县区苏维埃联席会议土地问题决议案》还规定："分得土地之农民，有自由买卖租佃和赠予之权，但绝对禁止将土地部分的退还，或偿还一部分地价与地主豪绅，或将土地卖给豪绅地主和原有的富农。"

1933年6月1日，中央土地人民委员部布告《关于实行土地登记》规定：土地登记后，苏维埃发给土地证与农民，保证农民的土地所有权，"他人不得侵占，政府不得无故没收"。

在确定农民土地私有权之后，一些土地法令规定了具体的土地出租办法。1930年12月闽西苏维埃政府颁布的《租田条例》规定：（1）农民老弱残废无法维持生活者，红军士兵及贫苦农民（无人耕田无耕牛农具的）无法耕耘不能生活者，都可以出租田地。（2）政府工作人员不得出租田地，万不得已的，可出租土地，但须先经贫农团认可，政府批准，不准私行出租。（3）出租田地所收租谷，由出租人和承租人商量，但不能超过过去土地私有制时期的收租数量。出租田地的土地税，由承租人向政府加五缴纳（如收 10% 的要收 15%）。（4）田地出租限期 3 年，在 3 年内或 3 年外要收回时，须得政府批准。（5）剩余田地出租者，如家庭经济充裕的，即应将其田地收回分给贫民耕耘。

第三节　土地改革法规的实施

第二次国内革命战争时期的土地改革立法，经历了曲折发展的过程，贯穿在 1927 年至 1937 年的整整十年间。实施土地改革的法规，开展群众性的土地革命，是当时工农民主政权的中心任务之一。

它第一次在中国彻底废除封建土地剥削制度，把农民从千百年来的封建势力压榨下解放出来，实现了耕者有其田。在这个基础之上，苏区的农业不但恢复了而且超过了革命前的生产量；农民的生活有了很大的改良，“比较国民党时代是至少改良了一倍”，“有些竟好了两倍”。[①]

它壮大了红军，巩固地建立起工农民主政权，支援了革命战争的胜利发展。毛泽东在《对第二次全国苏维埃代表大会的报告》中说：“中国的苏维埃与红军，是从土地革命中生长与发展起来的。”广大翻身农民成为苏维埃政权的柱石，是革命战争的力量源泉。

它积累了丰富而宝贵的土地改革经验，特别是毛泽东提出的依靠雇农贫农，联合中农，削弱富农，消灭地主的土地斗争的阶级路线，实践证明都是完全正确的，为后来的土地改革提供了重要的指导方针。与此同时，在土地立法中，也确有许多过“左”的规定，如没收一切土地，实行土地

① 毛泽东:《对第二次全国苏维埃代表大会的报告》。

国有，组织集体农场，禁止土地的买卖和出租，尤其是土地革命后期的“地主不分田，富农分坏田”，在经济上消灭富农，在肉体上消灭地主，等等。这些教训以及由此而产生的严重后果，都在以后的土地改革中发挥了“前车之鉴”的作用。

第十七章　工农民主政权的劳动法规

第一节　劳动立法概述

一、中华苏维埃临时中央政府成立前的劳动立法

早在中华苏维埃共和国成立前，各地工农民主政府已开始了劳动立法活动，目前看到的最早的单行劳动法律文件，是1929年10月2日上杭县第一次工农兵代表大会通过的《上杭县劳动法》。1930年2月永定县第二次工农兵代表大会通过的《永定县劳动法》（又称《永定县保护劳动法》）。这两个劳动法的内容和形式都比较简略，前者设9个条文，后者设13个条文，只适用各该县苏维埃辖区。1930年3月25日，闽西苏区第一次工农兵代表大会根据闽西特委第二次扩大会议关于《工人运动决议案》的精神，制定并颁布了适用于闽西全境的《闽西劳动法》，该法9章82条。同《上杭县劳动法》和《永定县保护劳动法》相比，针对性更强，内容和形式也比较充实、完备。

上述三个劳动法作出了维护工人政治经济权益的规定，宣布工人有组织工会及集会、结社、言论、出版、罢工的自由，男女同工同酬、老板不得打骂工人，失业工人由政府设法救济，等等。同时，三个劳动法也包含有若干不切合实际的过"左"规定，如"破坏工人组织或禁止罢工者杀"。"老板不得无故辞退工人，否则除将全部薪金加倍发给外，另以路途远近酌

发川资。”“老板不得无故歇业，致工人失业，如有借故无故歇业者，须将存货盘算，归工人经营，分期算还资本，不得取利。”“工资按照生活程度增加，多少由工会自定。”“东家无故停工半年以上者，其工具由工人没收使用。”这些规定不仅不利于生产的发展，而且也有害于对工人权益的保障。

1930 年 5 月在上海召开的全国苏维埃区域代表大会通过的《劳动保护法》，是中华苏维埃共和国成立前对各红色区域劳动立法影响甚大的法律文件。该法 8 章 42 条。从同年 6 月起，在各苏区普遍推行。《劳动保护法》是“左”倾机会主义路线的产物，它虽然包含有废止存工制和储金制、禁止雇主罚金、取消包工、包工头制及一切与此类似的制度等规定，反映了工人群众的愿望和利益，但更多的条款是照搬外国的做法，根本不考虑红色区域地处没有任何现代工业、经济文化极端落后的农村山区的实际情况，而且只着眼于工人群众的眼前利益，不顾工人群众的长远利益，没有认识到发展生产、繁荣经济以支持长期革命战争的重要性和必要性，许多规定缺乏可行性。如《劳动保护法》规定：“每星期应继续休息至少四十二小时”；工人继续工作半年者应给例假休息两星期；“女工在产前产后各六星期内，在月经五天内，完全停止劳动，工资照给”。

二、中华苏维埃共和国的劳动立法

1931 年 11 月，中华苏维埃第一次全国代表大会通过了《中华苏维埃共和国劳动法》，同年 12 月中华苏维埃中央执行委员会发布关于实施劳动法的决议，宣布劳动法从 1932 年 1 月 1 日起在中华苏维埃共和国的领土内发生效力，以前各级政府颁布的一切劳动法令及劳动问题的决议案一律失效。

《中华苏维埃共和国劳动法》(以下简称 1931 年《劳动法》)共 12 章 75 条。第一章总则规定了劳动法适用的对象为“企业、工厂、作坊及一切生产事业和各种机关(国家的、协作社的、私人的都包括在内)的雇佣劳动者”。“雇农、森林工人、季候工人、交通工人、苦力、家庭的女厨役及其他有特殊劳动条件的工人，除享受本劳动法的一般规定之外，并得享受中央执行委员会、人民委员会及中央劳动部对于这些工人所颁布的个别劳动条件的规定。”其他各章分别对雇用手续、集体合同和劳动合同、工作时间、休息时间、工资、女工青工及童工、劳动保护、中华全国总工会及地方组织、社会保险、劳资纠纷的解决等作出了详尽的规定。

1931年《劳动法》虽然确定了维护工人权益的若干原则和措施，如保障工人的政治权利，废除封建性剥削，坚持同工同酬，注意改善劳动条件，实行劳动保护和社会保险，等等。但从总体说来，它是第三次“左”倾路线在劳动法制领域中的集中反映。以王明为代表的“左”倾机会主义者坚持“把反资产阶级和反帝反封并列，……实行了许多超民主主义的所谓‘阶级路线’的政策，例如消灭富农经济及其他过左的经济政策、劳动政策”①。他们“不以发展生产、公私兼顾、劳资两利为目标，而以近视的片面的所谓劳动者福利为目标”②。这种过“左”的劳动政策和劳动立法给革命根据地的经济建设和法制建设造成了严重危害。

1931年《劳动法》经过1年半的实施，暴露出大量问题，受到广大工农群众特别是当时担任高级职务的领导干部的尖锐批评。③1933年3月28日，中华苏维埃人民委员会第三十八次例会决定修改劳动法，同年4月组成劳动法起草委员会，提出修改草案，征求各地工农群众意见，历时五个月，最后提交中华苏维埃中央执行委员会审议。1933年10月15日，中央执行委员会通过并发布了《关于重新颁布劳动法的决议》，新劳动法从1933年10月15日公布生效，新劳动法公布后，1931年劳动法宣告失效，

① 《关于若干历史问题的决议》，载《毛泽东选集》第3卷，人民出版社1960年版，第974页。

② 《目前形势和我们的任务》，载《毛泽东选集》合订本，人民出版社1964年版，第1151页。

③ 参见《陈云文选》(1926—1949年)，人民出版社1984年版，第9页。《张闻天选集》，人民出版社1985年版，第21、28页。

其他有关劳动问题的法令，凡与新劳动法的规定发生冲突者，亦失其效力。

1933 年《劳动法》共 15 章 121 条，较之 1931 年《劳动法》，其主要特点是修改和删除了某些过“左”的、不适于苏区实际环境的内容，降低了过高的经济要求，对于雇佣辅助劳动力的中农、贫农和手工业者，规定了变通办法，增加了必要的灵活性，尽管它还没有完全摆脱“左”倾路线的影响，但毕竟比 1931 年劳动法前进了一步，对正确调动工人的积极性、巩固工农联盟和发展苏区经济起了一定作用。

第二节 劳动法规的主要内容

一、集体合同和劳动合同

所谓集体合同，系指以职工会代表工人和职员为一方与他方雇主签订的契约，用以规定各企业、机关、商店中的劳动条件和雇用条件，并确定个人订立劳动合同的内容。集体合同成立的要件有：第一，集体合同所规定的条件必须符合《劳动法》和其他现行劳动法令的有关规定，如其规定的条件较为恶劣，皆不发生效力。第二，集体合同以书面为之，并须在劳动部所属的机关登记。集体合同自双方签字之日起或依合同规定的日期发生效力。事后工人与雇主发生争议时，依合同办理。集体合同适用于该机关、企业或商店中的全体工作人员，但其效力不及于享有开除和录用工人权力的管理人员。

所谓劳动合同，系指一个或几个工人与雇主签订的契约。不论有无集体合同，劳动合同均可缔结。劳动合同上的条件由双方协商议定，但不得低于现行劳动法令、集体合同和企业内部管理规则所载明的条件，否则不发生效力。劳动合同如有限制劳动者政治权利与公民权利情事，也不发生效力。劳动合同按其有效期限分为三种：（1）有一定期限的合同（不满 1

年）;（2）没有期限的劳动合同;（3）完成某项工程的劳动合同。劳动合同订立后，双方必须履行合同规定的义务。凡系长期性工作，在订立劳动合同前，被雇人需经过一定试验期，普通工人不超过6天，办事员和技术人员不超过半个月，负责人不超过1个月。雇主不得要求被雇者从事与合同规定无关的工作，也不得要求被雇者从事有生命危险或违反劳动法令的工作。如因预防危险和公众灾难确有必要时，尽管与被雇人职业毫不相干，雇主亦得要求被雇人承担。关于劳动合同的解除，1931年《劳动法》只赋予工会以合同解除权，1933年《劳动法》纠正了这种片面的做法，规定凡有下列情形之一者劳动合同均得废止：（1）双方同意废止者;（2）合同期满者;（3）合同规定的工作业已完成者。无期限的劳动合同，被雇人随时可以要求解除，但普通劳动者须于一周前预告雇主，负责人员和技术人员须于两周前预告雇主。无期限的劳动合同和有期限而未满期的劳动合同，遇有下列情形，雇主有权要求解除：（1）该企业、机关、商店全部或部分歇业，或缩减工作;（2）遇有不可克服的经济原因，停工一个月以上;（3）发现被雇人无力承担工作;（4）被雇人无充分原因不履行合同;（5）被雇人犯有刑事罪，而犯罪行为与其担负的工作有直接关系并经法庭判决确定，或者受监禁处分3个月以上;（6）被雇人无故旷工连续5日以上，或1个月内无故旷工7日以上;（7）被雇人因暂时丧失劳动力，自丧失之日起，经3个月以后仍不到工;（8）妇女因怀孕及生产，在法定休息时间外，又过3个月仍不到工。有期限的劳动合同虽未满期，如有以下情形，被雇人有权自行废除：（1）不能按期取得应得的劳动报酬;（2）雇主违反合同责任或劳动法令;（3）雇主、管理人或其家属对被雇人有无理待遇;（4）变更劳动条件使之恶劣者;（5）具有法律规定的其他情形者。

二、工作时间

关于劳动者的工作时间，1929年10月《上杭县劳动法》和1930年2

月《永定县劳动法》未作明确规定，1930 年 3 月《闽西劳动法》只规定工厂工人和自由手工业工人每日工作时间不得超过八小时。首次明确规定普遍实行八小时工作制的是 1930 年 5 月《劳动保护法》。1931 年《中华苏维埃共和国宪法大纲》以根本法的形式肯定了这一规定。1931 年《劳动法》则对这一规定加以具体化，其主要内容是：（1）18 岁以上成年工人每日工作时间不得超过 8 小时，即普遍实行八小时工作制。（2）16 岁至 18 岁的青工每日工作时间不得超过 6 小时，14 岁至 16 岁的童工每日工作时间不得超过 4 小时。（3）成年工人在危害身体健康的工业部门中工作，每日工作时间减至 6 小时以下。（4）夜间做工的工人，每日工作时间比通常工作时间少一小时。（5）非经劳动检查（监察）机关或工会的特别允许，不得做规定时间以外的额外工作。

1931 年《劳动法》还规定了休息制度和休假制度。

休息制度是指：（1）每个工人每周“须有继续不断的四十二小时的连续休息”，即星期六工作半天，停止夜间工作，星期天昼夜休息。（2）新年（1 月 1 日）、列宁逝世纪念日（1 月 21 日）、“二七”纪念日、巴黎公社纪念日（3 月 18 日）、“五一”劳动节、“五卅”惨案纪念日、苏联十月革命和中华苏维埃共和国成立纪念日（11 月 7 日）、广州暴动纪念日（12 月 11 日）一律放假休息。（3）节假日前一日的工作时间不得超过 6 小时。（4）各级劳动部得商同当地总工会，按照当地情形，规定地方纪念日作为特别休息日。

休假制度是指，任何企业的工人继续工作 6 个月以上者，“至少须有二个星期的例假”，工资照发；在危害身体健康的工业部门工作的工人，每年至少须有四个星期的例假，工资照发。

机械地推行 8 小时工作制，名目繁多的节假日，以及脱离实际的休假制度，在当时的农村环境和战争条件下，都是不合时宜的过高要求。1933 年《劳动法》作出了若干灵活的弹性规定，它一方面坚持实行 8 小时工作制，同时提出生产合作社及其他有特殊情形的劳动者不受该法规定的工作时间的限制；原则禁止超过法定时间的工作，但必要时可以增加额外工作的时间；在农业和其他季候工作中，可以酌量延长法定工作时间；在连续生产或轮班工作的情况下，夜间工作时间与白天工作时间相同；作为特别休息日的地方纪念日每年不得超过两天，工人选择例假休息时间以不妨碍其所在单位的工作为限，等等。

三、劳动报酬

1. 最低工资额。1931 年《劳动法》规定，“任何工人之工资不得少于由劳动部所规定的真实的最低工资额”。中央劳动部规定的苏区工人最低真实工资为每月大洋 7 元（包括伙食在内）。后来，最低工资额改由当地政府依照该地生活水平与劳动者的职业等级规定。零工、短工、苦力和农村雇工的最低工资，在闽浙赣苏区为每日大洋五分（伙食由雇主供给），湘赣苏区原则规定，日工工资高于月工，月工工资高于季工，季工工资高于年工。

2. 报酬形式。苏区劳动报酬的主要形式是工资，有计时工资和计件工资两种。1931 年《劳动法》规定，凡实行计件工资的单位，由工会代表工人与雇主订立集体合同，规定每天的平均生产率和每天的中等工资。

至于超过法定时间以外的工作即额外工作，法律规定要发给额外工资。1931 年《劳动法》规定，工人进行额外工作一律加倍付给工资。1933 年《劳动法》降低了这一要求，规定起首两小时以内的额外工作，其工资应比通常工资增加 50%，超过两小时以外的额外工作，才加倍付给工资。

此外，红色区域还实行津贴制度。1931 年《劳动法》规定以下三种情况雇主应支付工人津贴：（1）工人或职员应征到红军中服役，因而失去工作，须预发三个月的平均工资。（2）工厂要出资为工人建造宿舍，无代价地分给工人及其家属，未建宿舍的，每月由工厂发给住房津贴。（3）工人和职员如自愿解除劳动合同，雇主须发给半个月的中等工资作为卸工津贴；

如雇主开除工人和职员，须发给三个月的中等工资作为卸工津贴。1933 年《劳动法》取消了住房津贴，降低了其他两项津贴的数额，规定工人和职员应征到红军中服役或奉派到苏维埃、职工会或其他社会团体服务，因而失去原先的工作岗位时，只预先发给一个月工资的津贴；因特殊原因（如歇业、缩编等）解除劳动合同者，只发给被雇人两个星期工资的退工津贴。

3. 支付方式。工资支付时间视工作性质而定。长期工分期付给工资，至多每半个月支付一次；临时工或不满两星期以上的工作，于工作完成时付给工资。按月、按季、按年计算工资者，如得到被雇人和职工会的同意，支付时间不受法律规定的限制。例假期间的工资，应在例假前支付。工资应在工人工作地点支付，直接交给本人。1931 年《劳动法》规定，经劳动检查（监察）机关许可，工人在休息日或纪念日做工的，应发双薪。1933 年《劳动法》取消了这一规定。1933 年 10 月以前，各地普遍实行单一货币支付方式。1933 年《劳动法》改变了这一做法，除规定工资应以当地通用货币支付外，还规定可以物品代替一部分货币工资，但须得到被雇人的同意。

四、劳动保护

1931 年和 1933 年《劳动法》均设专章以保护劳动者在生产过程中的健康与安全。1931 年《劳动法》劳动保护一章设 13 个条款，规定失之过宽，把本不属于劳动保护的内容一并纳入。1933 年《劳动法》仅设 4 个条款，比较切合实际，也有要求过高之处。总括红色区域劳动保护的法律规定，要点如下：

1. 各企业（包括机关）必须采用适当设备，以消灭或减轻劳动者的危险，预防不幸事件的发生，并保持工作场所的卫生。1931 年《劳动法》规定，所有机器须设置防护器。

2. 凡危害工人身体健康的企业，须由雇主发给工作服和各种防护器具，如眼镜、面具、呼吸器、肥皂等，并须给工人以消毒药水和特别食品，如肉类、牛奶、鸡蛋等。1931 年《劳动法》规定，无论何种企业都必须向工人发放工作服，工作服的种类及穿着时间，由中央劳动部规定。在工作过程中受雇人所得职业病，与职业遇险同，应全部抚恤。

3. 有关劳动保护的现行法令，均由各级劳动部所属的劳动检查员监督执行，其职权范围由中央劳动部规定。1931 年《劳动法》规定，凡劳动检查员认为某企业有立即危害工人身体健康和生命安全者，有权封闭该企业。

五、社会保险

红色区域的社会保险适用于一切雇佣劳动者，而不论其在何种企业（国营企业、合作社或私人企业）中工作，也不论工作时间之久及付给工资的形式。1933 年《劳动法》把社会保险的对象扩大到商店店员和家庭服务人员。社会保险基金全部由雇佣单位和私人雇主缴纳。至于保险基金的数额，1931 年《劳动法》规定，由雇主于应付的工资之外支付全部工资额的 10%—15%，作为社会保险基金。1933 年《劳动法》稍有改变，规定雇主支付全部工资总额的 5%—20%，作为社会保险基金。起先，社会保险基金由工会管理，各级劳动部所属失业工人介绍所监督。1932 年年底，改由省、县、区、市的社会保险局征收、管理和使用。雇主不得过问。

依据《劳动法》的规定，社会保险基金使用于以下几个方面：

1. 免费的医药帮助。不论是普通疾病还是因工致病、遇险受伤、职业病等，均由社会保险基金支付医药费，职工家属也享受同样的免费医药帮助。

2. 暂时丧失劳动能力者的津贴，如疾病、受伤、怀孕及生产，以及服侍家中病人等，从丧失劳动能力之日起，至恢复原状或确定残废时止，发给与工资数额相等的津贴，因怀孕和生产而丧失劳动能力的，在法定休假期间付给工资。

3. 失业津贴。受雇佣的劳动者如系工会会员，做工半年以上，并由雇主为其缴纳保险金的，可得失业津贴。非工会会员做工 1 年以上，并由雇主缴纳保险金的，也可领取失业津贴。领取失业津贴时间的长短，视当地情形和基金状况而定。

4. 优恤金。被保险人因疾病或遇险而致部分或全部残废，或因年老丧失劳动能力，经专门委员会审查确定，付给优恤金，其数额以其残废程度、性质与家庭状况而定。

5. 补助金。被保险人死亡或失踪，其家属因而无从取得生活资料者，经专门委员会审查确定，付给补助金。补助金的发放范围限于未满 16 岁的子女、兄弟和姐妹，无劳动能力的父母和妻子。

六、劳动争议的处理

1933 年 10 月以前，解决劳资冲突和违反劳动法的办法，由 1931 年《劳动法》规定。按规定，凡违反劳动法令和集体合同的案件，均由劳动法庭审理，但当时劳动法庭并未成立，而由工人和工会自行解决。一般劳资纠纷可经由两种途径解决，一是由劳资双方代表组成的评判委员会，一是设在各级劳动部的仲裁委员会。

1933 年《劳动法》颁行后，解决劳动争议和处理违反劳动法案件的主要途径有：

1. 违反劳动法令和集体合同的案件，统归劳动法庭审理。县、区、市各级劳动法庭于 1933 年 4 月相继设立，对违反劳动法令的雇主（包括私人雇主、国有企业和合作社负责人），有权判处罚款、强迫劳动或监禁的刑罚。[①]

2. 对劳动争议的调解和仲裁。各机关、企业或商店与被雇人间因劳动

① 详见《中华苏维埃共和国违反劳动法令惩罚条例》（1933 年 10 月 15 日）。

条件问题发生争议时，各级劳动部在征得双方当事人同意的情况下，可以进行调解和仲裁。但在发生重大争议时，不论双方当事人是否同意，各级劳动部亦得进行仲裁。

3. 工资争议委员会的决定。在国有企业、国家机关和合作社中设工资争议委员会，由该单位管理部和工会各派同等人数的代表组成，它不仅有权评定该单位职工的工资额，而且有权解决管理部和职工间因执行劳动法令和集体合同所发生的争执，但其决定须经双方同意。对于自己不能解决的争议案件，工资争议委员会得将该案件提交劳动部所属机关或劳动法庭办理。

第三节　劳动法的实施

劳动法令的颁布和实施在红色区域取得了明显的成绩，它改善了工人的经济地位，保障了工人群众的生活，增强了苏区工人的凝聚力和组织程度，激发了他们的生产热情和参军参政的积极性。

但是必须看到，当时颁布的劳动法令是“左”倾机会主义路线的产物，即使 1933 年《劳动法》也没有完全摆脱“左”的影响，其主要表现是，照搬别国模式，把只适应于现代化大城市的某些规定应用于经济文化十分落后、没有任何现代工业的农村山区，提出了过高的劳动条件、工资待遇和短视、片面的福利要求，支持苏区工人的总同盟罢工等。

过高的劳动条件和物质待遇阻碍了国营经济的发展，妨害了合作社经济的增长，使私营工商业难以为继而纷纷倒闭。结果，增加了工人之间和工农之间的矛盾，有害于工农联盟的巩固。改革旧式学徒制度的陈规陋习是对的，但学徒工资过高，有的行业月工资竟达 19 元，学徒抽烟、理发、医疗以及生病期间的工资都要师傅负担，学徒参加苏维埃机关工作和参加红军，师傅都要付给一定数量的平均工资，更重要的是把师徒关系简单地看作资本家和工人、剥削者和被剥削者的关系，甚至提出“打倒师傅”的口号，造成师徒严重对立，师傅不敢带徒弟，使学徒陷于失业。1931 年《劳动法》对中农、贫农雇用辅助劳力同资本家、富农雇用工人也不加区别，提出同样过高的要求。赣东北一贫农临时雇用一个 16 岁的辅助劳力，每日工作 6 小时，“工钱从八元增加到十六元”。另一贫农雇用一个 15 岁的牧童，每日工作 4 小时，“工资由四元增到十元”[①]。这样高的工资待遇农民无力承受，引起不满，导致工农矛盾的加剧。同时，资本家则把过高的劳动条件和物质福利待遇所造成的损失，转嫁到农民身上。这样，农民不仅对资本家不满，也对工人工资过高不满，从而也影响了工农联盟的巩固。

更有甚者，“左”倾路线的推行者把总同盟罢工的斗争形式从国民党统治区搬进了苏区，动辄发动总同盟罢工，以此向所谓的资本家施加压力，以实现工人的要求。这种做法是完全错误的，因为“在苏维埃政权之下，经济斗争中举行总同盟罢工，不但妨碍商品流通，妨碍红军的作战行动，而且会被资本家利用来反对工人的斗争，对苏维埃政权实行经济怠工。因此，这种总同盟罢工，不但是斗争方式上的错误，而且是政治上的极大错误”[②]。

以上种种错误虽然主要发生在执行 1931 年《劳动法》的过程中，1933 年《劳动法》对原先过“左”的规定有所纠正，由于“左”倾路线在当时仍然居于统治地位，过“左”的劳动政策不可能完全改变，这些问题是在 1935 年 12 月瓦窑堡会议以后才得到解决的。

① 《张闻天选集》，人民出版社 1985 年版，第 27 页。
② 《陈云文选》（1926—1949 年），人民出版社 1984 年版，第 11 页。

第十八章　工农民主政权的婚姻法规

红色区域的婚姻立法，以 1931 年 11 月中华苏维埃临时中央政府成立为分界，大体上可以划分为两个时期。在此以前的婚姻立法，其特点是大力摧毁封建主义婚姻制度，初步制定有关婚姻制度的基本原则，法律形式比较简单，分别由各地工农民主政府或其代表机关制定和颁布，并在各辖区内施行。这一时期颁布的比较重要的婚姻法规有：1930 年 3 月《闽西第一次工农兵代表大会婚姻法》，1930 年 4 月《闽西苏维埃政府关于婚姻法令之决议的命令》，以及 1931 年 7 月《鄂豫皖工农兵第二次代表大会婚姻问题决议案》和湘赣省苏维埃第一次代表大会制定的《婚姻条例》等。

中华苏维埃临时中央政府成立后，婚姻法规的制定以《中华苏维埃共和国宪法大纲》为依据。《宪法大纲》不仅明确宣布“中华苏维埃政权以保证彻底的实行妇女解放为目的，承认婚姻自由，实行各种保护妇女的办法，使妇女能够从事实上逐渐得到脱离家庭束缚的物质基础，而参加全社会经济的政治的文化的生活”。同时还规定，要从根本上消灭封建制度，没收地主的土地，所有劳动民众都有权管理国家。这就为实现妇女解放和婚姻自由提供了可靠的保障。这一时期的主要婚姻立法有：1931 年 12 月 1 日公布实施的《中华苏维埃共和国婚姻条例》和 1934 年 4 月 8 日公布实施的《中华苏维埃共和国婚姻法》。它们吸收了各革命根据地制定和贯彻婚姻法规所积累的经验，内容更加充实，形式愈益完善。它们确立的各项原则和制度同国民党统治区的婚姻立法形成了鲜明的对照，为后来革命根据地以及中华人民共和国成立后在全国范围内进行的婚姻制度的变革，提供了宝贵的经验。

第一节 婚姻立法的基本原则

一、实行男女婚姻自由，禁止包办买卖婚姻

这项原则是针对受政权、神权、族权、夫权联合支配的封建婚姻制度提出的，是对其的根本否定。由于“中国社会存在着很浓厚的封建残余，特别在男女婚姻问题上，强迫婚姻、父母代订婚姻、一夫多妻、童养媳、买卖婚姻、蓄婢、强迫守寡、虐待私生子、重男轻女等，长期统治着男女婚姻关系”①，婚姻当事人完全被剥夺了自主的权利，这是在婚姻问题上造成无数惨剧的主要根源。

红色区域的婚姻立法从一开始就以实行婚姻自由为其基石。1930 年 3 月，《闽西第一次工农兵代表大会婚姻法》第一条明确规定：“男女结婚以双方自愿为原则，不受任何人干涉。”②1931 年 11 月中华苏维埃临时中央政府成立后相继颁行的《婚姻条例》和《婚姻法》也都“确定男女婚姻以自由为原则”③。

为了贯彻这一原则，苏区工农民主政府在其婚姻法规中明令禁止一切违反双方当事人意愿的婚姻形式，其中包括买卖婚姻、包办婚姻、欺骗式婚姻以及童养媳等。为了防止借婚姻关系索取财物，法律规定“废除聘金、聘礼及嫁妆”④。关于寡妇改嫁问题，法律规定要打破守节制度，不得干涉寡妇婚姻自由，任其结婚，有借端阻止者严办。⑤

---

① 参见《鄂豫皖工农兵第二次代表大会婚姻问题决议案》。

② 参见《闽西第一次工农兵代表大会宣言和决议案》。

③ 《中华苏维埃共和国婚姻条例》第一条、《中华苏维埃共和国婚姻法》第一条。

④ 《中华苏维埃共和国婚姻条例》第八条、《中华苏维埃共和国婚姻法》第八条。

⑤ 《湘赣苏区婚姻条例》《闽西第一次工农兵代表大会婚姻法》。

婚姻自由包括结婚自由和离婚自由两个方面，二者的相互结合构成婚姻自由的完整内容。工农民主政府在确认结婚自由的同时，也确认了离婚的自由，不论结婚或离婚都必须出自双方当事人的自愿，并要符合法律规定的条件和程序。

二、实行一夫一妻制，禁止重婚纳妾

这一原则根本区别于剥削阶级社会中的一夫一妻制，剥削阶级的法律虽然大都宣布实行一夫一妻制，但这种一夫一妻制是片面的一夫一妻制，是“妻子方面的一夫一妻制，而不是丈夫方面的一夫一妻制，所以这种妻子方面的一夫一妻制根本没有妨碍丈夫的公开的或秘密的多偶制”。[①] 在中国封建社会和半殖民地半封建社会，丈夫方面的一夫一妻制是以蓄婢纳妾作为补充的。封建法律虽然禁止有妻再娶妻，有妻再纳妾却不仅是合法的，而且是合乎当时道德标准的。这种事实上的多偶制，是封建婚姻制度强加在广大妇女身上的枷锁。

红色区域婚姻立法确定的一夫一妻制，具有迥然不同的含义。根据这一原则，任何人只能有一个配偶，不能同时有两个或更多的配偶，一切公开的或变相的一夫多妻或一妻多夫的两性关系都是不允许的。这样就同一切剥削阶级宣告的所谓一夫一妻制彻底划清了界限。

为了全面贯彻一夫一妻制原则，中华苏维埃临时中央政府在其颁行的《婚姻法》中明确宣布：“禁止一夫多妻或一妻多夫。”本此精神，各地工农民主政府颁布的婚姻法令也作出了同样的规定。红色区域的婚姻立法不承认妻妾之分，有妻妾者以重婚论，凡重婚者，“无论其妻或妾都可提出离婚，政府得随时批准之”。此外，法律还规定凡不符合一夫一妻制原则的，结

① 中共中央马克思恩格斯列宁斯大林著作编译局译：《马克思恩格斯全集》第21卷，人民出版社1965年版，第88页。

婚登记机关可以拒绝登记。

三、重视保护妇女儿童的合法权益

在红色区域，广大妇女虽然已从封建压迫之下解放出来，但她们在经济上还未能完全独立。因此，在婚姻问题上，特别是在离婚问题上，法律偏重于对妇女的保护，而把因离婚而引起的义务和责任，更多地交由男方承担。对于儿童利益的保护，法律也有详尽的规定。

除婚姻法规外，中华苏维埃临时中央政府和地方工农民主政府还颁布一系列训令和单行条例，采取各种有效措施，维护妇女和儿童的合法利益，消灭封建礼教对妇女的束缚，使妇女实际享有和男子同等的权利，使她们在政治上经济上得到真正的解放。1930 年 3 月，闽西第一次工农兵代表大会通过的《保护妇女青年条例》规定：6 岁以上儿童由政府免费教育；禁止虐待童养媳，废除妾媵童养媳制度；妇女沦为娼妓者即行解放，恢复其自由，其馆主和鸨母的财产分与娼妓；绝对禁止贩卖妇女为婢妾娼妓，违者枪决；取消蓄婢制度，一切婢女即行解放，并由主人发给工资以维持生活；禁止翁姑丈夫虐待妻媳，违者依其情节轻重处理；不得阻挠妇女参加革命活动，违者受罚。

第二节　有关结婚的规定

按照红色区域的婚姻立法，男女双方的婚姻关系必须具备一定条件始能成立。这些条件可以划分为两大类，一类为实质要件，另一类为形式要件，二者缺一不可。实质要件是结婚必须具备的条件，形式要件是指结婚必须履行的法定手续。

一、结婚的实质要件

1. 男女结婚必须双方自愿

中央和地方工农民主政府颁布的婚姻法令，都把男女双方自愿列为结婚的首要必备条件。1930 年 3 月闽西《婚姻法》规定："男女结婚以双方同意为原则，不受任何人干涉。"1932 年 7 月《湘赣苏区婚姻条例》也规定："结婚须得双方同意，不准有丝毫强迫行为。"中华苏维埃临时中央政府于 1931 年 12 月和 1934 年 4 月先后颁布的《婚姻条例》和《婚姻法》规定得更加明确："男女结婚须双方自愿，不许任何一方或第三者加以强迫。"（第八条）凡违反这一规定的婚姻，如包办婚姻、买卖婚姻、欺骗式婚姻以及童养媳等，法律一概禁止。已成婚的，当事人可以诉请政府有关部门依法处理。父母代订婚约，"在法律上一概无效，无论男女对于所订之婚约，随时得提出废除之"。[①]

2. 男女结婚必须达到法定年龄

中华苏维埃临时中央政府成立前，各地工农民主政府对于结婚年龄的规定不尽相同。在鄂豫皖苏区，男子年龄在 18 岁以上、女子年龄在 17 岁以上始得结婚。闽西苏区的婚姻法令对结婚年龄未作明确规定。湘赣省婚姻条例规定："男子在十八岁以上，女子在十六岁以上为结婚期。"中华苏维埃共和国中央政府成立后颁布的《婚姻条例》和《婚姻法》统一规定："结婚的年龄，男子须满二十岁，女子须满十八岁。"

3. 男女结婚必须符合一夫一妻制

实行一夫一妻制，禁止一夫多妻或一妻多夫，既是当时婚姻立法的一项重要原则，也是男女结合必须具备的实质要件之一。婚姻法令确认一夫多妻或一妻多夫为非法，凡一夫多妻或一妻多夫者，均以重婚论，并且构成离婚的条件。因此，已经结婚而未经法定手续离婚者，均不得再行结婚。

① 参见《鄂豫皖工农兵第二次代表大会婚姻问题决议案》。

鄂豫皖苏区曾一度实行待婚制度，“无论男女离婚后，须经过两个月期间始能向苏维埃登记，正式结婚”。在两个月的待婚期内，离婚双方不得结婚。

夫妻是共同生活的伴侣，配偶一方的死亡必然导致婚姻关系的消灭，生存一方随即获得再婚的权利。工农民主政府确认鳏夫、寡妇的结婚是合法婚姻，任何人不得干涉。法律特别保护寡妇再嫁的自由，追究干涉者的刑事责任。①

4. 结婚双方必须无禁止结婚的血亲关系

中华苏维埃共和国成立后，为了提高人口质量，保障下一代乃至整个民族的健康，曾作出禁止近亲结婚的规定，但禁止近亲结婚的范围前后有所变化。1931 年 12 月 1 日颁布的《婚姻条例》规定“禁止男女在五代以内亲族血统的结婚”。（第五条）由于农村亲族聚居，关系密切，这项规定难以在实践中贯彻执行，1934 年 4 月颁布的《婚姻法》将其改为“禁止男女在三代以内亲族血统的结婚”。

5. 结婚双方不得有禁止结婚的疾病

工农民主政府颁布的婚姻法令均有结婚双方不得有禁止结婚的疾病的规定，只是在内容上有详简不同而已。总的来说，包含有两个方面的内容，一为神经方面的疾病，如《中华苏维埃共和国婚姻条例》第七条规定：“禁止神经病及疯人结婚。”二为身体方面的疾病，如《中华苏维埃共和国婚姻条例》第六条规定：“禁止花柳病、麻疯（风）、肺病等危险性的传染病病人的结婚。如上述病症经医生验明许可者，则仍可以结婚。”

二、结婚的形式要件

中华苏维埃临时中央政府规定，婚姻登记是男女结婚必须履行的法定手续。这是政府机关对双方当事人建立婚姻关系是否符合法律规定的实质

① 《闽西婚姻法》第三条规定：“寡妇任其自由结婚，有借端阻止者严办。”

要件进行监督的有效手段，也是帮助双方当事人同表现在婚姻问题上的封建习俗和传统作斗争的重要方式。

根据法律规定，凡男女结婚必须到法律规定的机关进行登记，婚姻关系才能成立。早期各苏区办理婚姻登记的机关为基层政府或其委托部门。1931 年《婚姻条例》和 1934 年《婚姻法》规定，乡苏维埃或城市苏维埃为办理婚姻登记的机关，由其发给双方当事人结婚证。

1934 年中华苏维埃中央政府颁行的《婚姻法》在确认早先实行的婚姻登记制度的同时，也允许事实婚姻的存在。该法第九条规定："凡男女同居者，不论登记与否，均以结婚论。"

红色区域的法律不禁止双方当事人订立婚约，但婚约的订立不是结婚的必经程序，如已订婚而未结婚者，有一方不同意，婚约即行解除。[①] 包括父母在内的第三者不得违背双方当事人的意愿代订婚约。

第三节　有关离婚的规定

一、离婚的原则

在红色区域，作为结婚自由的必要补充，已婚双方均拥有离婚自由的权利，但行使这项权利不是无条件的，这表明工农民主政府在离婚问题上所持的审慎态度。

早期各地工农民主政府的婚姻法令对离婚条件的规定，多是列举性的，着眼点在于反对封建礼教对妇女的束缚，倡导男女婚姻自由。按照《闽西婚姻法》的规定，符合下列条件之一者准予离婚：（1）妇女有受翁姑丈夫压迫情形，经乡苏维埃证实者；（2）有妻妾，无论妻或妾要求离婚者；（3）婢

① 《闽西苏维埃政府布告第七号——关于婚姻法令之决议》。

女准其自由；（4）男女年龄相差甚远者；（5）夫妻间确无丝毫感情者；（6）夫妻双方愿意离婚者；（7）夫妻反目半年以上不同居者；（8）反动豪绅妻妾媳妇要求离婚者；（9）夫妻一方患残废、癫狂或暗病，经调查属实者。以上离婚条件，除开精神、身体、生理方面的因素外，主要是为了解除封建婚姻制度强加于婚姻双方当事人的枷锁，强调感情是婚姻的基础，夫妻感情的破裂是最终导致婚姻关系终止的根本条件。此外，有的地方工农民主政府还把政治意见不合和阶级地位的不同列为男女双方可以提出离婚的理由。[①]红色区域无宣告死亡的法律规定，但男子外出二年不通音信者，女方可以提出离婚，政府应予允准。

1931年颁布的《婚姻条例》鉴于离婚原因的复杂性和多样性，以及各地工农民主政府在贯彻新婚姻法令中所积累的经验，不再沿用列举离婚条件的做法，而是在确认离婚自由原则的同时，明确宣布："凡男女双方同意离婚的，即行离婚；男女一方坚决要求离婚的，亦即行离婚。"（第九条）1934年的《婚姻法》进一步规定："确定离婚自由，男女一方坚决要求离婚的即可离婚。"（第十条）这样规定就更加充分地体现了工农民主政府在婚姻问题上的彻底反封建精神。

至于男女双方自愿离婚或一方坚决要求离婚的，是否需要履行一定手续，早期婚姻法令未作统一规定。在闽西苏区，离婚是否要办理登记手续，法律未作明文规定。在鄂豫皖苏区，"婚姻不满意时，都可以提出离婚，向苏维埃内务委员会婚姻登记处登记"。这是指合意离婚而言的。"如离婚发生纠纷（如财产的分配、子女的给养等）、离婚之不同意或不合关于怀胎期离婚条件的，男女之任何一方，均可提交法庭解决之。"[②]中华苏维埃临时中央政府颁布的《婚姻条例》和《婚姻法》取消了合意离婚和一方坚

① 《湘赣苏区婚姻条例》规定："男女因政治意见不合或阶级地位不同，无论男女可以提出离婚。"

② 《鄂豫皖工农兵第二次代表大会婚姻问题决议案》。

决要求离婚在离婚程序上的区别，规定一律向乡苏维埃或市苏维埃办理离婚登记，一经登记，婚姻关系的终止即为确定。

二、离婚后财产处理原则和对妇女儿童的保护

离婚不仅导致夫妻身份关系的消灭，同时也终止了他们之间的财产关系。因此在离婚时必须处理好财产分割、债务清偿以及与婚姻关系的终止有关的一方对他方生活援助等问题。

早期的婚姻法令对于离婚时财产的处理只作原则性的宣告，未作具体规定。如闽西第一次工农兵代表大会《关于婚姻问题的决议》宣布："夫妇离婚后，妇女的田地不得归夫家没收。"（第四项）中华苏维埃临时中央政府成立后，随着土地革命的深入，对离婚时财产处理问题的规定也更具体。1931 年《婚姻条例》规定的基本原则是：（1）夫妻双方在土地革命中所得的田地和财产，以及各自的债务，由本人处理；（2）结婚满一年，夫妻共同经营所增加的财产，离婚时由双方平分，如有子女则按人口平分；（3）婚后所负的共同债务，由男方负责清偿。1934 年《婚姻法》补充以新的原则，这些原则是：（1）离婚后，女方如果移居别村，得依照新居村的土地分配率分配土地；（2）如新居村已无土地可分，则女方仍领有原先的土地，其处置办法，或出租，或出卖，或与别人交换，概由女方决定；（3）归女方抚养的子女，随母移居后，其土地分配和处理办法与其母同。（第十四条）

1931 年 7 月，鄂豫皖工农兵第二次代表大会考虑到女方在怀孕期间和分娩后一段时间，对妇女和婴儿需要有特殊的保护，因而规定"女子怀胎期和产后四个月以内男方不得提出离婚"。[①] 中华苏维埃临时中央政府的婚姻法令，则把离婚时保护妇女和儿童的着重点转移到对他们的物质生活的保障方面。

1. 关于对妇女的保护。《婚姻条例》规定：男女双方离婚后，如果都不

① 《鄂豫皖工农兵第二次代表大会婚姻问题决议案》。

愿意离开原来居住的房屋，男方须将其房屋的一部租赁给女方。女方如未再婚，男方须维持其生活并为其代耕田地，直到再行结婚为止。《婚姻条例》的这些规定，对于保障妇女离婚后的生活起了重要的作用，有利于对旧婚姻制度的改革。但是在执行中也产生了一些需要解决的实际问题，诸如女方生活并不困难，男方因缺乏劳动力而生活无着，却仍要依法承担对女方的抚养责任，等等。因此，1934 年的《婚姻法》对上述规定适当加以修改，使之更加全面和切实可行。《婚姻法》第十五条规定："离婚后女子如未再行结婚，并缺乏劳动力或没有固定职业，不能维持生活者，男子须帮助女子耕种土地或维持其生活。但如男子自己缺乏劳动力或没有固定职业，不能维持生活者，不在此例。"

2. 关于对儿童的保护。早期的婚姻法令，如《闽西婚姻法》，把对子女的抚养责任主要加于男方，规定夫妻离婚后，子女归夫家养育，但妇女愿负担者例外。1931 年 12 月 1 日，中华苏维埃临时中央政府也规定，离婚前所生子女归男方抚养，如果男女双方都愿抚养，则归女方抚养，但在哺乳期内的子女只能由女方抚养，所有归女方抚养的子女均由男方负担必需生活费的 2/3，直到 16 岁为止。如果女方再婚，新夫愿意抚养其子女的，子女的生父才不再担负子女的生活费用，但新夫必须向乡苏维埃或市苏维埃登记，一经登记，即应负起把子女抚养成人的责任，不得中途停止或进行虐待。后来考虑到由女方负担抚养责任对子女更为有利，1934 年《婚姻法》改变了早先的规定，决定离婚前所生子女及离婚时尚在怀孕期的小孩均归女方抚养，如女方不愿抚养才由男方抚养，但对年长的子女要尊重其本人的意见。

3. 对非婚生子女的保护。工农民主政府重视保护非婚生子女的合法利益。在鄂豫皖苏区，法律明确宣布：男女双方未经结婚登记所生之子女，不得认为私生子，反对虐待私生子的行为。此种子女的生活费由男女双方承担。[1]1931 年《婚姻条例》和 1934 年《婚姻法》也规定：非婚生子女由男方负担生活费的 2/3，享有婚生子女的一切权利，禁止虐待和遗弃。

第四节　对军婚的保护

早期工农民主政府颁布的婚姻法令就注意了对军婚的保护，强调要加强对红军家属的教育，动员群众的力量，从政治上思想上使红军家属自觉地免除向红军战士提出离婚要求，提倡劳动妇女自愿地同红军战士结婚，坚决反对勾引红军家属的不法行为。[2]

中华苏维埃临时中央政府成立后，从法律上明确规定了军婚离异的条件。依照《婚姻法》确定的原则：（1）红军战士之妻要求离婚的，必须征得本夫的同意。[3]（2）在通信方便的地方，经过两年其夫无信回家者，其妻才可以向当地政府请求登记离婚。（3）在通信困难的地方，经过四年其夫无信回家者，其妻才可以向当地政府请求登记离婚。

红色区域的婚姻立法，是实现我国婚姻家庭制度彻底变革的伟大开端。实践表明，它所确立的基本原则是正确的，是经得起检验的，虽然它的贯彻执行不能不受到革命战争和农村环境的制约，但由于它反映了人民群众的愿望和要求，符合中国的实际情况，因而在当时就起了除旧布新的作用，对后来的新民主主义婚姻立法乃至社会主义的婚姻立法都有其不容低估的影响和借鉴意义。

---

① 《鄂豫皖工农兵第二次代表大会决议案》。

② 《鄂豫皖工农兵第二次代表大会决议案》。

③ 中华工农兵苏维埃第一次全国代表大会通过的《关于中国工农红军优待条例的决议》也规定："凡红军在服务期间，其妻离婚，必先得本人同意，如未得同意，政府得禁止之。"引自王明：《苏维埃中国》第 1 集，苏联外国工人出版社 1933 年版，第 111 页。

第十九章　工农民主政权的财政经济法规

第一节　财政经济立法的基本方针

毛泽东在中华苏维埃第二次全国代表大会上代表中央工农民主政府阐述根据地经济政策的基本方针是："进行一切可能的与必须的经济方面的建设，集中经济力量供给战争，同时极力改良民众的生活，巩固工农在经济方面的联合，保证无产阶级对于农民的领导，造成将来发展到社会主义建设的前提与优势。""苏维埃经济建设的中心是发展农业生产，发展工业生产，发展对外贸易与发展合作社运动。"①

工农民主政府的经济立法就是在上述基本方针的指导下制定的。其基本特点是：

首先，它以铲除帝国主义封建主义剥削奴役制度，对根据地经济实行民主改造为根本原则。1931 年 11 月，中华苏维埃第一次全国代表大会通过的《关于经济政策决议案》规定："为保障国家完全独立和民族解放起见，苏维埃政府将操在帝国主义手中的一切经济命脉实行国有（租界、银行、海关、铁路、航业、矿山、工厂等）。在目前，允许外国某些企业重新另定租借条约，继续生产，但必须遵守苏维埃一切法令，实行八小时工作制

① 《苏维埃中国》，中国现代史资料编辑委员会翻印，第 278 页。

及其他各种条例。”[①] 同时还规定：“取消过去一切口头的书面的奴役及高利贷的契约，取消农民与城市平民对高利贷的各种债务。”[②]

其次，根据地的经济立法以维护和促进根据地经济的发展，保证战争供给，改良人民生活为目的。为此，工农民主政府制定了种种经济法规，确定了以下政策原则：允许私人经济的发展，保证商业自由；极力帮助合作社经济的发展；积极建立国营经济；奖励发展工农业生产，改进生产技术等。

第二节　国有工厂管理及工商业投资法规

一、国有工厂管理条例

1934 年 4 月 10 日，中华苏维埃共和国人民委员会颁布了《苏维埃国有工厂管理条例》，规定了国有工厂的主要管理原则与管理制度，其内容如下：

1. 实行厂长负责制。该条例规定：“国有工厂的负责者为厂长，厂长由各该隶属的上级苏维埃机关委任，对于厂内一切事务，有最后决定之权，并向苏维埃政府负绝对的责任。”“厂内其他人员或组织，如对厂长的决定有不同意时，可向该管上级机关控告，但在上级机关未废除厂长的决定以前，绝对无权停止决定的执行。”

2. 设立工厂管理委员会。工厂管理委员会，由厂长、党支部代表、工会代表、团支部代表、工厂其他负责人、工人代表等 5 至 7 人组成，开会时以厂长为当然主席，以解决厂内的重大问题。管理委员会内组织“三人团”，由厂长、党支部代表及工会支部代表组成，以协同处理厂内的日常工作。

① 《苏维埃中国》，中国现代史资料编辑委员会翻印，第 8—9 页。

② 《苏维埃中国》，中国现代史资料编辑委员会翻印，第 90 页。

3. 在厂内各生产部门，实行主任及领班负责制。主任与领班须执行厂长的命令与决定，对于所属生产部门的工作，负有绝对的责任，并有解决该部门内一切问题之权，但因工人违犯厂规而处分或开除工人时，必须呈报厂长才能执行。

4. 厂长的法律责任。国有工厂必须建立经济核算制度，财政预决算制度和计划生产。完成生产计划和减少成本费，是国有工厂管理的最大任务，厂长对此负有重大责任。“工厂必须详细规定三月、半年以至一年的生产计划”。“按月将计划的实际情况，详细报告该管上级机关。”“厂长不执行上级命令，或浪费金钱物料，或使工厂受到重大损害者，须受刑事处分。”这里确定的厂长负责制和厂长、主任“权”“责”相统一的原则，是一项具有重要意义的历史经验。

二、工商业投资条例

为发展根据地经济，中华苏维埃中央执行委员会根据《关于经济政策决议案》的精神，于 1932 年 1 月 13 日颁布了《中华苏维埃共和国工商业投资暂行条例》，以鼓励私人资本的投资。该条例共 6 条，规定了私人投资的条件、经营范围、投资开办企业的法律手续及法律责任。

1. 关于私人投资经营工商业的条件。该条例规定，凡遵守苏维埃一切法令，实行劳动法，并依照苏维埃政府所颁布之税则完纳国税的条件下，允许私人资本在中华苏维埃共和国境内自由投资经营工商业。

2. 关于私人投资范围，该条例规定，无论国家的企业、矿山、森林等和私人的产业，均可投资经营和承租、承办。

3. 关于私人投资开办企业的法律手续，该条例规定，凡投资者须先将资本的数目、公司章程或店铺的名称、经营的事项、经理的姓名详细具报，向当地苏维埃政府登记，取得经营证，即可按照规定去经营。

4. 私人营业如有违反苏维埃政府的法令，或阴谋反动破坏苏维埃经济者，要受苏维埃政府法律的制裁。

第三节　合作社法规

在革命根据地，由于革命战争的需要，青壮年男子大量参军支前，农村劳动力严重不足，加上国民党的经济封锁，造成商品流通困难，物价飞涨。因此，工农民主政府积极提倡和帮助劳动互助组织与消费合作社等组织的建立，借以缓和劳动力的不足，减轻劳动群众所受商人剥削，并促进经济发展。

1932年4月12日，中华苏维埃中央执行委员会颁布《合作社暂行组织条例》，确定了合作社的性质和组织程序等重要原则。它规定合作社系由工农劳动群众集资组织；富农、资本家及其他剥削者均无权组织或参加消费、生产及信用合作社。社员不仅兼股东，并且是该社的直接消费者、生产者或借贷者。不合此原则者，不得称为合作社。该条例还规定成立合作社必须履行一定的法律程序。第六条规定，凡工农劳动群众所组织的合作社，需先将章程、股本、社员人数和营业项目等向当地苏维埃政府报告。经审查登记后，领取合作社证书，才能开始营业。[1] 该条例最后宣布，工农民主政府对于不遵照该法令所组织之合作社，得禁止之，如发现有违反此条例者，政府有权随时检查和制止。

工农民主政府还根据合作社种类的不同，分别制定了关于农业生产互助组织、手工业生产合作社、消费合作社、信贷合作社等类法规。

一、关于农业生产互助合作组织法规

革命根据地为了克服农业生产中劳动力和生产资料的严重不足，曾积

① 《合作社暂行组织条例》，载《红色中华》1932年4月13日。

极推动劳动互助社和犁牛合作社的发展。1933 年，中华苏维埃中央临时政府颁布了《劳动互助社组织纲要》《关于组织犁牛站的办法》和《关于组织犁牛合作社的训令》等。规定了农业生产互助合作组织必须遵循的基本法律规范。例如，劳动互助社是劳动农民之间在劳动方面进行互相调剂、互相帮助的组织。入社者以家庭为单位，只有贫农、雇农、中农等劳动农民才有资格参加。劳动互助社实行民主管理，以社员大会为最高权力机关。有关劳动力的分配计划、工资的确定以及选举互助社管理委员会等重大事项，皆由社员大会讨论决定。劳动互助社在入社和劳力互助问题上，实行自愿原则。劳动互助社社员之间的互相帮工，实行等价互利原则，由互助社统一计划与核算，兼顾雇农、贫农、中农各方面的利益。

《为发起犁牛合作社的训令》规定，犁牛合作社一定要在农民群众自愿的基础上组织建立。犁牛合作社的资金来源主要依靠以下三种：没收豪绅地主及富农多余的耕牛农具、社员群众集资购置、国家财政信贷支援。犁牛合作社的耕牛农具归全体社员公有，每个社员都有借用合作社耕牛农具的平等权利。犁牛社的管理人员由社员公选，并接受社员的监督。犁牛社的经营，必须贯彻“互助两利”的原则，每个社员所借耕牛农具的数量和期限要分配均匀，并要付出相当的租钱。

二、商业合作社法规

建立和发展合作社商业，是各根据地政府解决经济困难，改善军民生活，抵制奸商剥削，打破敌人经济封锁，支援革命战争的一项极为重要的经济措施。早在井冈山根据地开创时期，就建立了“公卖处”——消费合作社。闽西、赣西南、赣东北等根据地建立后，工农民主政府大力发展合作社商业，分别组织了消费合作社、粮食合作社、贩卖合作社、办米合作社等各种商业合作组织。中央工农政府成立后，总结各地发展商业合作社的经验，制定了《发展合作社大纲》（1933 年 6 月）、《合作社工作纲要》

（1933 年 6 月）、《粮食合作社简章》等法规。

依据《发展合作社大纲》规定，商业合作社是工农劳苦群众抵抗商人富农资本家剥削，增进工农利益，巩固工农联盟的一种经济组织。它由工农劳动群众集股筹资，由社员民主管理，为社员采购供应工副产品和收购运销农副产品，为工农业生产和工农群众生活服务。当时的商业合作社有以下几种形式：

1. 消费合作社。它是社员群众为满足自己对日用消费品的需要而集资经营的零售商业，一般以乡村、工厂、学校、机关或城市街道为单位组织，可方便群众，免除商人中间剥削，还可使社员分到一定红利，对临时有困难的社员可以赊销。

2. 粮食合作社。它依靠社员和政府的资金帮助，调节粮食市场，解决社员群众秋收后卖粮难和春天买粮难的问题。它秋天以平价买进粮食，防止奸商和地主富农趁机压价，造成谷贱伤农；春天以平价卖出粮食，防止奸商和地主富农趁机抬价，以解决贫苦农民青黄不接的困难。

3. 购买合作社。这是工农群众个人或一些合作社组织为满足对某些产品的大宗需要而联合起来共同购买的合作经济组织。社员个人联合组织的，如肥料购买合作社、石灰购买合作社、粮食购买合作社等。这种联合办货，既可节省人力、财力，又能熟悉行情和货源，可以及时买到价廉物美的货物。

4. 贩卖合作社。这是社员群众为出卖各自生产的某种共同产品而组织起来的合作组织。其中一种是个体生产者的联合，如茶油贩卖合作社、草鞋贩卖合作社等；另一种是一些手工业生产合作社之间的联合，如纸业贩卖合作社等。

在以上四种合作社中，消费合作社与粮食合作社是当时最主要的商业合作组织。在工农民主政府颁布的各种合作社章程中，以中央人民委员会 1932 年 8 月 21 日颁布的《粮食合作社简章》较为详尽。该简章共 8 章 31 条，规定了总则、社员、资本、业务、红利分配、组织、会议、附则等内容。

它是中央工农政府为各地粮食合作社组织制定的标准章程，各合作社以此为基础制定本社章程。由社员大会通过，并须报当地县政府登记备案。

三、生产合作社法规

工农政府为了发展根据地的经济，积极引导手工业生产的合作化，1933年9月10日，中央工农政府颁发了《生产合作社标准章程》，其主要内容如下：

1. 规定生产合作社的宗旨为：发展根据地的生产，抵制资本家的剥削，解决失业者的困难，并谋求生产的改善。

2. 规定生产合作社的社员必须具备以下条件：（1）必须是工农劳动群众；（2）直接参加合作社的生产；（3）交纳一定的股金。社员只有在交足一定股金之后，始得享有合作社的选举权、被选举权、表决权。社员对其持有股票可以转让，但接受者必须是本社社员或者能够参加本社生产成为本社社员的人。

3. 规定社员大会为生产合作社的最高组织，它享有以下职权：（1）选举、罢免或处分管理委员会及审查委员会的成员；（2）制定或修改本社章程及办事细则；（3）决定工资及工作时间；（4）接纳和开除社员；（5）审查合作社的生产与销售报告及决算；（6）决定奖励的数目及其分配；（7）决定生产及销售计划。

4. 规定由社员大会选举产生管理委员会，负责合作社的管理工作。由社员大会选举产生审查委员会，负责审查管理委员会的工作及账目。管理委员会如有溺职舞弊、徇私、违章行为时，得由审查委员会召集社员大会改组并处分之。管理委员会每3个月应制定下列表册与报告，交社员大会审定后，报告当地政府资产负债对照表、损益表、红利分配表、财产目录、生产和销售情况报告书、雇佣工人情形报告书。

5. 规定了分红办法，每期纯利（3个月结算一次）除酌情提取若干为常务委员会及职员之奖励金外，以50%为公积金，20%为文化教育等社员公共事业费，以30%按社员人数平均分配。

第四节　财政金融法规

一、财政管理法规

中央工农政府成立前，各地财政处于各自为政的状态，这在分散的游击战争条件下是不可避免的。但随着根据地逐步联成一片和革命事业的扩展，财政缺乏统一管理和无章可循的状况，必然导致许多不良现象的发生。如没有预决算制度和会计制度，各机关、部队、群众团体随时都可以向当地政府提款，政府无法控制。收入和开支无一定计划和检查监督制度，有钱多花，造成浪费，无钱便自行打土豪或捐款。而有些确实必需的开支却不能保证。中央工农政府成立后，决定统一财政，加强管理，严格财政纪律。先后颁布了《中华苏维埃共和国暂行财政条例》《暂行税则》《国库暂行条例》《会计规则》《财政机关交代规则》等法令，还颁布了《统一财政，编制预决算制度》《统一会计制度》《关于统一税收问题》等一系列训令，在中央根据地建立起大体统一的财政制度。

1. 统一财政收支，建立预决算制度。中华苏维埃共和国的财政立法，首先确定了财政统一的原则，决定把中央根据地各级财政收入集中统一管理，各级政府及军事系统的费用一律实行预决算制度。这是工农民主政府有计划地整理安排收入和支出，保证革命战争、政府经费及经济文化建设需要的重要手段。1931年12月《中华苏维埃共和国暂行财政条例》规定："为实行财政统一，一切国家税收，概由国家财政机关（中央及各省、县、区财政部及城市财政科）按照中央临时政府所颁布的税则征收，地方政府不得自行规定税则或征收。"各级财政机关所收入之税款及政府经营事业收入款，或罚金，或没收的财产以及其他收入等款项，随时转送或直送中央财政部，或送中央财政部所指定之银行。各级财政机关在未得上级财政机关的支付命令以前，不得自行支配、扣用或抵销，亦不得延期不交；各级行政经费、各军伙食杂用等经费，统由各该财政机关造具预算，送交直接上级财政机关审查，并报告中央财政部批准，统由中央财政部依据批准之预算付款。

2. 建立会计制度。1932 年 12 月，临时中央政府财政人民委员部颁布了《统一会计制度训令》和《会计规则》，明确规定：（1）必须把收钱的、管钱的、领钱的、支配审批的机关分工，严明职责和手续。税收委员会、财政部等（收钱机关）收到款项必须解交国库（管钱机关）。领钱机关必须按月造报预算。经财政人民委员部审批，发给支票，才能向国库领取。无支票乱付款者，严办。（2）要把各级收入与支出机关分别划分，归口管理，形成自上而下的系统。如税款归税收委员会收交，土豪罚款归财政部或裁判部经收交库，行政费归财政部支款，教育费归教育部经领，司法费归司法部经领。（3）确定统一的会计科目，把各项收入及开支项目规定一定名称与范围，使收款付款有条有理。（4）制定预决算规则，严格执行预决算制度。（5）统一簿记单据，采用新式簿记，每件账目都要有凭证。（6）颁布交代规则，遇有人员调动、业务移交，必须严格按照交代规则履行移交手续。会计制度的建立，为加强财政管理和有计划地安排收入和分配经费提供了必要条件，对于厉行节约，预防贪污舞弊，也是绝对不可缺少的。

3. 建立审计制度。为了加强财政管理，严格财政纪律，监督各级财政部门、机关团体和企事业单位认真执行预算决算制度，合理地节约地使用资金，临时中央政府决定在各级政府内设立审计委员会和稽核员，专门负责审核各机关收支预决算的执行、发款通知书的签发及国库按照发款通知书付给金额等情况，检查是否严格执行财政制度，是否认真贯彻中央所提倡的厉行节约、反对浪费、合理使用资金的精神。

4. 建立国库制度。1932 年 11 月 22 日，临时中央政府颁布了《国库暂行条例》，决定建立国库制度，规定了国库的职责、组织机构及工作规则。《国库暂行条例》规定，国库的职责是掌管国家所有现金的收入、保管及支出等项业务。国家的税收及所有的现金收入，都应当交纳给国库的支金库、分金库。各种经费的支出，应由各级机关首先编造预算，报财政人民委员部审查批准，再由国库管理局开支票。各金库在收到支票后，应先行确认无误，然后才可支出现金。

关于国库的组织机构和领导关系，《国库暂行条例》规定：国库由财政人民委员部国库管理局管理，其金库则委托国家银行代理。总金库（中央金库）设于总行（国家银行），分金库设于分行，支金库设于支行。各级金库的主任，分别由工农银行总行、分行、支行行长兼任。国家金库的管理费用均由银行负担，银行不得自行挪用金库的在库金。

二、金融管理法规

在根据地的建设过程中，金融管理问题一直是个复杂而关系重大的问题。根据地开创初期，货币流通混乱，如赣西南根据地，在市面上流通的既有朱培德时期裕民银行发行的钞票、吉安商会的钞票、鲁涤平时期的“兑换券”，又有各种银元、银毫、铜钱，还有国民党政府发行的钞票。由于工农政府在军事上、经济上的力量，较之国民党政府处于劣势地位，以及国民党政府对根据地的军事进攻和经济封锁，使根据地的金融处于困难境地。为了稳定金融，保证内外贸易的正常进行，保证根据地的经济建设和军事供给，工农民主政府曾大力加强金融管理，以巩固工农银行货币的使用，控制现金外流，驱逐杂钞与伪币。

1. 确定各根据地工农银行和中央工农银行发行的货币为法定货币。1930 年 11 月 27 日，江西工农民主政府曾发布通令指出：江西工农银行的票子因材料缺乏尚未印好，因此特将吉安临时补助纸币一角面值的加盖“江西工农银行暂借发行券”与五角形赤区通用的图印，后面并加盖“江西苏维埃政府财政部”方印，在红色区域通用。1931 年全国第一次工农兵代表大会《关于经济政策决议案》规定：开始时可利用旧的货币，加盖革命政府的图记，以解决流通手段问题。外来货币须兑换已盖苏维埃图记之货币。

1931 年上半年，闽西、赣南、赣东北等根据地的工农银行开始大量发行自己的货币，基本占领了根据地流通领域。1932 年，中央工农银行发行了在中央根据地统一使用的纸币，并已开铸银元。在此条件下，工农民主政府法令规定，工农银行发行的货币为唯一的法定货币，禁止使用其他杂钞伪币。1931 年 3 月 18 日，《福建省第一次工农兵代表大会的决议案》指出："过去各地合作社及私人商店多有发行纸币的，以后绝对禁止。"从而确定只有国家银行才有发行纸币权的原则。

工农政府的法令规定，各种买卖、纳税等货币往来，必须使用根据地的"国币"，即中央工农银行发行的纸币银毫。《中华苏维埃共和国暂行税则》规定，农业税征收现款，以中华苏维埃共和国的国币为限，其余的杂洋币不收。中央财政人民委员部《关税征收细则》规定："征收税款，一律按国币计算。"

2. 维护工农银行纸币信用，惩治破坏金融犯罪。工农民主政府为维护根据地纸币的信用，首先，严格控制纸币的发行，要求纸币的发行必须根据经济发展的需要，并要有一定的现金和物资作后盾。同时，保证持有纸币者临时可到银行兑换银元。其次，严格惩治破坏根据地金融的犯罪活动。工农民主政府对于造谣破坏工农银行纸币信誉者、拒绝收受工农银行纸币者、制造伪币者，必须严密侦查破获，给予严肃惩处。如 1933 年 12 月 28 日江西省第二次工农兵代表大会决定："任何地主富农奸商以及反革命派，对于破坏国币抑低国币价格，拒用国币或埋藏现金和私运现金出口，运进假票和银毫来混淆国币信用的，必须以最严格的手段予以镇压。"最后，为稳定金融，巩固工农银行的财力和纸币信用，工农民主政府严格现金管理，尽力把现金集中于国库。中央财政人民委员部紧急通令规定：各级政府机关与群众团体须一律收用国币，所有现洋概须送交总分库或送附近兑换所换取纸票应用。工农民主政府还号召群众拿银元到工农银行兑换纸币，并明令禁止私人收买贩卖金银首饰，更严禁把金银输往国民党统治区。

为控制现金盲目外流，防止豪绅地主偷运现金出境，破坏根据地金融，1933 年 4 月 28 日，中央财政人民委员部发布了第 19 号训令，决定建立现金出口登记制度，并发布了《现金出口登记条例》。该条例规定：凡苏区群众往白区办货，或白区商人运货来苏区贩卖，须带现洋出口，在 20 元以上者，应向当地区政府或市政府登记；现洋出口在 1000 元以上者，应到县政府登记。登记后取得现金出口证，才准通过出口检查机关。各关税处、国家政治保卫队以及边区之区乡政府，负责检查现金出口，凡满 20 元无出口证者，将该出口现金没收。如系当事人不明手续，须向原住地政府申明，经考察属实，可从轻处分。

第五节　税收法规

各根据地初创时期，财政收入主要依靠打土豪筹款、向富农征款以及向城市资本家征款。随着根据地的稳定和土地改革的完成，税收便成为重要的财政收入来源。各根据地政府有的在土地法中规定了农业税条款，有的颁布了单行税则。1931 年中华苏维埃共和国成立后，迅即颁布《暂行税则》，统一了根据地的税制。宣布“废除国民党军阀的一切田赋、丁粮、苛捐杂税、厘金等，实行统一的累进税”。这是中国税制历史上的一次重大变化。它铲除了北洋军阀以来苛捐杂税泛滥成灾的腐败局面，实行单一税，对任何方面只收一种税，大大减轻了人民负担，简化了税制。同时，它实行累进税法，收入愈多，税率愈高，把纳税重担放在剥削阶级和富人身上，从而使税收这一历来是剥削阶级国家用以剥削劳动人民的重要工具改变了本质。

《暂行税则》规定税的种类为三种，即商业税、农业税、工业税，同时还规定了各种税征收的对象、政策原则及税率等。此后，有关人民委员部又分别制定了土地税征收细则、商业税税则、关税征收细则等，为了促进工业发展，暂免征收工业品的出厂税。

一、农业税法

根据地的农业税分土地税与山林税两种，但山林税数量很小，农业税主要是土地税，因此，农业税亦称土地税。早在 1928 年 12 月颁布的《井冈山土地法》中，就已规定了土地税条款。它规定，土地税依照生产情形分三种：1.15%、2.1%、3.5%。以上三种方法，以第一种为主体。遇特别情形，经高级苏维埃批准，得分别适用第二、第三两种。

土地革命战争中期，各根据地先后制定了土地税法，实行按田亩征税和累进税制。如 1929 年 11 月 5 日中共闽西特委发布《特委通告第十五号》规定，土地税之征收以农民所得田地数目为标准：每人分田 3 担[①]以下者收半成；分 5 担以下者收一成；分 5 担以上者收一成半。1930 年 8 月颁布的《赣西南苏维埃政府土地法》规定，土地税按照农民分田数量分等征收：每人分田收谷 5 担以下的免征土地税；每人分田收谷 6 担的收税 1%；每人分田收谷 7 担的收税 1.5%；每人分田收谷 8 担的收税 2.5%；以后每加收 1 担谷，则加收土地税 1.5%。

1931 年 11 月中华苏维埃共和国成立后，于同年 12 月 1 日颁布了《中华苏维埃共和国暂行税则》(以下简称《暂行税则》)，对农业税的课税对象、税率确定办法以及减免办法等作了原则规定。鉴于分散的游击战争环境，《暂行税则》规定，关于农业税的起征点、税率及征收办法，由各省工农政府根据本地区的实际情况确定。1932 年 7 月，中央执行委员会对《暂行

① 担，重量单位。16 两秤每 100 斤谷为一担。

税则》作了某些修改，但在农业税方面未作大的改变。1933 年 9 月，中央工农政府颁布了《农业税暂行税则》，改变了《暂行税则》关于确定农业税税率的标准，同时取消了由各省自定税率的规定，统一规定了农业税的税率。其主要内容如下：

1. 关于农业税的课征对象。《农业税暂行税则》规定：农业税只对主要生产物（谷、麦）征税，而对副产物则不予征税。对于本为茶园、林山、菜园，而被作为稻田、麦田分配，该分得土地者又确系用以生产主要生产物（谷、麦）者，亦应征税。

2. 关于农业税的课税标准及税率。农业税课税标准，既不是直接依据田亩数，也不是单纯依据粮食收获量。在《农业税暂行税则》颁布以前是依据各农户每年按人口平均的粮食收获量，在《农业税暂行税则》颁布后，则是按各农户每年人均粮食收获量的多少与分田人数的多少两个标准来确定税率。1931 年《暂行税则》规定：农民分得土地后，按照全家每年主要生产的收获，以全家人口平均，规定每人每年的收获数与生活必需的支出，根据此项标准再定出向每人开征的最低数额及累进税。《农业税暂行税则》又增加了一个标准，即人口的多少。它规定：农业累进税的标准，应当按照农民分得土地后的全家每年主要生产物的收获量的多少以及家中分到土地者的人口多少来规定。征税时，首先要确定每个农户的人均粮食收获量。按规定把土改分田数折成常年收成的谷数，再由区苏维埃召开各乡主席联席会议，按照各乡中等田在当年可收实谷数确定当年收获为几成，收税时即照这个成数将每家每人所分田面积折成谷数，便得出每家每人粮食收获量，然后按照政府所定税率收税。

3. 关于减税免税的规定。在革命战争环境和实行供给制的条件下，根据地的税法历来优待红军家属及革命干部，同时由于特别强调工人的特殊地位，在税收上也给以特殊照顾。为了发展生产，对于农业技术改良和垦荒，在税收上也给予优待。为此，《农业税暂行税则》确定了如下一些减免税的规定：（1）红军在服务期间，本人及家属（包括父母妻子及无劳动力的兄弟姊妹）免除一切捐税。（2）雇农及陆上苦力工人本人及妻（夫）与16岁以下的子女免税。水上苦力工人本人及其妻（夫）免税。店员、手艺工人及其他产业工人分田者本身免税。上述各项工人，以继续做工满两年以上者为限，做工未满两年者不免税。（3）工农政府工作人员本身及其父母妻子减半税，其系工人出身者，按照上述规定的优待工人的免税办法办理外，其家属未免税者再减半税。（4）因改良种子或改良耕作技术所增加的农业收入免税。（5）开垦荒地所收获的农产品，照荒废年限及阶级成分分别免税。中农贫农开垦荒废1年以上者免税2年，荒废2年以上者免税3年，荒废3年以上者免税5年。富农开垦荒废1年以上者免税1年，荒废2年以上者免税2年，荒废3年以上者免税3年。地主开垦荒废1年以上者不免税，荒废2年以上者免税1年，荒废3年以上者免税2年。（6）遇有天灾或战争破坏，或孤寡残废失去劳动力的家庭，按照困难情况酌情减免。

二、山林税法

根据地的山林税开征较晚。1932年10月临时中央政府财政人民委员部颁布《山林税征收细则》后，开始普遍征收山林税。

《山林税征收细则》规定：山林税的课税对象是私人经营的山林园地的主要生产品，分为竹麻税、茶子税、茶叶税、果子税四种，其他山林产品暂不征税。竹麻税、茶子税以实收产品的担数为计算单位，果子税则以各农户实收果子所卖得的价钱为计算单位。交纳税额一律折成现款收交，不以实物支付。各种物品的价格，由县政府按各区最高市价规定。山林税税率是根据各农户人均收入和阶级成分确定的，实行累进制。竹麻税，对贫农中农从人均实收竹麻6担起征，对于富农则从人均收入3担起征。茶子税，对贫农中农从人均实收茶子3担起征，对富农则从人均实收2担起征，依次累进。茶叶税和果子税，同样是把富农和贫农中农区别对待，对富农征税起征点低，税率高。

临时中央政府在税法颁布后，十分重视税收工作，严格按照法律办事，严防偷税、漏税、贪污舞弊、私作人情以及故意低报产量、不适当减免等不法行为。为此，1933 年 4 月 20 日，临时中央政府财政人民委员部发出训令，决定以区为单位成立土地税检查委员会，对《土地税征收细则》及《山林税征收细则》的执行情况进行全面检查，同时制定了《土地税检查委员会组织与工作纲要》，规定了土地税检查委员会的组织机构与人员组成，工作任务及工作方法，以及对各种违背税法行为的处分办法：漏税或不当免税减税者，照原额加倍收税。如发现整乡整村以多报少或不当免减税者，除照例补收外，另将该乡村负责人撤职处分。如发现群众已交钱而未得收据或交钱多而收据少者，除勒令经手人负责补款外，仍将该经手人交裁判部分别轻重给予处分。

三、商业税法

根据地商业税法的制定，是在中华苏维埃共和国成立以后。1931 年 11 月 28 日中华苏维埃中央执行委员会颁布的《暂行税则》具体规定了商业税的税率、征收办法及免税办法。1933 年 8 月 16 日，中央财政人民委员部又颁布《商业所得税征收细则》，详细规定了商业税的课税标准、资本与营利的核定、征税机关、征税时期及手续等。

1. 关于商业税的课税标准。商业税的征收对象乃是商业营利所得。因此，商业税也叫商业所得税。它的征收依据有二：一是资本的大小；二是营利的多少。依据资本的大小确定税率，然后按照税率和营利确定税额。

1931 年的《暂行税则》把商业税的起征点确定为资本 200 元，把资本从 200 元至 10 万元划分为 13 个等级，定出累进税率。第一等的税率为 2%，第十三等的税率为 18.5%。

1932 年中央工农政府修正了《暂行税则》，降低了商业税的起征点，从200元改为100元。把商业资本的等级从13级增为14级，提高了各等的税率。第一等的税率为6%，第十四等的税率为25%，比1931年所定税率提高6.5%。

2. 免税办法。按照《暂行税则》规定，以下几种情况可予免税：（1）遵照政府合作社条例组织的消费合作社，由县政府报告各该省政府可予免税。（2）农民出售其剩余生产品者一律免收商业税。（3）商业资本在起征点以下者一律免税。至于肩挑小贩，1931年规定一律免税，1932年规定其资本在100元以下者免税。（4）商人遇险或遭意外损害，报告政府经查证属实者得许免税。（5）某些必需的日用品和军用品，随时由政府命令公布免税。

四、关税法

关税，即对进出根据地的货物征收的进出口税。临时中央政府成立后，为了革命根据地建设的需要，调节和统制输出输入货物，并增加工农政府的财政收入，建立了关税制度。1932年就已在一些进出根据地的重要关口设立关税处。到1933年，中央根据地已设立了大约十七个关税处。1933年5月，人民委员会颁布了《关税条例》和《关税税率表》，中央财政人民委员部发出了《建立关税制度》的训令，同时颁布了《关税征收细则》。这些法令详细规定了关税政策、税率、征收办法及奖惩制度。

1. 关税税率从根据地的经济建设、人民生活与革命战争的需要出发加以确定。对关系根据地军民生活的重要物资，实行轻税，甚至免税，如盐、布、药材等，只征2%—3%的税，油墨和蜡纸等免税。对于非必需品则征收重税，如化妆品征税50%，迷信品征税100%。在当时物资比较缺乏的情况下，一般对进口货物征税较轻，出口货物征税较重，如进口税率一般在2%—15%之间，而重要的出口货物税一般在30%—50%之间，如粮食、钨砂等纳税50%，煤纳税30%。

2. 为严格执行关税法，建立检查制度和奖惩制度。《关税征收细则》

规定：凡各种货物过关，无论大商、小贩、合作社，无论陆运、水运，运货人需将所运货物之名称、数量、价值、由何处来、往何处去及运货商号等，报告关税处，请求派员检查，按照税率表纳税后，始得过境。如有私自绕行过关逃避纳税者，查出后应将货物全部没收，由关税处拍卖归公。对没收货品的拍卖款及罚款，得抽 1/5 至 1/2 赏给报告人，以资鼓励。运货人报关以多报少者，照原税额加 1 倍至 5 倍处罚。

上述经济法规的颁布和实施，对于促进革命根据地农工商业和合作事业的发展，以及解决政府的财政收入方面，发挥了一定作用。但是，必须指出，在当时“左”倾路线的指导下，错误地采取过“左”的经济政策，对私人资本打击过重，对地主富农的“征发”和税率愈来愈高。如果在土地改革之前，对地主富农进行“征发”或科以重税，是必要的，也是可行的，这是当时解决财政收入的重要手段。但在废除封建土地所有制之后，特别是在“左”倾土地政策“地主不分田，富农分坏田”的基础上，再对地富施以重税，不仅使私人资本纷纷倒闭，而且也窒息了富农经济的发展，最终导致苏区的经济发展受到严重影响。这一错误，直到遵义会议后，红军长征到达陕北时，才得以纠正。

第二十章　工农民主政权的刑事法规

第一节　刑事立法的任务及概况

工农革命政权是在激烈的革命斗争中，在摧毁旧统治的基础上建立起来的。因此，打击、镇压反革命分子和其他刑事犯罪分子，维持社会秩序，巩固工农民主政权，便成为工农民主政权刑事立法的基本任务。为完成这一任务，各地工农民主政权先后颁布了一些肃反条例及一般刑事法规。

一、关于惩治反革命的条例

中华苏维埃共和国成立前的主要法令有：1927 年 11 月海丰临时革命政府第九号布告和广东农民代表大会通过的《彻底消灭反动派决议案》以及同年 12 月广州起义中提出的“基本纲领”。上述文件中都有对于反革命罪犯的惩罚条款。1929 年 12 月江西信江工农民主政权的《肃反条例》，1930 年 6 月福建闽西工农民主政府的《闽西惩办反革命条例》，1931 年 12 月《闽西反动政治犯自首条例》，1930 年安徽的《六安县第六区肃反条例》，都列举了反革命罪的主要罪行及处理办法。

中华苏维埃共和国成立后制定的肃反条例有：1931 年 12 月 13 日中央执行委员会通过的“第六号训令”，1932 年 4 月 22 日中央执行委员会《关于纠正放松肃反的错误》第十一号训令。此外，各地还制定了具体的执行条例，这些条例具体规定了处刑和减免刑罚的办法。

1934年，中央执行委员会总结各地镇压反革命的斗争实践，于4月8日正式公布了《中华苏维埃共和国惩治反革命条例》，共41条。这是第二次国内革命战争时期工农民主政府制定的最具有代表性的惩治反革命罪犯的刑事法规。

中国工农红军经过长征到达陕北后，中国共产党提出抗日民族统一战线的政策，肃反政策有所变化，这时期刑事法规的打击锋芒主要指向卖国贼、汉奸及顽匪。

二、一般刑事法规

苏维埃共和国成立前，各根据地政权制定的刑事法规有：1930年10月《闽西苏维埃政府布告——禁止私人收买金银首饰》；1931年《赣东北特区苏维埃暂行刑律》，该刑律共分总则、分则两编，36章149条。

中华苏维埃共和国成立后，为了同贪污浪费行为作斗争，1932年12月15日中央执行委员会特颁布了《关于惩治贪污浪费行为》的26号训令。1933年12月15日中央执行委员会公布了《关于红军中逃跑分子问题》的处置办法。1933年10月15日中央执行委员会在公布《中华苏维埃共和国劳动法》的同时，制定了《违反劳动法惩罚条例》，具体规定了违反劳动法的惩罚办法。1934年年初，人民委员会制定的《保护山林条例》规定了对滥伐森林者的惩治办法。

上述刑事法规的制定和实施，对于打击反革命分子，惩罚其他刑事犯罪分子，发挥了积极作用。通过刑事审判活动，惩办了一批反革命分子和严重扰乱社会秩序的犯罪分子，巩固了工农民主政权，保卫了人民的人身财产安全，保卫了根据地各方面的建设事业。

第二节　刑事立法的基本原则

工农民主政府在开展刑事立法活动中，逐渐形成了如下一些基本原则。

一、分清首要和附合，实行区别对待的原则

工农民主政权建立初期，海丰县临时革命政府和广州苏维埃制定的刑事法规，由于受到“左”倾盲动主义的影响，打击面过宽。随着工农民主革命的发展，工农民主政权逐步懂得要讲求斗争策略，实行区别对待的原则。(1)严肃与谨慎相结合，对反革命分子，必须提高警惕，对其中少数极端分子，应予坚决镇压，但也不可过火。(2)正确区分敌我界限，集中力量打击真正的反革命分子。(3)对于政治异己分子，争取多数，打击少数。(4)首犯从重，附合从轻，胁从犯、未遂犯减免处罚。

二、对自首自新者实行减免刑罚和立功者受奖的原则

肃反法规规定，对于犯罪未被发觉而向苏维埃报告的自首分子，或被发现而真诚悔过，忠实报告其犯罪内容、帮助肃反机关破获其他罪犯者的自新分子，可依法酌情减免刑罚或给以奖励。这一原则，对于分化瓦解敌人，争取自首自新者具有重要意义。

三、实行罪刑法定主义和刑事类推相结合的原则

罪刑法定主义是一项重要的刑法原则。革命根据地的刑事法规基本贯

彻了这一原则。但在尖锐复杂的革命斗争中，为了堵塞漏洞，还须采用刑事类推原则。《中华苏维埃共和国惩治反革命条例》第三十八条规定：“凡本条例所未包括的反革命行为，得按照本条例相类似的条文处罚之。”

四、罪责自负，反对株连的原则

1930 年 5 月《闽西苏维埃政府裁判条例》第十四条规定：“刑罚只及罪犯人本身，不得株连其家属。”1930 年 6 月《六安县第六区肃反条例》第六条规定：“凡犯以上各条之罪者，其家属若无反动情形又无剥削压迫情形者，不得株连。”《中华苏维埃共和国惩治反革命条例》第三十九条规定：“凡犯本条例所列各罪之一者，除按照该条文上的规定科罪（刑）外，得没收其本人的财产全部或一部。”

五、废止肉刑，实行革命人道主义的原则

1929 年 12 月中国共产党第四军第九次代表大会，专门通过了“废止肉刑问题”的决议。1931 年 12 月中央执行委员会“第六号训令”亦明确规定：“为彻底肃清反革命组织及正确地判决反革命案件，必须坚决废除肉刑。”1932 年 9 月福建苏维埃政府为了执行“第六号训令”严正指出：“以后各级政府及地方武装如再用肉刑者，当以违反苏维埃法令治罪。”毛泽东于 1934 年指出：“苏维埃中央政府已经明令宣布废止肉刑，这亦是历史上的绝大的改革。”即对犯罪者实行革命人道主义原则。

第三节　犯罪的概念及种类

犯罪主要有两种，反革命罪和一般刑事犯罪。

一、反革命罪

1934 年 4 月 8 日公布的《中华苏维埃共和国惩治反革命条例》第二条规定了反革命罪的概念："凡一切图谋推翻或破坏苏维埃政府及工农民主革命所得到的权利，意图保持或恢复豪绅地主资产阶级的统治者，不论何种方法，都是反革命行为。"这一概念确立了构成反革命罪的两个要件：（1）反革命行为所危害的客体是革命根据地的苏维埃政权及工农民主革命所得到的权利；（2）反革命的主要目的是意图保持或恢复旧阶级的反动统治。凡具备此二要素者，不论采取何种方式，均构成反革命罪。将是否具有反革命的意图作为区分反革命罪与其他刑事犯罪的主要标志是这一条例的突出特点。

针对反革命罪行的具体情况及其危害大小，《条例》自第三条起，至第三十条，分别列举了反革命罪的 28 个种类，据此确定不同的量刑标准。

二、一般刑事犯罪

一般刑事犯罪是指不具有反革命目的的犯罪。在革命根据地法制发展史中，《赣东北特区苏维埃暂行刑律》占有重要地位，该刑律分则部分共 22 章，分别规定了各种犯罪的名称及其主要犯罪构成要件。其罪名主要有：（1）藏匿罪人及湮没证据罪；（2）伪证及诬告罪；（3）放火、决水及妨害水利罪；（4）危险物罪；（5）妨害交通罪；（6）伪造货币罪；（7）伪造文书及印文罪；（8）伪造度量衡罪；（9）鸦片烟罪；（10）赌博罪；（11）奸非罪；（12）妨害饮料水罪；（13）妨害卫生罪；（14）杀伤罪；（15）堕胎罪；（16）遗弃罪；（17）略诱及和诱罪；（18）窃盗及强盗罪；（19）诈欺取财罪；（20）毁弃损坏罪；（21）私擅逮捕监禁罪；（22）骚扰罪等。

此外，其他单行法规中有关刑事犯罪的规定有：

1. 贩卖人口罪。1930 年闽西第一次代表大会通过的《保护青年妇女条例》中规定："绝对禁止赎卖女子为婢妾娼妓，违者，枪决。"

2. 扰乱金融罪。1930 年 10 月闽西苏维埃发布的《禁止私人收买金银首饰的布告》中规定："禁止私人收买金银首饰，以后如有私人在赤色区域收买首饰，一经查出，处以十倍以上罚金；其将首饰送到白色区域贩卖或在赤区私铸银币，则处以死刑。"

3. 贪污浪费罪。1930 年 3 月闽西第一次工农兵代表大会通过的《政府工作人员惩办条例》中提出了侵吞公款和受贿有据的惩治办法。1932 年 12 月中央执行委员会《关于惩治贪污浪费行为》的第二十六号训令明确规定：凡苏维埃机关、国营企业及公共团体的工作人员，利用自己的地位贪污公款，以图私利，依据贪污款数，分别判处各种刑罚。凡工作人员玩忽职守而浪费公款，致使国家遭受重大损失者，即构成浪费罪。苏区刑事立法中，将严重浪费行为列入刑罚的范围，至今仍不失其借鉴意义。

4. 红军战士违反军纪罪。红四军的《红军惩罚条例》将违反军纪罪分为违反战争纪律罪和违反一般军纪罪。1933 年 12 月 15 日中央执行委员会发布命令，专门规定了《关于红军中逃跑分子问题》的处置办法。

此外，还有 1933 年《违反劳动法令惩罚条例》中规定的违反劳动法罪，1934 年《保护山林条例》中规定的破坏森林罪，等等。

第四节　刑罚的种类和适用

工农民主政权规定的刑罚，散见于各地和中央的刑事法规中。综合起来，主要有：

1. 死刑。为了严厉打击反革命犯罪，当时法律中死刑适用比较广泛。死刑多适用于地主豪绅中罪大恶极的反革命分子及杀人犯。死刑的执行须经特区或省级政府决定才准执行。

2. 监禁（有期徒刑）。《赣东北特区苏维埃暂行刑律》规定有期徒刑的时间界限分为五个等级。中华苏维埃共和国成立后，将有期徒刑改为“监禁”，并直接在条文中规定刑期。《中华苏维埃共和国惩治反革命条例》规定最高刑期为10年，最低刑期为6个月。监禁期限自逮捕之日起算。

3. 拘役（强迫劳动或罚苦工）。《赣东北特区苏维埃暂行刑律》、1932年《关于惩治贪污浪费行为》的训令、1932年《违反劳动法令惩治办法》、1936年6月1日司法人民委员部发布《对裁判机关工作的指示》等均有有关拘役或强迫劳动的规定。

4. 褫夺公权。这种刑罚一般是剥夺参加政权、群众组织、选举、充当红军的资格和权利。它适用于被处监禁以上的罪犯，多数作为附加刑，有时也作为独立刑种。关于剥夺公权的时间起止，1932年4月20日临时最高法庭“第二号训令”规定：“剥夺选举权这一项，应从监禁期满之日算起，至于监禁期内，被告人自然无从行使其选举权。”

5. 没收财产。其内容有：（1）犯罪所用之物、所得之物。（2）犯罪者本人财产的一部或全部。《中华苏维埃共和国惩治反革命条例》《关于惩治贪污浪费行为的训令》及《川陕省苏维埃肃反条例》中皆有没收财产的规定。

6. 驱逐出境。1930年2月闽西《裁判条例》中有“驱逐出境”的规定。1932年1月《中华苏维埃共和国国家政治保卫局组织纲要》中有对反革命分子“可驱逐出苏区境外”的规定。

7. 罚金。对犯罪分子科以罚金，在苏区大多作为单独刑使用。《赣东北特区苏维埃暂行刑律》的某些条款中有科以罚金的规定。闽西《劳动监察条例》《中华苏维埃违反劳动法令惩罚条例》规定对违反劳动法规者，科以罚金。在闽西《禁止私人收买金银首饰》的布告中，有“处以十倍以上之罚金”的条款。

除上述7种刑罚外，在个别法律文件中，对轻微犯罪者，给予“警告”“劝告”处分。

第五节　肃反扩大化的历史教训

各级苏维埃政权都颁布实施了大量的肃反法令，苏区的肃反工作在打击反革命分子、巩固工农兵苏维埃政权中发挥了重要作用，肃反工作取得了一定的成绩。但是在肃反过程中，由于经验不足，特别是受“左”倾路线的干扰，犯了扩大化的错误，错办了一些好人，给党和人民造成巨大损失。前车之辙，后人鉴之。肃反扩大化的历史教训主要有以下几方面：

1. 主观主义地对形势作了完全错误的估计，夸大敌情，怀疑一切，导致“肃反中心论的错误”。方志敏1935年在囚室中写的《我从事革命斗争的略述》指出：肃反工作的扩大化，就是认为反革命在苏区已经有了庞大的组织，雄厚的力量，到处疑神疑鬼，引起“人人自危的恐慌”。最后得出结论说：“肃反工作不是一切问题的中心，革命战争才是目前的中心的中心，肃反工作只是帮助达到战争胜利的一种重要工作，绝不能使肃反工作扩大化、简单化，错办革命群众和同志。”

2. 践踏革命法制，大搞刑讯逼供。苏区的肃反工作，由于“左”倾路线的作祟，拒不执行已有的法律法规，“以言代法”。审理案件，不重证据，不搞调查，非法进行逼供、诱供、指供。更有甚者，有一个时期不论党、团及其他社会群众组织，皆可“自由肃反”，随意捕人，非法剥夺被审查人的一切自由权利。以致上行下效，泛滥成灾，“乱供乱捉，牵连无辜”。

3. “钦差大臣”满天飞。中央代表独揽一切，把肃反工作同干部政策中的宗派主义纠缠在一起，排斥打击异己，使大批优秀干部受到错误处理。“左”倾路线领导者为强行推行其错误路线，向地方派遣大量中央代表，实行个人专断。对抵制错误路线或怀疑、不坚决执行者，一律扣上“右倾机会主义”“富农路线”“两面派”等帽子，进行“残酷斗争、无情打击”，直至毫无根据地加上各种反革命的罪名，任意诬陷迫害，造成极为痛心的损失。苏区肃反扩大化的后果是严重的，教训是深刻的，应当永远引以为戒。

第二十一章　工农民主政权的司法机关

第一节　司法机关组织法规立法概况和基本特点

一、司法机关组织法规的制定和发展

工农民主政权一开始就把建立和健全司法机关视为自己的重要任务，为此相继颁布了一系列相关法规。红色区域有关司法机关的立法经历了三个发展阶段：

第一阶段从1927年10月井冈山革命根据地的创建至1931年11月中华苏维埃临时中央政府成立。在这一阶段，司法机关组织法规由各红色区域的工农兵代表大会、苏维埃政府主持制定，只在该苏维埃政府辖区内施行。如1930年闽西第一次工农兵代表大会制定裁判条例四章，由闽西苏维埃政府公布，在闽西苏区实行。

第二阶段从1931年11月中华苏维埃临时中央政府成立至1934年10月工农红军主力撤离中央苏区。在这个阶段，中华苏维埃临时中央政府全面总结了各红色区域的经验，先后颁布了一系列调整司法机关和诉讼程序的法律文件，基本上统一了中央苏区的司法机关体制，未同中央苏区连成一片的其他苏区，同样执行临时中央政府的法律，但其补充性的单行法规带有较多的地方性。

第三阶段从1934年10月工农红军北上抗日至1937年抗日战争全面

爆发。这时，中华苏维埃临时中央政府颁布的有关法律继续有效，与此同时，苏维埃中央政府及其西北办事处又陆续公布了一批有关司法机关的重要法规，它们是中央苏区时期有关法规的延伸和发展。

红色区域司法机关组织规范的渊源是：各级苏维埃组织法、早期各地工农民主政府以及后来成立的中华苏维埃临时中央政府颁布的调整司法机关及其职权范围的单行法规、中华苏维埃临时中央政府及其司法人民委员部发布的训令和命令。

二、司法机关的基本特点

由于特殊的战争环境，各红军区域的开辟在时间上存在差异，而且此起彼伏，被敌人分割，使得司法机关呈现以下特点：

1. 司法机关的多样性。当时行使审判权的机关有革命法庭、裁判部、军事裁判所等，肃反委员会和政治保卫局也在一定程度上拥有审判权。即使在 1931 年中华苏维埃临时中央政府成立后，情况也没有发生多大的改变，司法机关的统一仅在中央苏区以及同中央苏区打成一片的苏区得到了实现，其他苏区则根据本地情况，灵活地确定司法机关体制。

2. 政治保卫局不是司法机关，但在红色区域的司法工作中占有特别重要的地位，它作为预审机关提出的处理意见，通常成为审判机关制作判决的依据，并且有权单独审理某些案件。

3. 实行“政审合一”制度，即审判机关成为同级政府的组成部分。在严酷的战争年代，这样做是完全正确的。过分强调审判机关的独立性，不实行政府领导的一元化方式，会使政权机构庞大臃肿，这是战争环境不能容许的。

第二节 早期司法机关

中华苏维埃共和国成立以前各地苏维埃政府建立的司法机关，为早期司法机关，因地而异，大体有以下几种形式。

一、裁判肃反委员会和裁判部

在闽西苏区，工农民主政府设有裁判肃反委员会，为同级权力机关的组成部分。裁判肃反委员会之下设裁判部，行使审判职权。闽西工农民主政府所辖各县的裁判肃反委员会设裁判科，各区乡政府设裁判委员。

二、革命法庭

在鄂豫皖苏区，工农民主政府及其所属各县，一律设革命法庭。革命法庭由主席 1 人、副主席 2 人、委员 2 人组成，下设审判委员会、国家公诉处、申诉登记处和执法管理处。

审判委员会由当地群众选举 25 人至 27 人组成，不脱离生产，有事临时召集。一般案件由审判委员处理。对于重要案件，法庭主席必须出席，并亲自主持。

国家公诉处行使检察机关的职权，负责案件的侦查、预审，并向革命法庭提起公诉。

申诉登记处为方便群众诉讼而设，控告人按照登记规则登记，由革命法庭确定审判日期，通知原、被告到庭审判。

执法管理处负责管理看守所、监狱和劳动实习所。

三、惩治反革命委员会

江西省苏维埃政府及其辖区内的司法机关为惩治反革命委员会，设于省、县、市苏维埃执行委员会之下。省的惩治反革命委员会由省苏维埃执行委员会指定5人至7人组成，互推1人为主席，主持各项工作。县和市的惩治反革命委员会，分别由县和市的执行委员会指定3人至5人组成，互推1人为主席。区苏维埃执行委员会，只设惩治反革命委员1人。

四、裁判委员会

湖南省苏维埃政府及其辖区内的司法机关称裁判委员会，在省与县的苏维埃政府常务委员会之下，设立与肃反委员会平行的裁判委员会，在区和乡设裁判兼肃反委员。

五、革命军事法庭

鄂豫皖苏区设革命军事法庭，作为武装部队的军事执法机关，有权受理武装部队成员破坏军纪与违反军事行政的犯罪案件。革命军事法庭设于红军师以上、地方各县军区指挥部和军委分会，由5人至13人组成委员会。凡反革命案件，经初审后，移送政治保卫局审理或通知政治保卫局会审。革命法庭对案犯的判决，须经上级军事委员会主席或直属上级军事长官与政治委员批准，始能执行。

第三节　中华苏维埃共和国的司法机关

一、临时最高法庭和各级裁判部

（一）临时最高法庭

临时最高法庭是中华苏维埃共和国的最高审判机关。1934年2月17日，中华苏维埃中央执行委员会虽然决定设置最高法院，但最高法院一直没有成立，而由临时最高法庭代行职权。临时最高法庭的组织与活动，由《中央苏维埃组织法》规定。①

临时最高法庭设主席1人，副主席2人，由中央执行委员会任命，对中央执行委员会负责并报告工作。在临时最高法庭内，设立以法庭主席为首的委员会，讨论和决定临时最高法庭职权范围内的一切重大问题和重要案件。最高法庭之下设刑事法庭、民事法庭和军事法庭，分别处理由其管辖的不同性质的案件。

临时最高法庭的职权有：（1）对于一般法律作出有法律效力的解释。（2）审查各省裁判部及高级军事裁判所的判决书和决议。（3）审查中央执行委员会以外的高级机关干部在执行职务期间的违法案件。（4）审判不服省裁判部或高级军事裁判所的判决而提起上诉的案件，或检察员不同意省裁判部或高级军事裁判所的判决而提起抗议的案件。②

---

① 见《红色中华》1934年2月22日。

② 《中华苏维埃共和国中央苏维埃组织法》（1934年2月17日）。

（二）各级裁判部

地方各级工农民主政府内分别设立裁判部。裁判部是法院成立前的临时审判机关，但它实际存在于整个第二次国内革命战争时期，除现役军人和军事机关的工作人员外，一切民刑案件（包括反革命案件）均归裁判部审理，由它行使审判权。

裁判部为三级结构，省、县、区设裁判部，市（镇）只设裁判科。各级裁判部受同级政府领导，在业务上由临时最高法庭和上级裁判部节制，实际上是双重领导关系。各级裁判部下设刑事法庭和民事法庭，以分别审理民刑案件，并可组织巡回法庭到肇事地点审理具有重大影响的案件，以利于吸引广大群众参加。不论刑事法庭、民事法庭还是巡回法庭，均由 3 人组成，裁判部长或裁判员任主审，其余 2 人为陪审员。对于情节简单的案件，可由裁判部长或裁判员 1 人单独审理。

1933 年 4 月 12 日，中华苏维埃临时中央政府司法人民委员部发布第九号命令，决定在区裁判部和市裁判科设立劳动法庭，以审理违反劳动法令、不执行劳动合同和集体合同的案件。劳动法庭的裁判员由职工会选举产生，报县裁判部备案。对劳动法庭的判决，劳资双方如有不服均可上诉，但对资方的上诉，在上级裁判部复审前，劳动法庭有权强制执行，而在劳方上诉时，须经上级裁判部复审后，判决才能执行。

二、肃反委员会

肃反委员会是第二次国内革命战争时期人民司法机关的过渡形式。依据法律规定，凡在暴动时期的地方和红军新占领的地方要建立临时革命政权——革命委员会，革命委员会下设肃反委员会。[1] 肃反委员会的任务是，

① 《中华苏维埃共和国地方苏维埃暂行组织法（草案）》（1933 年 12 月 12 日）。

团结与领导新区（新开辟的红色区域）和边区（同白色区域接壤的地区）的工农群众，消灭当地一切反革命武装力量，镇压被推翻的剥削阶级的反抗，打击各种形式的犯罪活动，以确保临时革命政权的巩固和发展。[①]

肃反委员会一般为三级结构，分别隶属省、县、区（市）革命委员会，接受同级革命委员会的领导和节制，同时绝对服从上级肃反委员会的命令。各地肃反委员会一般由本地区的党委书记、革命委员会主席和各群众团体（工会、贫农会等）选派的代表组成。上述人员均需报请上级肃反委员会或国家政治保卫局批准。

各级肃反委员会均设侦查、执行两组，侦查组负责反革命破坏活动的侦查检查事宜。执行组负责预审和执行反革命案犯事宜。肃反委员会有权组织一个中队至一个区队的武装政治保卫队，如果执行职务确有必要，也可请求当地的游击队或赤卫队予以协助。

各级肃反委员会的组织与活动的特点是：第一，它主要是镇压反革命的专政机关，同时也负有同其他刑事犯罪作斗争的任务，兼有侦查、逮捕、审讯、判决以及执行判决的职权。省和县的肃反委员会还有判决和执行死刑的权力。区和市的肃反委员会虽然不享有这种权力，执行处决需经县一级肃反委员会的批准，但对于罪恶昭著的反革命犯，如果人民群众强烈要求处决，以及由于战争环境客观上不容许报县批准的，区、市肃反委员会可以先行处决，然后上报备案。[②]1934 年 4 月以后，肃反委员会的权力进一步扩大。在敌人进攻或反革命活动猖獗的地方，以及某项革命工作的紧急动员时期，对于反革命分子和地主豪绅中的犯罪分子，区肃反委员会有权经过一级审判直接执行死刑，而无须上级批准或备案。直到 1936 年，基层肃反委员会的职权才受到一定限制，明确规定“区一级肃反委员会无

① 《肃反委员会暂行组织条例》（1936 年 1 月 28 日）。

② 《中华苏维埃共和国中央执行委员会关于肃反委员会的决议》（1933 年 4 月 15 日）。

判决死刑之权”。[①] 第二，各级肃反委员会即临时性专政机关，其存在期间，依革命委员会建立的时间与巩固的程度而定，一般为六个月。凡已建立正式政权即苏维埃的地区，必须同时成立裁判部和政治保卫局。以执行肃反和处理一般民刑案件的任务。第三，1934 年以后成立的肃反委员会虽然仍是革命委员会的下属组织，实际上已处于政治保卫局的直接控制之下，由红军中的政治保卫局分局领导，革命委员会不得过问肃反委员会的活动。第四，肃反委员会是革命根据地开辟阶段负有特殊司法使命的非常机构，存在于极其复杂的阶级斗争和战争环境之中。在废除旧法之后颁布新法之前，它只能更多地依靠人民群众的直接行动，它的活动程序和工作方式是在不断总结实践工作经验的基础上逐步形成并加以规范化的。

三、军事裁判所

军事裁判所是武装部队中的审判机关，依据 1932 年 2 月 1 日中央执行委员会发布的《中华苏维埃共和国军事裁判所暂行组织条例》设立。

军事裁判所为三级结构、四种形式，即初级军事裁判所、高级军事裁判所和最高军事裁判会议。初级军事裁判所又有部队初级军事裁判所和阵地初级军事裁判所两种形式。初级军事裁判所设于红军的军部、师部、军区指挥部和独立师部内，阵地军事裁判所设于作战阵地的最高指挥部内。高级军事裁判所设于中央革命军事委员会，未与中央苏区打成一片的苏区，设于该苏区的最高军事委员会。最高军事裁判会议设于中央临时最高法庭。各级军事裁判所均设裁判委员会，指导有关裁判事宜，但不具体审理案件。

军事裁判所的组织机构有以下特点：第一，高级军事裁判所的所长和裁判员由中央革命军事委员会提名，报请临时最高法庭核准。初级军事裁判所的所长和裁判员，由所在部队的士兵代表大会推举产生，报高级军事

① 《肃反委员会暂行组织条例》（1936 年 1 月 28 日）。

裁判所核准，无一定任期。阵地初级军事裁判所不是常设机构，由该战区内的部队士兵推选，报上级军事裁判所批准，或由上级裁判所临时委任。第二，军、师、独立师和军区指挥部均设初级军事裁判所，但它们之间是上下级关系。第三，阵地初级军事裁判所以该战区所属部队之大小与多少决定其所属的上级机关。一般说来，只有在大部队协同作战时，才在军以上设立阵地军事裁判所，以处理各军的裁判事宜。

军事裁判所管辖的案件分两大类：（1）凡在工农红军和红军游击队服军役的，不论军人还是其他工作人员，如果触犯了中华苏维埃的刑法、军事刑法或其他法律，一律由军事裁判所审理。（2）在作战地带发生的案件，不论是军人还是当地居民，包括敌军的侦探、间谍在内，也由军事裁判所审理。

四、革命法庭

中华苏维埃临时中央政府成立后，有些未能同中央苏区连成一片的红色区域，仍然采用革命法庭的组织形式，如1933年春开辟的川陕革命根据地就是如此。

革命法庭作为川陕省苏维埃政府的司法机关，负责审理一切刑事案件，设省革命法庭、县革命法庭和区裁判委员会。省革命法庭为全省最高司法机关，领导县革命法庭的工作，区裁判委员会受县革命法庭指挥。

省革命法庭设审判委员会，由省苏维埃代表大会选举产生，劳动群众团体也有权选派代表参加。县革命法庭不设审判委员会，法庭成员由县苏维埃代表大会选举产生，区裁判委员会由区苏维埃代表大会选举若干人组成。省和县革命法庭之下设公诉处和申诉登记处。

省、县、区三级审判机关的职权范围不同，区裁判委员会的判决带有调解性质，只有得到原告、被告的同意才能发生效力。县革命法庭有判决劳役、监禁和死刑的权力，其判决需经省革命法庭批准才能执行。尽管省革命法庭对死刑判决拥有最后确定权，但其本身制作的判决须经临时最高法庭或省工农民主政府的批准才能执行。[①]

五、检察机关

苏区实行审检合一原则，执行检察职能的人员一律附设于各级审判机关，而不单独建立专门的检察机构。临时最高法庭设正副检察长各 1 人，检察员若干人，检察长、副检察长由中央执行委员会主席团委任。[②] 省裁判部设正副检察员各 1 人，县裁判部设检察员 1 人。[③] 他们在隶属关系上受同级裁判部的领导，不构成独立的组织系统，也不发生上下级关系。

检察员的职责在于对案件的侦查和预审，凡是涉及犯罪的行为，检察员均有检察之权，凡与案件有关的人，检察员均有传讯之权。他是代表中华苏维埃共和国的原告人，代表国家提起公诉，出庭支持公诉。

红军中的检察机关为军事检查所，成立于 1932 年，它和军事裁判所各自独立地行使其法定职权。军事检查所有初级和高级两种，二者无统属关系，分别设于初高级军事裁判所的所在地，与同级军事裁判所发生工作关系。军事检查所实行首长集权制，重要案件开会讨论，所长有决定权。军事检查所负有侦查和预审之责，案件侦查完毕，做出相应结论，移交裁判所审理，向法庭提起公诉，代表国家出庭告发。[④]

---

① 参见《川陕省革命法庭草案》。

② 《中华苏维埃共和国中央苏维埃组织法》(1934 年 2 月 17 日)，载《红色中华》1934 年 2 月 22 日。

③ 《中华苏维埃共和国裁判部暂行组织及裁判条例》(1932 年 6 月 9 日)，载《红色中华》1932 年 9 月 20 日。

④ 《中华苏维埃共和国军事裁判所暂行组织条例》(1932 年 2 月 1 日)，载王明:《苏维埃中国》第 2 集，苏联外国工人出版社 1935 年版。

六、司法行政管理机关

早期工农民主政权不设立单独的司法行政管理机关，司法行政事宜由各级工农民主政府及其审判机关自行处理。中华苏维埃临时中央政府成立后，实行审判权和司法行政权在中央分立、在地方合一的制度。在中央设立司法人民委员部，领导全苏区的司法行政工作，包括干部的任免、奖惩、教育、培训等。地方各级裁判部在司法行政和审判业务方面分别接受司法人民委员部和临时最高法庭的领导，兼有审判和司法行政的职能。因此，司法人民委员部没有自己的下属机构，它所发布的指令，由各级裁判机关贯彻执行。

司法人民委员部成立后，主要做了以下工作：（1）建立裁判员专任制度。裁判部成立初期，工作人员多为兼职，而且经常调换完成其他任务，使审判工作受到严重干扰，不能正常行使自己的职权。为了改变这种状况，司法人民委员部决定建立审判人员专任制度，“不得上级同意不许将裁判部的工作人员调换”，“区一级裁判部不许再由别部兼任，坚决不许再有派裁判部的工作人员长期在外面做一般工作，将裁判部的工作完全放弃的事情”。[①]（2）对审判人员实行强迫教育制度。由于当时绝大多数审判人员来自工农群众，缺乏应有的文化水平，对审判业务不熟悉。司法人民委员部规定“注意他们的训练，实行强迫教育”，“以养成技术较高的专门人才”。[②]（3）实行上级裁判部的巡视制度和下级裁判部的报告制度。即上级裁判部经常派员到下级裁判部巡视、检查和帮助工作，下级裁判部应按时向上级裁判部报告工作。

---

① 《司法人民委员部对裁判工作的指示》（1933 年 5 月 30 日）。

② 《司法人民委员部对裁判工作的指示》（1933 年 5 月 30 日）。

第四节　政治保卫局的性质及其在司法中的作用

国家政治保卫局，由人民委员会直接指挥，是地方和红军中各级保卫局的最高领导机关，履行同一切公开的或暗藏的反革命和其他重大刑事犯罪（如盗匪）作斗争的任务，执行侦查、逮捕和预审的职能。国家政治保卫局内设有政治保卫委员会，局长为委员会的当然主席。国家政治保卫委员会委员的任免处分权属于中央执行委员会及其主席团。委员中有一人出任苏区临时最高法庭检察员。省、县两级设国家政治保卫分局，同样设有各该分局政治保卫委员会，分局长为该委员会的当然主席。国家政治保卫局在中央军事委员会设有自己的代表机关，以指挥红军中的工作。中央军委会和其他苏区军委会以及军团或军（师）两级，分别设立分局和分局政治保卫委员会，县和师以下只设特派员。国家政治保卫局及其分局认为有必要时，有权向其他任何机关派出特派员。特派员和分局长的任免处分权属于国家政治保卫局，即使对最下一级特派员的任免处分，最后批准权也属于国家政治保卫局。

国家政治保卫局及其分局，虽是工农民主政府的一个下属机构，但其组织原则和职权不同于其他政府机构。

1. 在国家政治保卫局及其分局内部，实行严格的局长单一集权制。局长就本局一切行政措施对上级保卫局负完全责任。各级分局长的任免权均属上级保卫局，与同级政府无关。

2. 在上下级保卫局之间，实行严格的垂直领导原则。下级必须绝对服从和执行上级的命令或决定。

3. 国家政治保卫局及其分局和特派员对同级党和政府保持独立性，它们只在政治上接受同级党和政府的指导，在组织机构和业务关系上自成体系，绝对隶属于上级政治保卫局。同级党政军机关必须尊重政治保卫局的组织和权限，它们在执行侦查、逮捕、预审等职权时，同级党政军机关必须完全遵从，如有不同意见，只能向上级陈述。

4. 政治保卫局及其分局和特派员，对同级党和政府享有一定特权。国家政治保卫局局长有权列席中华苏维埃人民委员会的会议，各分局局长有权列席省苏、县苏主席团会议，国家政治保卫局及其分局的特派员“征得”同级党、政府、红军部队或其他机关的同意，有权参加这些部门召开的任何会议。同级党、政府、共青团以及其他革命群众团体必须向它们提供和报告它们所需要的一切情况。

5. 国家政治保卫局及其分局和特派员享有对人犯的“紧急处置权”。国家政治保卫局及其分局本来只有侦查、逮捕和预审的职权，而无审判权和处决权。后来，保卫局的权力不断膨胀，直至在法律上取得“紧急处置权”。所谓“紧急处置权”，就是直接逮捕（无需任何机关批准）、审判和处决反革命案犯的特权。其具体规定是：（1）在边区的保卫局和在战线上的红军保卫局，对于反革命分子有权不经过法庭直接处理，事后呈报国家政治保卫局备案。（2）在刀匪尚未肃清的地区，国家政治保卫局及其分局对于捕获之刀匪首领及地主富农家庭出身而坚决反革命的刀匪，有权不经过法庭直接处置，然后报国家政治保卫局备案。（3）对于重大的紧急的反革命案件，国家政治保卫局及其地方分局、红军分局、军区分局有权紧急处置。处置后如与地方政府及其他军政首长发生争论，决定其当否之权属于人民委员会。①

上述规定，特别是第3项规定，把国家政治保卫局及其分局的权力推向极端。在实践活动中，政治保卫局执行了过“左”的肃反路线，其体制上的缺陷也是造成严重后果的根源。主要表现是：（1）除临时中央政府人民委员会外，任何党、政、军机关都无权过问它们推行的政策和事务。“政治保卫局在政治上接受同级政府的指导”这一法定条款，被有关政治保卫

① 《中华苏维埃共和国临时中央政府人民委员会命令第五号》（1934年2月9日）。

局职权的一系列详尽规定所抽空，人民群众更是被排斥于政治保卫局的工作之外。各级政治保卫局及其特派员事实上成了凌驾于当地党、政、军、民之上的“独立王国”。[①]（2）由于拒绝来自任何方面的有效监督，从而愈益加重了本来就存在于保卫局工作中的神秘主义和孤立主义倾向，而这种倾向的发展又使得它更加脱离党和广大人民群众。（3）绝对的一长集权制，在上述两种因素的作用下，形成个人专断。（4）在上述情况下，不可避免的后果是严重颠倒敌我，“由于错误的肃反政策和干部政策中的宗派主义纠缠在一起，使大批优秀的同志受到了错误的处理而被诬害，造成了党内极可痛心的损失”[②]。政治保卫局也“造成军内人人自危，军队内部民主受到很大限制”。“从粉碎四次‘围剿’到五次‘围剿’开始，苏区毫无扩大。派去湘鄂赣边区和鄂东南区的钦差大臣，把当地党政军大批领导干部打成改组派，加以杀害。”[③]其他苏区的情况也大抵如此。其历史教训之深刻和惨痛，时至今日仍然值得记取。

① 《彭德怀自述》，人民出版社1981年版，第197页。

② 《毛泽东选集》第3卷，人民出版社1953年版，第1008页。

③ 《彭德怀自述》，人民出版社1981年版，第179页。

第二十二章　工农民主政权的诉讼制度

第一节　诉讼立法概况

工农民主政权的诉讼立法，主要是指刑事诉讼法而言的。在严酷的战争环境中，民事案件甚少发生，即使发生了这类案件，除劳资纠纷外，也大都经由基层政府解决，绝少进入司法程序。

工农民主政府没有颁布过系统的、完整的刑事诉讼法。刑事诉讼法律规范散见于各种单行条例、训令、布告和其他形式的法律文件之中。如1930年5月《闽西苏维埃政府布告》（第十二号），1931年12月30日中华苏维埃中央执行委员会非常会议通过的《关于处理反革命案件和建立司法机关的暂行程序》的第六号训令，1932年6月9日中华苏维埃中央执行委员会公布的《中华苏维埃共和国裁判部暂行组织和裁判条例》，1934年4月8日中华苏维埃中央执行委员会公布的《中华苏维埃共和国司法程序》，等等。它们是红色区域刑事诉讼法的重要渊源。

工农民主政府颁布的有关司法机关和政治保卫机关的组织条例，也包含有不少刑事诉讼法律规范。除上述《裁判部暂行组织和裁判条例》外，还有《中华苏维埃共和国军事裁判所暂行组织条例》（1932年2月1日）、《肃反委员会暂行组织条例》（1936年1月26日）、《中华苏维埃共和国国家政治保卫局组织纲要》（1932年1月27日）、《川陕省革命法庭条例草案》、《鄂豫皖区苏维埃政府革命法庭的组织与政治保卫局的关系及其区别》（1931

年 10 月 4 日），等等。从法律形式上说，当时的刑事诉讼法规和司法机关、政治保卫机关组织法规是紧密联系、相互渗透的，在许多场合甚至是融为一体的。这是当时诉讼立法的一个特点。

红色区域刑事诉讼法律规范的另一个渊源是中华苏维埃临时中央政府司法人民委员部发布的训令。司法人民委员部本是司法行政管理部门，但它所发布的指导审判机关日常工作的文件，也包含有诉讼制度的内容。

第二节　刑事诉讼的基本原则

一、司法机关必须依法行使职权

中华苏维埃中央执行委员会规定，在暴动初起，革命政权尚未建立的地方，当地群众有直接逮捕和处决豪绅地主及一切反革命分子的权力。① 临时革命政权（革命委员会）建立后的六个月内，县肃反委员会及特别指定的区肃反机关在取得县或区的革命委员会同意之后，有权逮捕审讯反革命分子，移交同级审判机关，由省司法机关作最后判决。一旦工农民主政府（苏维埃）正式宣告成立，上述做法即应终止，分别由政治保卫局和裁判部履行刑事诉讼中的法定职能。

政治保卫局执行对一切反革命案件的侦查、逮捕和预审，预审之后，以公诉人的身份向裁判部提起诉讼，由裁判部审理和判决。据法律规定，一切反革命案件的审讯和判决之权均属裁判部，一般刑事案件和民事案件的诉讼事宜，除现役军人和军事机关的工作人员外，也由裁判部审理。其他机关、团体和个人，除法律另有规定者外，一律无权拘人、捕人，更不

① 《中华苏维埃共和国中央执行委员会训令第六号》（1931 年 12 月 13 日），载《红色中华》1931 年 12 月 28 日。

得进行审讯和科以刑罚，否则即为违法。政治保卫局和裁判部在刑事诉讼中也必须恪守法律规定的职权范围。后来，随着反革命“围剿”的加剧，国家政治保卫局的职权也愈加扩大，直至拥有审讯和处决反革命的“紧急处置权”[①]，从而使它在刑事诉讼中的地位发生了重大变化。

临时最高法庭和省、县裁判部的检察长和检察员执行检察职能，在刑事诉讼中与政治保卫局和裁判部相互配合。检察员管理案件的预审事宜，预审后，如果认为确有犯罪事实和证据，做出结论后，移交裁判部依照法律规定的程序审理。对于必须逮捕才能检察的案件，检察员有权先行逮捕，而无须任何机关批准。在一般刑事诉讼中，检察员是代表国家的原告人，出庭告发。

二、严禁刑讯逼供，注重搜集证据

工农民主政府关于废止刑讯的法律规定，经历了原则废止和全面废止两个阶段。在红色区域开辟阶段，各地工农民主政府虽然一般地宣布了废除刑讯，但同时在有的地区保留了施用刑讯的特殊情况和特殊条件。如在闽西苏区，法律规定，在审讯时，办案机关“为取得犯人实供，如敌探等，有时得用肉刑讯问”。[②] 在鄂豫皖苏区，绝对禁止革命法庭在审理案件时对受审人施用刑讯，与此同时却保留了政治保卫局施用刑讯的权力。法律规定：“若有动刑的案子，可送保卫局审讯。”[③] 这种对刑讯的有限废止，说明对于旧制度的彻底废除，在认识上往往需要一个过程。

中华苏维埃共和国成立后，改变了有限废止刑讯的法律规定，明确宣

① 《中华苏维埃共和国临时中央政府人民委员会命令第五号》（1934 年 2 月 9 日）。

② 《闽西苏维埃政府布告第十二号》（1930 年 5 月）。

③ 《鄂豫皖区苏维埃政府革命法庭的组织与政治保卫局的关系及其区别》（1931 年 10 月 4 日）。

布绝对废止一切刑讯，而不附加任何条件：“在审讯方法上，为彻底肃清反革命组织及正确判决反革命案件，必须坚决废止肉刑，而采用搜集证据及各种有效方法。”[①]1932 年 9 月 9 日，福建省苏维埃政府严厉指出，刑讯是“违反苏维埃法令的行为……各级政府应绝对地执行苏维埃的法令，废止一切肉刑，以后各级政府及地方武装如再有用肉刑的事情，当以违反苏维埃法令治罪”[②]。1933 年 5 月 30 日，中华苏维埃司法人民委员部也向各级司法机关发出指示，重申“绝对废止刑讯”的要求，否则“以故意违反苏维埃的最高法令论罪”[③]。但是，由于“左”倾路线造成的肃反扩大化的错误，使得当时的反刑讯斗争没有取得应有的成果。

三、依靠人民群众实行人民陪审员制度

吸引和依靠人民群众对审判过程的广泛参与，是人民司法机关主要特点之一。革命政权建立初期，人民群众对于罪恶昭著的反动豪绅地主和其他反革命分子提出的处理意见，往往成为革命政权及其司法机关制作判决的重要依据。有的苏区政府规定，革命法庭对案件的判决，必须征得当地群众同意，如果判决与群众意见不符，应提交上级机关处理。

1932 年《中华苏维埃共和国裁判部暂行组织及裁判条例》颁布后，对于司法机关依靠人民群众的法律形式作出了统一的、适用于全苏区的规定，建立了对后来人民司法制度的发展具有重要意义的人民陪审员制度。陪审员是各级法庭的法定组成人员。法庭由裁判部长或裁判员为主审，其余二人为陪审员，陪审员由职工会、雇农工会、贫农团及其他群众团体选举产生，军事裁判所的陪审员由士兵选举产生。陪审员是不脱产的，义务非专

① 《中华苏维埃共和国中央执行委员会训令第六号》（1931 年 2 月 13 日）。
② 《福建省苏维埃政府训令——关于犯人的材料及坚决废止肉刑问题》（1932 年 9 月 9 日）。
③ 《中华苏维埃共和国司法人民委员部对裁判机关工作的指示》（1933 年 5 月 30 日）。

职的，他不能因为参加陪审工作而向裁判部索取报酬。

主审和陪审在决定判决书时，以多数意见为标准，如有不同意而争执不决时，以主审的意见决定判决书的内容，陪审员可以保留自己的意见，报上级裁判部参考。陪审员参加陪审采取轮换制，每审判一个案件得轮换一次。

四、公开审判

审判案件必须公开进行，这是当时的一项法定制度。审判前，法庭贴出审判日程，使群众预先了解案件的性质和审理时间，吸引群众参加旁听。审判后，必须张贴判决书，宣布案由和判决的内容。对于涉及军事机密和其他机密的案件，允许采取秘密审判的方式，但宣布判决必须公开。

五、巡回审判

各级裁判部可以组织巡回法庭，到出事地点去审判有比较重要意义的案件，以吸引广大群众参加旁听。在第二次国内革命战争时期，巡回审判制度尚处于萌芽或形成的过程之中，由于严酷的战争环境，以及革命根据地的分割状况，使得这一制度的贯彻执行和进一步发展受到很大影响。但巡回审判制为当时的立法所确认，仍有其不容忽视的重要意义。

第三节　诉讼程序

一、侦查和预审

裁判部的检察员在侦查和预审刑事案件时，凡与该案件有关的人，都有权随时传讯。无论讯问被告人或见证人，都必须写成笔录，由被讯问人和检察员签字盖章，作为该案件的证据。经过检查和预审，如果检察员认为确有犯罪的事实和证据，做出结论后，移交裁判部的刑事法庭审理。

在武装部队中服役的，无论是军人还是其他工作人员，如若触犯了刑法、军事刑法或其他法律的，由指挥员、政治委员下令逮捕，送交军事检查所侦查和预审，做出结论后，移送军事裁判所审判。

二、起诉

对于一般刑事案件开庭审判时，裁判部的检察员代表国家出庭公诉。同群众团体有关的案件，该群众团体也可派代表出庭做原告人。对于反革命案件，由国家政治保卫局以原告人的身份，向法庭提起公诉。军事检查所对于军队中及与军事有关的犯罪案件，在军事裁判所开庭审判时，代表国家出庭公诉。

三、审判

（一）审判前的准备

裁判部刑事法庭在开庭审理前要做好准备工作，对全部案件材料进行分析研究，拟出审问提纲，以便向刑事被告人和见证人提出与案件有关的问题。

（二）法庭审理

法庭开庭审理案件时，由主审（裁判部长或裁判员）主持，必须有书记 1 人或 2 人担任记录。凡与被告人有家属关系、亲戚关系或私人关系的，不管是主审、陪审还是书记，都要回避，不得参加对该被告人的审判。

审判记录应将原告人的告发、被告人的陈述、见证人的证言如实地记录下来。司法人民委员部明令禁止“审判时不做记录，到退庭后抄写预审机关的记录，或由自己的臆想来造记录的现象”①。

审判程序是，由主审宣布开庭，由国家原告人（政治保卫局代表或裁判部检察员）提起公诉。主审讯问刑事被告人，然后征求陪审的意见，旁听群众也可发表意见，继而由辩护人为被告人进行辩护，接着由主审宣布退庭，与陪审研究制作判决书，当庭宣布。

在审判程序上，有四点值得注意：（1）被告人拥有辩护权。苏区取消了律师制度，被告人为了自身的利益，在法庭审理阶段，可以委托他所信任的人为其辩护，但必须得到法庭的允许。②（2）审理案件，法庭都要听取群众对该案件的处理意见。《革命法庭草案》明确规定：在未判决之先，主审应向群众征求对该案之意见，然后退庭，由主审、陪审讨论后当庭提出判决书，终结审判。（3）审理案件必须依次进行。每次开庭，审理一个案件，待该案宣判后，才能审理其他案件。（4）强调“裁判部本身的独立作用”③，反对把裁判部变成预审机关的附属机关。

（三）判决

司法人民委员部要求“解决案件要讯（迅）速”。除特殊情况外，一般案件自移送审判机关之日起，“最多两星期内应当判决”。

判决书由法庭主审和陪审以苏维埃国家名义制作。判决书要写明审判的时间、主审陪审和其他参加审判的人的姓名，刑事被告人的身份和罪状，包括犯罪的时间、地点和人证、物证，法庭所定之罪和所判之刑，以及具体的上诉时间。对于不能确定犯罪事实的案件，也要经过法庭宣告无罪，

① 《中华苏维埃共和国司法人民委员部对裁判工作的指示》（1933年5月30日）。
② 《中华苏维埃共和国裁判部暂行组织及裁判条例》（1932年6月9日）。
③ 《中华苏维埃共和国司法人民委员部对裁判机关工作的指示》（1933年5月30日）。

并写成判决书。所有的判决书，均须另抄一份，送达刑事被告人。

四、上诉

凡经刑事法庭判决的案件，在判决书规定的上诉期间内，被告人有上诉权，但上诉期限有较大变化。1930 年 5 月闽西苏维埃政府规定的上诉期间为 3 日至 7 日。其他苏区工农民主政府未作具体规定。中华苏维埃共和国成立后，1932 年 6 月，中华苏维埃中央执行委员会规定的上诉期为 14 天，1934 年 4 月，中央执行委员会发布中字第五号命令，缩短上诉期间，由原先的 14 天改为 7 天，从判决书送达被告人之日算起。被告人不识字的，应口头说明。在新区、边区、敌人进攻的地区，以及在其他紧急情况发生时，对反革命案件及豪绅地主中的犯罪分子，得剥夺他们的上诉权。①

军事裁判所审理的案件，被告人对判决如有不服，在判决书规定的上诉期内有上诉权，上诉的期限规定为 72 小时至 1 个月，其上诉期由审判该案件的法庭具体规定。②

五、再审与审批

对于在法定期限内提起上诉的案件，下级裁判部应将犯人连同全部案卷以及该案件的物证，一并移送上级裁判部进行再审。苏区实行二审终审制，即限于初审、终审两级。任何案件经过两审之后，不能再上诉。如果检察员不同意二审判决，可以向审判机关提出抗议，要求再审一次。

凡判决死刑的案件，即使被告人不提起上诉，审理该案件的裁判部也应把判决书以及该案件的全部案卷报送上级裁判部审批。据当时法律规定，

① 《中华苏维埃共和国司法程序》（1934 年 4 月 8 日）。
② 《中华苏维埃共和国军事裁判所暂行组织条例》（1932 年 2 月 1 日）。

县裁判部有判决死刑之权，但没有执行死刑之权。县裁判部的死刑判决书，须经省裁判部的批准才能执行。与省工农民主政府隔断的县裁判部的死刑判决，可不经省裁判部的批准直接执行。省裁判部有判决死刑之权，但须报送临时最高法庭批准才能执行。未与中央苏区打成一片的省，其裁判部有最后处决案件之权。①

1934 年 4 月 8 日，中华苏维埃中央执行委员会鉴于战争形势紧张，决定废止死刑审批制度，一律实行上诉制度。凡在上诉期内未提起上诉的案件，以及因被告人上诉或检察员抗议而经过二审的案件，其判决即为确定，交付执行。②

红军中的军事裁判所也实行二审终审制度和死刑判决批准制度。1934 年 4 月 8 日，死刑判决核准制度被废止，一律按上诉程序办理。

六、判决的执行

（一）死刑的执行

裁判部的死刑判决一般须经上级审判机关复审或核准后，由原审机关执行。在新开辟地区，县肃反委员会可以对反革命犯和一般刑事罪犯直接执行死刑；区市肃反委员会对于剥削阶级中罪恶昭著的分子，经工农群众要求处决的，或在紧急情况下无法呈报的，也可先执行死刑，然后报县肃反委员会备案。

根据战争形势发展的需要，1934 年 4 月 8 日，中华苏维埃中央执行委员会规定，在新区、边区，在敌人进攻的地方，在反革命活动特别猖獗的地方，在某种工作的紧急动员时期，如查田运动、扩大红军、突击运动等，

① 《中华苏维埃共和国裁判部暂行组织及裁判条例》（1932 年 6 月 9 日）。

② 《中华苏维埃共和国司法程序》（1934 年 4 月 8 日）。

区裁判部和区肃反委员会只要得到当地革命群众的拥护，对于反革命犯和豪绅地主中的犯罪分子，有一级审判之后直接执行死刑之权，执行后上报备案。①

（二）监禁的执行

监禁即有期徒刑。处以监禁的判决确定后，一般由审理该案件的机关交付监狱执行。1932 年 8 月 10 日，各地监狱改称劳动感化院，处以监禁的判决即由劳动感化院执行。

（三）没收财产的执行

没收犯人的财产，必须依照法律规定的程序办理，由法庭判决决定。

逮捕犯人时，应将犯人身上的金银财物逐项登记，由搜查人、参加人和犯人签字，妥善保存，听候法庭处理。

① 《中华苏维埃共和国司法程序》（1934 年 4 月 8 日）。

第二十三章　工农民主政权的新型监所制度

第一节　监所设置及其职能

在土地革命战争前期，由于革命根据地初创，不可能建立完整的体系，一般以看守所为基本的监所组织。1931 年中华苏维埃共和国成立，随着根据地的扩大和相对稳定，在中央工农政府的领导下，监所制度逐步形成。这个时期，工农民主政府曾颁布了若干有关监所组织的法律，重要的有：1932 年 6 月 9 日中华苏维埃中央执行委员会颁布的《中华苏维埃共和国裁判部暂行组织及裁判条例》、1932 年 1 月 27 日通过的《中华苏维埃共和国国家政治保卫局组织纲要》、1932 年 8 月 10 日中央工农政府司法人民委员部颁布的《中华苏维埃共和国劳动感化院暂行章程》等，后者是整个土地革命战争时期最重要的监狱立法，它详细规定了工农民主政权徒刑执行机关的组织、职责及对罪犯实行感化教育与劳动改造的新方针。

一、看守所

看守所是革命根据地在各时期和各地区普遍设立的主要监所机构，其主要职能是拘禁未决的反革命案犯和其他刑事未决犯，同时兼负执行判处短期监禁的职能。工农民主政府看守所不以单纯看守为目的，而是强调思想教育，禁止非人道待遇，还要组织适当的生产劳动。此外，在根据地的特殊环境下，它还兼负着执行判处短期监禁刑的职能。

工农民主政权的看守所有四类：（1）肃反委员会看守所。主要担负关押各种反革命案犯，同时兼负拘押未决的和判处短期监禁的一般刑事犯。（2）国家政治保卫局看守所。在通常情况下，它只负责对未决案犯的关押，至于徒刑执行则转归司法机关。鄂豫皖根据地的情况又有不同，无论是对未决的反革命犯的拘押，或是对已判处徒刑的反革命犯的刑期执行，都由国家政治保卫局看守所负责。（3）裁判部看守所。负责关押未决的普通刑事案犯和判处短期监禁的各种刑事犯。（4）待审处（室）。中央工农政府转移到陕北后，1936 年曾制定《革命法庭条例（草案）》《革命法庭的工作大纲》，确定在省革命法庭下设立待审处，在县革命法庭下设立待审室。

二、劳动感化院

1931 年 11 月，中央工农民主政府成立后，鉴于相对稳定的大块革命根据地的形成，决定在省、县两级裁判部建立劳动感化院，作为对判处长期监禁的犯人实行看管、教育、劳动和改造的机关。据此，在中央根据地的长汀、兴国、博生、瑞金等县，设立了福建省、江西省、瑞金直属县的劳动感化院。

关于劳动感化院的领导体制，根据《中华苏维埃共和国劳动感化院暂行章程》的规定，它只设立于省、县两级，隶属各该级裁判部。在省、县的劳动感化院之间，没有上下级关系。为了加强对劳动感化院生产的领导，1933 年夏，中央工农民主政府国民经济人民委员部和司法人民委员部共同决定，设立劳动感化院企业管理委员会，由所在地的国民经济部长、裁判部长、劳动感化院院长、劳动感化院工厂厂长及营业部经理等人组成，由国民经济部长任该委员会主任，工厂厂长任副主任。企业管理委员会在中央国民经济部的直接领导下，指导劳动感化院工厂的生产和销售事宜。劳动感化院关于犯人的管理、教育工作，仍在裁判部直接领导下执行。

关于劳动感化院的组织机构，根据《劳动感化院暂行章程》的规定，设院长 1 人，副院长 1 人，科长若干人。由正副院长及各科长组成管理委员会，由院长任主任。管理委员会负劳动感化院的全责，向该级裁判部负责并随时报告工作。管理委员会下设总务、劳动管理、文化等科。总务科管理全院的财产与经费，并负责预决算的编制及生产原料的购买与产品的销售事宜，劳动管理科管理全院的建设及各种工场，组织管理犯人的生产劳动。文化科组织对犯人的教育及文化娱乐活动。

三、监狱

鄂豫皖、川陕等革命根据地，仍以监狱为主要的执行徒刑的机关。根据鄂豫皖区及川陕省革命法庭组织条例的规定，在省及县革命法庭领导下，设立监狱。它在狱政方针、主要管理制度方面，与劳动感化院基本一致，不同的是拘禁、管理较严，犯人活动范围较小，生产规模不大。

四、苦工队

工农民主政府在紧急的战争环境下，对案情较轻的罪犯执行徒刑的一种临时性的特殊方式，即把判处短期监禁的犯人组成“苦工队”，选派得力的干部领导，进行严密的组织和监视，率领至战争前线担负运输等战争勤务。规定编入“苦工队”的对象是：（1）不是重要的反革命犯；（2）贫苦群众出身，判处监禁两年以下者；（3）豪绅地主等阶级异己分子，无特别反动事实，判处监禁 1 年半以下者；（4）判处强迫劳动者。据不完全统计，到 1932 年 10 月，中央根据地各省的“苦工队”人数已达 900 余人。后来，其他根据地也建立了类似的组织。

第二节　新的狱政方针的确立

中央工农民主政府主席毛泽东在向第二次全国工农兵代表大会上所作的政府工作报告中，明确提出了工农民主政府的狱政方针，他说："苏维埃的监狱对于死刑以外的罪犯是采取感化主义，即是用共产主义的精神与劳动纪律去教育犯人，改变犯人犯罪的本质。"①《中华苏维埃共和国劳动感化院暂行条例》第一条规定："劳动感化院的目的是看守、教育及感化违反苏维埃法令的一切犯人，使这些人在监禁期满之后，不再违犯苏维埃的法令。"

工农民主政府的感化主义，首先是继承了资产阶级革命时代提出的废除肉刑和禁止对犯人的不人道待遇的进步主张，反对封建主义、法西斯主义的监狱管理和狱政思想。毛泽东在上述报告中提出，废止肉刑，不能不说是苏维埃监狱的一项绝大改革，这和国民党监狱那种"封建野蛮的虐杀，法西斯的酷刑，劳动群众与革命人民的人间地狱"，形成鲜明的对照。1931 年 12 月，中央工农政府发布了《第六号训令》，明令废止肉刑。此后，"废止肉刑"便成为革命根据地监所工作的一项重要原则。随后，在司法人民委员部和政治保卫局的检察督促下，各地曾进行了监所清理和整顿，坚决纠正刑讯逼供、体罚等虐待人犯的不良现象。一些省苏维埃政府曾多次发布训令，申明这一方针。《川陕省革命法庭条例草案》第九条规定："反对旧式监牢虐待犯人的方法，特别是对于犯罪的劳动者，要有系统地进行教育，使他们能很快地脱离犯罪的事情，纠正一切拷打恶习。"

在废止肉刑的同时，工农民主政府还坚决禁止对犯人的侮辱、虐待和其他一切非人道待遇，而实行革命人道主义。毛泽东在上述报告中指出，

① 《苏维埃中国》，中国现代史资料编辑委员会翻印，第 226 页。

工农民主政府的法庭和监狱“一方面要严厉镇压反革命分子的活动，苏维埃对于这些分子绝不应该有丝毫的姑息。但是另一方面，对于一切已经就逮的人犯，却是禁止一切不人道的待遇”[①]。1933年《司法人民委员部对裁判机关工作的指示》强调要注意监所及犯人的卫生，按时给犯人洗澡、放空气；不许挪用犯人的伙食费；要妥善安排犯人的劳动、学习、休息、娱乐时间等。鄂豫皖区革命法庭组织规程规定：“犯人做工亦实行八小时工作制。”监狱、禁闭室“要清洁，要注意卫生，犯人若发生传染病要分开居住”。犯人生产收入，可拿出一部分“作改良犯人生活之用”。监所内要组织识字班，设立图书馆。这些规定明确体现了革命人道主义精神，把保证犯人的身体健康作为监所管理的重要原则。工农民主政府的“感化主义”，其根本思想和中心内容，就是通过思想教育和劳动改造，改变犯罪思想和恶劣习惯，养成守法观念和劳动习惯，使其出狱后成为守法的劳动者，反对把报复和惩办作为监狱的根本目的和主要的管理方法。工农民主政府关于感化教育和劳动改造相结合的方针，为后来人民民主政权所继承和发展。

第三节　监所管理制度

一、收押、开释制度

工农民主政府的监所管理法规首先强调建立健全的收押、开释手续，防止非法关押或非法开释，各看守所和监狱收押人犯，必须持有有权逮捕和审判刑事案件的国家政治保卫局及各级裁判部的“送押条子”。收押已决犯还必须有裁判部的判决书。监所必须建立犯人入所登记制度和卷宗编码制度，以便随时检查。开释人犯也必须有法定有权开释单位的证件。

---

① 《中华苏维埃中央执行委员会和人民委员会工作报告》，详见《苏维埃中国》第265页。

二、看守制度

工农民主政府的监所法规还要求建立严格的看守制度，以防串供、逃跑、暴动、自杀等意外事件发生。它规定：监所的房屋必须坚固，看守人员必须日夜分班看守，对犯人必须每天早晚点名，给犯人送来的东西和犯人寄出去的信件必须严格检查。同案犯人必须分房关押，防止串供等。对于违犯监规的犯人，必须依法惩处。法规还要求看守所和劳动感化院的工作人员应经常研究看守技术，加强训练，并坚持政治学习和文化学习，以提高政治水平、文化水平和业务能力。

三、犯人财物保管制度

工农民主政府从监所管理的法制原则出发，强调对犯人的财物必须依法管理。根据司法人民委员部《关于没收犯人的财产和物件的手续》规定：（1）收押人犯时，必须严格搜身检查，防止把违禁品、危险品及其他不许带入的物品带入监内，以免发生意外及非法活动。（2）对于犯人的财物，必须详细登记，妥善保管。（3）对其财物的没收，只能由法庭依法决定，不许擅自没收，更不许私自拿用。法令还规定了检查、保管及处理犯人财物的手续，如搜查出金银财物及其他不准带入监内的物件，应当在犯人当面逐一详细写成记录，由搜查人、参加人及犯人共同签字，将记录存入档案，将财物封存保管。犯人被转送上级机关或其他监所时，应将财物及记录与档案一同转送。司法机关制作判决书时，必须写明对其财物的处置。如应该交还本人者，须向本人当面点交，并须取得本人收据。

四、生产劳动的组织管理制度

工农民主政府监所管理法规规定：劳动感化院、监狱、看守所都要组织在押犯从事生产劳动，不论已决还是未决。但对劳动的具体安排及组织管理，则根据监所及案犯的不同情况进行。监狱和看守所首先着眼于对犯人的看守，在不妨碍看守任务的条件下，适当安排生产，如案情重大的犯人在监房内做工（如打草鞋、编筐等），对案情较轻的犯人，可组织监外作业或帮助群众生产。劳动感化院则按照生产的要求设立各种手工工场、作业组或工厂，组织犯人生产。由各劳动感化院制定工场管理细则，建立各项管理制度。劳动感化院的生产，要纳入国民经济计划，由所在地的国民经济部长、裁判部长、劳动感化院院长等人组成劳动感化院企业管理委员会领导。

五、学习、劳动与生活管理制度

为全面贯彻感化教育与生产劳动相结合的方针，工农民主政权的监所法规确定了犯人的学习、劳动与生活制度。实行八小时劳动制，建立政治与文化学习制度。利用上政治课、读报，组织识字班等形式，对犯人进行政治文化教育。广泛开展业余文娱体育活动，以活跃犯人生活，建立必要的卫生管理制度，以保证犯人身体健康。

总之，工农民主政权所确立的狱政方针，监所管理制度和它积累的成功经验，奠定了人民民主政权狱政制度的基础。

第二十四章　抗日民主政权的建立与抗日民主法制的发展

第一节　抗日民主政权的建立

抗日战争时期，中国共产党领导人民，在全国建立了许多抗日根据地及其政权。经过14年抗战，先后建立了陕甘宁、晋察冀、冀热辽、晋绥、晋冀豫、冀鲁豫、山东、苏北、苏中、苏南、淮北、淮南、皖中、浙东、鄂豫皖、湘鄂赣、河南、东江、琼崖等19个抗日根据地和各级抗日民主政权。这些根据地及其政权，北起内蒙古，南至海南岛，包括19个省的一部或大部分，人口达9550万人，拥有正规军91万人，民兵220万人，辖有行政公署22个，专员公署90个，县政府635个，成为打败日本帝国主义的中坚力量和建设新中国的战略基地。

这些根据地的政权产生方式有两种类型：（1）陕甘宁边区，是十年内战时期，唯一保存下来的革命根据地。抗日战争开始后，这个政权按照中共中央《关于抗日救亡运动的新形势与民主共和国的决议》（1936年9月17日）的精神，进行自我体制改革，逐步由工农民主政权转变为抗日民主政权。（2）敌后根据地。这些地方原为日寇及其走狗所统治。在这里建立政权，就必须用一切力量，发动民众的抗日斗争，并使用武装部队，战胜敌人，摧毁其反动政权，然后，结合本地区的实际和特点，参照陕甘宁边区的做法和经验，创建各自的抗日民主政权。

第二节　抗日民主法制的发展

一、抗日民主法制的三个发展阶段

1937 年至 1940 年为法制的创立阶段。在这个时期，各个根据地的政权颁布了施政纲领、选举法、政权组织法、法院组织条例，初步地确立了根据地的大政方针，为边区、县、区、乡（村）各级政府以及公安司法机关的建立，提供了法律根据。明确规定反对日本帝国主义、保护抗日人民，镇压汉奸和反动派，是公安司法机关的根本任务。与此同时，制定了一些减租减息的法令，削弱封建剥削，调动广大农民抗日和生产的积极性。

1941 年至 1942 年，是抗日民主法制的发展阶段。这一时期，是抗日战争最困难的年代。日寇及其走狗对各个根据地进行残酷的扫荡，实行极其野蛮残忍的“三光”政策，企图摧毁抗日根据地军民生存条件。同时国民党顽固派也在乘机封锁、包围和进攻陕甘宁边区和各个抗日根据地，企图困死、饿死根据地军民。在敌军伪军和国民党反共军的进攻和夹击下，八路军由 1940 年的 40 万人减少到 1941 年的 30 万人，抗日根据地面积大大地缩小了，人口由 10000 万人减到 5000 万人。抗日根据地处于严重困难的局面。这样，摆在抗日根据地军民面前最大的问题，就是怎样激发农民和各个阶层抗日的积极性，以战胜困难，保障抗日战争的胜利进行。而解决这一问题的基础就是充分发扬民主，健全革命法制。在这一时期，各个抗日民主政权从边区、县到区、乡（村）都先后成立了由人民选举的人民代表机关参议会。边区参议会受人民之委托，根据党中央的政策和各个根据地的施政方针，积极开展立法活动。这些法律，包括了实行“三三制”、保障人民权利、劳动保护、减租减息、发展工业和商业以及文化教育的内容，形成了一个初具规模的法律体系。这些法律的制定和实施，对于克服困难，发展统一战线，争取时局好转，坚持抗战起了决定性的作用，同时标志着抗日民主和法制在过去的基础上有了巨大的飞跃。

1943 年至 1945 年为抗日民主法制的完善阶段。在这一时期，各个根据地总结了政权与法制建设的经验，广大干部进一步明确了实事求是的立法思想和依靠群众的立法路线，并从国民党法西斯独裁统治的黑暗与危机中，感到抗日民主与法制的重要和可贵，各个抗日民主政权进一步地完善了各项法律制度。

抗日民主法制，是新民主主义法制的一种形态。它继承了苏区法制的革命精神，结合抗日根据地的实际及其政权建设的需要，不论在内容还是形式上都有新的创造和飞跃，使新民主主义法制建设进入了成熟阶段。

二、抗日民主法制的主要特点

1. 抗日根据地的立法建立在马列主义、毛泽东思想的基础上。根据地的新民主主义法制建设，是以马克思列宁主义为根本指导思想的。但是，在实现马克思列宁主义的普遍真理同中国革命法制建设相结合方面，却经历了一个艰苦探索和曲折发展的过程。抗日战争时期，毛泽东继承了苏区法制建设的优良传统，在全党批判教条主义，端正思想路线的基础上，结合抗日根据地的实践经验，确立了新民主主义法制建设的路线。抗战初期，在各个根据地程度不同地存在过新旧法律的教条主义。新型教条主义，即不顾抗战实际，照搬苏区法律，破坏抗日民族统一战线政策。旧型教条主义，脱离根据地新民主主义社会的实际，机械地照搬国民党政府的《六法全书》，破坏了广大工农群众的基本利益，同样给革命事业带来很大危害。两种教条主义尽管表现形式不同，但都是主观主义的表现，对抗日根据地的社会实际缺乏深入细致的、实事求是的调查研究的结果。1941 年，中国共产党根据毛泽东的提议，于8月1日发布了《中央关于调查研究的决定》。该决定深刻地指出，“周密的社会调查是决定政策的基础”，而“实事求是，理论与实际密切联系，则是一个党性坚强的党员的起码态度”。毛泽东身体力行，亲自深入实际，调查研究，又为广大立法和司法干部树立了光辉榜样。

2. 采取灵活斗争策略，有原则、有选择地援用国民党政府的法律。抗日战争时期，在第二次国共合作形成后，为了贯彻抗日民族统一战线的总方针，在法制建设方面，也采取灵活的斗争策略，即允许各抗日民主政权，在立法和司法工作中，有原则、有选择地援用国民党政府的某些法律条文。当时规定的原则是：“一、适合抗战团结的需要；二、适合民主政策；三、适合边区历史环境；四、适合广大人民的利益。”① 尽管在执行过程中，发生过拒绝援用和照抄照搬两种倾向，但都被党和政府及时发现而加以克服。这种做法，不论是在团结国民党政府抗日、保护人民已经争得的权利方面，还是在同汉奸盗匪作斗争方面，都起了不可忽视的作用。

3. 形成了初具规模的法制体系。抗日民主法制作为新民主主义法制发展到成熟阶段的标志之一，就是形成了初具规模的法制体系。与苏区相比，抗日时期制定和颁布的法律，在数量上急剧增加，法律调整的社会关系，日趋广泛。抗日民主法制出现了专门的人权保障条例，简政纲要，惩治汉奸条例，惩治危害军队、妨害公务法令，惩治破坏坚壁清野财物法令，军民诉讼条例，优待移难民垦荒条例，奖励科学技术法令，以及继承条例等。在审判工作中创立了马锡五审判方式。人民调解制度得以推广，在狱政工作方面也取得了更丰富的经验。有些根据地开始起草基本法典，如陕甘宁边区在1942年先后起草了《陕甘宁边区刑法总分则草案》《陕甘宁边区民法草案》《陕甘宁边区刑事诉讼法草案》《陕甘宁边区

① 陕甘宁边区高等法院《论边区司法答客问》(1944年4月20日)。

民事诉讼法草案》。这些草案，虽然未经边区参议会讨论通过而加以颁布，但是，都经边区政府批准和边区参议会的认可，交付陕甘宁边区高等法院，通知各级司法机关，在内部试行。这不能不说是新民主主义法制迅猛发展的一个重要特点。

第二十五章　抗日民主政权的施政纲领和保障人权条例

第一节　团结抗战救中国的施政纲领

一、初期施政纲领的颁布

抗战初期，各个根据地适应抗日战争爆发后国共合作、共同抗日的形势，以党中央发布的《抗日救国十大纲领》为指导方针，先后颁布了《陕甘宁特区政府施政纲领》（1937 年 11 月）、《晋察冀边区军政民代表大会宣言》（1938 年 9 月）、《陕甘宁边区抗战时期施政纲领》（1939 年 1 月）等。这些纲领虽然产生的环境不同，条文有某些差异，但都反映了抗战初期的斗争情况和需要，故其基本内容都是一致的。由于陕甘宁边区是从苏区转化而来的，是建立最早的抗日根据地，并且是党中央赋予重托，殷切希望建立的抗日模范根据地。因此边区第一届参议会通过的《陕甘宁边区抗战时期施政纲领》便成了这一时期具有代表性的施政纲领。

《陕甘宁边区抗战时期施政纲领》共 28 条，由民族主义、民权主义和民生主义三部分组成。

（一）民族主义

施政纲领第一条规定："坚持巩固与扩大抗日民族统一战线，团结全边区人民与党派，动员一切人力、物力、财力、智力，为保卫边区、保卫西北、保卫中国，收复一切失地而战。"这把团结全边区人民，共同抗战，驱逐日本帝国主义出中国，争取中华民族解放与独立，作为纲领首先和根本任务确立下来。为了实行这个任务，纲领规定要建立与充实武装，壮大人民抗战力量。为此边区政府动员了5000多名热血青年参加了主力部队，并普遍建立了自卫军。同时成立动员委员会，组织运输，按时完成了征收救国公粮工作，保证了军队的供给，保障了抗属工属的基本生活。为了实现这个任务，纲领规定要采取自卫立场，反对分裂投降行为。为此，对于背信弃义，不断向边区挑衅与进犯者，予以自卫反击，以保卫和巩固抗战堡垒。施政纲领还规定要厉行锄奸工作，巩固抗日后方。为此，边区政府组织民众，配合保安与司法机关，粉碎了汉奸土匪和敌探的阴谋破坏活动，维持了边区的革命秩序，保卫了一切抗日人民的生命和财产的安全。

施政纲领第四条规定："实现蒙、回民族在政治上经济上与汉族的平等权利，依据民族平等的原则，联合蒙、回民族共同抗日。"这个规定把联合蒙、回民族共同抗日作为民族主义的第二方面内容肯定下来。为了实现这个任务，施政纲领规定要克服大汉族主义的残余，消除国民党政府的错误的民族政策，保障蒙、回民族在一切领域与汉族的平等权利。为此，边区政府制定了蒙、回民族政策，尊重他们的宗教、信仰、风俗和习惯，扶助蒙、回民族文化的发展，帮助他们建立抗日团体和文化团体，开办民族学院，建立回民村。在政府内设立民族事务委员会，专谋少数民族的福利。在选举中，实现各民族一律平等，并在选举人数比例、选举地区等方面，给予照顾。

施政纲领第六条规定："在不损害边区主权的原则下，保护一切同情中国抗战国家的人民、工商业者、教民在边区生产、经营与文化事业方面的活动。”目的就是要团结一切反对日本帝国主义侵略的国家和人民，结成国际统一战线，共同反对日本帝国主义。

（二）民权主义

施政纲领第七条规定：“发扬民主政治，采用直接、普遍、平等、不记名的选举制，健全民主集中制的政治机构，增强人民之自治能力。”这是施政纲领确立的民权主义的首要内容。边区政府按照这个规定，建立了由人民直接选举的参议员组成的各级参议会和各级政府，确定行政权集中于政府，创制、复决之权及对于政府行政人员的选举罢免之权，属于各级参议会。在边区、县实行议行并立制，在乡（市）采取议行合一制，在乡（市）政府之下，设立各种委员会，吸收一乡一市各种积极分子参加工作，使政府与人民融为一体。各级政府人员，发扬艰苦奋斗作风，奉公守法，为民表率，厉行廉洁政治，并实行便利人民的司法制度，保障人民有检举与告发任何工作人员的罪行之自由。

施政纲领第八条规定：“保障人民言论、出版、集会、结社、信仰、居住、迁徙与通讯之自由，扶助人民抗日团体与民众武装之发展，提高人民抗战的积极性。”这是施政纲领确定的民权主义的第二个内容。边区政府教育人民树立权利意识，使广大人民都懂得自己有哪些权利，怎样去行使权利，并且提供物质条件，保障人民能够行使这些权利。民众团体可以在边区得到自由发展。一切抗日党派，可以在边区公开存在和自由活动。特别是广大妇女，早已加入抗日斗争的行列。她们活跃在政府与民意机关、工厂与学校之中，成为抗战、建设边区和生产的巨大力量。

（三）民生主义

施政纲领关于民生主义的规定，概括起来，包括三个方面的内容。第一，实行以农业和私营为主的政策，发展边区的国民经济。边区政府根据这个规定，在“确定私人财产所有权，保护边区人民土地改革所得之利益”

的基础上，以增加粮食产量、发展畜牧和推广植棉为中心，推动农业生产的发展。“奖励合作社之发展”，“开垦荒地，兴修水利，改良耕种，增加农业生产”。“改善劳动待遇，保护工人利益，同时提高劳动热情，增加生产效能。”“发展手工业及其他可能开办之工业，奖励商人投资，提高工业生产。”“保护商人自由营业，发展边区商业。”第二，保证军队的物质需要，支持抗战。第三，改善人民生活，提高群众抗战的积极性。在纲领颁布后短短两三年里，广大农民和工人在战争的废墟上，恢复了生产，使生活得到一定改善。

在施政纲领的指导下，经过三年的努力，到 1941 年边区第二届参议会召开前夕，基本上完成了三民主义规定的历史任务，一个抗日民主模范根据地已经初步建成，并为其他根据地作出了榜样。

二、中期施政纲领的发展

1941 年，抗日战争进入了最艰难的岁月。日寇猖狂地进攻抗日根据地，实行野蛮的大扫荡和“三光”政策，企图扼杀敌后抗日根据地军民的生存条件。与此同时，国民党顽固派停发了八路军的全部军费，调集大军包围封锁陕甘宁边区和各个抗日根据地，断绝他们与外界的经济联系，妄图困死、饿死抗日根据地军民，还制造了骇人听闻的“皖南事变”，妄图挑动全国内战，进攻陕甘宁边区。在这种情况下，革命力量严重地削弱了，根据地的面积缩小了，极端的物质困难发生了。陕甘宁边区和各个抗日根据地的军民几乎到了没有衣穿，没有油吃，没有纸，没有菜，没有鞋袜，没有棉被的境地。

在此严峻时刻，毛泽东在 1940 年 3 月 6 日指出，抗日民族统一战线政权的施政方针，“应以反对日本帝国主义，保护抗日的人民，调节各抗日阶层的利益，改良工农的生活和镇压汉奸、反动派为基本出发点”。同年 12 月 25 日，又系统全面地论述了对抗日根据地政权具有决定意义的各项重大政策。这就是坚决地执行“三三制”的政权组织政策、调节劳资双方利益的劳动政策、减租减息与交租交息的土地政策、公平合理的税收政策、镇压与宽大相结合的刑事政策、地主资本家与工人农民平等的人民权利政策、发展自给自足为目的的经济政策、普及与提高人民大众抗日知识技能和民族自尊心的教育政策以及扩大八路军新四军的军事政策。根据施政方针和这些政策，各个抗日根据地先后制定了许多施政纲领。如 1940 年 8 月的《晋察冀边区目前施政纲领》，1941 年 7 月的《晋冀鲁豫边区政府施政纲领》，1942 年 10 月的《对于巩固和建设晋西北的施政纲领》，等等。1941 年 11 月，陕甘宁边区第二届参议会通过了《陕甘宁边区施政纲领》。

《陕甘宁边区施政纲领》，总结了过去取得的经验和行之有效的措施，结合现实严峻斗争形势的需要，大大地发展了《陕甘宁边区抗战时期施政纲领》，确定了以下主要内容。

（一）高举抗日民族统一战线的旗帜，把边区内外人民的团结放在核心位置上

1. 加强边区内部各社会阶级、阶层、各党派的团结。边区社会，有农民阶级、地主阶级、工人阶级、民族资产阶级。边区的党派，除有执政的共产党外，还有国民党、救国会派。他们在共产党领导下，为民族解放共同战斗。边区有许多海外华侨，他们抱着满腔的爱国热情，不远万里回到祖国的边区。有的求学，有的参加政府工作，有的兴办实业，是抗战和建国不可忽视的重要力量。团结他们抗日，影响海内外，是巩固和发展抗日民族统一战线的重要工作。

2. 增进边区内部军队与人民的团结。边区的军队，来自人民，他们是人民政权的支柱，是人民权利的捍卫者。为此，就要改善军民关系，军队要爱护人民，遵守纪律，不侵犯群众利益。群众要拥军，热情帮助军队。

3. 加强边区内各民族的团结。施政纲领规定，实行民族平等的原则，不论在政治经济上，还是文化教育上，蒙古族、回族和汉族，具有同等的

权利，并在其聚居地区，建立蒙回民族自治区、乡政府，管理自己的事务。这是对民族平等权利的重大发展。

4. 坚持与边区境外友党友军的团结。抗日民族统一战线，是以国共合作为基础的各党派、各界、各军的统一战线。为了坚持团结，对于国民党及其军队抗日的积极行为和不愿意在根本上破坏国共合作的行为，采取联合与团结的政策。对于他们的反共活动，军事进攻八路军、新四军和抗日根据地的分裂活动以及向人民推行高压政策，采取孤立与斗争的政策。在进行斗争时，需要注意利用矛盾，争取多数，反对少数，各个击破，做到有利、有理、有节，达到孤立顽固势力，争取中间势力，发展进步势力的目的。

5. 加强与全国人民的团结。陕甘宁边区，是党中央的所在地，是抗日民族统一战线的发源地，是全民族解放和人民革命事业的指导中心。加强边区与全国的团结，对于抗日战争的胜利，有着决定的意义。按照施政纲领的要求，边区与全国人民的团结，包含两个层次。一是本边区与各个根据地人民的团结，互相支援互相配合。一是边区与国民党统治区人民的团结。施政纲领要求广大军民，通过反包围反封锁的斗争，把边区抗战和民主建设的经验，传遍国统区，争取那里的人民在政治上、道义上和物质上对边区的支持，粉碎国民党顽固派破坏边区和全国人民团结抗战的阴谋。

6. 加强边区与各国抗日人民的团结。施政纲领规定：“在尊重中国主权与遵守政府法令的原则下，允许任何外国人到边区游历，参加抗日工作，或在边区进行实业文化与宗教的活动。其有因革命行动被外国政府压迫而来边区者，不问其是宗主国人民或殖民地人民，边区政府当一律予以恳切的保护。”

（二）纲领以调节各抗日阶层利益为指导，发展边区政治和经济民主

1. 在政权组织上，坚决实行“三三制”。施政纲领明确规定：“本党愿

与各党各派及一切群众团体进行选举联盟，并在候选名单中确定共产党员只占三分之一，以便各党各派及无党无派人士均能参加边区民意机关之活动与边区行政管理。在共产党员被选为某一行政机关之主管人员时，应保证该机关之职员有三分之二为党外人士充任。”陕甘宁边区政府，教育党员干部和工农大众，同党外人士真诚合作，民主协商，做到一视同仁，有职有权，建立民主联合政府。

2. 在人民权利上，保障一切抗日人民之人权。施政纲领规定：“保障一切抗日人民（地主、资本家、农民、工人等）的人权、财权及言论、出版、集会、结社、信仰、居住、迁徙之自由权。”依据这一原则，边区政府在1942年，制定了《陕甘宁边区保障人权财权条例》，从根本法和诉讼程序上作出了保障人权的规定。

3. 在选举制度上，完善了普遍、直接、平等、无记名的选举原则。经过1941年的选举运动和贯彻执行“三三制”选举原则，改变了过去富有阶级的代表在各级参议会中所占比例极少，几乎都是工、农和小资产阶级代表的状况，受到了各阶层人民的拥护和称赞。

4. 在政府活动上，厉行廉洁政治。明确规定，政府工作人员不是骑在人民头上的老爷，而是群众的公仆。为人民服务，是他们的天职。追求私利，谋取特权，是政府工作所不齿的行为；贪污腐化行为，受法律之严惩；假公济私或以公报私行为，都在禁止和处罚之列。同时，为解除公务人员的后顾之忧，始终保持他们劳动人民的本色，实行供给制和各种优待，保障一切公务人员及其家属必需的物质生活及充分的文化生活。

关于经济民主，施政纲领规定，实行减租减息与交租交息，调节地主与农民的关系。实行10小时工作制，增强劳动生产率，适当改善工人生活，以调节劳资关系。实行公平合理的累进税制，调节各阶层人民的经济负担。

此外在文化上，继续推行消灭文盲政策，健全正规学制，普及国民教育，改善小学教员生活，实行成年补习教育，保护流亡学生与失学青年。允许在校学生有民主自治权利。实施公务人员2小时学习制。推广卫生行政，增加医疗设备，减轻人民疾病。

三、后期施政纲领的变化

抗日战争后期，面临反法西斯世界大战的最后胜利，这时的施政纲领，具有新时期的特点。以 1944 年 2 月山东省战时行政委员会颁布的《山东省战时施政纲领》为例，该纲领开头就指出，当国际反法西斯战争进入决战阶段，中国抗战愈益接近胜利，同时敌后斗争愈益艰苦的时候，为着坚持山东抗战，加强民主建设，团结全省人民，克服困难，准备反攻，迎接胜利，特提出本省今后施政方针，其根本主旨为“坚持山东抗战，誓与山东人民共存亡，粉碎日寇一切扫荡蚕食，打倒汉奸伪政权，克服困难，准备反攻；拥护三民主义和抗战建国纲领，坚持抗日民族统一战线，共产党人愿与国民党及其他抗日党派、抗日军队、抗日人民共同抗战到底，团结到底，共同完成抗战建国事业，反对暗藏在抗日阵营内的日寇特务奸细（日寇第五纵队）挑拨内战，反对分裂投降，反对法西斯主义，反对反民主反人民的反动政策，为建设新民主主义的新山东而奋斗”。这就为山东人民的抗日斗争，指明了方向。

为此，施政纲领规定积极发展武装力量，进行反攻。其办法为号召人民爱护抗日军队，按照精兵原则充实和增强主力军、地方军，保证其物质供给，动员参军与归队，巩固部队，提高部队战斗力，开展分散性的游击战争。普遍发展民兵、自卫队，提倡使用旧式武器，加强领导，加强训练，开展群众性的游击战争。抚恤阵亡将士、荣誉军人，优待抗日军人家属，保护抗日军人婚姻关系，巩固和鼓励军人抗战情绪。

为此，施政纲领规定加强民主建设，调动抗日人民的积极性。其主要措施为发扬民主精神，实行“三三制”，欢迎各党派各阶层拥护抗战及赞成民主的人士参加政权，健全各级参议会和各级行政机关，贯彻简政，加强下层政权机构，彻底完成村政权的民主改造。

为此，施政纲领规定调节各阶层的利益，巩固一切抗日人民的团结。土地、租佃和劳资纠纷，采取调解方式，本着双方照顾的原则，加以处理，达到贫富互助、贫富团结、共同抗日之目的。

为此，施政纲领规定加强对敌斗争，团结敌占区同胞共同抗日。开展对敌政治攻势，没收日本帝国主义及其死心塌地的大汉奸的财产，充作抗战经费。保卫边沿区、游击区人民，减轻其负担。积极开展游击区和敌占区工作，争取伪组织人员，瓦解与摧毁汉奸伪政权，建立抗日民主政权。建立敌占城市的工作，启发民族思想，揭破敌伪奴化宣传，援助敌占区人民反抗敌人压迫，提高其抗日胜利信心与观念，瓦解伪军及各种伪组织。欢迎敌占区青年到根据地来学习，并予以优待及适当之工作；欢迎敌占区学者专家及技术工人到根据地来参加建设工作，并予以优待。敌占区同胞、失业工人因不堪敌伪压迫而流亡根据地者，亦予以必要救济，资助其生产。敌占区人民及工商业者，被敌伪没收强占之资产财产得向附近民主政府声请登记，俟收复失地后尽量予以查明发还。

为此，施政纲领规定发展新民主主义文化教育，反对法西斯主义。其主要之点为，改善原有学校，普及教育，减少文盲，奖励私人捐资兴学，免费帮助抗属抗工属及贫苦儿童入学。适应敌后环境和根据地需要与可能，设立中等学校及各种专门学校，提倡文化学术团体，奖励创造与各种专门研究。发展社会教育，广设民校、识字班、冬学、农村俱乐部，提高人民文化知识及政治觉悟。培养干部，加强在职干部教育，学习业务，研究政策。编订教材，出版各种读物，发展印刷出版等社会文化事业。贯彻文化教育中的根本指导思想，是对群众进行广泛而深入的民主教育，“启发民主思想，反对法西斯主义及一切反民主的思想”，在干部教育方面是“培养民主思想、民主作风，反对官僚主义”。

第二节　保障人权条例

一、保障人权条例的制定

制定专门法律，保障人权，是抗日时期中国共产党的重大决策，是各抗日民主根据地法制建设的一条重要历史经验，也是抗日根据地民主政治建设的光辉成绩。在各施政纲领确立的人权原则指导下，几乎所有根据地都制定了保障人权法律。如1940年11月的《山东省人权保障条例》、1941年11月的《冀鲁豫边区保障人民权利暂行条例》、1942年2月的《陕甘宁边区保障人权财权条例》、1942年11月的《晋西北保障人权条例》、1943年的《渤海区人权保障条例执行细则》等。这些人权条例的公布和执行，在我国人民民主法制史上揭开了用法律保障人权的新纪元。

当时，制定保障人权的法律是完全必要的。长期专制主义社会氛围的影响、小生产者家长制的耳濡目染、分散独立作战形成的游击习惯使一些干部缺乏民主思想和法制观念，遇事不喜欢“麻烦”的民主制度，习惯于独断专行。一些区、乡和军队基层干部，往往借口战争动员和情况危急，失去约束，做出违法乱纪的事情。有的干部和群众长期生活在苏区，未能适应抗战时期形势的变化，仍然以苏维埃工农民主专政的政治眼光，对待抗日的地主、富农和资本家。这就背离了抗日民族统一战线的政策和根据地的民主政治。因此，“发扬民主”，“动员全民参战”，“提高抗战纪律”，“保障边区人民之人权不受非法之侵害”，借以“维护社会秩序”，“巩固抗日民主根据地”，便成了保障人权立法的目的。

二、保障人权条例的内容

各个抗日民主政权制定的保障人权条例，主要包括两个方面的内容。

（一）规定了人权的法律概念

对于人权中的人的解释，分为两种情况。一是把人解释为人民。陕甘宁边区、晋西北边区、冀鲁豫边区的保障人权条例，就属这一类。如《陕甘宁边区保障人权财权条例》第一条规定，“本条例以保障边区人民之人权财权不受非法之侵害为目的”。第二条按照拥护抗日和赞成民主为标准，规定了人民的范围。具体说来，就是工人、农民、地主、资本家的人权一律平等，一律受法律保护。二是把人解释为国民和人民的综合。山东省保障人权条例，就是这样规定的。

统观各条例，由于各根据地斗争历史现状的不同和保护权利侧重需要各异，对人权内容的具体规定，也有比较大的区别。大致有以下几种情况。

第一种情况，以《山东省人权保障条例》为代表。它规定的人权内容有三:（1）民主平等权利。“凡中华民国国民，无男女、种族、宗教、职业、阶级之区别，在法律上政治上一律平等。”（2）四大民权。“中华民国人民均享有建国大纲所定选举、罢免、创制、复决之权。”（3）各项自由权。“在不危害抗战范围内，人民有下列之自由:（一）人民有身体与抗日武装之自由;（二）人民有居住与迁徙之自由;（三）人民有言论、著作、出版、集会、结社与通讯之自由;（四）人民有信仰宗教与政治活动之自由。”

第二种情况，以《陕甘宁边区保障人权财权条例》为代表。它规定:“边区一切抗日人民，不分民族、阶级、党派、性别、职业与宗教，都有言论、出版、集会、结社、居住、迁徙及思想、信仰之自由，并享有平等之民主权利。”

第三种情况，以《晋西北保障人权条例》为代表。它规定的人权内容，主要是人民的各项自由权。“人民之身体，非依法不得逮捕、拘禁、审讯或处罚；人民之行动自由，非依法不能搜查、留难；人民有居住之自由，其住所非依法不得侵入、搜索或封锢；人民有集会、结社、言论、出版及思想、信仰之自由权。”

人权内容的上述三种形态，虽有差别，但基本方面却是共同的。这就是保障人民的各项自由权，特别是人身自由权。这种规定抓住了人民权利的要害和关键，从根本上促进了边区的政治和法制建设。

（二）规定了保障人权的重要措施

在保障人权措施上，除了从苏区转化而来的陕甘宁边区突出强调保护地主、富农、资本家的人权，明确规定凡因反对边区逃亡在外者，返回边区自愿遵守法令，一律不咎既往，并受法律保护外，其他都是共同的。

1. 司法机关或公安机关逮捕人犯应有充分证据，依法定手续执行，不得随意拘捕或搜索。

2. 机关、部队、团体和个人有依法逮捕现行犯之权。除司法机关及公安机关依法执行其职务外，任何机关、部队、团体和个人，不得对任何人加以逮捕、审问、处罚。但现行犯不在此例。

3. 区镇乡村政府有调解、惩戒权。区镇乡村政府对所管区域居民争讼事件，得由双方当事人之同意为之调解，如不服调解，当事人得自由向司法机关告诉。对违警案件，有惩戒权。但对违警以外任何案件，绝无审问、拘留与处决权。

4. 司法机关要依靠证据，按照职权规定，处理民刑案件。审判注重采集证据，严禁刑讯逼供。

5. 尊重犯人人格，保护其法律地位。对犯人不准实行侮辱、殴打、刑讯逼供和强迫自首。其个人财物，非经判决不得没收，也不得随意调换和任意损坏（关于抗日民主政权对保障人权的详细规定，参阅本卷第三十六、三十七、三十八章关于诉讼、调解、狱政的内容）。

第二十六章　抗日民主政权的政权组织法

第一节　政权组织法的制定

一、抗日民主政权的性质

抗日民主政权的性质既不同于苏维埃工农民主政权，又不同于以后的人民民主专政政权，而“是一切赞成抗日又赞成民主的人们的政权，是几个革命阶级联合起来对于汉奸和反动派的民主专政”[①]，是“共产党人和各抗日党派及无党派的代表合作的政府，亦即地方性的联合政府”[②]。这个政权从根本上说：一是反帝国主义的，在当时主要是抗击日本帝国主义的侵略。二是统一战线的，联合各抗日的革命的阶级，帮助各抗日的革命的阶级。三是民主的革命的，在这个政权下人民享有最广泛的民主和自由，各抗日阶级的利益受到法律严格保护。

二、政权组织法的制定

抗日战争时期各根据地均制定了大量的政权组织法，根据其调整对象

① 毛泽东:《抗日根据地的政权问题》。

② 毛泽东:《论联合政府》。

的不同，可分为两大类：

1. 参议会组织法。如1939年2月和1941年11月一届、二届陕甘宁边区参议会通过的《陕甘宁边区各级参议会组织条例》。1940年6月公布的《晋察冀边区参议会暂行条例》，1943年1月20日晋察冀边区第一届参议会通过的《晋察冀边区参议会组织条例》《晋察冀边区参议会驻会参议员办事处组织规程》，1944年11月22日和1945年3月24日边府及驻委会修正通过的《晋冀鲁豫边区县议会组织条例》,1945年4月5日公布的《晋绥边区县议会组织条例》，1942年11月6日晋西北临时参议会修正通过的《晋西北临时参议会组织条例》，1943年9月山东省临时参议会修正通过的《修正山东省临时参议会组织条例》《山东省行政区临时参议会组织条例》《山东省县参议会组织条例》等。

2. 政府组织法。如1939年2月边区参议会通过的《陕甘宁边区政府组织法》，1941年11月二届参议会通过的《陕甘宁边区县政府组织暂行条例》，1942年1月公布的《陕甘宁边区各乡市政府组织暂行条例》，1943年2月公布的《修正陕甘宁边区行政督察专员公署组织条例》，1941年11月《陕甘宁边区各县区公署组织暂行条例》，1943年1月20日晋察冀边区第十届参议会通过的《晋察冀边区行政委员会组织条例》，1940年5月2日《晋察冀边区行政督察专员公署组织大纲》，1938年2月7日《晋察冀边区县政府组织大纲》《晋察冀边区县佐公署组织章程》，1940年6月《晋察冀边区县、区、村暂行组织条例》，1943年2月4日《晋察冀边区县区村组织条例》，1945年3月《晋冀鲁豫县政府组织条例》，1941年6月《晋冀鲁豫边区村政权组织暂行条例》，1942年11月《晋西北行政公署组织大纲》，1942年11月6日通过公布的《晋西北行政督察专员公署组织条例》《晋西北县区村各级政府组织条例》，1942年8月《山东省战时行政委员会组织条例》《山东省行政公署组织条例》《山东省行政督察专员公署组织条例》，1940年11月《山东省战时县区乡村各级政府组织条例》《修正山东省县政府组织条例》《修正山东省区公所组织条例》等。此外还有关于政权组织的指示和其他行政法规。

抗日战争时期各根据地所制定的政权组织法，较苏维埃时期有很大的发展。把民意和权力机关，同行政机关的组织和职权分别制定不同的组织法规，即将苏区时合二而一的政权组织法分别制定为参议会组织法和政府组织法。使法律结构发生新的变化，职责更加分明，表明政权组织法日趋健全和完善。

第二节　政权组织法的内容

一、各级参议会

（一）各级参议会组织

1. 参议员的产生

根据各根据地参议会组织条例，各级参议会之议员产生的方式有两种：一是选举，二是聘请。前者为主要方式，后者为补充。如《陕甘宁边区各级参议会组织条例》规定：“各级参议会之议员、由人民直接选举，但同级政府认为必要时，得聘请勤劳国事及在社会、经济、文化各方面有名望者为议员。”《修正山东省临时参议会组织条例》规定：“特别地区不能进行选举时，由本会聘请之。”抗日战争时期，各根据地均进行了普遍的民主选举运动，采用普遍、直接、平等、无记名的方式选举各级参议员。只是在因战争不能进行直接选举的地区，进行间接选举。被聘请参议员，各地均在名额上作了严格的限制。如陕甘宁边区规定其名额不得超过议员总数的1/10。1943 年以前晋察冀边区规定为不得超过 1/15，1943 年以后增加为1/5。1945 年《晋冀鲁豫边区县议会组织条例》则规定为可“聘请县内坚决抗日、赞成民主之开明人士一至三人为县议员”。这样就保证了参议员成为真正的民意代表，而不是一种民主的装饰。

2. 组织机构

抗日战争时期，各根据地先后都建立了参议会或临时参议会组织。一般以边区或省为单位，在边区内、省内建立三级或四级参议会组织。如陕甘宁边区为边区、县、乡（市）三级；山东为省、行政区、县、村四级；晋察冀边区先为边区、县、区、村四级，1943年以后，取消区代表会改为三级。边区及县参议会由议员中通过选举产生议长、副议长各1人，主持全会工作。

边区、县参议会开会时，先选举出若干人为大会主席团，帮助正副议长进行会务。设秘书处、议员资格审查委员会和各种提案审查委员会。休会时则设常驻议员组成常驻委员会。常驻议员的名额，陕甘宁边区规定为边区参议会9人，县（或等于县的市）参议会5人，议长、副议长为当然常驻议员，在原定名额内。乡市参议会采用立法行政合一制，不设议长、副议长，开会时推举主席团3人主持会务，乡市长为当然主席团之一，休会时不设常驻委员。

陕甘宁边区以外的其他根据地，多以村为基层单位。如晋察冀边区以村民大会为最高权力机关。村民大会闭会期间，由村民代表会代行其职权。由村民代表会议选出主席、副主席各1人。晋冀鲁豫、晋西北以及山东等根据地，与晋察冀边区大体相同。

各级参议会之会议，分常会和临时会议两种。常会之召开，边区参议会1年开会1次，县（市）参议会每半年开会1次，乡市参议会每两月开会一次。县、乡级参议会遇有特殊情况可召开临时会议。

（二）参议会的职权

1. 边区参议会的职权

各根据地的参议会组织法结合当地实际均对边区（或省）参议会的职权作了详细的规定，边区（或省或区）参议会作为抗日战争时期各根据地最高一级权力机关。其职权是：（1）地方立法权，即“创制与复决边区之单行法规”[①]“制定本省施政纲领”[②]的权力。（2）选举罢免权，其选举罢免的范围包括边区政府主席（行政委员会主任委员）、副主席（副主任委员）、政府委员（行政委员）、边区高等法院院长。山东还规定可“处理省参议员之罢免、改选、改聘、递补等事宜”[③]。（3）监察弹劾权，其范围是各级政府、行政人员及司法机关、司法人员和公务人员的违法失职行为。山东还规定：“本省驻军有违法失职行为时，得向其上级机关检举。”[④]（4）监督促进权，主要是监督促进政府对参议会决议的执行。山东还包括“促进下级参议会之建立，协助下级参议会正确行使职权”[⑤]。（5）议决权，包括“决定征收废除或增减地方捐税”“决定发行地方公债”“议决边区政府主席，政府委员会及各厅厅长，高等法院院长，提交审议事项”“议决边区人民及民众团体提请审议事项”“决定边区应兴应革之重要事项”[⑥]“决定边区各项基本政策”[⑦]“决定有关改善人民生活及救济事项”[⑧]等。（6）审批权，包括“批准关于民政、财政、粮食、建设、教育及地方军事等各项计划”“通过边区政府提出之预算、并审查其决算”[⑨]“听取及通过省行政委员会之施政报告”[⑩]。（7）追认权，即“追认闭会期间常驻会及边区政府主席或政府委员会关于紧急措置之重要事项”。

① 《陕甘宁边区各级参议会组织法》（1941年11月）。
② 《修正山东省临时参议会组织条例》（1943年9月）。
③ 《修正山东省临时参议会组织条例》（1943年9月）。
④ 《修正山东省临时参议会组织条例》（1943年9月）。
⑤ 《修正山东省临时参议会组织条例》（1943年9月）。
⑥ 《陕甘宁边区各级参议会组织条例》（1941年11月）。
⑦ 《晋察冀边区参议会组织条例》（1943年1月22日）。
⑧ 《修正山东省临时参议会组织条例》（1943年9月）。
⑨ 《陕甘宁边区各级参议会组织条例》（1941年11月）。
⑩ 《修正山东省临时参议会组织条例》（1943年9月）。

2. 县参议会的职权

县级政权在抗日战争时期，是联系上下级的枢纽，地位非常重要。县参议会的职责和权力较苏区和以后的解放区均大得多。尤其因战争环境被隔阻之县，有相当的独立自主权力。县参议会的职权主要是：（1）地方立法权，陕甘宁边区、晋绥边区均规定县参议会有“创制与复决本县（市）单行法规”之权力。（2）选举罢免权，即选举罢免县政府正副县长、政府委员及地方法院院长之权。（3）监察弹劾权，即监察弹劾县（市）政府司法机关之公务人员。（4）督促检查权，即督促检查县（市）政府执行参议会决议之事项。（5）议决权，即议决县（市）长、县（市）政府委员会交议事项，议决本县（市）人民及群众团体提请审议事项，决定本县（市）地方经费收支事项，决定本县（市）应兴应革之重要事项。（6）审批权，即审查县预决算，批准县（市）政府之民政、财政、粮食、建设、教育及地方军事等各项计划。（7）追认权，即追认县参议会闭会期间常驻会及县（市）长、县（市）政府委员关于紧急措置事项。

3. 乡（市）参议会（村代表会）的职权

各根据地以乡（市）参议会或者村民大会——村民代表会为基层议会组织。根据 1941 年《陕甘宁边区各级参议会组织条例》，乡（市）参议会的职权为：（1）议决权，即议决本乡市人民公约，议决本乡市经费之收支事项。（2）选举罢免权，即选举罢免乡市长及乡市政府委员。（3）监督弹劾权，即监督与弹劾乡市及村坊行政人员。（4）议决执行权，即议决执行本乡市应兴应革事项，议决执行上级政府交办事项，议决并执行本乡市人民及民众团体提议事项。晋察冀、晋冀鲁豫、晋西北则规定村代表会的主要职权为：选举罢免村民代表会主席、副主席及村公所各委员；制定村公约；议决村公产经营处分，村政兴革事项；审议村政及各方请议事宜；审批村预决算；督促检查村公所工作及对村民大会、村民代表会决议案之执行等。从基层议会的职权可看出，陕甘宁边区乡市参议会采用议行合一制，乡市参议会既是议事机关，又是执行机关，而其他根据地村代表会仅为议事机关，执行权在村公所。

4. 常驻会的职权

边区及县一级参议会在休会期间，设常驻机构。陕甘宁边区称之为常驻会，晋察冀边区称之为驻会参议员办事处，山东省称驻会委员会，晋冀鲁豫则仅设驻会议长、副议长。陕甘宁边区规定常驻会的职权是：除处理驻会日常事务外，监督同级政府对参议会议决案之执行；听取同级政府之按期工作报告，向同级政府提出建议与询问，派代表出席同级政府委员会会议；必要时召开参议会临时会议。晋察冀边区扩大了参议会驻会参议员办事处的职权范围，除陕甘宁边区规定者外，增加“根据参议会批准之预算，检查边区行政委员会之财政收支；检查边区各级行政司法人员之违法失职，提请大会弹劾或交政府处理”“联系各地参议员，进行调查研究，搜集人民意见”[①]等。山东的规定则更为详尽，如“监督省行政委员会执行大会决议并得随时提出质问、建议与批评，省行政委员会须迅速答复”“审查省行政委员会为执行大会决议而制定之各种规程、条令、方案及适用某一地区之暂行办法，或以紧急情况而拟定之紧急措置”“弹劾违法失职之各级政府人员（除行政委员外）”“视察各地区施政状况”“草拟各种法规，提交下次大会讨论，为下次大会进行准备工作，并向大会报告工作；召开下次大会”[②]。

除以上三级参议会外，山东省还设行政区一级临时参议会，其职权在行政区范围内除无权制定施政纲领外，其余与山东省临时参议会职权相似，但其制定之地方性之单行法规或条例不得与省法令相抵触。

二、各级政府

与各级参议会组织相适应，抗日战争时期各根据地政府组织机构的设

① 《晋察冀边区参议会驻会参议员办事处组织规程》（1943 年 2 月 4 日）。

② 《修正山东省临时参议会组织条例》（1943 年 9 月）。

置也有三级、四级不等。如陕甘宁边区为边区政府、县政府、乡（市）政府三级；山东解放区则为省战时行政委员会（原战时工作推行委员会）、行政区公署、县政府、村公所四级。此外，各根据地均设行政督察专员公署和区公署（所），分别作为边区政府和县政府的派出辅佐机构。

1. 边区政府。边区政府或边区行政委员会，是抗日战争时期各根据地综理各边区政务的最高行政机关。其机构设置、人员编制均由专门组织法规做详细规定。如《陕甘宁边区政府组织条例》规定："陕甘宁边区政府由陕甘宁边区参议会选举委员 13 人，组织边区政府委员会，呈请国民政府加以委任。陕甘宁边区设主席 1 人，副主席 1 人，由陕甘宁边区参议会在边区政府委员中选举之。"其他根据地的规定大体相同，只是政府或行政委员的人数不一。边区政府内设各种职能部门，主持全边区各种行政工作。

2. 行政公署。各根据地行政公署的设置不一，陕甘宁边区不设。其他根据地行政公署的设置大约有两种情况：一种是不作一级政府机构，而只是边区一级政府的派出机构；另一种情况是本身为一级政府机构。晋察冀边区和晋冀鲁豫边区设置的行政公署，属前一种情况。而山东解放区则属后者。《山东省行政公署组织条例》规定：为适应战时环境，将全省划分为若干行政区，设行政公署。行政公署为行政区之行政最高领导机关。行政委员会由行政区临时参议会选举行政委员 7 至 11 人组成，行政委员会推举行政公署主任、副主任各 1 人，设秘书长 1 人。行政公署设立行政各处（科）。

3. 行政督察专员公署。各根据地一般均设行政专员督察公署，习惯上简称"专员公署"。此非一级政府组织，一般作为边区政府派出之督导机构。如 1943 年《修正陕甘宁边区行政督察专员公署组织条例》规定："为加强县政权领导，提高行政效率起见，边区政府将边区所属县（市）划分为 5 个行政区，分设行政督察专员公署，为边区政府代表机关。分区专员公署之设立与命名，须经边区政府委员会决议，由边区政府以命令行之。""专员公署设专员一人，必要时得设副专员一人，均由边区政府任命。”专员公署设政务、事务秘书各一人，精简后仅设一二两科和保安处。

4. 县政府。各根据地抗日战争时期均设县政府，作为各该地区推行政务之枢纽。各根据地均以专门条例规定其组织机构设置，其组织严密，机构健全，以承担各县繁重的行政事务。根据县政府组织条例，县长、县政府委员均由县议会选举产生组成县政府委员会，县长及政府委员的任期，一般为两年。县政府委员会对上级政府及县议会负责。

5. 区公署（所）。各根据地抗日战争时期多设区公署（所），但一般不是一级政府组织，仅为县政府之辅佐或助理机关。但也有例外，如盐阜区，根据《盐阜区区级政府组织法》，区不仅有区公民代表大会，且置区政府，为一级政府机构。区政府行政长官由区公民代表大会选举产生。

6. 乡（市）政府或村公所。多数根据地以乡或村为民主政权基层单位，设乡（市）政府或村公所。乡（市）政府和村公所的性质略有不同，而不仅仅是名称上的差异。陕甘宁边区乡（市）一级采议行合一制，乡（市）参议会为乡（市）政府最高政权机关，乡市参议会休会期间，乡（市）长负乡（市）行政最高责任，乡市政府委员会为乡市政权最高机关。乡（市）参议会休会时，则由乡政府综理所有政务。乡政府下设行政村，行政村下设自然村。村长协助乡政府工作，处理本村事务。其他根据地不同于陕甘宁边区，以村公所为执行机关。

第二十七章　抗日民主政权的选举法规

第一节　选举法的制定

抗日战争时期制定的选举法规，概括起来可以分为两大类：

1. 关于规定选举的基本原则和程序的法规。这类法规有：1939 年 2 月陕甘宁边区参议会通过的《陕甘宁边区选举条例》，1941 年 11 月第二届参议会修正通过的《陕甘宁边区各级参议会选举条例》（该条例 1944 年 12 月边区二届二次参议会再次修正通过），1940 年 6 月公布的《晋察冀边区暂行选举条例》，1943 年 1 月晋察冀边区第一届参议会通过的《晋察冀边区选举条例》，1944 年 6 月公布、11 月修正的《晋冀鲁豫边区参议员选举条例》，1944 年 11 月通过的《晋冀鲁豫边区县议员选举条例》，1945 年 4 月公布的《晋绥边区参议会选举条例》，1940 年 10 月公布的《晋西北村选暂行条例》，1942 年 1 月 1 日公布的《晋西北临时参议员产生办法》《山东省县各级参议会选举条例》《胶东区村选暂行条例》《盐阜区区级政府选举法》《盐阜区村政府选举法》等。

2. 关于选举法实施的保障性、辅助性法规。这类法规有：1941 年 1 月 1 日修正公布的《陕甘宁边区各级选举委员会组织规程》《晋西北临时参议会参议员行政区级选举委员会组织条例》《晋西北临时参议会参议员县级选举委员会组织条例》《盐阜区公署区选举委员会组织法》，1942 年 5 月《陕甘宁边区各级参议会选举条例的解释及其实施》，1944 年 10 月 2 日边区政府公布的《晋冀鲁豫边区参议员选举条例施行细则》，1944 年 10 月 20 日《晋冀鲁豫边区政府关于选举工作中几个问题的补充说明》《晋西北临时参议会参议员选举通则》。晋西北还分别制定了各界参议员的选举办法。而有些关于保证选举法实施的措施等，则以指示信的形式表现出来，如《陕甘宁边区政府为改选及选举各级参议会的指示信》《晋察冀边区行政委员会关于村选举的指示》《晋察冀边区行政委员会关于民主大选举准备阶段工作的指示》《晋冀鲁豫边区政府关于边区参议员选举问题的指示》《晋冀鲁豫边区关于县选问题的指示》，等等。

第二节　选举法的内容

一、选举法的原则

在选举法中集中地体现了统一战线性质的民主原则，即“采取普遍、直接、平等、无记名的投票选举制”。

（一）普遍选举的原则

陕甘宁边区规定：“凡居住边区内人民，年满十八岁，不分阶级、党派、职业、男女、宗教、民族、财产及文化程度之差异”，“皆有选举权及被选举权”。按条例的解释：阶级——指地主、农民、资本家、工人等；党派——如共产党、国民党及其他党派等；职业——如工、农、商、学、兵等；宗教——如回教、喇嘛教、天主教等；民族——如汉人、回人、蒙人、朝鲜人、安南人等；财产——指穷的或富的；文化程度——指读过书或没读过书。这些都不管，只要他在选举的时候，他住在边区，年龄有了 18 岁，不论男女，都有选举权和被选举权。其他根据地的规定大致相同。由此可见，较苏区时期，抗日根据地选举制度的明显变化，是选举权更加具有普遍性。

不能参加选举与被选举的人，一是有卖国行为，经政府缉办有案的；二是经法院判决剥夺公权，尚未恢复的；三是有精神病的人。

（二）直接选举的原则

所谓直接选举是选民直接选出被选人，而不必经过中间程序。但由于各根据地的情况不一，对直接选举范围的规定有所不同。1944 年《陕甘宁边区各级参议会选举条例》规定：“自乡市至边区各级参议员，皆由各参加选举之公民直接选举之。”晋察冀边区则规定：“边区参议员、县议员、村民代表均由选民用直接平等普选制无记名投票法选举之。”而对“沦陷区游击区之不能直接普选者，得行间接选举”。1944 年《晋冀鲁豫边区县议员选举条例》规定：“县议员由全县公民用不记名投票法直接选举之。”但由于战争环境，边区议员无法进行普选或直接选举时，可由政府聘任之。晋西北规定，村选采用直接选举制，而晋西北临时参议会参议员之产生“采取直接选举与间接选举两种，凡抗日军队、中等以上学校学生、中等以上学校教职员、文化团体、新闻界、行政区级以上机关团体内之公民，由于居住集中，得行直接选举，其他可行间接选举”。

（三）平等的选举原则

平等选举是指每个有选举资格的选民，都在平等的基础上参加选举。在每一次、每一级的选举中，都只有一个投票权，并且效力相等，任何人不得享有特权。

平等选举原则的另一个重要体现是民族平等。各根据地从当地实际情况出发，对少数民族选举问题作了专门规定。不仅规定少数民族享有同汉民族同等的选举权和被选举权，而且在选区划分和代表名额分配上优于汉民族聚居地，以保证少数民族之代表参与政权管理。如陕甘宁边区规定：边区境内少数民族选举，已达各级参议会选举居民法定人数的，同一般代表分配名额比例进行单独民族选举；不足法定人数，而已达乡市选举1/5、县市选举1/5、边区选举1/8的居民，亦得单独进行民族选举，选出各该级参议会参议员1人；少数民族之选举，不受一般选区划分之限制，得以各级参议会的地区为选举单位，也就是把散居之少数民族联合起来在各级参议会区域内进行选举。

（四）无记名投票的原则

由于当时历史条件的限制，在根据地内普遍文化落后、文盲较多，一律采用正规的无记名投票，将会对许多公民的选举权有所限制。在这种情况下，根据地人民创造了许多简便易行、有利于人民行使民主权利的投票法，虽不完全符合秘密原则，但在当时对于启发人民参政议政，提高人民政治素质方面起过相当重要的作用。各根据地当时采用的投票法很多，概括为两类。第一类为正规的票选法，严格按无记名投票原则进行。此方法多为有文化的选民使用。第二类为非正规变通投票法，此类多在广大的农村实行，一般为半秘密半公开的方法。如“投豆法”“烧孔法”“投纸团”“画记号”以及举手法，等等。

二、选举程序

（一）设立选举机构

各根据地均于选举前，设立选举委员会为办理选举之专门机关。选举委员会有两类：一类为按行政区域设立的各级选举委员会，一类是按单独或职业选举设立的专门选举委员会。前一类按行政区域设立的选举委员会，一般为三级，但也有三级以上的。如陕甘宁边区设边区、县、乡三级选举委员会。而山东抗日根据地和晋西北根据地增设行政区一级选举委员会，晋冀鲁豫则在县下之区也设选举委员会。进行单独或职业选举的单位、团体、部门、少数民族，陕甘宁边区采用单独组织选举委员会的办法。

（二）选区划分

选区是选举参议会议员时划分的区域单位。各抗日根据地一般按照地区人口比例数划分，每个选区选出一名或几名代表。但为了照顾机关、工厂、社团、少数民族、外国团体的特殊利益，按部门或职业划分选区与按地域划分选区并举，成为各根据地在选区划分上的一个特点。

（三）选民登记

选民登记是选举机构依法办理公民有权参加选举的程序，是对选民资格的法律审查确认过程。在把选民资格审查清楚以后，就要出榜公布，榜分红白，“红榜”在前，为选民名单，“白榜”在后，即选举条例所限制的三种人。

（四）候选人提名

候选人提名方式有两种：一种是各抗日党派、群众团体、工厂、兵营、学校，经集体讨论推举出候选人；另一种是公民自由组合提出候选人。前一种可一个部门、一个单位单独提出，也可数个部门单位联合提出。后一种公民自由组合提出候选人，各根据地对组合人数规定不一，陕甘宁边区规定乡选时1人提议，10人以上赞同，就可列入候选名单；晋察冀和晋绥边区规定，边区、县议员候选人提名须50人以上联署；晋冀鲁豫规定为30人以上联署；山东要求有公民500人以上联署之个人得联盟提出候选人名单。

按各根据地选举条例规定，候选人提名数额应多于应选参议员数额。即实行不等额（差额）选举。如陕甘宁边区规定，候选名单人数应有两倍以上（县、边区候选名单则应比当选人数多两倍）。晋冀鲁豫则规定，就所有候选人中，通过该选民大会或代表大会应选人数之半倍至一倍，作为正式候选名单。

（五）竞选、补选、改选

竞选是候选人为争取当选而进行的竞争活动。各根据地均规定在不妨害选举秩序的情况下，可以开展自由竞选活动。竞选可以以党派团体为单位进行，也可以在个人之间开展，更可组织竞选联盟。当时的竞选方法主要是提出竞选纲领施政意见，发表演说，利用报纸宣传，等等。《陕甘宁边区施政纲领》就是当时共产党人参加竞选制定的纲领，后经二届参议会通过，才成为抗日民主政权施政纲领。

补选是在特定条件下，召开临时选举会，补充选举议员的活动。按各根据地选举条例的规定，补选的情况有两种：一种是议员因死亡或其他原因出缺，候补议员递补完尽，仍不足法定议员数目时，得另行补选。另一种是选举时出现异常须另行补选。如晋冀鲁豫边区规定，选举计票后，最多票数不及出席人数 3/10 时，不得当选，应即举行补选。

改选，一般是指参议员的换届选举。陕甘宁边区规定，边区、县、乡参议员分别为 3 年、2 年、1 年改选一次。晋察冀边区规定边区参议员两年改选一次，县参议员 1 年改选一次；而晋冀鲁豫则规定，边区、县议员均两年改选一次，村代表 1 年改选一次。一般情况下，参议会改选之前，由上届政府召开参议会，乡（市）则召开群众大会，向出席代表或群众报告工作、总结经验、找出差距，交给选民去评价、讨论，再由人民重新选举。

（六）选举投票与当选

选举投票是选举的关键程序，当选则是选举的结果。各抗日根据地在其制定的选举法规中，对此多作了较为详细的规定。主要内容，一是确定了选举投票的方式。投票方式采用分散式、集中式两种投票法。分散式，如陕甘宁边区广泛使用的流动票箱（“背箱子”）。晋绥等地以行政村为单位，分散投票、区县集中开票汇总。分散式投票法主要用于县选和边区选。

集中式则采用召开选举大会的方法。选举大会也有两类，一类是选民大会，一类是选民代表大会。前者多适应直接选举，后者适应间接选举。二是制定了较完备的选举程序。开会前，须将开会日期地点通知选民。开会时由各级选举委员会或选出大会主席团负责召开选举大会。主席团设主席、发票员、投票管理员、开票员、计票员、票务监察员等负责发票、开票、计票、检票等项选举事务。正式投票前，选民入场须点名签到。晋西北还专门由选举机关印制选民入场证，入场证经编号盖章，选民持证方可入场。大会主席团负责清点人数，报告应到选民数与实到选民数；宣布与介绍候选人（开会前即将候选人名单贴于会场）；宣布应选参议员人数；宣布及解释选举规则；查验票箱；发放选票（特制）；写票投票；投票完毕后，当场向选民报告选举结果等。三是制定了严格的选举规则，如规定了召开选举大会到会选民的法定比额。多数根据地必须有原登记选民的半数以上到会（有些地区规定为2/3，如胶东），不足法定比额时，得延期进行，否则选举无效。规定了投票的效力规则：不用特制选票者全部无效；选票字迹模糊不能判定其选举对象者，全部或部分无效；票数超过选举人数，无从查证，全部选举无效，重新选举；票上联名超过规定被选人数者全部无效等。四是规定了当选制度。各县当选之边区参议员，不限于本县公民，各乡（村）当选之县参议员，不限于本乡（村）公民。参议员以得票多数者当选，次多数者为候补。

三、选举保障

（一）经济保障

各抗日根据地对选举实施经济保障，主要表现在两个方面：一是选民不受经济条件制约，没有财产资格限制；二是选举经费由政府开支。1944年《陕甘宁边区各级参议会选举条例》规定选举经费：乡、县级选举经费，由县选举委员会造具预算，报请上级政府批准后，由各该县地方事业费支付之。边区级选举经费，由边区选举委员会造具预算，经边区政府批准，由财政厅支付之。

（二）法律保障

对选举实施进行法律保障包括两方面的内容：一是选举必须依法进行，严格按法定原则，法定程序进行民主选举，否则选举无效；二是对选举中出现的诉讼，司法机关必须及时解决。如《陕甘宁边区各级参议会选举条例》规定：凡以威胁利诱等舞弊妨害选举自由者，不问当选与否，除制止其行动外，并将当选人及参加舞弊人提交法院依法惩处。凡公民对于选举人认为有前项不法行为者，亦得向司法机关告发。胶东区规定：参加选举者，有违法舞弊行为时，除应宣布其选举无效外，并得由政府按妨害投票罪处罚之。办理选举人员有上述情事亦相同。选举诉讼，应于公民名单、候选人名单、当选人名单公布后 5 日内提起。自收案至结案，不得超过半个月。对选举诉讼案件的提前审判，其目的在于及时保障选民的选举权利，使选举运动得以顺利进行。

第二十八章　抗日民主政权的行政法规和精兵简政

第一节　行政法规的制定和发展

据不完全统计，抗日战争时期，各根据地发布的法律文件共约 1150 余件，其中行政法规文件所占比例最大，涉及行政管理的各个方面，其内容大体划分为：（1）战勤法规，包括壮丁、牲畜的服役和物资的征用。这类法规调整军事行政管理活动，直接服务于抗日战争，是当时行政法规非常重要的组成部分。（2）民政法规，包括优抚、抚恤、褒奖、农村救灾和社会救济。这类法规调整军民关系和社会关系，对支援前线和根据地的社会稳定都起了重要作用。（3）治安管理法规，包括违警处罚、户籍管理、交通管理、枪支登记、警察服务规程、禁烟禁毒以及防奸防特等。这类法规在调整和管理社会秩序，保卫和巩固政权方面都发挥了重要作用。（4）经济管理法规，包括财政经济、工业、农业、商业、交通运输。这类法规数量大，内容相当丰富，对于实现经济的法律调整具有重要的意义。（5）文教卫生法规，包括干部教育、学校教育、社会教育、医疗卫生、防疫保健。这类法规，对于提高干部和人民的政治文化水平，增强身体素质起了很好的作用。

此外，健全干部管理法规，使干部的选拔、任免、培养、考核与奖励制度化，也是抗日民主政权行政立法趋于完善的另一重要表现。

第二节　行政机关的组织与职权

一、边区政府的工作机构与职权

在抗日战争时期各根据地边区政府，是综理各该地区政务的最高行政机关，其设置工作部门无论在名称还是数量上虽有差别，但大体上相同。一般说来，各根据地边区政府都设有秘书、民政、财政、建设、教育、保安等职能机构。1939 年 2 月《陕甘宁边区政府组织条例》规定所属各行政机关的职权。

秘书处：管理边区政府委员会会议之通知及记录；撰拟保存收发文件；管理边区政府委员会之会计及杂务；编制统计及报告；登记边区政府各厅、部、处职员之进退；典守印信；不属于各厅、部、处之事务。

民政厅：掌理关于任免县市行政人员提出意见；关于土地行政事项；关于警察行政事项；关于选举事项；关于户口之调查统计事项；关于卫生行政事项；关于赈灾、抚恤、保育及其他社会救济事项；关于婚姻登记及礼俗、宗教事项；关于劳资及佃业争议事项；关于禁烟禁毒事项；关于人民团体之登记事项。

财政厅：掌理关于税务公款及公债事项；关于预决算编制事项；关于金库收支事项；关于公产管理事项；关于金融之监督调整及取缔事项；其他有关边区财政之事项。

教育厅：管理各级学校；管理社会教育；管理图书教材之编审；关于教育文化及学术团体之指导；关于图书馆、博物馆、科学馆及公共体育、娱乐场所之管理；其他有关边区教育文化事项。

建设厅：掌理关于农林、畜牧、工业、商业、矿业之计划、管理、监督、保护、奖进事项；关于合作事业之指导与奖进；关于道路桥梁之建筑；关于防除动植物病虫害虫，保护益鸟益虫事项；关于农林、畜牧、工商矿业出品之陈列及检查事项；关于农林、畜牧、工商矿业各团体之指导；关于度量衡之检查监督；关于移民及新村建设事项；关于不属土地行政之测丈事项；其他实业行政事项。

保安处：掌理关于汉奸敌探之侦查、捕缉、处治事项；关于人民锄奸组织之指导事项；其他有关边区锄奸工作之事项。

审计处：掌理关于审核全边区行政机关之预算决算事项；关于审核边区行政机关之公有物事项；关于审核全边区征税征粮及其他有关机关之收支证据事项；关于审核金库收支事项；关于审核公产估价变卖事项；关于审核公营事业之收支事项；关于审核由政府补助民营事业之收支事项；关于贪污舞弊及浪费事件之检举事项。

保安司令部：掌理关于绥靖地方事项；关于协助保卫边区事项；关于边区抗日人民武装团体之调查整理训练事项；关于保安队职员任免事项；关于保安队之统率、编制、训练、奖惩、抚恤事项；关于保安队调遣分配事项；关于保安队军需事项；关于保安队医务卫生事项。

各根据地边区政府的派出机关行政督察专员公署，以及敌后根据地的行政公署，都设有相应的行政各处、科。

二、县政府的工作机构与职权

县政府的行政机构，与边区政府大体对口。如陕甘宁边区，县政府设有秘书室、民政、财政、教育、建设、粮食、保安等科，还设有审计员和保安大队部。晋察冀边区县政府设立秘书室、民政科、财政科、教育科、实业科、公安局和人民武装部。晋冀鲁豫边区县政府的内部组织机构与陕甘宁边区和晋察冀边区大体一样。在晋西北边区县政府内部组织机构，设立民政教育科、财政粮秣建设科、司法科。各根据地县政府工作部门的职权范围，与同名机构的职权基本相同。

县以下的区级机关，不设科室而设助理员，分工处理各项行政工作。如陕甘宁边区区公署设助理员 3 至 5 人，分管民政、教育、保安、经济建设事宜。另设自卫军营长 1 人，管理民兵。山东根据地各区公所分设文书、民政助理员、财粮助理员、文教助理员、武装助理员和公安员。其中民政和财粮助理员由区长兼任，文教助理员由小学校长兼任，武装助理员由区武委会主任兼任，另设区中队，由区长兼任中队长。

三、乡（村）政府的工作机构与职权

乡（村）是抗日民主政权的基层单位，各根据地乡（村）行政机构的设置，大体分为两种类型：一是陕甘宁边区，它是以乡（市）为边区政权的基层单位，乡（市）政府设乡（市）长 1 人，综理政务，另设文书 1 人，协助乡（市）长工作，为专职行政人员。设自卫军连长 1 人，协助乡（市）长管理民兵和治安工作，不脱离生产。乡（市）政府根据工作需要可以设立优待救济委员会，文化促进委员会，经济建设委员会，锄奸委员会，卫生保育委员会和人民调解委员会。各委员会由 3 至 5 人组成，委员和主任委员由乡政府聘任。为便于实施行政管理，乡（市）政府下设行政村（或关、街），行政村下设自然村（或坊、巷）。行政村设主任 1 人，管理所属自然村政务。自然村设村长 1 人，处理本村行政事务，行政村长和自然村长均不脱离生产。二是其他根据地，都以村为政权的基层单位，村公所是村政执行机关。晋察冀边区，村公所设村长、副村长以及民政、财政、教育、实业、粮秣等委员，另置管理兵役、民兵、岗哨、自卫工作的人民武装中队部以及负责除奸、户籍、治安的治安员。村公所为行政上的便利，按村民住区划全村为若干闾，闾设主任 1 人，辅佐村公所执行村政。山东抗日根据地，村政权的组织结构，1941 年以前，实行中心村制，一般由 5 至 8 个村庄组成中心村，设立中心村村公所。1941 年 10 月以后，改为行政村制，凡是百户以上，400 人以上的自然村，划为单一行政村；百户以下小村和附近小村，联合为行政村。单一行政村和联合行政村都设有村公所。行政村村公所，根据工作需要一般都设有文教宣传、经济建设、优待救济、人民调解、抗敌自卫等各委员会。

第三节　干部管理和行政工作制度

一、干部管理

（一）统一干部管理的权限

抗日民主政权建立初期，在干部管理工作中，程度不同地存在着各自为政、自行其是的混乱现象。究其原因，主要是缺乏明确的章程和制度。为了改变这种状况，陕甘宁边区政府积极采取立法措施，在1943年制定了《陕甘宁边区各级政府干部管理暂行通则》（以下简称《通则》），把干部管理的权限和形式纳入了制度化的轨道。《通则》规定："边区各级政府所属之干部，均由民政厅统一管理。"民政厅设立干部科，处理日常干部行政工作。各厅、处、院及其所属机关，有干部百人以上者，设1人专事管理干部行政工作。其不足百人者，由各该主管长官指定1人兼管。专员公署由专员在第一科中指定1人兼管。县（市）政府由县（市）长在第一科设一专管人员。《通则》还规定，干部管理工作内容，包括登记审查、提拔培养、配备使用、任免调动、考绩奖惩、待遇保健。《通则》还依据统一管理与分工负责的原则，具体确定了对各级干部管理的权限与管理的形式。其他各根据地也都实行了各级行政干部统一由民政部门管理的原则，并在统一管理的前提下，建立了必要的分工负责制。

（二）干部的任免与调动

根据党中央提出的“任人唯贤”的路线和“德才兼备”的原则，以及人尽其才、才尽其用的政策，在1943年4月25日，陕甘宁边区政府发布了《陕甘宁边区各级政府干部任免暂行条例》（以下简称《条例》），对干部的任免标准、权限和方式做了原则的规定。《条例》第三条明文规定干部标准是：“一、拥护并忠实于边区施政纲领；二、德才资望与其职务相称；三、关心群众利益；四、积极负责，廉洁奉公。”

《条例》规定，各级行政工作人员的任免权限，有两种形式。一种是经过各级权力机关选举而任职。当时边区政府主席、副主席和政府委员，县（市）长和县（市）政府委员，以及乡（市）长，均由同级参议会选举。他们随参议会每届任期的变更而改变，得连选连任。如在任期内有违法失职或不胜任职务，参议会有权随时罢免。经过选举而任职的行政人员，要报经直接上级政府加委。在任职期内有违法行为，或因工作需要调动，上级政府可以撤换或调动。但必须履行法定程序，向参议会说明理由和情况，并由参议会决定，或者重新选举，或者递补人员。在参议会休会期间，不能立即补选时，上级政府得派人暂行代理。另一种是由有任免权的行政机关，按照决定权限直接任命。在陕甘宁边区，按照条例的规定，边区政府各厅、处、院长官，行政督察专员和大学校长，由政府主席任命；边区政府各厅、处、院的秘书、科长，以及主要直属机关负责人，由主管行政首长提交民政厅审查合格后，呈请政府主席委任；各厅、处院以及直属机关科长以上干部，由各主管行政首长遴选委任；专员公署科长级干部，由边区政府委派，或由专员遴选，提请边区政府主席委任，其余干部由专员委任；县政府科长、区长，由边区政府民政厅委派，或由县政府提请民政厅委任，其余干部，如县政府科员、区助理员、乡文书，由县长遴选委任。干部如因故出缺，有关行政负责人可以指派适当人员代理。但代理有一定期限，如陕甘宁边区规定为3个月，以防止无限期的临时指派，取代干部正式委任原则。

1943 年 3 月《陕甘宁边区政务人员交待条例》具体规定了干部调动时的交接手续和要求。

（三）干部的培训和教育

根据地的在职干部教育，有两种形式。一种形式是干部不脱离工作岗位，以不妨碍业务，特别是不妨碍战争为原则，坚持经常的固定的学习，这是当时在职干部教育的基本形式。当时在职干部教育的内容有四个方面：一是业务教育，本着学用一致的精神，要求干部必须学会与精通自己的业务。二是政治教育，以学习时事和政策为主。三是文化教育，以学习文化知识、提高文化水平为中心内容。四是理论教育，以学习马列主义基本理论为主，包括政治科学、思想科学、经济科学和历史科学。为了保证在职干部的学习，并持之以恒，各根据地都规定，学习坚持理论联系实际的原则，以自学为主，辅之以必要的集体讨论，在条件许可的地区和部门，实行每日两小时学习制。根据干部政治文化水平的高低，分别编班，聘请文化程度较高的干部兼任教员。实行严格的考试、测验制度，并把学习成绩列入干部考核的重要内容，作为实施赏罚的依据。

在职干部教育的另一种形式，是抽调干部入校学习，进行系统的教育。抗日战争时期，党中央和各根据地政府，创办了许多培养干部的学校，如设在陕甘宁边区的就有 20 多所，其中著名的有中共中央党校、抗日军政大学、军政学院、军事学院、陕北公学、中国女子大学、鲁迅艺术学院、泽东青年干部学校、行政学院、民族学院、延安大学、中央研究院、自然科学院。晋察冀边区的华北联合大学、抗日军政大学二分校、白求恩卫生学校。晋冀鲁豫边区的抗战建国学院、抗日军政大学六分校、鲁迅艺术学院分院和行政干部学校。这些学校，有的以培养高中级干部为主，有的重点培养县区级干部，有的是培养科学技术专门人才。另外在一些地区，如陕甘宁边区，还在中等学校附设地方干部训练班，培养区乡干部。这些干部学校坚持“抗日高于一切，一切服从抗日”的教育方针，在学制上适应前线和后方抗战干部的急需，学习期限一般很短，多为3至4个月或半年，最长不超过1至2年。教授的课程一般为三类，即文化课、政治课、专业课。

（四）干部的考核与奖惩

根据晋察冀边区和陕甘宁边区考核制度的规定，干部考核的内容主要包括：政治的原则性、思想的纯洁性、执行政策法令的坚定性、工作的积极性、业务的熟练性、作风的民主性、个人品德的优良性以及学习的进取性。考核干部由所在机关进行，如果干部所在机关不是其任免机关，需将考核结果报告任免机关。考核的方式有三种：第一种是平时考核。第二种是定期考核，一般每年考核一次。第三种是临时考核，多在干部调离时进行。此外，还实行干部鉴定制度，一般在年中和年末各进行一次。

各根据地还制定了干部奖惩条例，规定对干部的奖励条件是：（1）正确理解、广泛宣传并具体实现边区施政纲领及政府其他政策法令；（2）发动群众抗战，拥护军队，保境安民，增强边区内外各抗日党派阶层团结；（3）集中力量执行边区生产教育任务，努力发展边区经济，厉行精简节约，推行干部教育，改进国民教育，注重调查研究；（4）认真执行上级政府规定的重要任务及同级参议会的重要决议，能先期完成或超过计划而不妨害工作质量，工作方法特别完善或有符合实际之创造发明，环境困难复杂，善于克服困难完成任务；（5）在工作作风上，对上级一贯服从，对同级及有关部门和衷共济，对下级及广大群众密切关心，克己奉公，实事求是，积极负责，埋头苦干；（6）遵守政纪总则、政务人员公约；（7）为民族与人民奋斗，由于各种不可避免的原因而致病负伤及殉职；（8）立有其他功绩，为上级政府和群众所承认。凡有上列条件之一者，给予奖励，奖励形式有名誉奖，包括书面奖励（传令嘉奖、通令嘉奖、登报嘉奖、颁发奖章、奖状）和口头奖励（当众宣扬）；物质奖励，发给一些日常生活用品和一定数量的奖金；记功（包括记大功）；晋级擢升。

惩戒的条件是:（1）违反边区施政纲领及政府其他政策法令;（2）不服从或不尊重上级领导，不检查或不管理下级工作，怠工渎职，妨害任务之完成;（3）对上级政府或同级参议会之重要决定，如生产教育两大任务等，实行怠工或妨害;（4）贪赃枉法，腐化堕落，假公济私，包庇蒙蔽;（5）不能团结干部、团结有关部门、团结群众而酿成不应有之纠纷，或侵犯群众利益，妨害工作进行或政府威信;（6）遗失关防印记及政府机要文件;（7）违反政纪总则及其他失职行为。有上述行为之一者，分别以情节轻重，给予不同纪律处分。其中情节严重，触犯刑律的，由司法机关依法治罪。纪律处分分为:申斥、警告、记过、记大过、撤职留任、撤职查办。

除行政工作人员的考绩奖惩外，边区还制定了有关经济、税务、粮政和仓库工作人员考绩奖惩条例或规则。这些条例和规则，着眼于经济工作人员的特点，提出了若干不同于一般行政干部的具体要求。

（五）干部的政纪和公约

政纪和公约，是执行政策路线的根本保证。1943 年 4 月 25 日，陕甘宁边区政府颁布的《陕甘宁边区政纪总则草案》和同年 5 月 8 日公布的《陕甘宁边区政务人员公约》，就是当时配合精兵简政，严肃政纪而采取的重要立法措施。

《政纪总则草案》以民主集中制为指导，从维护和加强集中统一领导的目的出发，全面规定了各级政府和工作人员应当遵守的基本原则和组织纪律。在各级参议会之间，必须明确边区参议会处在最高指导的地位。上级参议会的决定、法令与指示，下级参议会必须执行。下级参议会无改变、否决或停止上级参议会决议、法令与指示的权利。在各级政府之间，必须承认边区政府是边区最高行政机关，各级政府一律服从边区政府。各下级政府服从各直接上级政府。各下级政府必须执行上级政府的决议、命令和指示。下级政府如有不同意见，应随时向上级政府提出或反映，但在未有新的指示以前，仍须执行原决议、命令和指示，不得有任何反对的表示。

各级政府应依其职权处理政务，不得逾越权限，标新立异，违反边区政府法令。自行处理的重大事件，须随时向上级政府报告。处理不了的事件，应及时向上级政府请示，不得延稽不报，搁置不理。而上级政府接到下级政府报告或请示后，应及时批答。各级政府派往各下级政府传达政令或视察工作的人员，对下级政府要加以切实的帮助。但对其工作设施如有不同意见时，只能以建议的方式提出，不得强制接受和执行。各上级政府长官巡视工作或上级政府授予特权者，不在此限。

《政纪总则草案》规定的各级政府长官与各级政府委员会的正确关系，是推行政务活动必须遵守的另一组织原则。各级政府和政务人员必须遵守的政纪，主要有下列几项：（1）各级政府工作人员，必须坚守工作岗位，不得擅离职守。因故请假，呈由直辖上级政府或该级政府长官批准。（2）各级政府工作人员，必须坚决执行各该政府及其长官或直接领导人的决议、命令和指示，如有不同意见，可向长官或直接领导人提出，但在未有新的指示前，仍须执行原决议命令和指示。（3）各级政府工作人员，不得发表与边区政府政策法令相抵触的文字或谈话，对全边区性的事件，在边区政府未曾发布主张前，各下级政府及政务人员不得向外发表意见。对政府的决议，非经决定或长官许可，各级政务人员不得自由宣布，对于自己承办或与闻的机要事，尤须严守秘密，不得擅自泄露。（4）各级政务人员对政府工作或负责人员有建议和批评之权利，但须依照一定的组织手续提出，不得背后乱说或作不负责的言论。对于原则问题的争论，如在所属政府机关或工作部门内不能解决时，可一方面服从该政府机关或工作部门的决定，一方面向上级申诉，直至边区政府。该政府机关或部门的长官或负责人，须负责转呈，不得加以抑制或留难。政务工作人员，如认为长官对自己的惩罚不当时，有权向长官直接提出或依级向上申诉，各级政府长官对此项申诉，不得阻止或置之不理。（5）各级政府工作人员，接到人民向上级政府控告的诉状，特别是控告政务人员的诉状，即随时负责转呈，上级政府不得有任何阻难，亦不得置之不理。各级政府机关和政务人员的行为，如有违背政纪总则者，将按其轻重的程度和不同的情节，加以议处。

《政务人员公约》是对《政纪总则草案》内容的补充和具体化，进一步提出政府工作人员应当遵守的十条行动准则：“一、忠实施政纲领，贯彻法令决议。二、坚持民主集中制，严守政府纪律，服从整个利益。三、调查研究，深入检查，总结经验。四、积极负责，发扬创造精神。五、公正廉洁，奉公守法。六、互规互助，正人正己，贯彻三三制精神。七、爱护群众，密切联系群众。八、爱护抗日军队、积极帮助军队。九、提高政治警惕性，严防敌探奸细。十、努力学习，学而不厌，诲人不倦。”

二、行政工作制度

（一）行政工作依靠群众的方式

根据地政府在全部工作中紧紧依靠群众，是边区政府本质的体现和要求。各根据地政府依靠群众进行工作的组织形式，主要有两种。

一是建立各种群众团体，通过这些纽带，把政府和广大人民群众联系起来，发挥它们的桥梁作用。陕甘宁边区政府于 1942 年制定了《陕甘宁边区民众团体组织纲要》和《民众团体登记办法》。各地先后组织了工会、农会、妇女救国联合会、青年抗日救国会、商会、少年先锋队等。此外还有许多抗日文化团体。这些群众组织，在各自纲领的指导下，积极配合边区政府工作，在贯彻政策法律、保障抗战建国事业的顺利进行上，起了决定性的作用。它们既是边区政府赖以存在的群众基础，又是边区政府进行工作的中流砥柱。

二是在乡（市）政府建立各种委员会，依靠它们推进工作。根据乡（村）政府组织条例的规定，乡（村）政府有权设立临时的和经常的各种委员会，吸收群众中大批先进分子，做好政府的各项具体工作。通过各种委员会这些中间环节，把政府与群众中的一大批先进分子联系起来，发挥他们的骨干作用。

（二）行政会议制度

边区政府的主要会议制度有两种，一种是政府委员会会议，一种是政府政务会议。各根据地的法律都规定，边区政府委员会和县政府委员会，定期举行会议，必要时还可召开临时会议。定期或临时会议，都需由过半数委员出席，才能生效。其决议案取决于出席会议委员的多数。边府主席和县长，虽然有权召集和主持会议，但无权改变集体作出的决议。如有不同意见，可以在下一次会议提出，或者向上级政府反映，但在本级政府委员会或上级政府没有新的决定之前，必须执行原决议，不得有所违反。

为了及时和准确地贯彻执行政策、法令和决议，提高行政工作效能，各革命根据地，从边区政府、行政公署、专员公署，到县政府、区公署，都设立了各级政务会议，作为各级政府委员会执行政务的领导机关。以陕甘宁边区政府政务会议为例，按照法律规定，出席政务会议的人员，一是参议会选举的政府委员，二是各厅、处、院、会的负责人。政务会议设秘书长 1 人，由政府秘书长兼任。政务会议的当然主席是同级政府的正副主席。凡属民政、财政、建设、教育之施政方针和具体计划，立法原则和单行法规，司法行政各项事宜、治安保卫问题，专员、县长、各级法官任免事项，都需由政务会议集体讨论决定。政务会议的决议案，不取决于出席会议人员的多数，而由各级政府首长决定。出席会议的人员如有不同意见，或者向上级政府反映，或者在下次会议提出，但在本级政府主席或上级政府没有新的改变之前，不得有所违反，必须执行原决定。上述两种会议的先后衔接及其互相补充，就把集体领导和分工负责有机结合起来，形成了抗日根据地行政机关的主要领导制度。

（三）行政工作的报告制度

各级政府都确定实行报告制度。根据地工作报告分为三类，一是工作总结报告，这种报告就内容来说，涉及政府各项工作，带有全面性，就时间来讲，也有具体规定，或 1 个月、3 个月，或半年、1 年。二是专题工作报告。这种报告多为一项重要工作，或一个运动结束，进行总结而向上级提出的报告。三是临时工作报告。这种报告多是遇有重大问题，涉及政策性的问题，或每一阶段中心工作执行情况和经验的报告。它具有极强的时间性和迫切性，因此不拘形式，信件、电报都可为之。关于工作报告内容，必须真实，写出每项工作或几项工作（尤其是为一时期中心工作）的进度、过程和结果，工作方法和取得的经验，存在的问题和解决的办法。

（四）行政工作的检查制度

工作检查制度，是各根据地政府的重要工作制度之一。《陕甘宁边区抗战时期施政纲领》第五条规定："建立工作检查制度，发扬自我批评，以增进工作的效能。"在这些纲领确定的原则下，各根据地政府结合自己工作的实践和经验，都建立了自己的各具特色的工作检查制度。这些检查制度的基本做法，首先是政府的自我检查。比如陕甘宁边区政府，每隔一段时间或一项重大工作，或一个运动结束，都要动员大家检查一次工作，采取个别谈心，或开小型座谈会的方式，开展善意的相互批评，听取意见，共同总结经验教训。凡属正确的建议和意见，边区政府一律接受，照其办理。凡属不正确的或属于误会的意见，就向他们做耐心地说服和解释工作，做到互谅互勉共同提高。有些明显错误的，就诚恳地指出他们的不对。这种做法，贯彻了以诚相待民主检查的精神，从党内到党外都十分满意。其次是上级政府对下级政府的检查。从检查中发现问题，表扬成绩，纠正错误，并与群众的自下而上的检查适当配合起来，克服上下不一致的毛病。最后是群众对政府的检查。人民群众检查政府工作的方式有两种：一是直接方式。在平时，可以通过批评和建议，乃至控告的形式，监督政府工作和工作人员。每到选举时刻就亲自动手进行大检查，批评政府工作和工作人员的缺点，提出改进政府工作的意见。到参议会开会时，参议员可通过会议检查政府工作，指令政府执行他们的决议，选举他们依赖的干部，罢免不称职的干部，以实现自己当家作主的权利。二是间接方式。各级参议员按照居住的远近，组成各级参议员小组，深入群众，调查研究，随时反映人民的意见、要求和呼声，通过各级参议会常驻会，转交同级政府执行。

第四节　精兵简政

一、精兵简政案的提出和通过

抗日战争初期，各个根据地适应战争发展的要求，在政权建设上取得了巨大的成绩，人民抗日力量空前发展。但是，在建设和发展中也出现了不少问题：（1）上层机构庞大，叠架骈枝，人浮于事，运转不灵；（2）基层政权组织不健全，干部力量薄弱。这样，上层机构重叠不可避免地派生出层次繁多、职责不清、行动迟缓、办事拖拉的弊端，助长了官僚主义的发展，下层薄弱，阻碍了政策和法律的贯彻执行。进入1941年后，日本帝国主义对各根据地实行“三光”政策，国民党则包围、封锁陕甘宁边区和各根据地。人民群众的生存条件遇到了极大的困难，根据地缩小了，与战争机构的庞大发生了矛盾。特别是陕甘宁边区，人口稀少，土地贫瘠，生产力低，经济落后，又经内战摧残，本来财政就艰难竭蹶，而中国革命的大本营安放在这里，赋予它承担中国抗战和革命的浩大财政开支的重任，造成经济与财政的尖锐矛盾。

早在1940年10月，毛泽东提出过，减轻人民负担，党政军脱产人员不得超过居民总数3%的要求，已经包含了精兵简政的基本思想和原则。但是，由于相当多的领导同志，看不到“黎明前的黑暗”的处境，仍然泰然处之。1941年边区政府征收救国公粮额达到了人民群众负担能力的饱和点，在广大群众中产生了不满情绪。林伯渠已经意识到这个问题的严重性，提出了“珍惜民力”的号召，探索解决问题的根本办法。

1941年11月，边区召开参议会二届一次大会，米脂县绅士李鼎铭在11月18日参议会讨论财政经济问题时，向大会提交了一个议案，案名为《政府应彻底计划经济，实行精兵简政主义，避免入不敷出、经济紊乱之现象案》。理由是“军事政治之建立，必须以经济力量为基础。在今日人民困苦、资源薄弱之状况下，欲求不因经济枯竭而限制军政发展，亦不因军政发展而伤害经济命脉，惟有政府彻底计划经济，实行精兵简政主义，量入为出，制定预算，以求得相依相助，平衡发展之效果”。他提出的办法是：“一、政府应根据客观物质条件及主观经济需要，而提出计划经济，以求全面提高生产力，改善经济条件，加强经济基础。二、在现有经济基础上，政府应有量入为出的统一经济计划。三、在财政经济力量范围内和在不妨碍抗战力量条件下，对于军事应实行精兵主义，加强战斗力，以兵皆能战，战必能胜为原则，避免老弱残废，滥竽充数。对于政府应实行简政主义，充实政府机构，以人少事精，胜任职责为原则，避免机关庞大，冗员充塞，浪费人力物力等现象。四、规定供给条例，避免不必要的供给与消耗。五、提倡节约，廉洁作风，避免不应有的浪费现象。”这就是他提出的精兵简政案。这个提案，高瞻远瞩，切中时弊，受到大会高度重视。大会以165票多数通过小组审查意见，决定“交政府速办”。林伯渠、谢觉哉认为这个提案很好，立即向党中央作了报告。毛泽东看到这个提案后，非常高兴。他把提案的内容一字一句地抄在笔记本上，并加了一段批示：“这个办法很好，恰恰是改造我们的机关主义、官僚主义、形式主义的对症药。”毛泽东还亲自找李鼎铭谈话，进一步征求他的意见，并告诉他党中央对精兵简政问题，要进行认真研究，作为党的一项极其重要的政策，在边区和各个抗日根据地贯彻执行。

二、精兵简政纲要的制定和内容

陕甘宁边区和各个根据地的精兵简政，从1941年年底开始，到1943年年底，历时两年，其间各地进行了3至4次大的整编。在这个过程中，晋冀鲁豫根据地贯彻最认真，取得了显著成绩，受到了党中央和毛泽东的表扬，而陕甘宁边区政府制定的《陕甘宁边区简政实施纲要》则是贯彻执行精兵简政取得的最好立法成就。

《陕甘宁边区简政实施纲要》于1942年12月边区政府委员会第三次会议上通过，1943年3月3日以边府正副主席命令加以发布。这个纲要，具体规定了精兵简政的一系列方针政策和具体方案，成为精兵简政的伟大纲领。

《简政实施纲要》首先规定要重新划定各级政府机关的职权与业务。指出边区政府是边区政权的首脑部，它以掌握政策、掌握干部、组织和领导政策的执行为自己的基本业务。边府各厅和保安处是边府的职能工作部门，应在政府统一领导之下，各分掌一部分业务，同样，以掌握和贯彻政策为首要业务。负责审判工作的高等法院，也要首先掌握适合边区社会情况的司法政策。专员公署的主要业务是，掌握并贯彻边府政策、法令和指示，熟悉和了解各县情况，计划与领导各县行政，监督和指导驻在该地区的边府各种附属机关，以及协同驻军维持地方治安。县政府应以组织人民经济和健全乡政权为自己的两大基本任务。区公署是帮助县政府了解乡村情况，传达上级指示，并帮助乡政权建立自己的工作。要认识乡政权是人民的直接政权，是上级政府联系和依靠人民的基本环节。因此，在简政纲要上，把乡政权的任务规定为十项，尤以发展农村生产为第一个重要任务，其他的工作围绕在它的周围进行，并力求有助于生产的发展。

纲要还规定，依据民主集中制和整饬政纪的原则，实现政权工作的一元化领导。要对全体政务人员进行深入的民主集中制与政纪的教育，从思想上保证做到政策、政令、制度和政纪的统一。在组织上，各级政府必须遵守和执行参议会的决议，接受常驻委员会的监督。司法工作应该在各级政府统一领导之下进行。边府各厅、处尤须严格遵守统一领导的原则，凡关于政策、法令、制度之设施、人事之退进以及重要指示，均须经正副主席裁决。县政府各科须统一在县政府委员会及县长领导之下，县长对上级负责，边府、专署指示，不得越过县长。制定政纪总则，政务人员公约，政务人员奖惩条例，严肃纪律和奖惩。

纲要规定依据业务的要求和精简的原则，重新审定边区各级政府的机构与人员，贯彻少而精的原则。在边区政府，必须把政务与事业分开，领导与事务分开。应该移下的事务移下去，应该分给事业机关的事业分出去，应该取消的空头机关取消之，应该合并的机关合并之，应该紧缩的机关紧缩之。改正视察、研究与领导分立的不合理制度，使调查研究工作成为各部门的重要业务。重新审定各科室的业务与职权，并紧缩机构。实行合署办公，节省大量的秘书、总务机关和工作人员。提倡一人做几个人的事，因职设人，不因人设职。专署现作为边府的代表机关，则仍须保留处、科编制，减少人员，加强干部的质量。为便利人民上诉，专署设高等法院分庭，由专员兼庭长。县政府要减少科的编制，加强政务人员的质量，每县配备两个得力的知识分子干部，减少技术人员和杂务人员。县长兼自卫军大队长和裁判员，设立政务秘书 1 人，协助县长处理政务。区公署、大区及边境区设助理员 3 人，小区助理员 2 人，秘书由助理员兼任。每区配备一个适当的知识分子干部。各级精简下的所有编余人员，须慎重处理，务期各得其所，人尽其才，才尽其用。除缺乏劳动能力的残废老弱妇孺另行处理外，一是加强下级，二是转入生产战线。通过这些措施，使边区各级政府机关合于精简的精神，达到边府所属行政人员由 11500 人减至 7500 人，即减去35%的目标。

第三次精兵简政，从1942年9月开始，到1944年1月结束，历时1年4个月。实行的结果，已经基本上达到了精简、统一、效能、节约和反官僚主义五个目的。

第二十九章　抗日民主政权的战时动员法规

第一节　战时动员法规的制定

陕甘宁边区和各个抗日民主根据地根据“抗战需要”“人民群众的负担能力”“爱惜民力”“公平合理”“政治动员与行政立法相结合”的原则，制定了许多战时动员法规。

陕甘宁边区政府为了缩小动员范围，减轻人民负担，在总结实施《中国共产党陕甘宁边区委员会、陕甘宁边区政府、国民革命军第八路军后方留守处关于动员壮丁的训令》（1939 年 12 月 28 日）、《陕甘宁边区政府关于动员及代雇民夫牲口的决定》（1940 年 7 月 4 日）的经验基础上，于 1941 年 3 月 1 日颁布了《陕甘宁边区战时动员法规》。这个法规包括林伯渠主席撰写的爱惜民力的序言、《陕甘宁边区战时动员壮丁牲口条例》、《陕甘宁边区战时动员物资办法》以及《陕甘宁边区各级动员委员会组织规程》。后来，又针对实施中存在的问题，发布了《令迅速召开会议讨论春耕期间限制动员的具体办法》（1942 年 3 月 27 日）、《陕甘宁边区政府关于切实注意动员壮丁牲口条例给八路军政治部的公函》（1942 年 4 月 15 日），补充和发展了上述战时动员法规。

第二节　战时动员法规的内容

一、壮丁牲口的动员

凡属边区人民皆有出其人力物力之义务。动员征用壮丁牲口，以供应建筑军事防卫工事、军事仓库、飞行场，修筑公路工事，军需品之运输及伤兵员之运输事项，边区政府粮食局所属仓库粮秣之转运事项之用为限。如果各部队、机关需要壮丁牲口，而不属上列事项范围内者，只能以普通待遇雇用，不得以动员征用方法征用。

凡年 18 岁至 45 岁之男子为壮丁。其全年总服役时间为：1 户只有壮丁 1 名者，全年不得超过 20 天；1 户有壮丁 2 名者，全年每名不得超过 30 天；1 户有壮丁 3 名以上者，全年每名不得超过 40 天。壮丁于动员服役时，有下列情形之一者，得请求缓役，俟下次动员时补役。这些情形有：壮丁在婚丧期间 15 日以内者；壮丁在病中经医生证明不能即行服役者；1 户只有壮丁 1 名，在农忙耕种或收获时期者。壮丁具有下列情形之一者，得免征：（1）壮丁肢体残废或心神丧失或有疾不能劳动者；（2）壮丁在学校肄业或脱离生产任职者；（3）迁入边区内居住不满 2 年而壮丁又在 2 名以下之户者；（4）1 户壮丁只有 1 名在家，其余为现役军人或公务人员者。

对于动员征用牲口，不问住户牲口之有无或多寡，而以现时财富为标准，分为富户、中户和贫户三等，每户出牲口 1 头，其全年总服役时间为，富户全年不得超过 80 日，中户全年不得超过 40 日，贫户全年不得超过 20 日。被征用之户，如无牲口者，由该户自行雇用，其雇用费由应征户负担。征用部队或机关，只照政府规定发给草料费、饲养人伙食费。具备下列条件之一者，得免征用牲口：生活不能自给之抗属及赤贫户无牲口或只有一头者，外来难民贫民在边区居住不满 2 年者，因遭天灾人祸而受重大损失者。被征用之牲口，如有损失者，由征用机关或部队酌予给价。征用牲口饲养人之工役时间，不得与征用壮丁之服役时间相抵。

动员壮丁和牲口，必须遵守严格的程序。第一，一律由政府出面动员，任何部队、机关不得自行动员或假借政府名义进行。所有征用壮丁牲口的部队或机关，须先将征用之数目、时间、地点、用途、报经政府批准，由政府出面动员征用。第二，一律发给应征人服役日数证明文件。凡部队或机关征用壮丁牲口服役完毕时，应发给应征人服役日数证明文件为凭。其服役未毕而逃走者，应通知原动员政府拿办。第三，凡超过规定的服役时间，应照雇用待遇处理。动员壮丁牲口，全年总服役或征用日数达不到规定之数目时，不必补役。

动员壮丁和牲口，还实行严明的奖惩制度。人民无正当理由，迟延、逃避或拒绝征用服役者，要根据情节轻重，给予1月以下之拘役或视资力之有无，科60元以下之罚金。相反，人民对于征用服役著有劳绩者，给予名誉及物质之奖励。其因而致死伤者，得按抗日军人抚恤条例优待。公务人员无正当理由而拒绝及怠于动员征用，或滥用职权借动员征用以自私者，视情节之轻重，处2年以下之徒刑，或拘役或撤职记过。其因动员征用卓有成绩者，则提升或奖励。军人强拉壮丁牲口使用者，以军法惩办。军人之奖惩，由主管军事机关办理。公务人员和人民之奖惩，由主管政府或司法机关办理。

二、物资的动员

对于物资的征用，坚持统一动员、保证战时供给、调节人民负担、避免浪费的原则。动员物资须具备下列各项条件，才得征用：（1）确为军事上或公共事业上所必须；（2）前线必须又不能依其他方法取得或虽然取得而需用时过久，足以贻误军机及事业者；（3）须为应征人所能供给而不致妨害其基本生活者。但人民自动发起征柴、担水、优待抗属或慰劳抗日军人及抗日战士，人民自动发起征集物资，进行文化卫生交通建设，群众团体向其所属会员征集会费或募捐经费，不受上列之限制，政府亦不得以命令制止。

1. 关于器材的征用。凡是人民之生产工具（包括农具、手工业生产工具）或其他使用之器具（包括炊具、膳具、其他用具等），均须在不妨害人民自身使用下借用，或给以相当价值购用。凡砍伐人民山林树木为公共建筑使用者，须商得人民之许可，并备价收买。砍伐人民树木为扫清战场者，所砍之树木仍应归还所有主。公共树木非有前两项用途，不经政府批准，不得砍伐。

2. 关于粮草的征用。凡征用人民粮草，如经政府规定价格，应依照规定之价购用。如无规定则须照市价给价。征用粮草既不准人民抬高市价，亦不准征用者抑压价格，但边区政府于必要时得以命令酌量规定较低之价。军队因作战必需而人民又无余粮卖时，得通知当地政府设法代办。

3. 关于土地的占用。公家为建筑国防工事、交通、道路、盖房等，有不得土地所有人同意，永久使用土地之权，但须给价或另以土地调换。有限期占有人民之土地，不致妨害所有权之使用及收益时，应以同等土地调换或租用。短期借用人民之土地而不妨害所有权之使用及收益时，则无须备租，但要取得所有人之同意。

4. 关于房屋之占用。政府为建筑充作军用及公共场所，有不得房屋所有人同意，永久使用房屋之权，但须给价或另以房屋调换。无限期占用民房，须备价收买或经房主之同意，以同等之房屋调换。有期限占用民房，须备租金或以同等房屋经所有人同意调换使用。临时占用民房，如占用期限不超过 3 个月，而原主人又可勉强容纳者，即无须付给租金。占用民房，如有损坏门窗及其他装备者，应予修复或赔偿。

5. 关于资财的征集。凡征集财物为优待抗日军人家属或慰劳抗日军人及伤病员者，均以人民自愿及经过上级批准后实行。征集财物，为救济灾民难民或进行公共文化卫生建设者，属于本乡范围者，得量力摊派；属于外乡者，得以自愿输纳为原则，不得摊派。

物资动员，必须办理法定手续。凡征用器材及有限期或临时占用人民房屋土地时，其征用机关或部队应向当地政府或动员委员会交涉，无须上级政府介绍，各级政府不得拒绝，征用机关也不得强迫。征集优待、慰劳、救济及文化卫生建设之资财时，须由下级政府将征集财物原因、种类、数量、用途及征集办法等详细情况呈报上级政府，经审核批准后实行。凡征用粮草为一乡一区或一县范围内所能负担者，征用机关或部队应向该级政府或动员委员会交涉。凡占用房屋之租金、价金及损坏门窗装备之修复与工具用器损坏之赔偿等费，由该征用机关或部队偿付。各级政府对于动员物资事项，须按月向上级政府报告，以便检查。

对于物资的动员，实行严格的奖惩。各级政府及动员委员会工作人员，在接到征用机关或部队之要求时，须依照法规所定事项，负责办理，不得拖延推诿。轻视动员以自私者，处以 1 年以上 2 年以下之有期徒刑，倘借以贪污者，克扣赔偿费、租金及价金者，得依照惩治贪污条例惩处。强占人民土地房屋，砍伐人民树木及强迫抑压粮价或强迫买卖者，得视情节轻重加以处罚。而军人有上述行为者，均按军法论处。凡各级政府及动员委员会工作人员，在征集物资中奉行得力，或协助机关部队成绩卓著者，得酌给以精神上与物质上之奖励。

三、动员委员会的组织和职权

动员委员会分边区政府动员委员会、分区专署动员委员会和县政府动员委员会三级。各级动员委员会由各级党政军（如该地有驻军时，须请该驻军负责人参加为委员）及群众团体组成。其组织人数，边区为 7 人至 9 人，专署及县为 5 人至 7 人。各级动员委员会推举主任 1 人，必要时增设副主任 1 人，专掌本会日常工作。边区动员委员会，设干事 3 人至 5 人，受主任之指导，分掌本会事务。专署、县（市）不另设工作人员，其有关动员工作，由各该专署、县（市）第一科主办。各级动员委员会，除日常工作外，遇有特殊工作时，可呈请同级政府在党政军民机关内抽调干部临时协助。

边区动员委员会受边区政府民政厅直接领导，按照动员委员会议决案执行工作。专署动员委员会受专署直接领导及边区动员委员会之管辖和指导，行使其职权。县（市）动员委员会受同级政府及专署动员委员会领导，执行其职务。各级动员委员会的职权是：（1）负责动员建筑军事防卫、军事仓库、飞行场及修筑公路等工程事项；（2）负责动员军需品的运输、伤病员的护送以及公用粮草的转运等事项；（3）遵照政府的决定，办理其他财力、物力和人力等动员事项。

陕甘宁边区地广人稀，地瘠民贫。在经济上又处于半自给自足状态。可是，在抗战过程中，由于党和政府的正确领导，依靠广大人民群众高度的爱国主义精神和顽强的革命精神，努力贯彻执行战时动员法规，对抗战动员负担作出了巨大的贡献。

第三十章　抗日民主政权的土地法规

第一节　土地立法概况

一、土地立法的指导方针

第二次国内革命战争时期，为了彻底推翻封建剥削制度，解放工农劳苦大众，工农民主政府的土地立法是以“没收地主土地分配给农民”作为指导方针的。但由于“九一八”事变，尤其是1935年华北事变后，日本帝国主义侵略者不停地向中国进攻，企图独占中国，变中国为他们的殖民地，这就使得中国的阶级关系、社会主要矛盾和政治形势均发生了深刻变化，“中日矛盾成为主要矛盾，国内矛盾降到次要和服从地位”。为此，1937年2月10日，中共中央发表的《中共中央给中国国民党三中全会电》中首先提出，如果国民党能将“停止内战、集中国力、一致对外”等五项要求定为国策，则中国共产党愿意保证实行“停止没收地主土地的政策”等四项政策。至同年7月7日抗日战争全面爆发，15日中国共产党在《中共中央为公布国共合作宣言》中，又重申了发动全民族抗战等三项基本要求和“停止以暴力没收地主土地的政策”等四项保证。这表明，为了促进国共合作，建立抗日民族统一战线，中国共产党的土地政策发生了重大转变。但是，在“停止没收地主土地的政策”之后，确立什么样的土地政策来指导抗日战争时期的土地立法呢？ 1937年8月25日，中共中央公布了

《抗日救国十大纲领》，首次提出了“减租减息”的土地政策。从此，以“减租减息”为中心内容的土地政策，就成为抗日根据地土地立法的指导方针。

二、土地法规的制定

陕甘宁边区制定土地法规分为前后两个时期。前期的土地立法自 1937 年 4 月陕甘宁边区政府发布《关于土地政策》的布告，宣布“在没有分配土地的统一战线区域，地主豪绅的土地停止没收”，“在分配了土地的区域，地主豪绅回来，可在原区乡分配他以与农民一样多的土地房屋”为开始的标志。这一时期制定的土地法规主要解决农民已分得土地的所有权问题。为此，1938 年 4 月针对在土地革命中外逃的地主、富农在返回家乡后，部分不明大义的分子采取各种手段，强迫、威胁和利诱农民交还土地、债务和地租的情况，边区政府发布了《关于处理地主土地问题》的布告，明确宣布，“在已分配土地的地区，已没收的土地，不应还原，分配了的房屋不得翻案，已取消的租债，不许再索取”。同时公布《陕甘宁边区土地所有权条例》，才刹住了地主富农收回土地，损害农民在土地革命中所取得成果的错误做法。到 1939 年 4 月，制定并公布了《陕甘宁边区土地条例》，巩固了土地革命的成果，用法律形式进一步确保了农民已分得土地的所有权。在此基础上，以 1940 年 7 月绥德分区临时参议会通过的减租减息案为标志，陕甘宁边区转入以规定减租减息，保证佃权与低利借贷为主要内容的后期土地立法阶段。这一时期制定的主要土地法规有：1943 年 9 月公布的《陕甘宁边区土地典当纠纷处理原则及旧债纠纷处理原则》和《陕甘宁边区土地登记试行办法》，1944 年 12 月边区第二届参议会第二次大会通过的《陕甘宁边区地权条例》和《陕甘宁边区土地租佃条例》。

与陕甘宁边区不同，其他敌后根据地都是在抗日战争开始后创建的，尚未进行土地改革。因此，自一开始这些地区就是依据减租减息的指导方针，结合本地区的实际情形，制定适合于本地区的有关减租减息的土地法规。其中晋察冀边区在 1938 年 2 月 10 日就颁布了《晋察冀边区减租减息单行条例》，次年 12 月又颁布了《晋察冀边区减租减息实施办法》，1940 年 2 月对《晋察冀边区减租减息单行条例》予以修正公布，1941 年 3 月 20 日又公布了《晋察冀边区减租减息单行条例施行细则》，1943 年 2 月 4 日公布了《晋察冀边区租佃债息条例》和《晋察冀边区租佃债息条例施行条例》。晋冀鲁豫边区在 1941 年 11 月公布了《晋冀鲁豫边区土地使用暂行条例》，其后又在 1942 年 10 月、1943 年 9 月、1945 年 5 月三次修正公布或修补颁布。太行根据地在 1943 年 11 月根据《晋冀鲁豫边区土地使用暂行条例》制定了《土地使用暂行条例太行区施行细则草案》。太岳区在 1945 年 3 月制定并于 4 月颁布了《太岳区地权单行条例》和《太岳区租佃单行条例》。晋西北边区在 1940 年制定了《晋西北减租减息暂行条例》，1942 年又颁布了《晋西北减租交租条例》。山东根据地则在 1940 年 11 月公布了《山东省减租减息暂行条例》，1942 年 5 月公布了《山东省租佃暂行条例》，1945 年 2 月还公布了《山东省土地租佃条例》。苏中区也在 1944 年 9 月公布了《苏中区土地租佃条例》。

通过这些土地法规的制定，在各抗日根据地，“减租减息”的政策成为法律所确认的原则和制度，从而为正确调节根据地内各阶级与阶层的关系提供了依据，因而在一定程度上巩固和发展了抗日民族统一战线。

第二节　土地所有权

一、土地所有权的概念

依据土地法规的规定，土地所有权也可以简称为地权，是指“合法土地所有人在法令限制范围内，对于其所有土地有自由使用、收益和处分（买卖、典当、抵押、赠与、继承等）之权”。而这里所说的土地，在《陕甘宁边区土地条例》《陕甘宁边区地权条例》《晋冀鲁豫边区土地使用暂行条例》《太岳区地权单行条例》中，曾以列举的方式予以规定，明确系指农地、林地、牧地、房地（或称宅地）、山地、水地、旱地、园地、荒地、墓地（或称坟地）、盐地、矿地及其他水陆富源。

二、土地所有权的种类及取得

陕甘宁边区和其他抗日根据地对土地所有权都分为两类：一类是公有土地，其所有权属于各个抗日根据地的抗日民主政府（边区政府）；一类是私有土地，其所有权则属依据合法程序及方法取得土地的私人。但不论是公有土地还是私有土地，都必须是合法取得，方才受法律的保护。

公有土地所有权的合法取得，主要是根据政府的法令规定而取得，同时也通过依法没收的方法及对无人继承的绝户土地的继承取得。对于公有土地的范围，陕甘宁边区和其他抗日根据地的有关土地法规曾作过明确规定。这些规定的具体内容抑或小有不同，但基本内容却大体一致。根据这些规定，属于公有土地的范围包括：（1）军事工事及要塞区域的土地；（2）公共交通道路；（3）公共需用的河流和其他天然水源地（如天然湖泽、可通运输的水道等）；（4）凡不属于私有的矿产地、盐池、荒地、森林、名胜、古迹等；（5）依法没收归公的土地；（6）其他未经人民依法取得所有权的一切土地。举凡公有土地的所有权，都属抗日民主政府，由县、市、乡各级政府管理。

私有土地所有权的合法取得，主要分为两种方式：一是在陕甘宁边区已经经过土地分配的区域，“人民经分配所得之土地，即为其私人所有。土地改革以前的旧有土地关系，一律作废”。二是在陕甘宁边区及其他抗日根据地，没有经过土地改革的区域，“土地仍为原合法所有人所有”，即承认原有的土地所有权关系为合法取得土地所有权的方式。

除上述两种主要方式外，私有土地所有权的取得还有退伍抗日军人、军属及因贫困逃亡到陕甘宁边区和其他抗日根据地的移民、难民向政府领取公地，与人民经合法手续开垦荒地等辅助方式。关于这种方式，《陕甘宁边区土地条例》第九条规定："家在边区境内而无土地之退伍抗日军人，得向县政府申请领取公地，经县政府允许，边区政府批准登记后，该退伍抗日军人即取得所领土地之所有权。"《陕甘宁边区优待移民难民垦荒条例》第四条甲款规定："经移民难民自力开垦或雇人开垦之公荒（指公有荒地），其土地所有权概归移民或难民，并由县政府发给登记证。"《陕甘宁边区地权条例》第九条规定得更为详细："有下列情形之一者，得呈请政府领取公地或公荒，并可依法取得土地所有权：一、留居边区的退伍抗日军人和抗日军人家属，没有土地耕种者；二、蒙、回等少数民族人民愿在边区境内居住，而没有土地耕种者；三、外来灾民、难民、移民或边区人民愿从事自力耕种，而没有土地者；四、在分配土地时期外出的业主，现在回边区居住，而他的土地已经没收分配，现无土地耕种者。"《晋冀鲁豫边区土地使用暂行条例》第八十四条规定：凡根据人民"自力开垦"、"合力开垦"及"自己劳动并雇佣工人从事开垦"公有荒地，"荒地依限垦竣后，承垦人得向县政府领取证书，取得土地所有权"。《太岳区地权单行条例》《胶东区开垦荒地暂行办法》及《渤海区关于垦区土地所有权的决定》中，也都规定经合法手续开垦公有荒地即可取得所有权。

三、土地所有权的保护

（一）土地登记与土地所有权证制度

通过土地登记或颁发土地所有权证，确认人民土地所有权，是陕甘宁边区和部分抗日根据地保护土地所有权的重要方式。为此，陕甘宁边区在抗日战争初期，即颁布了《土地所有权证条例》。该条例规定："凡土地所有人，必须依本条例向当地县政府领取土地所有权证"，"凡未照本条例，在规定期限内，领取土地所有权证之土地，概作为公有土地”。而由县政府颁发的土地所有权证，“为土地所有权之唯一凭证，在土地所有权证颁发后，原有关于土地所有权之各种契约，一概作为无效”。自此之后，陕甘宁边区在处理关于土地所有权纠纷时，即以土地所有权证作为根据。到1943年9月，陕甘宁边区“为确定土地所有权”，又颁布《土地登记试行办法》，规定：“凡在边区境内置有土地房屋者，均须依照本办法向土地所在地之县市政府进行登记，领取土地房屋所有权证。”经过土地登记和颁发土地所有权证，就以新的确认土地所有权制度代替了旧的确认土地所有权制度，从而使农民分配的土地的所有权有了法律凭证，这对于确保农民的土地所有权，巩固土地改革的成果，防止部分地主富农借机翻案，试图强迫已分得土地的农民归还土地所有权的活动具有重要意义。

（二）对侵犯土地所有权的处理

为了保证人民的土地所有权，对于侵犯土地所有权的违法行为必须予以处理。为此，《陕甘宁边区土地条例》规定：对于“侵占他人土地者，政府得酌情处罚之”，“凡用欺骗威胁手段强占他人土地者，一经查出，依法予以制裁”。《晋冀鲁豫边区土地使用暂行条例》第八条规定：“土地所有人得禁止他人或牲畜侵入其地内；但他人有通行权或依习惯可在其山地牧场内樵采牧畜者，不在此限。”第九条规定：“土地所有人，如遇他人之畜牲或物品偶入其地内者允许其取出，但土地所有人因此而受损害时，得请求赔偿。”第十二条规定：“土地所有人，于须要越界建筑房屋时，须商得邻地所有人购买其土地，如未事先协商而以越界建筑者，视为侵犯邻地所有权，邻地所有人对越界部分之土地，得要求适当之价格出卖。”《太岳区地权单行条例》第三十三条也规定：“以欺诈、威胁、侵占、霸占等非法手段取得土地所有权者，为非法地，一律禁止。”

在山东抗日根据地，针对执行土地法规中曾经存在过的“有些政权工作干部以为保障地权仅仅是（或主要是）保障地主的地权，而不知道同时

（而且更主要的）还要保障农民的地权”这种错误做法，强调在处理土地纠纷时，“地主依法所取得的土地应予保护；但如采用非法手段掠夺农民所有土地，那就不能予以保护。在这种情况下，我们应当保护农民所应有的地权，不准任何人用非法手段掠夺。过去采用非法手段所掠夺的土地，均应依法归还原主”[①]。

四、对汉奸土地所有权的处理

适应抗日战争时期的需要，《陕甘宁边区土地条例》第十一条规定：“凡有卖国行为，经法院宣布撤销其本人土地所有权者，其本人土地即属公地，由当地乡政府管辖之。”其他抗日根据地的土地法规中也有类似规定，而尤以《晋冀鲁豫边区土地使用暂行条例》和《太岳区地权暂行条例》最具代表性。这两部土地法规都规定了对汉奸土地所有权处理的详细内容。依照规定，处理汉奸土地所有权的原则有两个：一是坚决没收汉奸土地；二是对汉奸之家属土地则依据罪及本人、不得株连的原则，区别不同情况予以处理。其具体处理办法：首先，对“凡叛国投敌之汉奸首要”，依法“没收其土地，地权归公”。其次，对于“汉奸首要全家附逆者，没收其全部土地”。最后，如果“其家属尚在抗日者”，则分为五种情况分别处理：“汉奸首要之子女尚在抗日，并与脱离亲属关系者，得酌留土地之一部分与其子女维持生活”；“汉奸首要的父母或祖父母尚在抗日，并与脱离亲属关系者，取消该汉奸首要之继承权，不没收土地”；“汉奸首要之兄弟姐妹尚在抗日，并与脱离亲属关系者，没收该汉奸应分得的土地”；“汉奸首要之妻或夫尚在抗日，并与断绝夫妇关系者，没收其土地之半数”；“业经分家析产者，没收汉奸个人的全部土地”。

① 《山东抗日根据地土地纠纷问题》。

第三节　减租交租与保障佃权

一、减租的规定

陕甘宁边区和其他抗日根据地的土地法规中，都明确规定了对于地主出租的土地租额必须实行“二五”减租的基本原则。但由于各个根据地的租佃关系发展不尽相同，租佃形式也不一致。因此，在基本原则一致的前提下，各根据地土地法规关于减租规定的具体内容，也不尽一致。而其中又以陕甘宁边区和华北各抗日根据地的规定具有典型代表性。依据这些根据地土地法规的规定，减租的内容包括三个方面。

（一）对不同租佃形式的减租额的规定

陕甘宁边区的租佃形式有定租、活租、伙种和安庄稼四种。对于不同形式的地租，其减租额也不相同。定租，又称死租，是指“按照土地面积计算所定之租额”的地租形式，其减租率一般不得低于 25%。活租，又称“地分粮”，指“出租人只出土地，所需生产工具概由承租人自备，就地上收获正产物由双方按成分配”的地租形式。其减租额为比照原租额减少 20% 至 40%。减租之后，出租人所得最多不得超过收获量的 30%。土地副产物，全部归承租人①。伙种，是指“出租人除土地外，并供给承租人各种生产工具之一部或全部，就地上收获按成分配”的地租形式。其减租额为按原租额减少 10% 至 20%。减租之后，出租人所得最多不得超过收获量的 40%。土地副产物的分成方法，依照租佃双方约定。安庄稼，是指“出租人除出土地及全部生产工具外，并借给承租人粮食、窑房等，就地上收获

① 土地正产物，指粮食等。土地副产物，指柴草等。

双方按成分配”的地租形式。其减租率为按原租额减少 10% 至 20%。减租之后，出租人所得最多不得超过收获量的 45%。土地副产物亦随正产物由双方按成分配。但出租人对所借粮食及窑房等，不得收取利息及租金。

华北地区的晋察冀、晋冀鲁豫及山东省根据地的租佃形式一般有租种地、半种地、活租地三种形式。其中，租种地是指“出租人除出租土地外，不供给承租人以生产工具与生产资料，而约定一定租额的”租佃形式。经过“二五”减租后，其地租以土地正产物收获总额 375‰为标准。但经双方协议，特别硗瘠或肥沃之土地，其租额可适当减少或增加。半种地是指“出租人对承租人耕作上必须之牲畜、农具、种子、肥料完全供给”的租佃形式。经过“二五”减租后，其地租额以土地收获物总额 50% 为标准。活租地是指“出租人仅出租土地，并未预先约定租额，而以比例分配租地之当年收获物”的租佃形式。经过“二五”减租后，其地租以土地正产物总额 35% 为标准，承租人得 65%，出租人得 35%。但华北地区有些根据地则依据其具体情形规定了与此不尽相同的内容，如太岳区在 1945 年公布的《租佃单行条例》规定，租佃形式分为定租、活租、伙种、安庄稼、包山梁五种，其中前四种形式的减租额与陕甘宁边区的规定完全相同，第五种包山梁是指“交付地主一定金额，或不交付金额，开垦山地后，逐年交付，甚或逐年增加给地主山钱或梁租，取得土地无限制使用权”的租佃形式。其减租额一般为 25%。但如果承租人继续开山荒者，则依据开垦山荒的规定，3 年不交租，5 年不负担。

（二）对法定租额外的剥削加以禁止的规定

陕甘宁边区《土地租佃条例》规定，出租人应该依照法令所规定的减租额收租，即只能收取法定租额，“不得多收或法外增租”，“禁止预收地租之一部或全部及收取押租”，“交租使用当地通用之斗，禁止大斗收租与小斗交租”，“于应收正租外，出租人不得索取任何额外报酬及无偿劳动”，“禁止包租转租从中图利”。凡是出租人故意违反法令规定，在法定租额外进行剥削的，“按情节轻重，由司法机关处理”。

在最早实行减租政策的晋察冀边区，于1938年2月所颁布的《减租减息单行条例》中就明确规定，对于地主在法定租额外要求农民交纳的“大粮、杂租、小租、送工等额外附加，一律禁止”。同年3月，边区行政委员会又专门发布《关于杂租、小租、送工的解释》的训令，规定“杂租”是指在法定租额之外，“另要些各种物品，如肉类、酒类等”。“小租”也是佃户在正租额以外对庄头的纳款；“大粮”是佃户约定为地主佃耕时地主预借米粮若干，到次年秋收时加五或加倍偿还，属于高利贷的一种。“送工”就是佃户于每年之内，给地主无代价地服务几天的办法。1940年11月11日公布施行的《山东省减租减息暂行条例》中规定：“地租一律不准预缴”，“严禁庄头剥削”，“地主对佃户之无偿劳役及指粮讹算之陋习，一律禁止。佃农在春荒时向地主所借之粮食，到收成后还粮，不得折价，粮息不得超过一分半”。1945年2月公布的《山东省土地租佃条例》也规定：“地租外之一切额外负担，如份子粮、带种地、干拔工、送礼等均应除消。过去地主出种实行双除种者，应改为单除种，于未分前在公堆上扣除之。”其他根据地的有关减租法令都有类似规定。

（三）关于积欠地租之处理的规定

对于在减租法令颁行前所欠地租，原则上一律免交。为此，陕甘宁边区和其他抗日根据地还依据减租法令颁行的不同时间，对免交年限作了具体规定。陕甘宁边区自1940年全面实行减租法令，所以规定：“民国二十八年（即1939年）年底以前欠租一律免交。”晋察冀边区自1938年开始逐步颁布施行减租法令，故在1940年的《减租减息单行条例》中规定：“欠租在二年以上的，准按本条例减租后，以出租人一年应得租额之二倍，在五年内分年偿付，结束积欠。”实际上也就是免交1938年以前的欠租。在太岳边区，《租佃单行条例》规定：“民国三十年（即1941年）底边区政府法令到达该地以前的欠租，一律免交。”晋西北行政公署1942年颁布的《减租交租条例》也明确规定："为清理欠租，保证今后交租，改善租佃关系起见，本条例颁布以前之欠租一律免交，抽回欠约。"山东根据地在1942年颁行的《租佃暂行条例》则规定："本条例颁布前，承租人因确系无力交纳，积累至三年以上之欠租，得予免交。如有争议，由政府调处之。"在苏中区根据地于1944年通过的《土地租佃条例》中也规定："在苏中区抗日民主政府建立之后，实行二五减租以前，佃户所欠旧租，一律免交。"

对于在减租法令颁行以后所欠地租，则区分不同情形，从调节租佃双方关系，满足地主与农民的合理要求与利益的原则为出发点，作了不同规定。对于因灾荒、战争等不可抗力而致使收成减少或者毁灭时而造成的欠租，承租人可以减付或免付所欠地租。如陕甘宁边区《土地租佃条例》规定："若因天灾人祸致收成减少或毁灭时，承租人得商请减付或免付应交租额。"晋察冀边区《减租减息单行条例》也规定："因敌人烧杀抢掠及水旱虫灾而减收者，适用本条各款之规定，按耕地正产物实有总额，出租人与承租人分配，其正产物全部被毁者，地租停付。"

二、交租的规定

首先，在原则上承租人应按减租后的租额依法如期交纳地租。对此，《陕甘宁边区土地租佃条例》规定："承租人应依本条例所定减租后之租额交租，不得短少。其有力能交租而故意不交者，出租人有请求政府依法追缴之权。"晋冀鲁豫边区则规定，"减租后承租人力能交租而故意不交者"，出租人有权收回租地。

其次，当遭遇意外及天灾人祸致收获减少或因承租人确系贫困无力按时交清地租时，承租人可以与出租人协商，缓期交纳地租。对此，陕甘宁边区规定："承租人如因收获减少而确系极贫或遭遇意外无力清交地租时，得与出租人协商缓期交纳之，出租人对欠租不得作价行息。"晋察冀边区也规定："承租人不能按期交付应交地租之全部，而先以一部支付时，出租人不得拒绝收受，承租人亦不得因其收受而推定为免收租额一部之承诺。"对于租佃契约依法解除或终止时，"承租人积欠之地租，应全数清偿，其一时无力清偿部分，得改为借贷关系，另立新约"。晋冀鲁豫边区规定："因敌灾水旱虫灾等不可抵抗之力量而致歉收时，出租人与承租人得将土地正产物实收总额按低于原有之比例分配之，其实收总额尚不足或仅足承租人所出肥料种子之价值，或其正产物全部被毁者，得免纳该年地租。"晋西北边区则规定："如承租人非因产量减少而确系无力交租时，须于第二年全数补足；第二年仍未补足时，须订立借约，以年利分半行息。"

三、保障佃权的规定

抗日战争时期，在实行减租交租政策时，保障农民的佃权就成为调动农民抗日与生产积极性的关键问题。如果农民的佃权不能在法律上得到切实有效的保障，使地主可以凭借各种借口收回租地，租佃关系不能稳定，一方面可能出现农民因害怕租不到土地而丧失生计便不敢减租，或出现明减暗不减的现象，甚至形成地主以各种变相手法增加地租剥削，从而导致减租流于形式；另一方面农民因担心地主随时撤佃，因而不去深耕细作，改良土壤，增强地力，结果必然影响生产积极性。因此，陕甘宁边区和其他抗日根据地都把切实有效地保障农民佃权，作为减租交租的重要内容，在土地法规中作了详尽规定。

首先，土地法规规定土地出租人不得任意收回租地，如欲收回租地必须具备严格的法定条件。

陕甘宁边区在《土地租佃条例》中一方面原则性地规定"出租人不得任意收回租地"，另一方面则明确规定出租人收回租地的严格条件："一、定有期限之契约已经期满，或为不定期之契约，由出租人收回租地确系自耕或雇人耕种者。二、承租人非因不可抗力，无故继续一年不为耕种，而又不交地租者。三、承租人将租地转租，从中图利者。四、减租后承租人力能交租而故意不交者。五、承租人死亡，无承继人者。六、承租人自动放弃承租权者。”而且，出租人即使依法收回租地时，“应顾及承租人生活。如承租人实系贫乏而无力生活者，由政府召集双方予以调剂，得延长佃期或只退佃一部”。晋察冀边区在《租佃债息条例》中则规定，一方面土地租佃契约期满，出租出佃人可以收回租地，另一方面如果“出租出佃人收回土地致承租承佃人无法生活者，应减收一部或暂时不收”。在此前提下，又分别规定了解除定有期限的租佃契约与不定期限的租佃契约，收回租地的条件，前者包括：因不可抗力之灾害致耕地全部被毁；承租承佃人有故意毁坏地产行为，以及损坏租地之附属物不负法定的赔偿责任者；无故荒废耕地在一年以上者；承租承佃人力能交租而无故不交，或积欠地租达二年之总额者；承租承佃人死亡而无继承人，或有其他原因不能继续耕作者。后者包括前五种条件及承租承佃人抛弃其耕作权利与出租出佃人为自任耕作或为维持一家生活直接经营耕作收回土地等条件。晋冀鲁豫边区、山东根据地及其他一些根据地的土地法规均有内容大体相同的规定。

其次，为确实保障农民佃权，土地法规还规定在出租人出卖、出典及收回租地再行出租时，承租农民有优先承买、承典及承租权。

陕甘宁边区规定：“出租人典卖其租地于他人时，原承租人依同一价格有承典承买之优先权”；“出租人典卖其租地于他人，该承买承典人，若非自耕及非雇人耕种者，原承租人有依原约继续承租权”；“租佃契约期满，出租人仍将土地出租时，原承租人有依原契约继续承租权”。晋察冀边区规定：“租佃关系存续中，出租出佃人出卖其土地时，承租承佃人有依同等条件承买之优先权”；“不定期限租佃之耕地，出租出佃人收回土地自耕未满二年再行出租出佃时，原承租承佃人有依原租佃条件承租承佃之权，其自耕已满二年再行出租出佃时，原承租承佃人有依同等条件承租承佃之优先权”；“出租出佃人出典耕地时，承租承佃人有依同等条件承典之优先权”。晋冀鲁豫边区、山东根据地、苏中区也有类似规定。

最后，部分抗日根据地的土地法规还利用传统的永佃权制度来保障农民的佃权。

永佃权，是指农民交付佃租，在地主土地上永久或无限期地进行耕作或放牧的权利。作为一种习惯与法律制度，永佃权产生于封建时代，原是地主剥削农民的一种制度。而且永佃权较之于普通佃权对于农民的剥削具有更强的稳定性与长久性。在抗日战争时期，陕甘宁边区由于在大部分地区已进行过土地改革，废除了永佃权制度，因而在土地法规中没有规定永佃权。而在其他根据地，由于未曾进行土地改革，在习惯上仍存在永佃权制度。这些根据地的土地法规出于保障农民佃权、扶助农民、限制和减轻封建剥削的需要，一方面承认习惯上的永佃权制度，另一方面又采取减租与限制地主专横的办法，对之加以改造，使永佃权制度成为保障农民佃权的一种制度。对此，晋察冀边区规定，“累世承租承佃之土地，视为承租承佃人取得永佃权。非承租承佃人自愿放弃其使用权者，出租出佃人不得夺租夺佃”，“地主违法收回或变更佃户业已取得永佃权之土地，应立即恢复其永佃权”。晋冀鲁豫边区则规定，租地在租佃契约上或习惯上“已有永佃权者，仍保留之”。出租人出卖或出典有永佃权的土地，“新主不得另出租他人或收回自种”。山东根据地最初并未规定永佃权，至1942年颁布《租佃暂行条例》时规定：“在租佃契约上或习惯上，有永佃权者保留之。无永佃权者，不得强迫规定。”苏中区的土地法规也有同样的规定。

第四节　减息交息与保障低利借贷

一、减息交息的规定

在陕甘宁边区的大部分区域，抗战以前已经进行过土地改革，抗战前成立的旧债也同时宣布废除。因此，法律规定，“曾经宣布废除旧债的区域（不管土地分配彻底与否），不准再行索还，居住于其他区域的债权人不得向居住于上述区域的债务人索取已经宣布废除的旧债”。凡违背规定，强行索还者，要受到法律的制裁。

在其他抗日根据地及陕甘宁边区未经过土地改革的区域，对于抗战前成立、在抗战爆发后仍然存在的旧债，则进行减息交息，其具体内容包括以下两个方面：

首先，法令规定了减息的标准。大体来说分为两种情况。一是在陕甘宁、晋冀鲁豫边区及山东根据地，一般规定减息后的利息标准为年利一分半，即 15%。如陕甘宁边区在 1943 年公布的《土地典当纠纷处理原则及旧债纠纷处理原则》中规定：“抗战以前旧债（富户领存公款者不在此例）的偿还……计息标准不得超过一分半。”晋冀鲁豫边区规定，“对于抗战前旧债之清理，按一本一利和分半减息的原则”进行。山东根据地在 1940 年 11 月 11 日公布施行的《减租减息暂行条例》则规定：“钱之利息收入，不论新债旧欠，年利率一律不得超过一分五厘（即百分之十五）。”二是在晋察冀边区，自 1938 年起即确定减息标准为年利一分。如该年 2 月 10 日颁布的《减租减息单行条例》规定：“钱主之利息收入，不论新债旧欠，年利率一律不准超过一分（即百分之十）。”到 1940 年修正颁行的该条例则更明确规定：“债权人之利息收入，年利率一律不得超过百分之十。年利率超过百分之十者，应减为百分之十；不及百分之十者，依其约定。”

与此相适应，对于多年旧债的清理，法令明确规定：一方面，旧的高利贷必须严格禁止，如晋察冀边区规定：“出门利（即现扣利）、剥皮利、臭虫利、印子钱等高利贷，一律禁止。”“高利贷者应受刑事处分。”另一方面则规定，凡付息超过原本一倍者，则停利还本，已超过本金二倍者，本利均停付，原有的借贷债权债务视为消灭。

其次，法令规定了交息的内容。在陕甘宁边区及其他抗日根据地的有关法令中都规定，一方面债权人不得因减息而解除借贷契约，另一方面债务人也不得因清算老账而无偿收回典借土地等物，或在减息后拒不交息。

晋察冀边区规定："减息后之债，债务人应偿付之本息到期不能偿还时，债权人得依法追诉。"晋西北行署的《减租减息暂行条例》也规定："债权人不得因减息关系解除契约。"抗战后的欠债，在重定借约后，由债务人在"五年内分期偿还，结束债欠"。

二、保障低利借贷的规定

首先，法令规定，新借贷关系的利率，由借贷双方自行议定，不应定得太低，以免停滞借贷关系，不利经济的发展与繁荣，而应以当地社会经济情形所许可的限度为标准。对此，晋察冀边区规定："凡新订之借贷契约，其利率得由双方自由约定之。"晋西北行署规定："借贷利息以双方同意为原则。"

其次，法令规定，新的债务如因天灾人祸或其他不可抗拒的原因，债务人无力履行义务时，可请政府调处，酌情减息或免息还本。对此，陕甘宁边区规定："如债务人实因天灾人祸无力履行契约者，或债权人无其他产业依存款为生，而债务人又比较富裕者，发生纠纷时，得由区乡政府召集双方当事人调处之。"晋察冀边区规定："被灾后，生活困难者可停付本年利息。"

第三十一章　抗日民主政权的劳动法规

第一节　劳动法规的制定

抗日战争时期，中国共产党根据抗日民族统一战线的总方针，总结了苏区劳动立法的经验教训，提出了与抗日根据地实际情况相适应的劳动政策。如 1940 年 12 月 3 日中共中央发布的《中央关于各抗日根据地劳动政策的初步指示》，针对当时职工运动中出现的一些倾向性问题，作了原则指示。1940 年 12 月 25 日毛泽东为中共中央写的对党内的指示《论政策》中明确指出：“必须改良工人的生活，才能发动工人的抗日积极性。但是切忌过左，加薪减时，均不应过多。在中国目前的情况下，八小时工作制还难于普遍推行，在某些生产部门内还须允许十小时工作制。其他生产部门，则应随情形规定时间。劳资间在订立契约后，工人必须遵守劳动纪律，必须使资本家有利可图。否则，工厂关门，对于抗日不利，也害了工人自己。至于乡村工人的生活和待遇的改良，更不应提得过高，否则就会引起农民的反对、工人的失业和生产的缩小。”①

1942 年 4 月 21 日和 24 日，中共中央接连发布《关于五一节的指示》和《对晋东南抗日根据地职工运动的指示》，使抗日民主政权劳动立法基本出发点进一步明确，纠正了抗战初期劳动政策实施中，由于未能充分认

① 《毛泽东选集》合订本，人民出版社 1964 年版，第 724 页。

识抗日根据地的基本特点而产生的缺点。中共中央制定的劳动政策，为各抗日民主政权制定的施政纲领所确认并以法律的形式固定下来，成为各抗日民主政权制定具体劳动法规的直接依据和准绳。陕甘宁边区和各抗日根据地的施政纲领中，都确认了劳动立法的基本原则。

各根据地的抗日民主政权，先后制定了以下主要劳动法规。陕甘宁边区：1940 年 5 月 24 日颁布了《延安市职业介绍所暂行条例》，共 18 条；1941 年 2 月 24 日，陕甘宁边区政府发布训令《令民政厅酌情办理在该厅添设劳动部及社会保险局》，以加强劳动保护工作；1941 年 9 月公布了《陕甘宁边区关于公营工厂工人工资标准之决定》，共 15 条。晋察冀边区：1941 年 7 月 20 日由晋察冀边区行政委员会公布了《晋察冀边区奖励生产技术条例》，共 10 条；1942 年 1 月 1 日起施行的《晋察冀边区优待生产技术人员暂行办法》，共 7 条；1944 年 9 月 20 日，晋察冀边区行政委员会公布的《关于保护农村雇工的决定》，共 9 条，该决定在各抗日民主政权的劳动法规中具有代表性。晋冀鲁豫边区：经晋冀鲁豫边区临时参议会通过，由晋冀鲁豫边区政府于 1941 年 10 月 15 日公布了《晋冀鲁豫边区奖励生产技术办法》，1941 年 11 月 1 日公布了《晋冀鲁豫边区优待专门技术干部办法》。经晋冀鲁豫边区临时参议会通过，由晋冀鲁豫边区政府以命令于 1941 年 11 月 1 日公布施行并于 1942 年 12 月 10 日修正公布的《晋冀鲁豫边区劳工保护暂行条例》，共 45 条，该条例在各抗日民主政权的劳动法规中具有代表性；经晋冀鲁豫边区临时参议会通过，由晋冀鲁豫边区政府以命令于 1944 年 1 月 17 日颁布的《修正晋冀鲁豫边区劳工保护暂行条例》，共 45 条。晋西北行政公署公布施行的有 1941 年 4 月 1 日公布的《晋西北工厂劳动暂行条例》，共 45 条；1941 年 4 月 1 日公布的《晋西北改善雇工生活暂行条例》，共 15 条，另有附则 2 条；1941 年 8 月 1 日公布的《晋西北矿工劳动暂行条例》，共 15 条，另有附则 2 条；1941 年 11 月公布的《晋西北奖励生产技术暂行办法》，共 14 条；1942 年 1 月 10 日公布施行的《晋西北优待专门技术干部办法》，共 17 条。山东省政府公布施行的有 1942 年 5 月 15 日的《山东省改善雇工待遇暂行办法》，共 21 条。苏中区行政公署公布的有 1944 年 7 月的《苏中区改善农业雇工生活暂行条例草案》，共 32 条。另外，各抗日根据地工会组织发布的章程、条例等文件，也都包含调节劳动关系的内容。

第二节　劳动法规的主要内容

一、劳动合同

晋冀鲁豫边区政府十分重视劳动合同的法律地位，在《晋冀鲁豫边区劳工保护暂行条例》和《修正晋冀鲁豫边区劳工保护暂行条例》中都列专章规定劳动合同，其主要规定是：劳资合同之缔结以劳资双方自愿为原则，期满后任何一方均有宣告解除契约之权；解除合同须经双方同意方为有效。劳资之一方，如有不履行合同者，他方有提出解除合同之权。资方如因天灾、敌灾或其他变故无力继续经营其事业时，应于七日前通知工人，并应依据资方支付能力发给工人解雇金。在劳资合同有效期间，工人要求参加抗日军队，或因参加行政工作必须退工时，资方不得留难。

晋察冀边区行政委员会公布的《关于保护农村雇工的决定》第一条规定，劳动契约的订立，须双方自愿，公平合理，但不得与本决定相违背。契约未满期，非经双方同意，不得解除，期满续订与否应事前通知对方。这条规定十分明确地提出了劳动合同必须坚持双方自愿、公平合理原则。

二、劳动保护

（一）劳动保护的一般规定

为了保证注意安全与卫生，《晋冀鲁豫边区劳工保护暂行条例》第四章第二十条规定，工厂、矿厂应切实注意清洁卫生，如工作有碍工人健康及安全者，须有必要之卫生防护设备。《晋西北矿厂劳动暂行条例》第十条规定，矿方应注意保障矿工生命之安全，如发生水火及崩毁事情时，应立即停止工作，从速修理。

（二）青工、女工和童工的特殊劳动保护

《晋冀鲁豫边区劳工保护暂行条例》和《修正晋冀鲁豫边区劳工保护暂行条例》对青工、女工和童工的特殊劳动保护的规定具有代表性，其内容为：女工在“三八”妇女节，童工在“四四”儿童节，青工在“五四”青年节，应各休假1日。凡年在16岁以上18岁以下之青工及童工（12岁以上16岁以下者为童工），其工作须以不妨害其身体之健康与教育为原则。青工和童工每日工作时间须较成年工人减少1小时至2小时。青工、女工与童工与一般工人同工同酬。女工在月经期间，应给予例假1日，工资照发。女工在分娩前后，应给予两个月之休假，工资照发。女工带有哺乳婴孩者，每日应给予适当之哺乳次数与时间。

三、工作时间和休息时间

（一）工作时间

《晋冀鲁豫边区劳工保护暂行条例》和《修正晋冀鲁豫边区劳工保护暂行条例》规定：公私工厂、矿场及作坊工人，每日工作时间以10小时为原则。但地下矿工工作时间不得超过9小时，其他因地方情形或工作性质必须延长工作时，至多不得超过11小时，并须按照增加钟点增加工资。一般手艺工人、商店店员、运输工人及学徒之工作时间，除双方协议规定者外，得依习惯行之。农村雇工、牧畜工人及家庭雇工，其作息时间依习惯行之。

（二）休息时间

《晋冀鲁豫边区劳工保护暂行条例》和《修正晋冀鲁豫边区劳工保护暂行条例》规定休息时间，主要是：凡逢“五一”“七七”“双十”等节日，均放假1日；其他旧历各节及新年元旦各依其习惯行之。工厂、作坊、矿场、运输业在“二七”纪念日应放假1日；女工在“三八”节，童工在“四四”儿童节，青工在“五四”青年节，雇工在8月20日农民节，应各休假1日。在例假、休假时间内，经劳资双方同意，继续工作时，除原工资照发外，应依照当时当地之日工工资增发之。在工会或农会担任工作者的全年请假，不得超过15日。工人结婚或直系亲属婚、丧、重病等，请假每次不得超过5日，全年不得超过15日。

晋察冀边区行政委员会公布的《关于保护农村雇工的决定》采用列举的方法规定：农村节日休假，婚丧病假，依地方习惯行之。5月1日、7月1日、7月7日均放假1日。青工在“五四”节、女工在“三八”节亦各放假1日。以上假日如雇工同意工作，应发给日工工资。工人在几年来已形成习惯之现行假日，仍得继续实行之。

四、职工劳动报酬

陕甘宁边区政府1941年9月公布的《陕甘宁边区关于公营工厂工人工资标准之决定》，用单行法规规定工人工资标准，在当时对各抗日根据地都有很大影响。该决定规定：以每个工人生活所需为最低工资。工资之高低依工人之技术程度、劳动强度决定之。工资之发给采用实物与货币混合制。

《晋冀鲁豫边区劳工保护暂行条例》和《修正晋冀鲁豫边区劳工保护暂行条例》规定：工资标准，一般依照各地生活状况，除工人本身外，以再供1个人至1个半人最低生活之必需费用为标准，但可在双方协议自愿原则下增减之。

《山东省改善雇工待遇暂行办法》规定：一般成年男工的年工资，除食宿及习惯上之一般待遇外，再供 1 个人之最低生活必需费用，可由双方协议规定，但最低不得少于通用食粮（高粱或玉米）300 斤。短工工资依市价或由工会、农会与雇工雇主，按期协议规定。工资支付时间除习惯及雇佣契约另有规定外，按年工为上工、麦收、秋收三次付清，季工为上工、下工两次支付，月工为月初、月终两次支付，日工按日支付。

五、劳动保险

《陕甘宁边区关于公营工厂工人工资标准之决定》对工人家属按保育条例规定负责供给，规定工人妻子有 6 岁以下 3 个小孩者，得脱离生产专抚育小孩，由厂方供给其衣食住。工人请病假在半个月以内者，发给同等工人之最低工资或照发原得货币之工资，半月至 1 月的均发 2/3，1 月至 1 月半者均发 1/3，1 月半以上者不发货币工资。

晋察冀边区行政委员会《关于保护农村雇工的决定》规定：雇工因工作而致伤病者，雇主应负责疗养；因工作致死者，除购买棺材葬埋外，应酌给雇工家属抚恤费。

晋冀鲁豫边区关于劳动保险的规定有：工人病休期在一月以内，工资照发并由资方负责医疗费；工人因工致伤，除工资照发外，其治疗费应全部由资方负担。工人因工致残者，根据情况予以治疗费、工资等抚养救济。工人因工致死者，资方给以埋葬费和抚恤金。工人因工作致遭敌奸捕捉或杀害者，资方得酌予其家属以救济金或抚恤金。

六、工人权利

各抗日民主政府对于工人和农村雇工的民主自由权利，在其颁布的劳动保护条例中，作出了具体的规定。一般情况下，工人享有言论、出版、集会、结社、参军、组织农会、组织工会、参加文化教育活动、参政以及参加各种抗日活动的自由权利。各边区成立了各级工会和工人抗日救国会。雇主应付工人文化教育费及工会办公费，严禁打骂虐待侮辱工人，特别是学徒，雇主不得因工人之过失私行惩处及扣除工资，雇主不得无故开除工人等。

对工人权利的法律保障，反映了各抗日民主政权代表劳动者意志的阶级本质，对提高工人参政，参加抗日军队和争取自身权利等活动的积极性都有重要的促进作用。

七、劳动纪律

劳动纪律是厂方、资方、团体、机关等社会组织和工人或雇工等劳动者在共同劳动中必须遵守的工作秩序和劳动规则。晋察冀边区行政委员会《关于保护农村雇工的决定》规定，雇工应遵守劳动纪律，努力生产，爱护牲畜、农具、粮食、财物。《晋西北工厂劳动暂行条例》对劳动纪律规定得较为详细具体，对工人中遵守劳动纪律、成绩优良者，节省原料者，爱护机器者，技术政治文化进步迅速者，发给奖金、荣誉奖励、提升为干部等各种不同之奖励。对工人中偷窃原料公物者，故意毁坏机器或原料者，消极怠工、迟到早退、无故停工或不遵照通知复工者，违反劳动合同和劳动纪律者，其他对工厂生产或营业有损害之行为者，厂方应给予警告、申斥、罚工及开除等各种不同之处分。

八、劳动争议处理

劳动争议是劳动关系的当事人之间因执行劳动法规和履行劳动合同及集体合同而发生的纠纷。晋察冀边区行政委员会《关于保护农村雇工的决定》规定：雇工与雇主发生争议时，任何一方得请求调解，调解不成立时，请求仲裁。调解由行政村或区公所依晋察冀行政村调解工作条例为之。仲裁由仲裁机关依边区行政委员会关于仲裁的工作指示为之。对劳动契约之争议，可调解或仲裁之。其他各抗日民主政权一般规定劳动争议由工会或农会会同双方代表进行调解，调解无效时，得呈请政府处理之。

第三十二章　抗日民主政权的婚姻和继承法规

第一节　婚姻法规

一、婚姻法规的制定

在抗日民主政权公布的施政纲领中，就对婚姻政策作了原则规定。如《陕甘宁边区抗战时期施政纲领》规定："实行男女平等，提高妇女在政治上、经济上、社会上的地位，实行自愿的婚姻制度，禁止买卖婚姻与童养媳。""保育儿童，禁止对于儿童的虐待。"各边区政府以施政纲领为依据，先后制定了许多婚姻条例、命令和决定。如1939年4月《陕甘宁边区婚姻条例》、1941年7月《晋察冀边区婚姻条例（草案）》、1941年4月《晋西北边区婚姻条例》、1942年1月《晋冀鲁豫边区婚姻暂行条例》和同年2月《晋冀鲁豫边区婚姻暂行条例施行细则》、1942年4月《山东省胶东区修正婚姻暂行条例》、1943年1月《晋察冀边区婚姻条例》、1943年5月《晋察冀边区行政委员会关于婚姻登记问题的通知》、1944年3月《修正陕甘宁边区婚姻暂行条例》、1945年3月《山东省婚姻暂行条例》以及《淮海区婚姻暂行条例》。此外，专门保护抗日军人婚姻的有：1943年1月《陕甘宁边区抗属离婚处理办法》、1943年6月《山东省保护抗日军人婚姻暂行条例》和《修正淮海区抗日军人配偶及婚姻保障条例》等。

二、婚姻法规的内容

（一）结婚的规定

抗日民主政权的婚姻立法，对于结婚的条件和程序做了详细规定：男女双方的婚姻关系必须具备一定的条件方能成立，这些条件包括实质要件和形式要件两大类。实质要件有：男女结婚必须双方自愿，禁止一切包办、买卖婚姻和童养媳等违法行为，切实保障寡妇再嫁的自由；男女结婚必须符合一夫一妻制原则，废除重婚、纳妾、蓄婢、兼祧等封建陋习；男女结婚必须达到法定年龄；结婚双方必须无禁止结婚的血亲关系；结婚双方不得有禁止结婚的疾病等。形式要件则包括男女结婚必须履行法定的登记手续和举行一定的仪式。这些规定绝大多数是对工农民主政权婚姻立法中有关条款的继承和重新确立。但两者相比，也有一些重大变化，主要表现在：

1. 增加了关于婚约的规定

这一时期各边区许多婚姻立法中增加了有关婚约的内容，如《晋绥边区婚姻暂行条例》中专门列有《婚约》一章，规定：婚约应由男女当事人自行自愿订立，男未满 17 岁，女未满 15 岁者不得订立婚约。婚约订立之后，一方有下列情形之一者，他方得提出解除要求：（1）婚约订立后再与其他人订婚或结婚者。（2）故违结婚期约者。（3）生死不明已满 2 年者。（4）患花柳病或其他恶疾者。（5）订婚后成为残废，其残废情形严重者。（6）受 2 年以上徒刑之宣告者。（7）有汉奸行为经讯证属实者。（8）有其他重大事由者。解除婚约应向县区政府提出请求，并规定无过失之方得向有过失之方请求赔偿其因此所受之损失。

上述规定表明，在当时男女双方可以自愿订立婚约。至于订立婚约与否，由男女当事人自行决定。订婚并非结婚的必经程序。对于这种在民间行之已久的习俗，边区政府采取了较为灵活的处理办法。但是“婚约不得强迫履行”。

2. 婚龄的灵活规定

抗日民主政权婚姻条例规定的结婚年龄，有的是男满 20 岁，女满 18 岁；有的是男满 18 岁，女满 17 岁，方能结婚。纵观这一时期，各根据地的婚姻条例与工农民主政权相比，结婚年龄有明显的下降趋势。这一点，在具体实践中反映得更为充分。晋察冀边区行政委员会 1943 年 5 月 27 日发布的《关于婚姻登记问题的通知》中指出：“关于结婚年龄在游击区及早婚习惯很深的晋东北一带不必强调非达法定年龄不可，但在十四岁以下的一定要禁止，已结婚的也要强令分开，到达适当年龄，再准同居。”这主要是因为农村中早婚积习已久，一时难以统一要求，不得不由各地边区政府做出灵活规定。

3. 结婚条件严格化

抗日民主政权婚姻条例，禁止亲属间结婚的规定，分为三类。第一类是陕甘宁边区，禁止直接血统和直系血统者结婚。第二类是山东根据地，禁止本族五服内血亲结婚，“本族五服内之血亲不得结婚，亲姑表姨亦应尽量避免缔结婚姻”。第三类是晋察冀边区，凡是直系血统及直系姻亲、八亲等以内之旁系血亲、五亲等以内之旁系姻亲辈分不相同者，一律禁止结婚。此外，晋察冀、山东、淮海区等根据地政府因受国民党政府民法的影响，还在婚姻条例中规定有“因奸经判决离婚或受刑之宣告者，不得和相奸者结婚”的条款。这种规定，显然是不正确的。

4. 有关婚姻仪式的规定

晋察冀边区、山东省、淮海区婚姻条例中增加了有关结婚须举行公开仪式的规定。如《晋察冀边区婚姻条例》第五条规定：“结婚应有公开之仪式及二人以上之证人。”关于这个问题，晋察冀边区政府在《关于我们的婚姻条例》的指示信中解释说：“我们反对旧式婚姻的铺张、浪费与封建迷信的所谓‘礼节’，但也并不主张取消结婚仪式，我们提倡简单朴素而又严肃庄重的特别是具有教育意义的仪式，这不仅为了使当事人对婚姻大事的更加郑重，而且也使在社会上、法律上取得一层保障。”

（二）夫妻之间的权利和义务

同工农民主政权的婚姻立法相比，这一时期，一些抗日根据地的婚姻法规中还增加了有关夫妻之间权利和义务的条文。如《晋察冀边区婚姻条例（草案）》第四章，集中以十四条、占整个条例1/3以上的篇幅就婚姻关系成立后夫妻之间的权利和义务做了比较详细的规定，使抗日民主政权的婚姻法规从体系上、结构上更加完善、更加科学。

综合这一时期，各根据地的婚姻法规中有关夫妻之间权利和义务的规定，就权利而言大体包括如下一些内容：

1. 双方均有保留各自结婚前独立财产的所有权。《晋察冀边区婚姻条例（草案）》第十五、十六条规定："结婚前夫妻双方之各自财产及结婚后一方以各自劳力所获得之报酬，均为各自特有财产。特有财产离婚后得各自取回，但以某种契约或双方自愿变为共同财产或变更其财产所有权者，不在此例。夫妻一方对他方之特有财产处理时，须先征得他方之同意。"财产权利平等是男女平等的一项重要内容，这一规定无疑具有进步意义。

2. 双方均有处理其共同财产的权利。《晋察冀边区婚姻条例（草案）》规定："结婚后夫妻双方共同经管所获得之财产为共同财产。处理共同财产时，须互得同意。"山东省胶东区《修正婚姻暂行条例》中也有类似的规定。

3. 双方均有继承对方遗产的权利。《冀鲁豫行署关于女子继承等问题的决定》第一条第二款规定："配偶双方之遗产有相互继承权。"

4. 双方均有使用自己姓名的权利。有无使用自己姓名的权利是有无独立人格的一种表现。在中国封建社会和半殖民地半封建社会，法律都明确规定，结婚以后，妇女应在本姓前冠以夫姓。同这一传统相联系，在中国历史上也一直实行着子女从父姓的制度。与此相反，抗日民主政权的婚姻法规则坚持夫妻双方均有使用自己姓名的权利。《晋察冀边区婚姻条例（草案）》第二十四条规定："子女姓氏，随父随母由子女自行决定。"这一规定从字面上看虽然并非对夫妻双方均有行使自己姓名权的直接表述，但却是从法律上对这一权利承认的最好证明。如果夫妻双方没有行使自己姓氏的权利，那么其子女对父姓或母姓的自行决定，也就无从谈起。

5. 双方均有对子女进行教育的权利和义务。在抗日民主政权看来，教育抚养子女既是父母双方的权利又是应尽的义务。《晋察冀边区婚姻条例（草案）》第二十三条规定，离婚后“子女满六周岁者，其教育费由父母双方共同负担”。这一条款，虽然是针对离婚后有关子女的教育、抚养问题的规定，但其精神无疑也适用于婚姻存在期间。

除权利外，双方必须遵守的义务则包括：

1. 同居义务。《晋察冀边区婚姻条例》第十一条规定：“夫妻互负同居之义务，但有正当理由不能同居者，不在此限。”

2. 贞操义务。抗日民主政权的法律规定：婚姻存在期间，夫妻双方均负有保持贞操之义务。夫妻一方在其配偶有通奸等不贞行为时，均可以提起离婚之诉讼。此外，晋绥边区还规定，过失一方还应向无过失一方赔偿由此造成的损失。

3. 扶养义务。《晋察边区婚姻条例》强调：“结婚后夫妻一方既无职业又无土地财产，其同居生活及子女所需之费用，应由他方负担。”故意遗弃虐待对方者要依刑法进行制裁。

上述规定体现了男女平等精神，这对于彻底打碎旧的封建婚姻家庭制度、肃清人们头脑中残存的男尊女卑落后观念，建立新型的平等、和睦的幸福家庭，无疑会起到巨大的推动作用。有关夫妻之间权利和义务的规定是抗日民主政权婚姻立法走向成熟的突出标志。

（三）离婚的规定

抗日民主政权的婚姻立法中有关离婚方面的规定亦有一些发展和变化，包括：

1. 离婚规定日趋严格

第一，离婚条件具体化。边区政府法律规定离婚分为双方自愿离婚和一方要求离婚两种。对于双方自愿解除婚姻关系的，法律不加干涉，只需到住在地县政府请求登记即可。但由一方提出的离婚要求，则必须具备一定的条件，否则不予离婚。《修正陕甘宁边区婚姻暂行条例》第八条规定："男女之一方，有下列情形之一者，他方可向政府请求离婚：重婚者；与他人通奸者；图谋陷害他方者；患不治之恶疾或不能人道，经医生证明者；以恶意遗弃他方者；虐待他方者；感情意志根本不合，无法继续同居者；生死不明已过三年者；男女一方不务正业，经劝解无效，影响他方生活者；有其他重大事由者。"其他边区政府婚姻条例中规定的法定离婚条件还包括：充当汉奸者；违反抗战民主利益，政治思想严重对立，不能维持夫妻关系者；受他方亲属虐待无法继续同居者；被处 3 年以上之徒刑，或因犯不名誉之罪被处徒刑者等。

为了在离婚问题上保护母亲、胎儿和婴儿的利益，各根据地的婚姻条例规定女方在怀孕及生育期，男方不得提出离婚。具备法定条件者，可在分娩后 3 个月或 1 年后，方准提出离婚。但经双方同意者不在此限。

第二，离婚程序更加完善。边区婚姻条例规定对双方自愿离婚和由一方提出的离婚请求，在程序上有所区别：前者到政府机构办理登记即可。这一时期法律一般都规定，凡结婚登记，乡或区公所即可办理；而离婚登记，则只有县一级政府机构才能办理，并有两人以上之证人签名。后者则由司法机关按诉讼程序处理。这些规定比苏维埃时期更为完善。

第三，对离婚次数进行限制。晋绥边区、晋西北边区婚姻条例中还增加了对离婚次数的规定："男女之一方离婚三次者，不得再行请求离婚。"这一规定未必恰当，但也从一个侧面反映了边区政府对待离婚问题的慎重态度。

2. 离婚后有关财产处理和子女抚养教育的规定更加合理

抗日民主政权继承了苏维埃时期关于这方面的一些规定，同时也对某些规定进行了修改，使其更加合理。一是共同债务的清偿。抗日民主政权婚姻条例规定，婚后夫妻双方共同经营生产和生活所负的债务，原则上在离婚后共同负责处理。只在离婚后女方确实无私产而又无劳动能力时，才由男方单独负担，这就改变了工农民主政权离婚后一律由男方清偿债务的规定。二是扶养费的规定。抗日民主政权继承和发扬了苏维埃时期婚姻法规中有关离婚后男方应帮助女方的精神和原则，但在具体规定上更加灵活。如晋冀鲁豫边区婚姻条例规定：离婚后，女方未再婚，因无职业、财产或缺乏劳动力，不能维持生活者，男方须给以帮助，至再婚时为止。倘若男方自己亦生活贫困，不在此限。陕甘宁边区还特别规定，男方给予女方的帮助，最多不能超过 3 年。

关于离婚后子女抚养问题，抗日民主政权婚姻条例改变了苏维埃时期把对子女的抚养责任主要加于男方的做法，一切以有利于子女为出发点。如《修正陕甘宁边区婚姻暂行条例》第十一条规定："男女离婚前所生之子女未满七岁者，由女方抚养，已满七岁者，随父随母须尊重子女之意见，父母不得强迫，但得承认父母子女之关系。"有的法规还特别指出"如县政府认为子女抚养有问题时，得指定抚养人"（《晋西北婚姻暂行条例》）。至于子女抚养费，这一时期的婚姻条例亦改变了苏维埃时期硬性规定由男子承担抚养费的 2/3 直至子女 16 岁为止的做法，实行子女由男女一方抚养，如无力维持其生活时，他方须帮助抚养子女生活的变通办法。抗日民主政权还根据传统家庭观念，确定了新夫的抚养责任。婚姻条例普遍规定，女子再婚，所带之子女，由女方和新夫共同负责抚养。抗日民主政权在继承苏维埃时期婚姻法规中确保非婚生子女的一切合法权益的同时，还明确规定严禁杀害、抛弃私生子女，违者，以杀人论罪。有的法规还补充指出："私生子之父经其生母指出证明，其生父须负责带领，与正式子女有同等地位。"堕胎溺婴，也以违反人道为由，科刑治罪。

（四）保护抗日军人婚姻的规定

《修正淮海区抗日军人配偶及婚约保障条例》第一条规定，"为使抗日军人安心抗战，及兼顾妇女权利起见，特订定本条例"。综合各地婚姻条例的规定，其要点是：（1）凡抗日军人之配偶，除确知其丈夫已经死亡或逃跑和投敌外，未经抗日军人之同意，不得离婚。也就是说："抗日军人之配偶，在抗战期间原则上不准离婚。"（《修正陕甘宁边区婚姻暂行条例》第十条）妻子请求离婚时，政府和司法机关，应尽力说服。坚决不同意者，则按照年限的规定，准予离婚。对于年限的规定，有的根据地规定5年以上，有的规定4年以上，有的规定3年以上，其丈夫无音讯者，得提出离婚之请求，但须经地方政府查明属实或查无下落，并由请求人书具亲属凭证方允其离婚。（2）对于已经由司法机关判决的离婚案件，军队政治机关应对战士进行教育，提高其对婚姻问题的正确认识，劝说战士坚决执行。同时，尽量创造条件，实行战士在1年半内允许1月假期回家制度。具体做法是由各旅将应回家探亲的战士籍贯登记清楚，按县份编制起来，派人率领回乡，再如期率领回队，地方政府共同负有保证战士按期归队之责任。（3）有的法律如《晋察冀边区婚姻条例（草案）》等还进一步规定："因抗日而残废者，如一方请求离婚，须征得他方之同意，但不能人道经医生证明者，不在此例。"（4）除保护抗日军人的婚姻之外，法律还对抗日军人的婚约进行保护。《陕甘宁边区抗属离婚处理办法》第三条规定："抗日战士与女方订立之婚约，如该战士三年无音讯，或虽有音讯而女方已超过结婚年龄五年仍不能结婚者，经查明属实，女方得以解决婚约，但须经当地政府登记之。"（5）抗日民主政权，还注意运用刑罚手段，同违法犯罪行为做斗争，以确保抗日军人婚姻。如《修正淮海区抗日军人配偶及婚约保障条例》规定："娶抗日军人的配偶者，处三年以下有期徒刑。""娶抗日有婚约之未婚妻者，其婚姻无效，并处二年以下有期徒刑。""从中说和或主持者，处一年以下有期徒刑。"至于与抗日军人配偶通奸或诱惑其配偶脱离家庭者，则依刑法加重处罚。

第二节　继承法规

一、继承法规的制定

抗日民主政权法律规定，边区政府依法保护所有抗日人民的私有财产的继承权。随着实施新婚姻法规的需要，一些根据地政府开始制定有关遗产继承方面的单行条例和法令。这些条例、法令包括 1942 年的《陕甘宁边区继承条例》、1943 年的《晋察冀边区行政委员会关于女子财产继承执行问题的决定》、1945 年的《冀鲁豫行署关于女子继承等问题的决定》和《山东省女子继承暂行条例》等。此外，一些根据地政府所制定的婚姻条例、土地租佃条例等法规中也包含一些属于财产继承方面的内容。

二、继承法规的内容

综合各条例、法令，其内容大体包括如下两个方面。

（一）规定了继承制度的基本原则

1. 男女平等的原则

《山东省女子继承暂行条例》第一条规定："本条例以男女平等之原则制定之。"第二条规定："女子有遗产继承权，除自愿放弃外，任何人不得妨碍或限制之。"《山东省胶东区修正婚姻暂行条例》第二十二条规定："寡妇再嫁，其本人原有及承继之财产，应准许其自由处理或带走，任何人不得干涉。但承继之财产，如尚有抚养义务者，得扣留一部，方准带走。"晋察冀边区的法令中也有相同的规定。这些规定表明，抗日民主政权继承制度中男女平等的原则，主要表现在被继承人和继承人不分性别有同样处分自己遗产的权利和继承遗产的权利。女子取得应继承的遗产，即取得了该项财产的所有权，有权携带该项财产结婚或再婚，他人不得干预。这一原则体现了抗日政权的人民民主本质，反映了新民主主义经济的优越性，破除了封建地主买办阶级歧视与压迫妇女的继承制度。

2. 赡养父母的原则

抗日民主政权法律所确定的继承制度，是权利与义务的统一。继承人不仅有继承父母遗产的权利，而且还有父母一方死亡后，奉养生者的义务。如继承人对被继承人有虐待和遗弃行为者，司法机关可以剥夺其继承权。《山东省女子继承暂行条例》第三条规定："夫死亡后，……其妻有生活困难时，其子女有奉养之义务。"《冀鲁豫行署关于女子继承等问题的决定》中规定："在遗产分配上，应按各该家庭情况参照男女双方在家庭中所尽之义务与所享之待遇，具体研究其分配比例，不应一律平均。"这一原则，是无产阶级社会道德观的体现，也是新民主主义家庭经济职能的要求。

（二）规定了遗产继承的方式、顺序和时效

抗日民主政权法律规定的继承方式包括两种，即法定继承和遗嘱继承。

1. 法定继承

法定继承是指继承人范围、继承顺序和遗产的分配均由法律明确规定的继承方式。边区政府法律所规定的继承范围和顺序是：（1）配偶。《冀鲁豫行署关于女子继承等问题的决定》中规定："配偶双方之遗产有相互继承权，有子女者与子女共同继承，无子女者由一方全部继承。"（2）子女。子女作为法定继承人，其继承权不受性别、年龄的限制，也没有已婚未婚、婚生非婚生、亲生或收养的区别。但被继承人死亡后，由他人出于封建宗族传宗接代之目的所代立的嗣子法律不予承认。《山东省胶东区修正婚姻暂行条例》第二十条规定："非结婚所生之子女，享有与婚生子女同等的权利。"《山东省女子继承暂行条例》第四条、第五条规定："被继承人死亡，有女无子时，除被继承人生前立有养子（包括习惯所称嗣子）外，任何人

不得代立养子，以妨害其女之继承权。被继承人立有养子养女时，其遗产由其配偶、养子养女及亲生子、亲生女同等分配继承。”“已嫁或未嫁女子应继承之财产，已经其他继承人分析者，该女子得同原分析人请求重行分析。”（3）父母。（4）亲兄弟姐妹。（5）亲兄弟之子女。（6）祖父母。

遗产的内容包括被继承人生前依法所拥有的生活资料和生产资料。《晋冀鲁豫边区土地使用暂行条例》第十三条规定：“私人土地所有权之继承，依财产继承法行之。”但“被继承人于在世时就把他的财产实行分给或赠与一部分继承人的，其他继承人在被继承人死亡后，只能对于被继承人死亡时留下的未曾分给或赠与其他继承人的财产，与其他继承人有同等之继承权。对上项已经分给或赠与其他人的财产，不能请求回复继承权”。也就是说，被继承人在生前已经自行处理过的财产，不再作为遗产重新分配（《晋察冀边区行政委员会关于女子财产继承执行问题的决定》第二条）。

遗产的分配方法，原则上为同一顺序继承人的继承份额一律均等。但考虑到“中国一般社会情形多系男子与父母同财共居，以家庭为经济单位，因而在遗产分配上，应按各该家庭情况，具体研究其分配比例”（《冀鲁豫行署关于女子继承等问题的决定》）。具体分配时，应本着互谅互让，和睦团结的原则。如遇有争议，得由区村公所协同抗日联合会调解之。《晋冀鲁豫边区土地使用暂行条例》甚至规定：“绝户土地依土地所有人之遗嘱处理之，无遗嘱者，由其最近亲属继承，无最近亲属或亲属间发生争执，无法解决者，由政府宣布其为族公产，无本族者，宣布其为村公产。前项公产之收益，作为举办公益事业及救济贫苦抗属之用（特别是荣誉军人及其家属），族公产用于本族范围内，村公产用于本村范围内。”

此外，《冀鲁豫行署关于女子继承等问题的决定》中还规定了代位继承问题。该决定指出：“如男方死时尚未继承者，寡妇与子女均有代位继承权。”由寡妇代替其亡夫所继承之夫家财产，当寡妇再嫁时，“无子女者其在男家所继承之财产，准根据具体情况带去一部或全部。有子女者在男家继承之财产及其个人之财产，均留一部给其子女，如其子女随走，得将其财产全部带走”。这一规定，充分保护了广大妇女的利益。

2. 遗嘱继承

遗嘱继承是指按照被继承人生前所立遗嘱的内容继承遗产。边区政府法律规定，遗嘱继承分为口头与书面两种。口头遗嘱，要有第三人证明。书面遗嘱，要由本人签字，本人不能签字者，可由第三人代签。

3. 时效问题

各边区政府继承条例、法令中对女子继承权的追溯期做了不同的规定。（1）《山东省女子继承暂行条例》第十条规定：“自民国十七年五月一日起，女子对于其直系血亲尊亲属之遗产即有继承权。自民国二十年五月五日起，妻对于夫的遗产即有继承权。”即女子继承权可以按不同情节，分别追溯到 1928 年或 1931 年。（2）冀鲁豫行署规定：“此办法颁行前已经分割或已开始继承，未逾三年者，女子得要求重新处理。”即女子继承权可向前追溯三年。（3）晋察冀边区则规定：“本决定于一九四三年元月十五日生效。”“本决定施行前已判决确定的继承案件，及未经涉讼已经取得的继承，都不予变更。”即从法令公布之日起生效，原则上不再向前追溯。但有一重要补充，即“分割遗产时，由于参加抗战或经营其他事业，背井离乡，消息隔绝，致继承权被侵害者，不在此限。于分割遗产时，继承人因幼小无知，致继承权被侵害者，亦不在此限”。此外，还规定：“以上视同抛弃继承权之已嫁女子，生活确系贫困者，得要求其弟兄接济一部生活费用。遇有争议，得由村公所、抗联会调解之。”后者的规定，比较符合实际情况，既肯定了女子的继承权，又切实保护了因参加抗战或因年幼致使继承权被侵害者的合法利益，同时也可避免因追溯继承权时限过长而引起的各种纷扰，有利于维护根据地的社会秩序，体现了抗日民主政权继承法规的团结互助精神。

第三十三章　抗日民主政权的财政经济法规

第一节　财政经济法规的制定

在“发展经济、保障供给”方针指导下，抗战时期各根据地均制定大量财政经济法规，大约可分为以下几大类。

一、财政管理法规

抗战伊始，为克服过去各地方、机关、部队自收自用，任意募捐，以及浪费贪污等不良现象，各根据地均发布了关于统一财政的决议、命令、通令等。如1937年12月21日《陕甘宁边区政府通令：统一财政问题》、1938年9月8日《陕甘宁边区政府关于统一财政收入和消灭滥捐滥募现象的训令》、1938年9月25日《陕甘宁边区政府关于禁止自收自用，合理统筹分配的通令》、1940年11月7日《山东省战时工作推行委员会关于募捐及罚款的决定》。以后各抗日根据地陆续建立起各项财务管理制度。这方面的法规有：1941年《陕甘宁边区财务行政规程》《陕甘宁边区财政厅会计工作细则》、1941年1月《陕甘宁边区政府规定各县、市地方财政收入暂行章程》、1941年《陕甘宁边区财政厅财务费支付办法》《陕甘宁边区政府财政厅巡视团章程》、1943年边区政府第四十一次政务会议通过的《陕甘宁边区暂行预算条例》《陕甘宁边区暂行决算条例》《陕甘宁边区处理收支事务暂行办法》、1943 年 5 月《经济工作人员奖惩规则》、1941 年 1 月《陕甘宁边区财政厅金库条例》、1941 年 2 月《陕甘宁边区公产管理办法》、1942 年 5 月《山东省金库条例》、1942 年 6 月 5 日《山东省审计暂行条例》《山东省审计处暂行组织条例》、1942 年 4 月 28 日《晋冀鲁豫边区政府关于超额完成财务任务的奖励办法》、1945 年 1 月 1 日《晋冀鲁豫地区暂行财务行政制度》等。

二、工商贸易法规

这类法规主要有：1943 年《陕甘宁边区战时管理进出口货及过境货物暂行办法》《陕甘宁边区管理食盐进出口办法》、1943 年 2 月《陕甘宁边区物资局组织暂行规程》、1942 年 8 月 28 日《陕甘宁边区食盐专卖条例》、1942 年《陕甘宁边区盐务管理暂行条例》、1945 年 4 月 26 日《陕甘宁边区物资管理暂行规章》、1945 年 10 月 10 日《陕甘宁边区修正物资管理暂行规章》、1945 年《陕甘宁边区货物出入口登记办法》《陕甘宁边区烟酒公卖暂行章则》、1940 年 12 月 14 日山东省《贸易暂行条例》《各级贸易局组织暂行条例》、1943 年 10 月 29 日《山东省各级工商管理局组织条例》《山东省工商管理暂行规程》、1941 年 6 月 10 日《冀太区贸易暂行条例》、1941 年 11 月 1 日《晋冀鲁豫边区特种出口货统制暂行办法》、1945 年 6 月 1 日晋冀鲁豫边区《纸烟专卖办法》、1942 年 4 月 20 日晋冀鲁豫边区《经营特种出口货商行管理暂行办法》等。

三、税收法规

这类法规主要有：1939 年 3 月 17 日《陕甘宁边区地方税收暂行条例》、1939 年 12 月 28 日《陕甘宁边区政府税收条例》、1940 年 1 月 26 日《陕甘宁边区政府营业税条例》（后经 1941 年 10 月 1 日、1942 年 10 月 1 日、

1944年7月1日三次修正公布)、1940年5月30日《陕甘宁边区政府货物税暂行条例》(后经1941年10月1日、1942年10月1日、1944年7月1日三次修正公布)、1941年10月1日《陕甘宁边区货物免税减税暂行办法》《陕甘宁边区货物估价委员会组织章程》、1941年4月《陕甘宁边区各级税务局、所组织规程》、1941年10月《陕甘宁边区牲畜买卖手续费征收办法》《陕甘宁边区斗佣征收暂行办法》、1943年6月12日《陕甘宁边区烟类征税暂行条例》、1943年6月12日《烟类牌照税暂行办法》、1943年9月11日《陕甘宁边区统一累进税暂行办法》、1944年《陕甘宁边区农业统一累进税试行条例》、1940年11月《山东省公平负担暂行办法》(甲、乙、丙种)、1940年12月14日山东《货物税施行细则》、1941年3月6日《山东省税收暂行条例》、1940年12月14日《整理及征收田赋暂行办法》《田房契税暂行办法》、1941年10月20日《晋冀鲁豫边区征收出入境税暂行条例》《晋冀鲁豫边区税务局组织规程》、1943年5月《晋冀鲁豫边区统一累进税暂行税则》、1941年3月1日《冀太区征收烟产税暂行条例》、1942年《盐阜区土地税征收章程》《盐阜区征收契税章程》等等。

四、金融法规

这类法规主要有：1942年10月26日《陕甘宁边区银行条例(草案)》、1943年1月15日《陕甘宁边区三十二年度农贷实施办法》、1945年1月5日《陕甘宁边区政府禁用法币办法》、1941年2月1日《陕甘宁边区核准法币出境手续》、1941年2月24日《陕甘宁边区财政厅批审法币出境实施细则》、1943年6月3日《陕甘宁边区银行管理外汇办法》、1942年11月7日陕甘宁边区政府《禁止私人收售质押及私运现金出境惩罚条例》、1941年《陕甘宁边区战时法币管理办法》、1941年2月《陕甘宁边区建设救国公债条例》、1941年6月《山东省金库条例》、1943年3月《陕甘宁边区农业贷款章程》、1943年6月12日《山东北海银行组织章程》、1941年2

月10日《冀太区生产贷款办法》、1941年5月10日《晋冀豫区禁止敌伪钞暂行办法》、1941年7月5日《冀太区保护法币暂行条例》、1941年9月10日《晋冀鲁豫地区生产建设公债条例》、1942年3月12日《晋冀鲁豫农业贷款办法》、1942年9月1日《晋冀鲁豫边区保护法币暂行办法》《晋冀鲁豫边区禁止敌伪钞票暂行办法》、1942年10月晋冀鲁豫边区政府《旱灾救济贷款暂行办法》、1942年《晋冀鲁豫边区政府管理外汇暂行办法》、1943年4月15日《晋冀鲁豫边区政府修正保护现银禁使银币暂行办法》《晋冀鲁豫边区政府关于铜元、制钱兑换冀钞暂行办法》、1940年《冀南银行各项业务营业办法》、晋冀鲁豫边区《合作社贷款办法》等。

除以上各类法规外，各根据地政府发出的大量命令、指示、布告、训令、通令中，也都包含着财政经济法的内容。

抗日战争时期财政经济立法的主要特点：一是数量大，调整范围广，将财政经济立法逐步纳入法制轨道。二是具有鲜明的战时经济特色，不同时期的法规内容变化较大，因而修正次数多。三是各根据地之间财政经济立法的差异较大，各自具有地方自治特色。抗日战争时期的财政经济立法，不仅为当时财政经济发展提供了法律保障，而且为日后新中国社会主义财政经济立法提供了宝贵的经验。

第二节　财政法规的内容

一、财政管理体制

（一）财政管理体制划分为边区地方两级

在边区设立财政厅，掌理关于税务、公款、公债、预决算编制、金库收支、公产管理、金融之监督调整及取缔，以及其他有关边区财政之事项。

县设财政科（第二科），掌理财政收支、地方税收、公产及其他财政事项。根据《陕甘宁边区财务行政规程》，财政厅组织系统为，税务总局及其所属机关，粮食总局及其所属机关，边区银行及其所属分支行，贸易公司及其所属分公司，被服局及其所属单位，各分区、县二科。边区财政收支范围，分为边区、县（市）二级。边区级财政收入为，税收、公营企业之收入、司法收入、规费（土地登记费、牌照费）等；支出为，经济建设费、文化教育费、社会福利事业费、行政费、保安费、军事费、财务费、经费的补助、预备费等。县（市）级财政收入为，行政收入、地方税（斗佣、牲畜买卖手续费）的 2%、公产收入、生产收入等地方财政收入；支出为，经济建设费、教育费、行政费、治安费、财务费、社会福利费等地方性财政支出。县（市）政府收支相抵有余时，须解交边区财政厅，收支不足时，可呈请边区政府酌予补充。其他根据地关于财政组织系统及其权限，基本与陕甘宁边区相同。

（二）财政管理体制的一元化领导原则

抗战时期根据地财政按照战时财政的特点和要求，实行财政管理体制的一元化领导原则。1937 年 12 月 21 日陕甘宁边区政府统一财政的《通令》指出："自令到之日起，不论任何机关、部队、团体，必须遵照'统一财政'的原则，建立起财政系统，绝不许可再有自收自用等事情发生。"1942 年整财会议决定加强财政工作的统一领导，包括两个方面：一是必须严格遵守统一的政策、统一的法令、统一的制度，建立统一的组织系统。二是财政的收入必须实行统筹统支而不得任意分割。在根据地，财务行政统一由边区财政厅掌理，地方财政权受到严格限制。如《陕甘宁边区财务行政规程》规定："各县（市）政府因建设本县有益事业须向该县（市）人民负担时，如价格在十石米以下者，可由县政府决议，县参议会通过，呈请边区政府备案后，得向人民募集之；如所需超过十石米价格以上者，则必须经县政府决议，县参议会通过，并呈请边区政府批准后，方能施行。"地方政府如不按规定办理，强制向地方人民摊派粮款或捐募，人民有拒绝交纳及向上级政府控诉之权。后来为了发挥地方独立自主、自力更生的积极性，1941 年《陕甘宁边区各县市地方财政收支暂行章程》规定，为使地方财政相对独立，加强责任，将地方收入之牲畜买卖手续费、斗佣及司法罚金之 50% 划归各县市地方经费之用，50% 由边府调拨。地方公产全部收入充作各该县市生产自给不足时，补充教育经费之教育基金。各县市政府及所属各机关，除粮食由边区统支外，所有经费应划归地方支办；地方财政收入之总和，在正确的财政政策下能每年增加者，将其历年增加数目的 1/2 划归各县市地方经费之用，以示奖励，各县市有特殊情形确实不能自给者，得声叙理由呈请边区政府酌量补助。

二、预决算制度

（一）预算编制

根据《陕甘宁边区暂行预算章程》，年度预算分为边区和县两级。《陕甘宁边区预算暂行条例》规定，预算分为总预算和分预算。总预算由财政厅以各机关岁入岁出编成，分预算由各主管单位汇集各所属机关之岁入岁出编成。各机关之预算每季度编制一次。边区政府预算之编制，自最下级机关开始，依次呈送至最高机关。第一级机关为直属政府之各厅处、院，第二级为各厅处院之直属机关，第三级为各厅处院之直属机关之附属机关，余下类推。军事机关以留守司令部为第一级机关，余下类推。各机关预算编制应按各机关之财政计划及边区政府颁布之财政计划及财政厅通知之经费标准编就。逐级上报至财政厅汇为总预算书，经边区政府批准并转参议会备案。

预算按其需要设准备金。准备金分常备金和后备金两种，常备金于第一级分预算中设 10%，后备金于总预算中设 20%—30%。总预算岁出岁入不敷时，由财政厅拟具补救办法，呈边府批准。

（二）预算之执行

岁入预算经批准后，各机关应认真执行，非重大事故或特殊变迁不得短少。税收机关应照规定税目、税率征收，非经正式手续批准，不得增减。岁出预算批准后，各机关得认真执行，不得超过或追加。因物价高涨、人员增加致使原预算发生不足时，经主管机关批准，可支用常备金。因特殊事故或政府政策变更，经边府决定，以命令得缩减某项之一部或全部。收入特别短少时也相同。

（三）决算编制和审查

各机关决算每季度编造一次，采逐级编造上报审核方式。第三级机关决算于每季终了后 20 日内送第二级机关，第二级机关在 10 日内审查完毕连同本机关决算报第一级机关，第一级机关在 10 日内加以审查汇总为分决算送财政厅，财政厅 1 月内经审核汇编为总决算报边区政府决议，并送参议会备案。各机关之决算送财政厅后，由财政厅详加审查，有疑问时，得行文查询，限期答复。如因审计之必要，得向各机关调阅证据或该主管首长之证明书。对不经济之支出，虽与预算支出法案相符，也得驳变，以体现战时节约的原则。财政厅审查各机关决算及证明单据，认为正当者，发给核准状，解除决算机关之责任；认为不正当者，通知各该主管机关首长，执行处分或呈请边府处分；各机关故意违背决算报告之送达期限及财政厅所定答复期限者，得停止发给经费或呈请边区政府处分。财政厅对于审查完竣事项，自决定之日起两年内发现其有错误、遗漏、重复及伪造之证据情形者，得再为审查；财政厅认为必要，可行委任审查，受委任之机关，须将审查结果报告财政厅，有特别审查组织者，须送审查结果报告书于财政厅备案。

预决算制度的确立对于财政的统筹统支，克服乱收乱支的无政府状况具有重要的意义。

三、审计制度

抗战时期，审计制度作为一种重要的财政管理制度在各根据地以法律的形式得到确立。当时审计工作从内容上可分为两种：一是财政财务审计，即对财政、财务报表、会计核算簿籍凭证是否真实、合理、合法、准确等进行审计。二是财经法纪审计，即对违反财经法纪行为，当时主要是对贪污浪费舞弊行为进行审计检举。《山东省审计暂行条例》规定，审计工作从方法上又可分为三类：一是书面审计，包括各机关团体部队收支预算书，收支决算书、公营事业之营业报告、金库之收支报告及其应附表册等；二是实地审查，即对第一类审计之书表有疑议时，或发现某机关团体部队有贪污浪费时，得派员随时进行实地检查；三是委托审查，即为事实之便利及监督之周密计，审计处得将一部分审计任务委托某些机关团体部队代为审查。审计程序主要有两种，即概算预算审计程序和决算审计程序。审计处及审计分处审核之决算如认为有问题时，即通知其主管首长提出声辩书，或派人实地审查，如发现贪污舞弊情节时，得提请同级检察委员会检举。

审计制度的确立对于配合当时根据地财政工作统一领导、统筹统支具有重要的意义，尤其是作为财政监督的一种重要手段，成为战时财政不可分割的重要部分。但由于审计机关本身的基础太薄弱，审计人员缺少经验，审计执行的实际范围受到限制。

四、公产、金库制度

公产管理制度和金库制度是抗战时期财政法的重要组成部分之一。据《陕甘宁边区公产管理办法》规定，公产是指边区境内之政府公田、公房、公树、公畜、公矿、学田、教产、抗日军人之公田（即以前的红军公地）

以及其他不属私人财产。公产统归各县、市第二科（财政科）管理，并受财政厅指导监督。公产之收益为政府财政收入之一，抗日军人公产收益为优待抗属及救济残老退伍抗日军人之用。各县市公产要如实清点报财政厅备案。公产出租按法令收取租金。矿产由县市调查保管报财政厅建设厅计划开发。公产收入除已由边府指定用途不得挪作他用外，须经县、市政府财政委员会决议，报由财政厅核准方能支配。公产收益、各县、市长应检查和督同第二科，按年总结报告财政厅一次。对公产管理得法成绩卓著者，财政厅奖励之，其有浪费贪污者，送司法机关惩办。公产管理之目的，在于统一管理、增加收益、减少损失。

各根据地金库负责掌管边区财政之现金、票据、证券出纳及保管事宜。据《陕甘宁边区财政厅金库条例》和《山东省金库暂行条例》规定，根据地金库一般分为三级：总金库，陕甘宁设于边府所在地，山东设于战工会；分金库，陕甘宁设于分区，山东设于主署和专署；支金库，设于县。金库由财政厅管理，委托边区银行代理。边区银行就金库业务对财政厅负完全责任。各级金库均设主任、会计、出纳，分金库得酌用巡视员及必需的技术人员。金库主任一般由边行总分支行长兼任，没设立分支行之地方由总库委任。按金库条例规定：一切岁入岁出之款，经由金库收纳或支付，无论任何机关，均不得收款不缴或于未缴金库以前擅自动用，违者金库应加干涉，并报告同级政府、上级金库及边区财政厅处分之。库款之支拨非有财政厅长盖章之支付命令，总金库不得付款。下级金库非有上级机关之支票，不得拨款给任何机关。金库按月逐级上报出纳保管情况。上级金库有调度支配提取下级金库存款之权，财政厅得随时派员检查金库账簿、单据及库存现金。金库作为根据地财政预算资金的出纳机关，对当时统筹统支，保障战时供给、减少支出，杜绝各级政府机关擅自动用公款等不良现象，发挥了积极作用。

第三节　工商贸易法规的内容

一、工商管理

在工商管理方面，山东最具特色。《山东省工商管理暂行规程》规定：

1. 工商管理的基本方针。大量发展工业生产，建设扶持群众手工业，开展渔盐矿产，发展公营企业，建立自给自足的经济；管理对外贸易、调剂内地物资，粉碎敌人经济掠夺与倾销政策，保护根据地工商业之自由发展；统一币制，巩固本币，管理外汇，稳定金融，平抑物价。

2. 工商管理的范围。山东工商管理的范围很广，主要有六大方面：一是工业生产，包括群众工业生产、公营工业生产、渔盐矿产及各种工业贷款、工业行政管理与技术改良等。二是贸易管理，其内容包括出入口贸易、管理内地物资、领导公营商店及执行各种专买专卖事业等。三是货币管理，包括调剂金融、管理外汇、组织兑换机关等。四是商业行政管理，包括商人登记、商会指导、市场管理等。五是管理税收缉私，包括出入口税、营业税、所得税、盐税等税收及稽查缉私等。六是管理合作事业，包括群众合作事业之指导与行政管理等。

3. 工商管理机构。据《山东省各级工商管理局组织条例》，全省设立工商管理处，各战略区设立工商管理局，专员区设工商管理分局，县设工商管理县局，各县之中心集市、生产地区重要关卡设工商管理事务所，一般地区与边境要道设立检查站。处局内分设秘书、干部、稽征、经营、工矿、合作等科，分管各项业务。省工商管理处设统调室，负责调查研究整理材料、印发经济情报等。各级工商管理局设监察委员一人，扶助行政领导，掌握政策、检查贪污浪费、训练干部、保证完成业务计划。各行政公署对区各工商管理局为领导关系，专署以下各级政府对各级工商管理局为指导关系。

二、物资贸易

（一）对外贸易统制

据《山东省贸易暂行条例》，为展开对敌经济斗争，严密实行统制贸易，将出入境货物按其对根据地经济之利害程度分为四类，即奖励出入境货物、许可出入境货物、限制出入境货物和禁止出入境货物。《陕甘宁边区物资管理暂行规章》则将边产与外来之物资分为准允进出过境与禁止进出过境两种。准许进出过境者，依税务章程办理登记纳税手续，禁止出境物资，如无证明文件，一概不得运出边境。禁止过境物资，未经边区政府批准，一概不得准许出境。同时，为争取必需品进口及人民携带自用品便利起见，规定入境物资中一部分物品，在必需品一定之比额及数量内，准许纳税搭配进口，或特许携带入境，未经准许搭配之禁止入境物资，一概不许入境。各根据地对禁止、允许进出口物资种类不同，主要是因地制宜奖励边区内地剩余土产出口，换回必需品，严禁毒品和限制奢侈品，同时限制边区必需品运出去。

（二）实行对内贸易自由

据《山东省贸易暂行条例》："凡在本根据地内各行政区间及县与县间，须自由贸易，除有特别规定外，各县不得假借任何口实实行统制与征税。""为调剂供需，各县应选择较安全之中心地区设置集市，定期赶集，但禁止定官价强制收买及故意抬高物价操纵居奇之行为。"《冀太区贸易暂行条例》也规定："本区人民在政府政策法令范围以内均有在本区内经营出入口贸易及商业之自由，并受政府法律上之保障。"根据地内商业贸易采用营业登记及许可证制度。《陕甘宁边区贸易、税务总局办理营业登记暨颁发营业许可证办法》规定，“凡有固定地方经营商业之商店、栈、铺、行、号及合作社，不论公私均须向当地贸易税务机关进行登记，新设立商号，得随时报请登记”，审查合格者，随时发放营业许可证。山东省还规定商店合作社应按月将营业状况、物价涨落等情形分别向所在县政府第三科及贸易局报告。

（三）专卖和公卖

根据地贸易主要是对敌人进行经济斗争，必须由政府掌握几种主要的出口物资，并有组织有计划地向外推销和换进物资外汇。《陕甘宁边区食盐专卖条例》规定：“边区境内所产食盐，统由政府指定机关专卖，其他机关、团体公私商号人等，一概禁止贩卖；边区境内所产食盐，由政府指定机关，按境内外各地销营实际情况，分别合理调剂，以杜绝以往自由买卖之积弊；指定贸易局为食盐专卖机关，负责办理边区食盐专卖事宜，专卖期限五年。”该条例还专门规定食盐企业之组织，专卖企业股本之份额，建立分支机构等。按规定各地专卖机构以调剂工作为中心任务，按各地实际情况，因市定价，不得高抬故贬影响运销，不得勒扣脚户等。在管理上，食盐专卖权属于政府，并专门成立食盐专卖委员会以资领导督责。

在陕甘宁边区，烟酒之公卖属另一种情况。据《陕甘宁边区烟酒公卖暂行章则（草稿）》规定：为贯彻边府前颁之烟酒禁令、杜绝私制、私售并设法吸取外酒以节省边区粮食，供应正当之需要，准许设坊设厂从事酿制借以调节，特设立公卖机关专司其事。边区成立公卖处，受税务总局领导，各地设分处、支处等组织。公卖处设公卖营业部，其资金暂为公私合股逐渐完全达到公营。公卖品以边区内外所产之纸烟、边区之外来之卷烟以及边区内外所制之各种酒类为限。公卖品之进出边区之买卖权及在边区内之买卖权均属于公卖营业部门；对边区外购或售公卖品或在边区内运输公卖品时，均须持有公卖处所发之执照；营业之酒坊与平制卷烟者，必须在公卖处所指定之地点制造并须先向公卖处登记。经公卖处批准后方准开业。

对烟酒走私由税务机关协同公卖机关办理。

另外，晋冀鲁豫边区之专卖制度还包括对粮食的专卖。1941 年 12 月 7 日，晋冀鲁豫边区政府发出《禁止粮食出口与粮食专卖问题的指示》：工商管理局各局负责组织粮食专卖或协同当地商会、合作社等办理委托专卖。

第四节 税收法规的内容

一、农业税

抗战时期根据地的农业税是当时财政最主要的收入。因时期和地区的不同，农业税采用多种征收方式，主要有救国公粮、公草、统一累进税以及公平负担法等。

（一）救国公粮、公草

抗战初期，救国公粮公草的征收多靠摊派劝募，后来才逐渐纳入法制轨道。陕甘宁边区从 1937 年到 1944 年五次颁布救国公粮征收条例，其他根据地也颁布了类似法规条例，以统一征收救国公粮公草，保证战时粮秣供给。

1942 年《陕甘宁边区征收救国公粮条例》规定："凡边区从事农业及副业或出租土地获取地租之人民，均有遵照本条例完纳救国公粮之义务。"救国公粮的征收数量由各根据地政府依据人民经济、庄稼收成及补充军粮最低需要，按军民兼顾力求减轻人民负担之原则决定。征收的范围包括：耕种土地所得之农产品，凡租佃土地或耕牛务农者，只征收其地租和牛租的收入部分。农林副业、小手工业，只征收其除去原料成本及生产耗费以外之净利部分。畜牧业只征收其繁殖及出卖皮毛部分。公粮征收税率按累进原则计征，以每户人口平均收获细粮之多少为标准分级累进。同时依照各地区不同的经济情况，分别规定起征点和起征率，最高率规定为35%。公粮的分配采用民主形式、乡参议会为决定分配全乡公粮负担的最高权力机关，行政村村民会议为决定分配全村每户公粮负担的最高权力机关，每村又有经村民自己选举的评议委员会，主持本村调查审核及评议调整公粮负担等工作。

根据地之征收公草，据《陕甘宁边区政府1941年度征收公草办法》规定，政府所需之公草以谷草为标准，谷草缺乏地区，可酌量折收部分糜子草、麦草或野草，但谷草须占全部公草40%。征收公草时，各县应按实地情形确定征收标准与比额。在实际执行中，征草的办法不仅各县不一致，就是一县一区也不尽相同。有随公粮附征，有根据劳动力征收，有按收获量征收等。

（二）农业统一累进税

救国公粮的征收，存在着摊派和纯收益税的缺点。为克服这些缺点，使农业税收更加符合公平合理负担的原则，1943年起，在陕甘宁边区开始试行农业统一累进税。农业统一累进税是将农业收益与土地财产二税合而为一的一种农业正规税制。以各阶层负担公平合理为基本原则。如《陕甘宁边区统一累进税暂行办法》规定，凡居住边区或不居住边区而于边区境内置有财产之人民，均须依照本办法之规定完纳农业统一累进税。农业统一累进税得就人民之资产与收入合并征收，并为适应战时之需要得以现款粮草三种形式征收之。按规定，农业收益与土地财产均为农业统一累进税之税本。凡有土地者，均须负担土地财产税。凡经营农业者，均须负担收益税。两种税本用分计合征统一累进办法直接征收。自耕农的税本中减除生产消耗费，佃农的税本中则须减除生产消耗与地租，以保证农户再生产的资本。而对特贫抗工属，雇工移难民不满三年者以及政府特别奖励发展的事业，准予免税。因农业统一累进税之“农业收益以常年产量计税”，丈量清查登记土地，评定常年产量为实行统累税最主要的前提。《陕甘宁边区农业统一累进税试行条例》规定：“各县市于农业统一累进税征收时，得以行政村或自然村组织评议会，评议各农户之产量、副业填报是否确实。”“乡政府根据村评议会评定计税调查简表进行计税，如发现不实者，得重新丈量土地，计算收益。”为使各地区负担平衡与负担面达于一定水平，分别依据各地区不同经济情况及人民生活程度，规定不同的起征点与起征率，以公斗为计算单位，按人均粮食计算，按户征收，累进率分五级递进，累进最高率为35%。

同一时期晋察冀边区和晋冀鲁豫边区也颁布了统一累进税条例，与陕甘宁边区所不同的是：一是把农业税、工商业税合并一起，以累进税制征收。其征税范围不限于农业和农村工副业。如《晋冀鲁豫边区统一累进税暂行税则》规定其征税范围为：农业、地租、林木、果树、山货、蒲苇、竹园之收入；房租、利息租息收入；私营或公私合营之公司、商店、行栈、作坊、工厂、矿业之收入；个人经营之小贩、小手工业作坊之收入；临时经营事业、自由职业和从事各业者薪给报酬之收入。在各抗日根据地试行农业统一累进税，取得了很大成绩。二是土地数量增加，丈量土地的结果使原来一些隐匿不报的土地被重新登记。三是各阶层负担更加公平合理，各地区的负担也趋于平衡。四是增加了政府的收入，从试行各县的情况看，政府收粮增加，但税额并未加重。所以当时人们均认为统一累进税是一种进步合理的税制。

二、工商税收

（一）货物税

货物税是抗战时期各根据地规定的应税货物按其流转额征收的税，包括入境税、出境税、边境税、边区产品的产销税四类。其应税货物的种类及税率不仅各根据地规定不一，就是同一根据地不同时期也有不同的规定。如华中根据地将应税货物分为奢侈品、消耗品、日用品、农产品、必需品和特种物品（指为我生产而又不能利用之军用原料），分别抽税15%到200%。1944年《修正陕甘宁边区货物税暂行条例》则将应税货物分为边产边销货物（有迷信品、食盐、油烟酒三类）、边产外销货物（内有燃料、木材、牲畜、毛制品、布匹、纸张、皮毛、杂货类等）、甲种入境货（内有纱布、烟、油、食品、文具纸张、药材、食盐、杂货类等）、乙种入境货物（内有棉纱制成品、丝毛麻织品皮毛制品、烟、药、文具、奢侈品、食品类等），分别以固定和活动税率征收之。征收时一般从价按百分比征收，必要时从量征收。凡从价征收之货物，由估价委员会估价。陕甘宁边区在抗战时期在货物税的征收上还规定了活动税级制和过境回税办法。活动税级是对在一时期或一地区某种大量进口波动物价和金融而又不能禁止之半必需物品，将过去之固定税率改为可活动税率，以便因时因地降低或提高，用以同敌寇之经济封锁和倾销政策做斗争。过境回税办法是指“过境半必需品之应税货物其税率低于入境税及过境有税而边区禁止销售的货物，均须于经过边区之第一税务机关报验，除纳税外，并取具保或交纳保证金，换得过境税票及保证单，方得运行”[①]。货物税征税总的原则是，对入境之必需品，征以低税，对非必需品征以高税，并适应物资供给情形，在税率上予以提高或降低。对半需品以中税节制，在出口上保存必需物资和发展土产。

（二）营业税

营业税是对商贾按其营业额征收的税种。由于根据地商业不够发达，抗战初期对商业不征捐税，1940年陕甘宁边区在财政极为困难的情况下，以寒衣代金方式向商人募捐边币40万元，并于1941年开征营业税。制定《营业税条例》，后经多次修订，逐年提高起征率与累进率以求农商平等合理负担。据1941年《陕甘宁边区营业税修正暂行条例》：“凡在边境内开设

① 《陕甘宁边区货物过境回税办法施行细则》（1943年6月10日）。

工商业（厂、号、店、坊、堆栈、庄社等企业）有一定地点者，不问其为个人或团体所经营，均须完纳营业税。凡从事农业兼工商业者，农业部分依农业税法令照章完纳农业税外，营业部分仍须完纳营业税。”至 1944 年，征税范围扩大至边境内从事临时营业者，从事牲畜粮食买卖者，经营酿酒营业者等，不论公私均须交纳营业税或买卖手续费。营业税半年征收一次，全年进行两次征收。

（三）盐税

盐税是对盐的生产、运销征收的捐税，是根据地实施最早的税种。1939 年《陕甘宁边区政府税收条例》规定：“凡在边区内所产之盐或由边区以外运销入境之食盐，均须征收食盐税。”“食盐税率以驮为单位，骆驼每驮征收法币六元，马、骡每驮征收法币四元五角，驴子征收法币三元，车辆则以载驴驮计算征收之。”后来随着盐价的飞涨，至 1942 年盐税涨至每驮 1700 元，但也只占到盐价的 10% 左右。1940 年以前在陕甘宁边区盐税占边区税收的一半以上，至 1945 年，仍占 34.5%。可见盐税成为边区的主要税收之一。

三、地方税收

地方税收之税种各地规定不一，如陕甘宁边区规定为牲畜买卖税和斗佣。山东省根据地规定为田房契税和牲畜屠宰税。牲畜买卖税是牲畜买卖的一种手续费。斗佣是代买卖粮食者过斗征收的一种手续费。1941 年《陕甘宁边区牲畜买卖手续费征收办法》和《陕甘宁边区斗佣征收暂行办法》分别对该二税的征收程序等作了规定。1944 年《陕甘宁边区营业税暂行条例施行细则》规定：“牲畜买卖税及粮食买卖手续费，暂划为地方财政收入，但地方政府对上项税费之征收，应按照地方政府颁布之税务法令执行，不得增税或附加。”“牲畜买卖税及粮食买卖手续费之经征事宜，由地方责成当地税务局承县府之命，负督促检查各区乡政府及代征机关之收发税票征收等责任。”《修正陕甘宁边区营业税暂行条例》规定：凡在边区境内从事牲畜买卖者不论公私均须交纳牲畜买卖税。各种牲畜之买卖成交后，买主须从价交纳 5% 的牲畜买卖税。凡在边区境内市场上买卖粮食，不论公私，均须经当地政府设立之过斗人员统一过斗，缴纳粮食买卖手续费。粮食买卖经公设过斗人员过斗成交后，卖粮人须从量缴纳实物 3% 的粮食买卖手续费。《山东省税收暂行条例》规定：田房契税和牲畜屠宰税为地方收入，其税率，田房买卖契约税，按买价 5% 征收，所有抗战以前未纳税之白契，一律补征契纸费，每张五角。牛、马、驴、骡买卖税，按价向买主征收 3%。猪、牛犊、驴驹出口，按价征收出口税 10%—20%。（大小骡、马、耕牛、羊禁止出境口），牛每头按价征收屠宰税 3%（能耕作之牛禁止屠杀），猪羊每口按价征收屠宰税 3%。

第五节　金融法规的内容

一、金融机构设置及其职权业务

抗战时期，各根据地均设立了金融机构，如晋西北农业银行、晋察冀边区银行、山东北海银行、晋冀鲁豫边区冀南银行等。其中最大的金融机构是陕甘宁边区银行，其前身是苏维埃国家银行，具有中央银行性质，在边区各地有分行分店 20 余处。

（一）陕甘宁边区银行组织机构

据《陕甘宁边区银行条例（草案）》：“陕甘宁边区银行，为陕甘宁边区政府设置经营之银行。”“边区政府银行委员会为边区银行最高立法和监督机关，由政府指派五人组织之，任期一年。”银行委员会有决定审查权，其范围是，制定业务方针并监督执行，决定发行货币数量、准备数量并检查之，审定预决算及各种报告表，决定资本增减、分支行废立、处以上行员进退、50万元以上放款及投资，规定各种存、放款利率，纯利处置及分配、重要业务事务之监督等。边区银行设正副行长各1人，由政府选派专人担任。下设总管理处，有货币管理、发行、业务指导、金库、稽核五科。

（二）边区银行的职权及业务

据《陕甘宁边区银行条例（草案）》，“陕甘宁边区银行，为发展新民主主义经济之枢纽”，其主要担负三大任务：一是巩固边钞，与敌伪进行货币斗争。二是发展国民经济，特别是农村经济，以支持抗日战争。三是稳定社会金融，平抑战时物价。并由边区政府授予发行边钞、代理金库、经理公债、管理边区内外汇兑、买卖生金银硬币及外币之特权。边银之业务主要有五种：一是经收各种存款及储蓄；二是办理各种贷款，如农贷、合作事业、公私工业、商业贷款；三是办理边区及其他有通汇条约之各种汇兑；四是期票汇票等买卖贴现；五是办理票据交换及划汇。另外，该条例还规定边行在巩固边币、稳定汇价上应做好的几项工作：一是以银行网为基础，经过各地光华商店、盐业公司、合作社及货币交换所，沟通边币、法币交换及物资交流，配合政府法令，使边币在边区境内到处能买到东西，并随时能换到必要的法币。二是根据出入口情况，在法币进口多时吸收法币，少时卖出法币，在法币进口多的地方买进法币，进口少的地方卖出法币，以便使汇价稳定。为此目的，边区银行必须保有一定数量的汇兑平准基金，其数额由银行委员会决定。三是根据物价变化伸缩发行额，在物价上涨时，紧缩发行，紧缩信用，并经物资局、光华商店抛出货物，使市场货物增多，货币减少。在物价不正常下跌，妨害边区经济时，扩张信用，并经物资局、光华商店购取物资。

二、发行边币、禁用法币、打击伪钞

（一）边币发行

各抗日根据地在皖南事变前，为抗日民族统一战线的需要，一般皆使用法币（国民政府 1935 年 11 月 4 日实行法币政策，禁止银元流通，以中央、中国、交通、后来又加中国农民银行发行的纸币为法币）。只是为便流通，发行小面额辅币。如陕甘宁边区的延安光华商店代价券。皖南事变之后，面对经济封锁，普遍发行根据地本位币、禁止法币，抵制伪币，以金融配合物资管理，巩固根据地经济。1941 年 2 月 22 日《陕甘宁边区训令》（特字第四〇三号）指出：边币发行，是在边区停止法币流通之后，金融上的一种新的重要措施。并对发行边币作了说明：第一，为了建立正规的边区金融制度，逐渐换回光华代价券，使边钞成为唯一的边区通货单位。第二，边钞发行是有限制的，它以盐税、货物税做保证，一俟边区经济回转，边钞就得从法币影响下解放出来，回到能兑换现金的地位。第三，发行边钞，是使人民免受法币狂跌之损失。第四，因为法币停止流通之后，光华券没有 1 元以上的，故须发行边钞以资周转。第五，因为要发行公债，使人民能够认购公债，所以要发行边钞。1942 年《陕甘宁边区银行条例（草案）》则对货币发行作了专门规定：边区银行得发 1 元、2 元、5 元、10 元、50 元、100 元各种主币，并发行各种辅币。发行总的准备金为 100%，其中 40% 为金银、硬币（银元）、法币及银行经过物资局及光华商店所储之商品。其他 60% 为保证准备，如生产事业投资及放款合同，各种有抵押之借据。银行最高发行额由银行委员会决定之（如欲超过最高发行额，须得银行委员会及财经常委会批准）。陕甘宁边区边币正式发行是 1941 年 3 月 18 日。截止到 1942 年 12 月 31 日共发行边币 111000000 元。

（二）禁用法币

1941 年陕甘宁边区政府发出关于停止法币行使的布告：因时局紧张，为巩固边区金融、防止法币外流资敌，停止法币在边区内行使。藏有法币者，得换成边币行使，境外购物需用法币时，非经特别许可不得兑换携带法币出境。之后又规定了《陕甘宁边区财政厅核准法币出境手续》、《陕甘宁边区财政厅申请运送法币出境手续》及《实施细则》等各种法规命令。1945 年 1 月 5 日陕甘宁边区政府颁布《禁用法币办法》规定："边境内不准行使法币，但商民等往边区外办货或其他用途需要法币时，得向交易所兑换，不加限制。但在境内以法币交易，除强令其向交换所兑换边币外，每元法币买卖双方各罚边币五角。对故意行使者加倍处罚。对在交换所以外私自进行边币法币交换者，除强迫其将法币向交换所兑换边币外，买卖双方每元法币各罚边币一元。屡犯不改或交换比价与交换所牌价不同，意在捣乱金融者，除照章罚款外，并送当地政府严办。并鼓励商民等告发非法使用法币者，告发者可得罚金之 50% 奖金。"其他根据地也先后颁发了关于禁用法币的法规、命令、通知等，内容基本相同于陕甘宁边区的规定。

（三）打击伪币

伪币是敌伪政权金融机构发行之货币，由于很多根据地与沦陷区犬牙相错，游击区及边境商民往来，敌伪币流入根据地在所难免。为了防止伪币对根据地经济造成损失，各根据地对敌伪币一律采取打击措施。如《晋冀鲁豫边区政府禁止敌伪钞票暂行办法》规定，一切敌伪发行之钞票，在本区内绝对禁止携带保存与行使，持有敌伪币者限期兑换冀钞。军政民机关因特殊工作确有携带敌伪钞票出入境之必要者，须经政府核准，发给证明文件，始得通行。违者分别视情节给予处罚。

三、开展存放款业务支持边区生产

（一）存款

据《冀南银行各项业务营业办法》，存款共分五种，即定期存款、活期存款、储蓄存款（自由存入，每6个月可支取一次）、暂时存款（随存随支，不给利息）、往来款项（自由存取，不给利息）。据《陕甘宁边区往来存款暂行章程》：往来存款之开户先填具申请书，留存印鉴，并须有相关介绍人介绍，经本行重要职员认可，方能开户。存入金额须在500元以上，每次续存，不得少于5元，月息6厘，每年清结两次。支款凭支票支取，存户与银行订有透支契约者，以约定之透支额透支，月息1分2厘。对不合支票使用法之票，银行均得退票。存户开出支票，经银行保付时，即由其存款中提出备付。银行吸收往来存款的意义在于：（1）增加银行活动资金，利用存款调剂缓急；（2）吸收游资，加快流通速度；（3）与工商各界发生密切联系，了解金融动态。

（二）贷款（放款）

与存款业务不同，根据地银行全部资金的运用，主要分配在放款上。陕甘宁边区银行之放款可以分为五类：（1）生产建设放款（包括农贷、工业、盐业、运输业、合作社、机关生产等放款）；（2）财政性放款（包括财政借款、机关借款）；（3）商业放款；（4）物资局投资；（5）其他放款（包括短期的暂欠与私人借款）。

据《陕甘宁边区农业贷款章程》，农业贷款分为农业生产贷款、农村副业生产贷款、农业供销贷款、农田水利贷款四类，而以农业生产贷款为主。农业生产贷款又可分为四种，即耕牛农具贷款、种植棉花及其他带有推广性的农作物贷款、种子肥料贷款、各种青苗贷款。贷款以低利优待，长期年利1分，短期月利1厘，贷款期限以1年为限，必要时经政府酌量延期或分期转期归还。为认真做好农贷工作，陕甘宁边区政府专门组织农贷委员会，为帮助贫苦农民进行农业生产、发展边区农业经济起了相当重要的作用。

四、禁止现金流通及出境

据《陕甘宁边区禁止私人收售质押及私运现金出境惩罚条例修正案》，现金系指金银、金条、元宝、银条以及一切金银器具、首饰和硬币。根据地银行在对金银管理上，实行银行统一收购，禁止变相通货（生金银）之流通、出境，防止生金银外流资敌。按条例规定，现金之受购及受押者，由边区银行与货币交换所办理，其他未受委托之任何团体、机关与个人均不得收购或受押。各地银楼业原存制造首饰之金料及制成品或半成品，应于本条例颁布之日，由所在地之边区银行或货币交换所查点登记。嗣后再不收购硬货原料制售饰品，违者将金银全部没收，必要时得勒令停止其营业。已抵押或典当之现金，期满无力赎取例应变价者，不得自由变卖，应由受押人送交边区银行或货币交换所兑换，并享受银行兑换奖励金。现金所有人如不愿出售急需抵押者，可到银行请求抵押贷款。旅客携带金饰出境，首饰须在 5 钱以下，5 钱以上除经政府给照特准者外，一律禁止携带出境，违者没收充公。对私自收售、受押现金行为，政府奖励告密。私运现金出境、沿途军警哨卡有没收之权，并奖励告密缉获者。

第三十四章　抗日民主政权的刑事法规

第一节　刑事立法的指导方针和刑事法规的制定

一、刑事立法指导方针的发展

抗日战争时期，日本军国主义者为了实现灭亡中国的野心，便同公开投靠日本军国主义者的汪精卫派相勾结，除直接军事进攻外，还在各抗日根据地周围广设特务间谍机关，收买反动地主、土匪和其他社会渣滓充当汉奸，潜入根据地进行投毒、暗杀、刺探军情、破坏边区政府等活动，直至组织反革命暴乱。与此同时，国民党顽固派则消极抗日、积极反共，不断制造摩擦，掀起反共高潮。这些破坏活动给边区人民的生命财产安全和根据地的建设带来了严重危害。

上述情况决定了抗日民主政权的刑法任务，就是运用刑罚手段，同汉奸反动派做斗争，保卫边区，巩固人民政权，保护人民的合法权利，保证抗日战争的胜利。根据抗日战争时期刑法任务的变化，中国共产党和抗日民主政权总结了多年来的实践经验，对刑事立法的指导方针做了相应的调整和重新确定。这些方针主要有以下几方面的内容。

（一）正确划清敌我界限

抗日战争时期刑法任务的变化，决定了根据地的刑事立法指导方针是以共产党的锄奸政策为依据而制定的。要想正确指导锄奸斗争和刑事立法，必须首先对抗日根据地的主客观条件、内外环境有个清醒全面的认识。确定锄奸政策的出发点有以下三点：（1）抗日根据地特别是敌后抗日根据地长期处于敌人的包围之中，其边区更是与敌占区犬牙交错，是敌特破坏的中心目标。这就要求各级政府必须克服麻痹大意的思想，提高警惕，清楚地认识到敌特破坏活动的危害性。（2）抗日根据地是经过长期战争和无数胜利建立起来的。在这里有坚强的共产党组织，有强大的抗日军队，有具有高度觉悟、忠于革命事业的优秀干部和热爱祖国的广大人民。因此，必须相信自己的力量，肯定敌特奸细只是少数，不能毫无根据地怀疑自己的组织和群众，夸大敌人的力量，使锄奸斗争扩大化。（3）抗日根据地实行抗日民族统一战线政策，对于一切抗日的人民，不论什么阶级、党派、团体都要加以团结。因此，必须纠正过去“左”倾路线时期错误的肃反政策，绝不允许到处树敌，把中间分子、动摇分子赶到敌人的阵营中去，使自己陷于孤立。

以上三点归纳起来，就是刑事立法必须正确划清敌我界限，严格区分罪与非罪的界限。只有如此，才能瓦解敌人，得到广大人民的拥护。打击少数敌人，保卫多数人民是辩证统一的，两者不可分割，否则就要犯错误。

（二）镇压与宽大相结合

早在1938年10月，中国共产党六届六中全会上就明确提出：“采取灵活的策略去反击敌人，反对锄奸工作的简单化。因此对敌人应各个击破，分别处理，打击主力，争取胁从。”

1940年12月，毛泽东在《论政策》一文中再次强调：“关于锄奸政策。应该坚决地镇压那些坚决的汉奸分子和坚决的反共分子，非此不足以保卫抗日的革命势力。但是决不可多杀人，决不可牵涉到任何无辜的分子。对于反动派中的动摇分子和胁从分子，应有宽大的处理。”[①] 根据中共中央及

① 《毛泽东选集》第2卷，人民出版社1971年版，第767页。

毛泽东的这一指示，各抗日根据地通过具有根本法性质的《施政纲领》将此方针确定下来。

但在执行镇压与宽大相结合的方针时，曾发生过失误。抗日战争初期一度出现过“左”的倾向，在打击敌特汉奸案件时，忽视根据罪行轻重采取区别对待的策略，使打击镇压的对象过宽。后来提出宽大政策时，又出现片面强调宽大的偏向，对于应该逮捕法办的也一概放任不管，因而引起了群众的不满。为此，中共中央于 1942 年 11 月 6 日专门发布了《关于宽大政策的解释》，对镇压与宽大相结合的方针作了全面、系统的阐述，指出：“对敌人、汉奸及其他一切破坏分子等，在被俘被捕后，除绝对坚决不愿改悔者外，一律实行宽大政策，予以自新之路。这里是提示了镇压与宽大两个政策，并非片面地只有一个宽大政策。对于绝对坚决不愿改悔者，是除外于宽大政策的，这就是镇压政策。这里同时提示的两个政策，是完全正确的，必须坚决实行的。”文件进一步解释说：对于一切已经证明是坚决破坏民族利益的分子，应依法严办，绝对不应放任。对于此类破坏分子如不坚决镇压，即无异于帮助敌人，就要脱离群众。而对于一切曾经有破坏行为，但是真心悔改，确有证据者，我们则必须采取宽大政策，准其自新。在具体实施镇压与宽大相结合的方针时，应掌握这样一个原则，即区分首要分子与胁从分子。惩办破坏分子，主要是惩治那些首要分子，其次才是惩治那些胁从分子。同时，宽大方面，主要是施于胁从分子，其次才施于首要分子。总之，以表示真心改悔与否为决定政策的标准。“而镇压与宽大是必须同时注意，不可缺一的。”

（三）法律面前人人平等

工农民主政权时期，由于受“左”倾路线的影响，在刑事立法中曾有地主资本家犯罪后加重处罚，而工农群众和对革命事业有功绩的人犯罪得减免刑罚的规定。这是“唯成分论”和“唯功绩论”在刑事立法中的反映。如 1934 年颁布的《中华苏维埃共和国惩治反革命条例》就是如此。遵义会议之后，中国共产党逐步克服和纠正了“左”倾错误路线在刑事立法中的影响，并相应地提出了法律面前人人平等的立法方针，推动了新民主主义的刑事立法健康发展。对于“唯成分论”和“唯功绩论”偏向的纠正，集中地体现在1937年毛泽东为黄克功一案致审判长雷经天的信和1938年陕甘宁边区政府主席林伯渠就有关司法工作向毛泽东的请示报告之中。

1937年10月5日晚，在陕甘宁边区的首府延安发生了一起枪杀案。被告黄克功，男，26岁，江西人，少年时加入红军，立过战功，当时任抗日军政大学第六分队队长。被害人刘茜，女，16岁，1937年8月自太原来延安，先在抗日军政大学学习，后转入陕北公学。黄克功要求与刘茜结婚，被刘茜拒绝，黄克功为泄愤竟将刘茜杀害。此案发生后在延安引起了强烈反响。但应如何处理，在群众中却产生了两种截然相反的议论。一种意见认为黄克功少年参加红军，为革命屡建战功，应该从宽处理。另一种意见则认为黄克功身为革命军人、共产党员，强迫未达婚龄的少女与其结婚，已属违法，达不到个人目的，竟丧心病狂地杀害同志，实属革命队伍中的败类，理应判处死刑，以平民愤。陕甘宁边区政府对此案极为重视，组成了以雷经天为审判长的合议庭，经过详细调查审讯，决定判处黄克功死刑。由于此案影响较大，故在按照法定程序呈边区政府审核后，又转报中共中央审批。中共中央和中央军委在毛泽东主持下，经过慎重讨论，最后批准了边区高等法院对黄克功处以极刑的判决，并由毛泽东亲自给审判长雷经天写了复信。在这封复信中，毛泽东明确指出了必须以被告人犯罪行为的危害大小，作为定罪科刑的主要根据，果断地纠正了有功绩者犯罪得享受减免刑罚的特权，体现了法律面前人人平等的原则。因此，这封信就成为新民主主义刑法史上具有理论意义和历史影响的重要文献。毛泽东在复信中强调指出：“黄克功过去斗争历史是光荣的，今天处以极刑，我及党中央的同志都是为之惋惜的。但他犯了不容赦免的大罪，以一个共产党员红军干部而有如此卑鄙的、残忍的、失掉党的立场的、失掉革命立场的、失掉人的立场的行为，如为赦免，便无以教育党，无以教育红军，无以教育革命者，并无以教育做一个普通的人。因此中央与军委便不得不根据他的罪恶行为，根据党与红军的纪律，处他以极刑。总之，他之处死，是他的自己行为决定的……正因为黄克功不同于一个普通人，正因为他是一个多年的共产党员，是一个多年的红军，所以不能不这样办。共产党与红军，对于自己的党员与红军成员不能不执行比较一般平民更加严格的纪律。”[①]可见，复信明确地指出，共产党员和革命干部，只能成为严格遵守法律的模范，绝无高居法律之上，或超出法律之外的特权。根据这一精神，1940年《中共边区中央局关于发布新的施政纲领的决定》规定：此纲领发布后，“一切为本党同志所领导之机关、部队、团体、学校，均须照此纲领坚决实施之。党员有违反此纲领之任何条文者，予以纪律之裁判”。特别是施政纲领第八条还专门规定：“共产党员有犯法者，从重治罪。”

1938 年 9 月，陕甘宁边区政府主席林伯渠，就地主富农利用统一战线的政策进行反攻倒算的罪行，在量刑上是较一般人民从重还是平等适用法律的问题，专门向毛泽东请示。毛泽东指出：不能再沿用苏维埃政权时的法律，那是极“左”的东西，应该平等，贫富平等。次日，林伯渠向边区政府的成员传达了毛泽东的这一指示。[②]从此，工农民主政权时期刑事立法中的“唯成分论”的错误倾向得到了纠正，法律面前人人平等的方针被正式确定下来。

二、刑事法规的制定

为了同汉奸敌特及其他刑事犯罪分子做斗争，各边区抗日民主政府在上述刑事立法方针的指导下，先后制定了大量的刑事法规。这些法规主要有：1939 年陕甘宁边区政府的《抗战时期惩治汉奸条例》《抗战时期惩治

---

① 毛泽东：《致雷经天》（1937 年 10 月 10 日），载《毛泽东书信选集》，人民出版社 1983 年版，第 110—111 页。

② 《林伯渠向毛泽东的请示报告》（1938 年 9 月）。

盗匪条例》《惩治贪污条例》《禁烟禁毒条例》,1941年陕甘宁边区政府的《破坏金融法令惩罚条例》《禁止粮食出境修正暂行条例》、晋冀鲁豫边区政府的《禁止敌伪钞票暂行办法》, 1942年陕甘宁边区政府的《贩卖纸烟惩治办法》、晋察冀边区政府的《破坏坚壁财物惩治办法》、晋冀鲁豫边区政府的《汉奸财产没收处理暂行办法》, 1943年山东省《惩治贪污公粮暂行条例》, 1945年山东省《汉奸自首自新暂行条例》《处理伪军伪警条例》、苏中边区行政公署的《调查伪政权伪组织人员悔过自新暂行办法》、苏中边区行政公署和新四军苏中军区政治部的《调查叛国汉奸罪行暂行条例》等。这些刑事法规都是单行条例。1942年陕甘宁边区政府在总结实行刑事单行条例的经验基础上曾起草了《陕甘宁边区刑法总分则草案》。

上述刑事法规的制定及实施，对于打击敌人，保护抗日人民的合法权益，巩固边区抗日民主政权，保证抗日战争的胜利起了重大的作用。

三、刑事立法的特点

抗日民主政权的刑事立法，与工农民主政权的刑事立法相比，具有以下主要特点。

（一）因时因地制宜

这一时期由于没有建立中央一级的革命政权，因而不可能制定全国统一适用的刑法典。各边区抗日根据地都是依据中共中央的刑事政策和刑事立法指导方针，根据形势发展的需要，从实际出发，因时因地制定了一些地区性的单行条例，作为各该地区司法机关审理刑事案件的法律依据。

从时间上讲，抗日战争时期各根据地的刑事立法具有明显的阶段性。1939年为刑事立法的草创时期，这一年刑事立法涉及的范围较广，如惩治汉奸、盗匪、贪污、禁烟禁毒等基本条例均是这一年制定的。由于这一年其他抗日根据地尚未创建，因而，从地区上讲以陕甘宁边区为主。1940年至 1943 年，这一时期是抗日战争的相持阶段，也是各抗日根据地经济上最为困难的时期。因而，这一时期各根据地的刑事立法，大都从政治领域转入经济领域，相继制定了《破坏金融法令惩治条例》《禁止粮食出境修正暂行条例》《惩治贪污公粮暂行条例》等单行法规，通过刑罚手段严惩经济犯罪，确保抗日根据地渡过难关。1945 年是中国抗日战争的最后一年，由于战争即将结束，大批汉奸和部分日本战犯已相继被捕，急待处理，因而，这一年的刑事立法以惩治汉奸和战争罪犯为主，涉及汉奸敌特本人罪行的调查与惩治、财产的处理和自首自新处理办法等方面。这种根据形势发展的不同需要，及时制定相应的法规，就是我们所说的因时制宜。

所谓因地制宜，是指各边区抗日根据地在贯彻中共中央刑事政策的前提下，根据本地区的突出特点和实际需要，制定适宜于本地区施行的单行条例。如晋冀鲁豫边区、晋察冀边区和山东根据地从敌后抗日根据地的特点出发，颁布了《破坏坚壁财物惩治办法》，晋冀鲁豫边区、山东根据地还制定了《妨害婚姻治罪暂行条例》《关于处理因灾荒买卖人口纠纷的规定》《制止抢劫寡妇的训令》等。

（二）部分援用国民党政府刑事立法中某些可以利用的法律条文

抗日根据地的边区政府同国民党政府，两者在政权性质和法律制度方面，都截然不同。但在抗日战争时期“国共合作”的特定历史条件下，基于抗日民族统一战线总政策的要求，各边区根据地在独立自主地制定了一系列刑事法规的同时，有些地区还以不同的形式选用了国民党政府所制定的刑法中某些可以利用的法律条文。但是，这种援用是有选择、有限制、有条件的，并非全部照搬。关于这一点，中共中央在陕甘宁边区政府成立之初就明确规定，国民党政府制定的一些极其反动的法律，如 1928 年颁布的《暂行反革命治罪法》、1931 年的《危害民国紧急治罪法》等，绝对不能援用。对于国民党政府颁布的有关抗日的法律，则可以参照援用，如《惩治汉奸条例》等。在援用国民党政府的法律时，应遵循的原则是，有利于抗战，有利于大多数人民利益，有利于民主政治，有利于国共两党合作，有利于抗日根据地的边区环境。

援用的形式有如下几种：一种形式是宣布国民党政府制定的个别条例得在边区适用。如晋察冀边区行政委员会于 1938 年 12 月转发国民党政府制定的《修正惩治汉奸条例》和《惩治盗匪暂行办法》，晋冀鲁豫边区政府也曾宣布上述条例，得在“本区适用”。另一种形式，是规定可以适用某一部分条文。如 1942 年 10 月 31 日《晋冀鲁豫边区危害军队及妨害军事工作治罪条例》规定：“对违犯本条例之行为的治罪，得适用刑法总则之规定。”这里的刑法总则即指国民党政府颁布的《中华民国刑法》的总则部分。再一种形式就是在自己制定的法律文件中，讲明该法规的制定是以国民党政府颁布的某某法律为依据，如 1945 年 8 月《山东省处理汉奸财产条例》提到：“本条例系根据国民政府处理逆产条例及山东省临时参议会施政纲领之精神制定之。”有关援用国民党政府所制定的部分法律条文问题是在特定的历史条件下所采取的灵活策略，必须结合当时的具体条件，实事求是地进行分析和理解。

（三）民族利益至上

抗日战争时期，中日民族矛盾上升为主要矛盾，国内阶段斗争退居次要地位。这种变化决定了这一时期的刑事立法是以打击背叛祖国、甘心充当外国侵略者走卒的汉奸、战争罪犯和保卫民族利益为首要任务。这一点林伯渠在陕甘宁边区政府工作报告中讲得十分明白。他说：司法机关要“把制裁汉奸、反革命当作中心，把保护群众当作天职”。为了保护民族利益，各边区根据地都相继制定了惩治汉奸、汉奸财产处理办法等单行条例，把同出卖民族利益的行为做斗争，当作边区广大军民所面临的一项最为迫切的政治任务。这类条例在根据地所制定的刑事法规中所占比重较大，条例中规定对汉奸罪的处刑亦较重。司法实践也证明，汉奸案件在当时根据地所审理的各类刑事案件中占有突出的地位。以太行区为例，1942 年全区汉奸案件为2681件，1943年为7857件，1944年为1779件，1945年为2652件。1942年至1945年总计审理汉奸案件14969件，约占全区特种刑事案件的62%。据不完全统计，自1938年至1942年8月，晋察冀边区共审理汉奸案件6170件，占该区特种刑事案件的81%。

除了严惩汉奸罪以外，为了从经济上打击日本侵略者，陕甘宁边区政府、晋冀鲁豫边区政府还制定了《禁止仇货取缔伪币条例》（1939年）、《禁止敌伪钞票暂行办法》（1941年）等法规。如陕甘宁边区政府的《禁止仇货取缔伪币条例》第四条、第八条规定："凡属敌国或伪政府之货币，不得使用之"，"违者得按情节之轻重处以有期徒刑或死刑或科以罚金"。

（四）扩大刑法所调整的范围

抗日战争时期各边区政府都十分重视利用刑法同破坏社会经济秩序的犯罪行为做斗争，相继制定和颁布了一些有关保护金融货币、防止走私、繁殖林木等经济法规。例如，《晋察冀边区保护公私林木法》（1939年）、《晋察冀边区禁山办法》（1939年）、《陕甘宁边区破坏金融法令惩罚条例》（1941年）、《陕甘宁边区贩卖纸烟惩治办法》（1942年）、《山东省战时工作推行委员会关于罚款募捐及没收代管的决定》（1941年）、《山东省战时工委会关于禁杀耕牛及禁运棉花出境的通知》（1941年）、《晋冀鲁豫边区征收出入境税暂行条例》（1941年）、《晋冀鲁豫边区关于村政权人员贪污之处理的指示》等。这些法规的制定，为边区政府同破坏边区经济秩序的犯罪行为做斗争提供了法规依据，对发展边区经济、稳定边区社会秩序、保证抗日战争的胜利起了积极作用。

第二节 刑法原则的发展

纵观这一时期的刑事立法，其所确立的基本原则主要有如下几点。

一、罪刑法定主义和类推相结合原则

抗日战争时期各边区政府虽然没有制定过独立统一的刑法典，但在其所制定的各种单行刑事法规中，都明确规定了什么是犯罪，各种犯罪的构成要件，各种犯罪行为所应适用的刑种，以及具体罪行的具体量刑幅度等。因而，可以认为，抗日战争时期各根据地刑法是实行罪刑法定主义原则的。但应该指出的是，由于这一时期各根据地特别是敌后根据地所处的环境极为恶劣，敌我之间战争频繁，因而，法制无法完备，这就决定了这一时期各根据地在刑法上只能是基本上实行了罪刑法定主义原则。其表现方式就是在坚持罪刑法定主义原则的前提下，某些根据地的刑法中又承认在特定条件下比照类推原则的合法性。两者的具体关系是，有法律规定的，按法律执行，无法律规定者，实行比照类推制度。

二、区别对待原则

为了贯彻镇压与宽大相结合的方针，各边区根据地政府制定的刑法中都实行了根据犯罪者年龄、犯罪实施的阶段、罪行本身的轻重、犯罪后的态度等区别对待的原则。基本上做到了重罪重判，轻罪轻判，罪刑相称，从而使刑罚起到了应有的效果。其具体做法：

1. 老幼者犯罪后减免处罚。边区根据地的刑事立法都普遍规定了未成年人和老年人犯罪，不负刑事责任或减轻刑事责任，如《陕甘宁边区抗战时期惩治汉奸条例（草案）》（1939 年）第十条规定："犯第三条各款之罪，年龄在十四岁以下八十岁以上者，得减刑或免除其刑。"

2. 团体犯罪从重。（1）《胶东区惩治窃取空舍清野财物暂行办法》中规定："三人以上结伙窃取或故意毁坏他人空舍清野财物者，不问情节轻重，一律处以五年以下有期徒刑，而个人窃取空舍清野财物，情节较重者则处以三年以下有期徒刑。"（2）区别主犯和从犯。所谓主犯按照陕甘宁边区惩治汉奸条例中的规定是指在共同犯罪中负“组织及领导”之责者。具体量刑上主犯从重，胁从犯从轻。

3. 连续犯、累犯从重。连续犯罪和累犯是两个含义不同的刑法术语。按照《修正山东省惩治贪污暂行条例》（1945年）的规定：连续犯是指为了同一目的而多次实施的犯罪行为，而累犯则是指曾经受到判决处分而再次触犯刑法并需要依法加以制裁的人。由于连续犯、累犯对社会危害性较大，因而，各根据地的刑事立法中一般都规定连续犯、累犯在量刑上较一般犯人从重。如《修正山东省惩治贪污暂行条例》第四条规定：“在判决后再犯贪污行为者，按累犯处理之。”即加重处罚。晋冀鲁豫边区《惩治盗毁空室清野财物补充办法》第二条规定：“凡以窃盗为常业或屡犯、连续犯窃盗空室清野财物者，处死刑。”

4. 未遂、中止或犯罪后能主动消除犯罪后果者减刑。《山东省惩治盗匪暂行条例》（1942年）第五条第四款规定：“已着手于犯罪行为之实行而不遂，或其行为不能发生犯罪之结果，又无危害或意识转变中止者”，在量刑上应比已遂犯从轻。关于未遂犯量刑时从轻的幅度，有的法律也作了明确的规定，如《胶东区惩治窃取空舍清野财物暂行办法》（1943年）第十六条规定：“犯本办法各罪未遂者，仍按各该条处罚之，但按情节得减轻二分之一至三分之二。”同时，按照各根据地所制定的刑法规定，犯罪后如能主动消除犯罪后果者亦可以减轻处罚。《陕甘宁边区抗战时期惩治盗匪条例（草案）》（1939年）第八条规定：“犯第二条各款之罪，在事先告发能防止或破获者，得减刑或免除其刑。”

5. 自首自新减免刑罚。各抗日根据地的刑事立法中均有犯罪后自首可以减免刑罚的规定。如《陕甘宁边区抗战时期惩治盗匪条例》第七条规定：“犯第二条各款之罪，未经发觉而自首者得减刑。”一些根据地还先后制定了有关汉奸自首自新的单行法规，如《晋察冀边区汉奸自首条例》（1938年）、《山东省汉奸自首自新暂行条例》（1945年）、《苏中区伪政权伪组织人员悔过自首暂行办法》等，对有关汉奸自首自新的手续和处理办法，作了具体的规定。

6. 公职人员犯罪加重处罚。抗日战争时期，各根据地政府为了充分发扬民主，确保吏治廉洁，对包括共产党员、革命干部在内的公职人员提出了更加严格的要求。《陕甘宁边区施政纲领》第八条规定："共产党员犯法，加重治罪。"根据这一原则，各根据地刑事立法中普遍规定公职人员违犯某些刑法条文须加重处罚。如村级以上政民干部破坏坚壁财物者加重其刑1/2（《晋察冀边区破坏坚壁财物惩治办法》第八条）。公职人员违犯金融法令，犯有包庇、串通、卖放或私行没收、侵吞等罪行，从严治罪（《晋冀鲁豫边区保护法币暂行办法》第八条）。军政民工作人员违犯触犯禁烟禁毒条例，加倍处罚（《晋西北禁烟治罪暂行条例》第十条）。这些规令在特定时期曾起过良好的作用，是根据地刑事立法革命性的最好体现。

三、罪责自负，反对株连原则

这一时期各根据地的刑事立法，依据毛泽东在《论政策》一文中提出的"决不可牵涉到任何无辜的分子"的指示，实行了罪责自负，反对株连的原则。如《晋察冀边区关于逮捕搜索侦查处理刑事、特种刑事犯之决定》中，具体规定："前项犯人之犯罪，仅及个人，不得株连其家属。"《晋察冀边区行政委员会修正处理汉奸财产办法》第三条规定："没收或查封汉奸财产，应限于本人所有，不及其家属。如系同居家属，应酌留家属生活费。"

第三节　犯罪种类的变化

抗日战争时期，各根据地根据刑法任务的变化，为了确保打击重点，把刑事案件划分为特种刑事（如汉奸、盗匪、破坏坚壁清野、破坏军事、烟毒、贪污等）和普通刑事（如一般杀人、伤害、窃盗、侵占、妨害婚姻家庭等）。

一、特种刑事案件

（一）汉奸罪

汉奸罪，又称叛国罪，抗日战争胜利前后有的地区又将其中一些罪大恶极者称为战争罪犯。1937 年 10 月陕甘宁边区政府、保安司令部联合发布的《陕甘宁边区锄奸委员会组织条例》，为了动员群众检举汉奸分子，具体列出了汉奸罪的十大罪行。到 1939 年，陕甘宁边区政府正式制定了《抗战时期惩治汉奸条例（草案）》，共 13 条，具体规定了汉奸罪的构成要件和处刑办法。之后其他各抗日根据地政府陆续制定了惩治汉奸条例，这些条例包括：1943 年 4 月《晋察冀边区处理伪军伪组织人员办法》《太行区战时紧急处理敌探汉奸暂行办法》，1943 年 4 月《山东省战时除奸条例》，1945 年 3 月《山东省战时行政委员会、山东军区关于特务汉奸之处理办法的联合决定》，1945 年 8 月《山东省惩治战争罪犯及汉奸暂行条例》和《山东军区处理伪军伪警条例》，1944 年 2 月苏中行政公署、苏中军区司令部联合公布《处理汉奸军事间谍办法》，1945 年 7 月苏中行政公署、新四军苏中军区政治部《调查叛国汉奸罪暂行条例》，1945 年 9 月《苏中区惩治战争罪犯及汉奸暂行办法》《苏中区汉奸自首自新暂行条例》，1945 年 12 月《苏皖边区惩治叛国罪犯（汉奸）暂行条例》，1945 年 12 月《太行行署对战犯处理的指示》《太行行署关于处理伪军伪组织人员的原则及执行中应注意事项的指示》等。

纵观这些条例，属于抗战初期制定的在内容上都比较笼统和原则。如《陕甘宁边区抗战时期惩治汉奸条例》第三条主要规定：凡是企图颠覆抗日政府，阴谋建立傀儡政权者；破坏人民抗日运动者；进行间谍特务活动者；藏运军火图谋叛乱者或组织领导叛变者；携枪投敌者；施放信号显示敌人轰炸或射击目标者；杀害革命干部或毒害人民者；以粮食军器资送敌人者；破坏交通或扰乱金融者；以文字图画宣传破坏抗战者；有意放纵汉奸分子逃跑者或诬陷别人为汉奸者即以汉奸论罪。犯上述各款之罪，视其情节轻重，分别判处有期徒刑或死刑。教唆、放纵或协助犯上述各款之罪者，与本犯同罪。

到了抗战后期，随着对汉奸罪行了解的深入，立法经验的丰富，因而在后期所制定的条例中对汉奸罪的罪行和处刑办法相对来说规定得较为具体。如《苏中区惩治战争罪犯及汉奸暂行条例》规定："有下列各项行为之一者，处死刑、无期徒刑或十年以上有期徒刑，褫夺公权终身：在战争期间，自始至终效忠于日本军国主义，罪大恶极为人民所痛恨者；日军军部、特务机关、联络部、宪兵队之主官或主谋者；于日本宣布投降后，组织拒降，坚决抵抗或残杀人民者；残杀虐待战争俘虏者；伪军警、伪政权、伪组织之主官或主谋，并积极破坏民族解放事业者；组织叛变投降敌人者；主谋主使破坏我方之军事、政治、经济及文化建设事业，因而发生损害者；组织各种社团为敌效劳，积极破坏民族解放事业者；偷盗国家军政机密，供给敌人，破坏抗日战争之主谋主使者；为敌掠夺资财粮食，捕捉壮丁之主谋主使者；制造惨案，屠杀人民者；倚恃敌伪在解放区或敌占区蹂躏人民，绑架烧杀，罪大恶极为人民所痛恨者。"上述各项罪行之从犯、未遂犯，或包庇、隐匿、纵容犯，处10年以下有期徒刑，褫夺公权期间与刑期同。

为了给汉奸分子以经济上的制裁，各边区政府还制定了有关没收汉奸财产的单行条例。这些条例，对没收汉奸财产问题，作了详细的规定：凡敌伪直接占有或日华合办的资财，均无条件没收；凡经司法机关判处死刑及没收财产之汉奸罪犯，或汉奸全家附逆以及个人无家属者，其财产包括动产、不动产全部没收；凡依靠敌伪势力而行掠夺、勒索、强占、强买之财物，应按照具体情节轻重，没收其全部或一部，凡在战争混乱中廉价收买、代管、借营、抵押、霸占汉奸之财产，一律无效；知其财产将被没收，因而为财产权转移之行为，其行为无效；故意为被没收人隐匿或转移其财产，视情节轻重予以惩办。

（二）盗匪罪

抗日战争初期，社会治安十分混乱，各地盗匪猖獗，给人民生命财产造成严重危害。为此，各根据地先后制定了惩治盗匪条例，这些条例包括1939年《陕甘宁边区抗战时期惩治盗匪条例》、1942年9月《山东省惩治盗匪暂行条例》等。依据这些条例规定，凡以抢劫为目的，聚众持械抢劫，暴力抢夺他人财物，掳人勒赎，藏匿贩运及买卖军火，窝藏分赃，伤毙人命，乘机强奸妇女，纵火焚烧房屋，破坏阻塞交通，抢夺武器，勾结军队为匪等行为，即均构成盗匪罪。犯盗匪罪者，视其情节判处徒刑或死刑，并没收本犯全部财产。凡教唆、庇纵或协助犯，与本犯同罪。确系被威逼而构成的胁从犯得减刑。盗匪罪的设立，对于维护社会治安起了重要作用。据不完全统计，在抗日战争初期，仅陕甘宁边区周围就有武装盗匪近百股，经过打击之后，这些盗匪基本上被肃清。

（三）妨害军事罪和妨害公务罪

晋冀鲁豫边区政府分别于1942年10月、12月制定颁布了《危害军队及妨害军事工作治罪暂行条例》和《妨害公务违抗法令治罪暂行条例》。

前者规定：凡以破坏边区为目的捕杀抗日军人及其家属、煽惑抗日军人逃叛通敌者，组织暴动、捣毁机关、抢劫军用品、公物者，乘战争混乱迫害军队伤病员者，组织鼓动群众破坏军事者，经常制造谣言破坏抗日军队之威信、抗日秩序及主动挑拨离间军民关系者，殴打辱骂抗日军人、乘危急状况对军人进行非法要挟者，偷盗军用器材者，即构成妨害军事罪。上述罪行视其情节轻重，得判处死刑、无期徒刑和有期徒刑。

后者规定：凡聚众骚扰捣毁政府机关者，绑架杀害公务人员及其家属者，聚众施行强暴胁迫而致正在执行公务的工作人员死亡或重伤者，窃盗政府机密文件或印信者，以强暴胁迫或以诈术阻止公务员执行职务或煽动公务员弃职逃亡者，毁坏或盗窃公物者，冒充公务人员招摇撞骗者，恶意造谣、曲解、破坏或抵抗政府法令超过违警行为者，制造行政纠纷或调唆他人词讼者，以声色货利诱惑公务员腐化堕落贻误职务者，减租减息后故意不退还文约者，即构成妨害公务罪。违者处以死刑、无期徒刑、有期徒刑或科处罚金。

（四）破坏坚壁财物罪

所谓破坏坚壁财物罪，又称盗毁空室清野财物罪，这种罪名是过去法律中所没有的，是敌后抗日根据地军民的创造。在敌后根据地，为了粉碎敌人对根据地不断发动的疯狂“扫荡”，一些抗日民主政权先后制定了破坏坚壁财物罪惩治条例。这些条例包括：1941 年 10 月《晋冀鲁豫边区惩治盗毁空室清野财物办法》及 1942 年的《惩治盗毁空室清野财物补充办法》，1942 年 10 月晋冀鲁豫边区政府和边区高等法院联合公布的《关于对根据地人民、敌占区民夫等抢劫盗毁食粮田禾处理办法的通令》，1942 年 4 月《晋察冀边区破坏坚壁财物惩治办法》，1943 年 7 月和 11 月山东抗日根据地《渤海区处理敌人扫荡期间窃盗案件暂行办法》和《胶东区惩治窃取空室清野财物暂行办法》等。

上述条例首先对破坏坚壁财物罪的罪名做了严格界定。晋冀鲁豫边区规定：“凡为备战所埋藏之一切公私财物为空室清野财物。”晋察冀边区规定，坚壁财物是指“因防止敌寇汉奸之破坏与抢夺而移藏于地窖山沟及其他隐蔽处所之衣被粮秣公文器具等类之一切公私财物与用土石堵塞之建筑物而言”。山东根据地渤海区条例则规定，只有在敌人扫荡之际，盗毁上述财物的，才构成“盗毁空室清野财物罪”。“所谓敌人扫荡之际，指在敌人扫荡中及敌人将来前，或敌人刚退后，秩序已失常态，尚未恢复之时而言”。这样便把破坏坚壁财物罪所侵犯的客体及其适用的特定环境，规定得十分明确。根据这些条例，凡是在敌人“扫荡”之际，乘机盗毁空室清野财物者，是直接间接帮助敌人危害抗日战争的严重犯罪，必须给予惩罚。其次，条例规定了破坏坚壁财物的各种具体行为和量刑标准。凡是勾结敌伪挖掘搜索坚壁财物；向敌伪自动告密，暴露坚壁财物之处，致其损害；

故意焚烧、毁坏坚壁财物；结伙三人以上，盗窃坚壁财物，组织他人盗窃坚壁财物，屡犯盗窃坚壁财物；虽非屡犯但非为饥寒所迫而乘机盗窃坚壁财物以发“扫荡财者”；制造敌情或冒充敌伪致民众逃壁而乘机盗窃坚壁财物等，即构成破坏坚壁财物罪。得视其情节轻重判处死刑、有期徒刑或两个月以下劳役。后经一段实践，晋冀鲁豫边区政府又颁布了补充办法，规定，对情节轻微战后能自动赔偿损失者，免除其刑，集中打击那些以盗窃为常业，连续犯，组织他人进行盗窃等情节严重的主要犯罪。破坏坚壁财物罪的确立，对于保护边区财力和物力，防止敌寇、汉奸和盗匪的破坏，克服相持阶段的物资困难，保证反扫荡的胜利，起过重大作用。

（五）烟毒罪

抗日战争爆发后，日本侵略者为了进一步侵略中国，实行毒化政策，到处强迫敌占区的人民种植鸦片，制造各种毒品。为了彻底根绝烟毒，保障人民健康，各边区政府先后成立了禁烟督察局（处），并颁布了禁烟禁毒办法或治罪条例。抗战初期，陕甘宁边区政府就率先制定了《陕甘宁边区禁烟禁毒条例（草案）》，1939 年 2 月晋察冀边区行政委员会颁布了《关于严禁播种罂粟的命令》，1941 年 7 月《晋冀鲁豫边区毒品治罪暂行条例》，1941 年 11 月《晋西北禁烟治罪暂行条例》，1942 年 1 月《陕甘宁边区查获鸦片毒品暂行办法》，1943 年 4 月《山东省禁烟治罪暂行条例》和《山东省禁毒治罪暂行条例》，1945 年晋察冀边区行政委员会发布的关于禁烟禁毒的第六号布告等。

按照条例规定，所谓“烟”指的是鸦片、罂粟和罂粟种子。所谓“毒”，指的是吗啡、高根、海洛因及其他化合物等。凡意图制造鸦片而种植罂粟者、制造贩卖运输烟毒者、制造吸食或注射烟毒器具者、意图营利设立吸食注射烟毒场所者、公务人员包庇受贿纵容他人犯前项各罪者均构成烟毒罪。在具体量刑上，陕甘宁边区处刑较轻，敌后各根据地，如晋西北、晋冀鲁豫、山东等地处刑则较重。对主要罪犯一般均处以死刑、无期徒刑，并科处罚金和褫夺公权。对于吸食和注射毒品者，则区别对待，令其到政府登记限期戒绝，违者处以徒刑和劳役。凡直接或间接接受日寇主使以烟毒危害民族生机者，按汉奸罪论处。凡能协助政府告发破获烟毒犯者，由政府予以奖励。

在各级政府的重视下，边区禁烟禁毒工作收到了较好成效。在抗日根据地的巩固地区，烟毒案件逐步下降。以太行区为例，1943 年司法机关审理的烟毒案件 1571 件，1944 年下降为 429 件，1945 年再降为 244 件。

（六）贪污罪

《陕甘宁边区施政纲领》第八条明确规定："励行廉洁政治，严惩公务人员之贪污行为，禁止任何公务人员假公济私之行为。"其他各边区施政纲领中也都有类似的规定。为了实现这一政纲，同贪污分子进行斗争，各边区政府都陆续颁布了惩治贪污犯罪的单行条例，主要有：1938 年 8 月陕甘宁边区政府制定的《惩治贪污暂行条例（草案）》（1939 年再次修订公布）、1940 年 12 月《山东省惩治贪污暂行条例》（1945 年 3 月再次修订公布）、1941 年 9 月《晋西北惩治贪污暂行条例》、1942 年 2 月《晋冀鲁豫边区惩治贪污暂行办法》、1942 年 10 月《晋察冀边区惩治贪污条例》等。有关这些条例的内容，以《陕甘宁边区惩治贪污条例》为例，该条例规定，边区所属之机关部队及公营企业人员，或群众组织及社会公益事务团体之人员，有下列行为之一者，即构成贪污罪：克扣或截留应行发给或缴纳财物者；买卖公物，从中舞弊者；盗窃侵吞公有财物者；强占、强征或强募财物者；意图营利，贩运违禁或漏税物品者；擅移公款，作为私人营利者；违法收募税捐者；伪造或虚报收支账目者；勒索敲诈收受贿赂者；为私人利益而浪费公有之财物者。通过上述的规定，我们可以得知，在陕甘宁边区，贪污罪的主体只能是边区政府的公职人员或群众组织及社会公益事务团体的工作人员。贪污的对象包括公私财物。这种规定使抗日战争时期各根据地的刑事立法中有关贪污罪的规定在内容上较为宽泛，大体上包容了贪污、盗窃、受贿、敲诈勒索、挪用公款等几种罪行。这是由当时的历史条件造成的。在具体量刑上，该条例规定根据贪污数额及其影响大小，区别对待。贪污数目在1000元以上者处死刑，500元以上者处5年以上有期徒刑或死刑，300元以上500元以下者处3年以上5年以下有期徒刑，100元以上300元以下者处1年以上3年以下有期徒刑。同时，还应追缴其贪污所得之财物。无法追缴时，得没收其个人财产抵偿。贪污之财物，如属于私人者，视其性质分别发还受损失者的全部或一部。后因物价及币值经常波动，有的地区将贪污款数折合成小米作为处刑标准。如1944年晋察冀边区修正的《惩治贪污条例》规定，贪污数额在500斤小米市价以上者，处以死刑或10年以上有期徒刑。处罚金者，也以相应折合成小米市价计算。

1941年以后，抗日战争进入相持阶段，各根据地军民处于严重困难时期，粮食极为珍贵，因而贪污公粮者便构成严重犯罪。为此，山东根据地于1943年8月制定了《山东省惩治贪污公粮暂行条例》，规定：贪污公粮500斤以上者，处死刑、无期徒刑或10年以上有期徒刑；300斤以上不满500斤者处5年以上10年以下有期徒刑；不满300斤者，处5年以下有期徒刑或按其贪污粮食数目二倍处罚。

同时，针对农村基层政权工作人员的特殊情况，晋冀鲁豫边区冀鲁豫行署还于1943年3月专门发布了《关于村政权人员贪污之处理的指示》，规定：为了执行政府法令及行政纪律，村政权人员的贪污行为亦应受到处分。但考虑到该地区大多数村政权未经改造，故不应不教而诛。决定除对罪行严重者予以惩办外，一般应从宽处理。撤销其职务，退回赃物，并令其在群众大会上承认贪污罪行，道歉具结。结合对群众进行民主教育，改造村政权。

经过几年的不懈努力，各根据地内的贪污案件均呈大幅度下降趋势。如陕甘宁边区1939年查获处理贪污案360件，1940年处理644件，到1941年上半年即下降为153件。太行区自1942年公布条例后，1943年处理贪污案件606件，1944年下降为232件，1945年为238件。真正出现了政廉吏洁的大好局面。

二、普通刑事案件

（一）故意杀人罪

在抗日根据地里，每个公民的生命安全，均受到边区政府的切实保障。一切非法剥夺他人生命的行为，都是对公民人身权利的最严重侵犯，因而，必将受到法律的严厉制裁。从抗日战争时期陕甘宁边区审判实践的资料分析来看，故意杀人案产生的原因主要有这样几个方面：图财害命，因奸杀人，因泄愤而报复杀人等。据陕甘宁边区高等法院 1944 年至 1945 年 9 月的统计，共发生命案 198 起。其中因夫妻感情根本不合、离婚不遂，或因奸情而发生的杀人案有 81 起，占 41%。从而说明旧社会遗留下来的不合理婚姻制度会给社会带来各种不幸的后果。对故意杀人罪，各边区政府在量刑上均采取从重原则。

（二）非法拘禁罪

除公民的生命安全外，在各根据地里，公民的人身健康、民主权利、人格名誉等也无不受到法律的保护。各根据地颁布的施政纲领、人权保障条例等都对此作了具体规定。如 1942 年 2 月《陕甘宁边区保障人权财权条例》第七条规定："除司法机关及公安机关依法执行其职务外，任何机关、部队、团体不得对任何人加以逮捕、审问、处罚（现行犯不在此例），人民利益如受损害时，有用任何方式控告任何公务人员非法行为之权。"

此外，为了进一步保障人权，建立正常的法律秩序，淮海区还制定了《淮海区公务人员非法拘押惩处暂行条例（草案）》，对各级公务人员，特别是司法人员，在执行公务时不按法律办事，侵犯人权的行为和处罚办法做了详细规定。该条例规定：凡公务人员逮捕人犯（除现行人犯外）时没有县政府或法院签发的拘票者；村镇公所、区署拘捕人犯逾时不解送上级机关者；县政府羁押人犯，超过法定侦查、审判时间、延长羁押者；对民事被告人无故管收者；对在押人犯施以拷打、凌辱或其他虐待行为者，即构成非法拘押罪。凡犯有非法拘押罪的各级公务人员，应按其情节轻重处行政处罚或一年以下有期徒刑。

（三）堕胎溺婴罪

晋察冀边区行政委员会 1942 年 3 月发布《关于堕胎溺婴案件均须依法科刑的命令》，指出：自去年秋季反“扫荡”以后，各地妇女鉴于携带婴儿活动困难，因而堕胎和溺婴者，比以前增多，但各级政府对此种恶风却纠正不力。堕胎溺婴不仅有违人道主义，而且是危害民族后代的犯罪行为。今后发生堕胎溺婴事件，均须依法科刑。在执行过程中加强教育，但不得借口教育而不予处罚。自通令之日起，如村长区长发现此类事件不向上级主管部门报告者，由村长区长负责。县政府不依刑法之规定科刑者，由县长负责。具体科刑办法则参照国民党政府所颁布的刑法典中的“堕胎”“杀人”“遗弃”三章的规定酌情处理。这一法令的发布，对于制止堕胎溺婴事件，发挥了一定作用。

（四）诬告伪证罪

抗日战争时期各根据地关于诬告罪和伪证罪，没有制定过专门的治罪条例，但在其他刑事条例中，却规定有相应的条款。主要有以下两种处理办法：

1. 诬告反坐。如《太行区战时紧急处理敌探汉奸暂行办法》规定：“凡县区村干部或军民（人员）有下列情形之一者，以杀人罪反坐：一、趁机报复杀害好人者。二、伪造证据陷害好人者。”《渤海区处理敌人扫荡期间窃盗案件暂行办法》第六条在规定民众得捕获现行犯时，指出：挟嫌诬陷者，按反坐罪办理。《陕甘宁边区抗战时期惩治汉奸条例》规定：“诬陷别人为汉奸者”，“以汉奸论罪”。《晋察冀边区破坏坚壁财物惩治办法》规定：“故意陷害诬告他人犯本办法之罪者，处以各该条之刑。”《晋冀鲁豫边区毒品治罪条例》也规定：“栽赃诬陷或捏造证据诬告他人犯本条例之罪者，处以各该条之刑。证人、鉴定人意图陷本条例各条犯罪嫌疑之被告而为虚伪之鉴定者，亦同。”此外，山东省禁烟条例和禁毒条例中也有类似的规定。

2. 按诬告罪处刑。如《陕甘宁边区破坏金融惩罚条例》第九条规定：“如有挟嫌诬告者，以诬告论罪，处以二月以上，一年以下之有期徒刑。”《山东战时工作推行委员会关于锄奸纪律的命令》第六条规定：“假公报私妨害人权者，以诬陷论罪。”《苏皖边区惩治叛国罪犯暂行条例》规定：“如挟嫌诬告，应依刑法诬告罪论之。”

（五）买卖人口及妨害婚姻家庭罪

这一时期，各边区政府对于买卖人口及妨害婚姻家庭的犯罪极为重视。先后制定过一系列单行条例。如1943年《晋冀鲁豫边区妨害婚姻治罪条例》规定：凡贩卖妇女者，霸占他人妻女者，煽动抗日军人家属离婚或退婚造成既成事实者，勒索财物妨害寡妇再嫁者，虐待妇女有实据者，抢亲者，蓄婢或纳妾者，重婚者，处5年以下有期徒刑，得并科以千元以下之罚金。凡买卖婚姻者，勒索财物妨害婚姻者，妨害寡妇再嫁者，挑拨他人夫妇不和而鼓动离婚者，强迫不到结婚订婚年龄之男女结婚订婚者，妨害成年男女自愿结婚或订婚者，租妻或合伙娶妻者，与有配偶之人通奸者，处1年以下有期徒刑，得并科以300元以下罚金。但与有配偶之人通奸者，非其配偶不得告诉。

《修正淮海区抗日军人配偶及婚约保障条例》则专门对保护抗日军人的婚姻、婚约作了详细规定：娶抗日军人配偶者，处3年以下有期徒刑。娶抗日军人未婚妻者，处2年以下有期徒刑。前项之主持说合者，处1年以下有期徒刑。

《山东省战工会关于制止抢劫寡妇的训令》是针对山东滨海地区久有暴徒持械结伙抢劫寡妇或离婚妇女，有的占为己有，有的价卖自肥。为了保障人权、打击不法暴徒，训令指出：抢劫买卖妇女是一种“灭绝人权，抹煞人格之行为，不仅为亟应改革之恶习，实为人类之耻辱，亦即亟须惩治之行为，惟已习沿已久，积非为是，不设重典，难遽收效”。因此，决定今后准将上述行为的既遂主犯，一律处以死刑，从犯处 10 年以下有期徒刑。其未遂主犯处 15 年有期徒刑，从犯处 5 年以下有期徒刑。

（六）破坏金融罪

抗日战争时期，各边区政府制定的有关破坏金融的法规，有 1941 年 12 月《陕甘宁边区破坏金融法令惩罚条例》、1941 年 5 月《晋冀鲁豫边区禁止敌伪钞票暂行办法》（1942 年 9 月修正公布）、1941 年 11 月《晋西北修正扰乱金融惩治暂行条例》、1942 年 2 月《晋绥边区修正扰乱金融惩治暂行条例补充办法》、1943 年 5 月《晋冀鲁豫边区冀鲁豫行署查禁假鲁钞暂行办法》、1945 年 10 月《晋察冀边区行政委员会关于禁用白洋行使的决定》等。这些条例具体规定了对边币的保护措施和破坏金融罪的惩治办法。概括起来，主要有以下规定：（1）凡在边区境内不以边币交换作价或故意拒收边币者，以破坏金融论罪，按具体情节判处劳役或罚金。（2）一切敌伪发行之钞票，在边区境内绝对禁止携带、保存与行使，违者一经查出，除没收外，并按情节轻重处以徒刑或罚金。凡在根据地内行使银元、银锭、金银条或意图行使而持有者，除全部没收外，视情节轻重处以徒刑直至死刑。（3）凡在根据地内私自买卖外汇（指根据地以外之商号或个人签发的汇票、期票、支票、存折、兑条等），或无银行携带外汇证明文件者，以捣乱金融论罪。（4）意图破坏边区金融，进行货币投机牟利者，除货币全部没收外，酌情判处徒刑并科罚金。（5）冀鲁豫行署规定，凡制造假鲁钞者处死刑。凡贩卖假票或明知为假票而行使者，酌情治罪，查获的假票，一律没收烧毁。

（七）盗窃罪

在各抗日根据地里，特别是一些敌后根据地里，盗窃案件发案率较高，在刑事案件中一直占有相当大的比例。1943 年至 1945 年，太行区共审理盗窃案 1076 件，占同时期所审理的刑事案件的 20.9%。1938 年至 1942 年，晋察冀北岳区盗窃案在普通刑事案件中，最低占 7%，最高时达 34%。盗窃犯罪的猖獗，不仅使公私财物受到了损害，还败坏了社会风气，使人民群众失去了安全感，因而严重地影响了生产建设事业。

对盗窃犯的处理，各地没有统一规定。一般是按具体情节，酌情处理。如对待那些确因天灾受饥寒所迫的灾民所犯的轻微盗窃案件，依违警处罚条例进行处罚。而对那些以盗窃为常业，或以盗窃为主要谋生手段，以及因吸食毒品而盗窃的惯犯、累犯应加重处罚，必要时可处以死刑。

（八）赌博罪

在各根据地，一般的赌博行为，多由公安机关或基层政权组织依照各边区制定的《违警处罚条例》，给以适当的处罚。如《陕甘宁边区违警罚暂行条例》第二十八条第四款规定，“于道路或公共处所为类似赌博之行为者”处 10 日以下之拘留或 10 个工资以下之罚金。只有情节严重者，才移交司法机关惩处。山东省抗日民主政府 1943 年 4 月颁布的《关于赌博的训令》决定：嗣后对于当场抓获之赌徒，得处以罚金。赌具与在赌台或兑换筹码台处之财物，均予没收。以赌博为常业，或以设赌为常业者，要处以有期徒刑和罚金。如引惑无知青年或设计拐骗至输巨款者，应以赌博与诈骗，并科论罪。

除上述罪名外，散见于其他法律条文和司法审判实践中的罪名还有：破坏经济秩序方面的粮食棉花走私、破坏林木、无证宰杀耕牛等犯罪；妨害社会秩序方面的妨害风化、流氓等犯罪；侵犯公民人身与民主权利的伤害、强奸、侮辱、诽谤、妨害名誉、妨害选举自由等犯罪；侵犯财产方面的抢劫、诈骗、侵占土地财物等犯罪。

第四节　刑罚制度的完善

这一时期的刑罚种类，没有统一的规定，而是由各边区政府在刑事条例中，根据当时当地的具体情况，规定了一些刑罚措施。各根据地基本上将刑罚分为主刑和从刑两类。

一、主刑

（一）死刑

按照法律规定，死刑主要适用于罪大恶极、社会危害性严重而又不肯改悔，为广大群众所痛恨的犯罪分子。由于死刑是一种剥夺犯人生命的最重刑罚，各根据地在适用上都极为慎重。如《陕甘宁边区高等法院对各县司法工作的指示》第三条指出："在边区非至不得已，绝不应随便轻易判死刑。"各根据地法律对死刑的规定，有以下三种：

1. 依法由法庭宣布死刑，经上级政府核准后执行。由执行机关公布其罪状和判决理由。行刑时有检查员临场监验。死刑执行一律用枪决。

2. 悬赏捕获就地正法。悬赏捕获就地正法大多适用于敌后根据地或战时状态。按照晋察冀边区、太行区、太岳区、山东根据地等边区政府法律规定，悬赏捕获就地正法包括两种情况：第一，对于罪恶昭彰、住敌占区或敌据点之死心塌地的汉奸，及群众所痛恨的土匪，不能逮捕归案者，经县长呈请专员批准，得宣布"就地正法"，即不经法庭审判，人人捕而诛之。若该犯确有悔改表现，县长也可以宣布撤销此案。第二，对于处于战时状况的汉奸现行犯，无论军民均可捕而杀之。如苏中行政公署和苏中军区联合发布的《处理汉奸军事间谍办法》第三条规定："'清乡'时期及战时之汉奸现行犯，如有武装拒捕情形，或随同敌伪行动而无法逮捕时，无论军民人等均得格杀之。”

3. 死刑保留。本着少杀慎杀，争取挽救一切可以改造教育的犯人的原则，太岳区在司法实践中还创造了一项死刑保留制度。根据《晋冀鲁豫边区太岳区暂行司法制度》（1944 年 3 月）第三十二、三十三、五十七条规定：对于应判处死刑而认为有可能争取改造者，可判处“死刑保留”。保留期间长短，根据具体情节，定为 1 年至 5 年。在保留期间，如果重犯前罪或另犯他种更大罪行者，经法庭重新讨论决定，即执行枪决。如果超过保留期限不再犯罪，其“死刑保留”即为失效。鉴于死刑保留如单独使用，“有时会构成没有处罚的现象”。因而该法律规定，死刑保留不能单独使用，必须与徒刑、罚款、讨保、具结等并用。这就表明对于判处死刑保留的人犯，既可以收监关押，也可以取保释放，由当地政府进行监督。因而说这种死刑保留制度在某种程度上类似死刑缓刑，但同时又与我国现行刑法中规定的“死刑缓期执行以观后效”不尽相同。

（二）无期徒刑

抗日战争时期各根据地刑事立法在对待无期徒刑问题上采取两种做法。第一，明确废止无期徒刑，如陕甘宁边区的刑事立法中，没有规定无期徒刑。陕甘宁边区的各级司法机关，在抗日战争期间也没有判处过无期徒刑。第二，规定有无期徒刑。其他各根据地所制定的刑事法规中，大多规定有无期徒刑这一刑种。但在审判实践中，由于当时战争环境的动荡，无期徒刑也基本上没有适用过。

（三）有期徒刑

各根据地刑事法规中，对有期徒刑刑期的规定不尽统一，但其普遍做法是刑期较短，这是由当时战争环境所决定的。陕甘宁边区在抗战初期，法律规定有期徒刑最高刑期为 5 年，最低刑期为 6 个月（或 2 个月）。经过一段时间的实践，感到从死刑到 5 年徒刑之间，差距太大。有的案子如判死刑殊觉太重，有失宽大之意，同时也将扩大死刑的执行范围。如判 5 年徒刑又嫌太轻，影响人权财权之保障。因此，1942 年 4 月陕甘宁边区政府委员会第十三次会议决定，并经边区参议会常驻会第五次会议通过，特将有期徒刑的最高刑期改为 10 年。

其他抗日根据地对有期徒刑的最高刑期没有明确规定，大都笼统地规定可判处“十年以上有期徒刑”。如晋察冀边区、晋冀鲁豫边区和山东根据地的许多刑事法规都有此种规定。但个别法令则规定可以对罪犯判处有期徒刑 15 年。如 1943 年 4 月山东省战时工作推行委员会制定的《关于制止抢劫寡妇的训令》就规定：“其未遂主犯处以十五年有期徒刑。”至于有期徒刑的最低刑期，各根据地的刑事立法中亦没有统一规定，仅原则地规定，某种罪行可判处 6 个月以上有期徒刑。结合各根据地的审判实践，对有期徒刑的最低刑期，以实行 6 个月者为多，但个别地区的个别法规则规定可以对罪犯判处有期徒刑 6 个月以下。《晋冀鲁豫边区太岳区暂行司法制度》规定：“徒刑—— 一月至三年。”

（四）拘役

拘役，又称劳役或苦役。刑期一般为 1 日以上 2 个月以下，但也有规定 6 个月以下甚至 1 年以上者。如《晋冀鲁豫边区毒品治罪暂行条例》第五条规定，凡屡犯（三次）吸食毒品罪者，得处以远地 1 年以上劳役。

劳役或苦役同传统的、各国刑法中所规定的拘役制度相比区别是，拘役是把犯人拘禁起来而令服劳役，劳役则是在宣判后给予必要的教育后，分遣到有关单位服劳役，敌后根据地一般以回村服役为原则。《解放日报》1941 年 10 月 25 日曾发表文章进行论述，认为执行劳役一来可以避免那些初次犯轻微罪行的人犯在拘禁中沾染上其他犯人的恶习，二来可以避免因拘禁使犯人自尊心受到伤害，减低以后向上奋进的情绪。

（五）罚金

罚金，是司法机关强制犯罪分子向政府交纳一定数量金钱的刑罚。科处罚金的目的是对罪犯在经济上施以惩罚，既是对其非法获利的没收，又剥夺了他继续进行犯罪活动的手段。抗日战争时期的罚金制度，包括“并科”“选科”“专科”“易科”多种形式。

“并科”，是指对罪犯判处其他刑罚的同时，并要科以一定数量的罚金。当时，各根据地的大多数条例都规定，除判处徒刑、拘役外，得“并科罚金”。

“选科”，是指对于某些罪行进行处罚时，法官可以在其他刑种和罚金之中任选其一。如《陕甘宁边区破坏金融法令惩罚条例》规定，对故意拒绝使用边币者，得处以劳役“或科以罚金”。

“专科罚金”，是指法律规定对于某些罪行只能处以罚金进行惩治。如《晋冀鲁豫边区禁止敌伪钞票暂行办法》规定，对于私自携带和行使伪钞者，得按其数目多寡，专科以一定比例或倍数的罚金。

“易科罚金”，是指在某些特定的情况下，有些刑种在判决之后，可以用交纳一定数量的金钱作为替代的一种制度。如《修正淮海区审理司法案件暂行办法》规定：“受有期徒刑或拘役之宣告，因抗战环境及被告身体、职业或家庭之关系，执行显有困难者，得以抗币一元以上五元以下折算一日，易科罚金。于宣判后一月内缴纳。”苏中区规定：“判处二年以下有期徒刑者，得以抗币一元至二元折算一日，易科罚金。”晋察冀边区规定在游击区判处徒刑者，在必要时，也可实行“易科罚金”。

（六）管束

管束，是指对于罪犯不予关押，但限制其一定行动自由的一种刑罚。《修正淮海区审理司法案件暂行办法》规定，为适应战争环境，特将“管束”列为主刑之一，排在死刑、有期徒刑、罚金、拘役之后。管束期限，定为“一年以下，一日以上”。此即“管制”的前身。

（七）教育释放

陕甘宁边区司法实践中，普遍使用的一种刑罚。对于轻微刑事案犯，经过一定时间的关押教育，多则一月，少则几天，即能改正者，不再判处徒刑或劳役，即行释放，故称“教育释放”。

（八）当庭训诫

被告人虽有违法行为，但情节轻微，即在法庭上由法官当众予以训诫，讲清道理，指明错误，使其不再重犯。晋冀鲁豫边区政府规定：“训诫注意采用说服，或当群众承认错误等方式，不许以近似侮辱之方式（如游街、戴高帽、吊打等）行为。”这些规定是十分重要的。

（九）驱逐出境

驱逐出境，是指将罪犯驱赶出边区政府所管辖范围的一种特殊刑罚。陕甘宁边区对于少数特殊案件，曾采用过这种办法。

此外，有些地区，对于某些轻微的违法行为，根据具体情况，在审判实践中还曾使用过“具结”（被告人本人悔过，保证不再重犯）、“讨保”（由第三者进行承保不再重犯），或向受害人“慰问道歉”等处理办法。《晋冀鲁豫边区太岳区暂行司法制度》中就有这些规定。

二、从刑

（一）褫夺公权

抗日战争时期多数边区都有此种刑罚。陕甘宁边区的法律规定，褫夺公权是指剥夺犯罪分子的选举权、被选举权，为公务人员之权，为公职人员候选人之权。这种刑罚主要用于破坏边区政权的汉奸、敌特和反革命分子。《晋冀鲁豫边区太岳区暂行司法制度》第三十二条规定，褫夺公权只能适用于在政治上破坏根据地的人犯。

综合这一时期各根据地的法律规定，褫夺公权从刑期上讲，又分为终身和有期两种。大多数地区的法律规定，判处死刑者，褫夺公权终身。但《山东省惩治战争罪犯及汉奸暂行条例》则规定，主犯处死刑或10年以上有期徒刑者，褫夺公权终身。至于有期者，各地法律规定得较为详细。陕甘宁边区规定，1年以上之徒刑，才附加褫夺公权1至5年。晋冀鲁豫和山东根据地规定，判处6个月以上之徒刑，即可附加褫夺公权1至10年。褫夺公权要与所判处的徒刑刑期相同。计算方法则从徒刑执行完毕之日算起。

（二）没收财产

抗日战争时期，这一刑罚主要适用于汉奸、盗匪，有时也适用于其他犯罪。如《陕甘宁边区破坏金融法令惩罚条例》规定，进行货币投机事业以谋利者，其货币全部没收。《陕甘宁边区禁烟禁毒条例》规定，设立烟毒商店者，处1年以上徒刑，“并没收其全部财产”。

没收的对象主要是指财产，但对刑事案件中的违禁品、犯罪所用之物或犯罪所得之物，皆在没收之列。赃物如有被害人认领时，应予发还。

此外，抗日战争时期，在刑罚执行方面，“缓刑”“假释”制度得以普遍实行。

缓刑，是指对判处一定刑罚的罪犯，当其具备法定的条件时，在一定期间内暂缓其刑罚执行的制度。这一时期，许多条例中都对缓刑制度做了明确规定，并在司法审判实践中广泛使用。如《晋冀鲁豫边区太岳区暂行司法制度》《苏中区处理诉讼案件暂行办法》等条例中规定：判处有期徒刑者，如系初犯，可资教诲者，司法机关有权宣告缓刑，缓刑期限一般在1年以上，10年以下。在缓刑期内，如不再犯新罪，可免除其刑，即原判刑罚不再执行；如再犯罪，经法庭重新讨论后，得合并执行。司法机关对宣布缓刑的被告，得指定区乡政府、群众团体及被告人之亲属，于一定期间内管束之。

所谓“假释”，按照抗日民主政权的法律规定，是指被判处有期徒刑的犯罪分子，在执行一定时间以后，有悔改表现，不致再危害社会，司法机关将其附条件地提前释放的制度。早在1938年9月，陕甘宁边区高等法院就发布了《关于各县羁押犯人的处理办法》的第五号通令，明确规定了假释的条件和对重大罪犯假释从严的原则。1945年，陕甘宁边区第二届司法会议上制定了单行的《陕甘宁边区假释条例》，使这一制度进一步制度化、法律化。

各主要根据地刑罚种类表

边　区	主　刑	从　刑
陕甘宁边区	死刑、有期徒刑（2个月至10年）、苦役（1日以上至6个月）、罚金、教育释放、驱逐出境	褫夺公权、没收财产
晋察冀边区	死刑、无期徒刑、有期徒刑（最低1年以下，最高10年以上）、劳役、罚金	褫夺公权、没收财产
晋冀鲁豫边区	死刑、无期徒刑、有期徒刑（最低6个月以下，最高10年以上）、劳役（1日以上至6个月以下）、罚金、当庭训诫	褫夺公权、没收财产
晋西北区	死刑、有期徒刑、劳役、罚金	褫夺公权、没收财产
太岳区	死刑、无期徒刑、有期徒刑（1年至3年）、劳役（1日至2年）、罚金	褫夺公权、没收财产
山东根据地	死刑、无期徒刑、有期徒刑（最低1年以下，最高15年）、劳役、罚金	褫夺公权、没收财产
淮海区	死刑、有期徒刑（最高刑期为10年）、罚金、拘役（1日至2个月）、管束（1日至1年）	褫夺公权、没收财产
苏中区	死刑、有期徒刑、拘役、罚金	褫夺公权、没收财产

此外，个别敌后根据地还根据自己的特殊情况，实行“战时假释”办法。如1942年9月晋冀鲁豫边区政府和边区高等法院联合发布的《关于司法工作在扶植群众运动中及适应战争环境的几点指示》中指出：当边区

处于战时紧急状况时，为求轻便，可对那些已经执行过一段刑期的犯人实行战时假释，即由其亲属等具保后假释。具保人担保其在战时遣散中不再犯法。待战时状态结束后，立即通知人犯返回监所继续服刑。战时假释是特殊情况下实行的一项特殊制度。

第五节　劝戒办法和违警处罚条例

为了减少、防止犯罪，除了必要的刑罚手段之外，各抗日民主政权还大胆创新，采取了一些重要的预防措施，并取得了良好的效果。其中最主要的措施如下。

一、劝戒办法

晋察冀边区行政委员会 1942 年 10 月颁布的《晋察冀边区劝戒办法》规定：凡是没有一定职业，行为不检点，或妨害他人抗日工作及其他业务，或破坏善良风俗，阻挠公益事业，但还没有达到犯罪程度者，先由村、区、县政府予以劝戒。如经劝戒后仍不思改正，就将其错误行为公之于众，待其改正后，再宣布撤销。这是一种劝戒人们改恶从善的特殊教育方法。其适用对象是针对人民群众中少数犯有严重错误行为，但其行为尚未达到犯罪程度的。

二、违警处罚条例

陕甘宁边区和晋冀鲁豫边区所制定的《违警罚暂行条例》（1942 年 2 月 23 日）和《违警处罚暂行办法》（1942 年 10 月 23 日）。综合上述两个条例，其内容大致如下：

1. 适用对象：凡边区内年满13周岁，心智正常，其行为非因紧急避险或不可抗拒之原因而触犯违警条例者，依本条例办理。如其行为涉及刑事部分者，移交司法机关审理。13岁以下公民触犯违警条例后，责令其父兄或抚养人、监护人自行管束。如6个月内在同一管束地区再犯者，则应对其父兄、抚养人、监护人进行必要的处罚。

2. 适用原则：违警行为同时涉及二款以上者，分别处罚。二人以上共同实施违警行为者，均为正犯，各科其罚。帮助正犯者为从犯，得减本罚1/4处罚。唆使他人实施违警行为者，为造意犯，准正犯论。唆使或帮助从犯者，准以从犯论处。违警者于未发觉前主动向公安机关自首者，得减本罚1/4至1/2处罚，累犯加倍处罚。违警之起诉、告诉、告发，自违警行为完毕之日起以6个月为限，逾期不得起诉、告诉或告发。依条例处罚者，自判定之日起，满6个月后尚未执行者免除之。同时，条例还对“诬告他人违警或伪为见证陷人处罚者”“故意湮灭其违警之证据或捏造伪证者”“藏匿违警之人或使其脱逃者”，具体规定了处罚办法。

3. 执行机关：各级公安机关。

4. 处罚种类：陕甘宁边区规定，违警罚分为主罚及从罚，主罚、从罚得并科。主罚包括：（1）拘留。期限为7日以上，15日以下。二款以上合并，最多不得超过30日。于公安机关留置，在拘留期间得指定场所令其从事劳作。受拘留处置者，于拘留期间过半后，确有悔改实据者得释放之。（2）罚金。数额为1个工资以上，15个工资以下。二款以上合并者，最多不得超过30个工资（以当地最低工资计算）。于判定后5日内完纳，如逾期不纳或无力完纳者，以1日工资易拘留1日。（3）训诫。从罚包括：（1）没收。对于违警所用之物或因违警所得之物，分别没收。如该物属于他人者，应返还原主。（2）停止营业。期限为10日以下。（3）勒令歇业。

晋冀鲁豫边区规定的处罚种类包括：（1）劳役。1日以上2个月以下。（2）罚金。1元以上150元以下。赌博罚金10元以上500元以下。（3）训戒。

5. 违警行为之类别：（1）妨害社会安宁之行为。（2）妨害秩序之行为。

（3）妨害公务之行为。（4）妨害交通之行为。（5）妨害风化之行为。（6）妨害卫生之行为。（7）妨害他人身体财产之行为。

各地公安机关根据上述规定，处理了大批未达犯罪程度的违警行为，这对维护社会秩序、防止犯罪、挽救改造许多轻微违法分子，发挥了很好的作用。

第三十五章　抗日民主政权的司法机关

第一节　司法机关的任务与特点

一、司法机关的任务

抗日民主政权司法机关所承担的主要任务，一是镇压汉奸卖国贼对抗日事业的破坏活动；二是切实保障抗日民主制度和各抗日阶级的合法权益，调节抗日人民内部的关系，从而维护抗日根据地的社会秩序，巩固并发展抗日民主政权。这一任务在抗日民主政权的施政纲领和有关法律法规中都作了明确规定。早在1937年中国共产党发布的《抗日救国十大纲领》中，就提出必须“肃清汉奸卖国贼亲日派，巩固后方”的任务。1939年1月颁布的《陕甘宁边区抗战时期施政纲领》规定：“建立便利人民的司法制度，保障人民有检举与告发任何工作人员的罪行之自由。”《晋冀鲁豫边区政府施政纲领》也有近似的规定。

二、司法机关的特点

处于抗战环境的抗日民主政权司法机关，从敌后抗日根据地的客观实际出发，适应全民抗战和新民主主义政治建设的需要，既继承和发扬工农民主司法机关的优良传统，又因时制宜、因地制宜地进行改进，从而使之具有明显特点，这些特点包括以下几个方面。

1. 抗日根据地的司法机关虽然在法律上规定隶属于中华民国国民政府，受中央最高法院管辖，属于地方司法机关，但与一般地方司法机关不同，它属于“地方自治的政府”所领导的司法机关。抗日战争时期，随着第二次国共合作的实现，全国抗日民族统一战线的建立，各敌后根据地的抗日民主政权所制定的有关法律一般都有司法机关“受中央最高法院之管辖”或类似规定。但是，由于“敌后的抗日民主政府还没有为中央政府正式承认”[①]，敌后根据地的“边区与国民政府间的合法关系尚未解决”[②]，“处在敌人的包围中，和国民政府的交通联系是很困难的，而最高法院又未在边区设立分院”[③]。更重要的是，由于敌后根据地的司法机关同国民党政权司法机关在性质、任务上有着根本的不同。因此，敌后根据地的抗日民主司法机关就在全国抗日民族统一战线的政权中保持着一定的独立性，执行各根据地抗日民主政权所颁布的施政纲领和单行法律、法令及政策，同时又作为地方司法机关“依照敌后情形执行中央政府的法令”。

2. 抗日根据地从敌后抗战的实际需要出发，实行政府领导司法的体制，各级司法机关都隶属于政府，受同级参议会监督，由同级政府直接领导，独立行使司法职权。其具体内容包括：在边区一级设立高等法院，如陕甘宁、晋察冀、晋冀鲁豫等边区及其他大多数根据地，高等法院院长和边区政府主席都由参议会选举产生，但高等法院并不向边区参议会负责并报告工作，而只接受参议会的监督，由边区政府直接领导；有些抗日根据地的最高司法机关则直接设在政府内，如山东根据地的高级审判处（相当于边区高等法院）就是山东省战时行政委员会（即政府）的组成部分；在行署、专署及县的各级地方司法机关，一律设在同级政府内，成为政府的组成部

① 刘少奇：《论抗日民主政权》，载《刘少奇选集》上卷，人民出版社 1981 年版，第 175 页。

② 林伯渠：《在陕甘宁边区政府委员会第四次会议上的关于边区政府一年工作总结报告》。

③ 《晋察冀边区行政委员会工作报告》（1938—1942 年）。

分，有些地区还实行地方行政首长兼理司法的制度。而且，各级政府还有权依法采取各种形式直接管理司法业务，但同时司法机关又是“按法律办事，按原则办事”，“司法人员对于审判的负责”，即独立行使其司法职权的。

3. 抗日根据地司法机关拥有审判、检察和司法行政三种职权，检察机关设在法院内，未置独立的司法行政机关。敌后根据地依据“建立便利人民的司法制度”“简捷诉讼程序”和“精兵简政”的精神，采取不设独立的司法行政机关，而由各级司法机关兼理司法行政事务的制度。同时，在陕甘宁、晋察冀等边区，检察机关也都设置在司法机关内，作为法院的构成部分。因此，从总体上说，司法机关除拥有审判权力外，还行使司法行政和检察两种权力。

第二节　司法机关的组织和职权

抗日民主政权司法机关的设置，在陕甘宁边区和其他敌后抗日根据地内，由于政府组织体系不尽相同，司法机关的名称和设置体系也不尽相同。有的设置三级司法机关，有的则设置两级司法机关，有的称为法院，有的则称为司法处或司法科。但大体可分为边区（省）级司法机关与边区（省）以下各级司法机关两类。

一、边区司法机关的组织和职权

在抗日战争时期，由于没有建立统一的中央民主政权，边区（省）就成为各个敌后根据地的最高政区。与此相适应，边区（省）级所设置的司法机关也就成为各个敌后根据地事实上的最高司法机关。在陕甘宁边区，边区一级的司法机关包括高等法院、高等法院分庭和边区政府审判委员会。其中高等法院于 1937 年 9 月率先建立，作为全边区的最高司法机关，掌理全边区的司法审判事务，负责管理全边区的司法行政事宜，还兼行使全边区的最高检察权。

陕甘宁、晋察冀及晋冀鲁豫等边区高等法院实行院长负责制，在院长之下分设有司法行政处（科）、检察机关、民事法庭、刑事法庭、书记室、看守所和监狱（劳动感化院或自新习艺所等）以及其他机构，在陕甘宁边区高等法院还设有总务科，晋冀鲁豫边区高等法院则还设有巡回法庭。

各边区高等法院设院长 1 人，由边区参议会（或临时参议会）选举产生，边区政府委任，向边区参议会和边区政府负责并报告工作。其职权主要有以下几项：其一是负责管理边区的司法行政事宜及高等法院内的行政事务；其二是监督和指挥全院一切诉讼案件之进行；其三是审核地方法院及县司法机关对案件的处理；其四是没收稽核赃物、罚金以及对人犯的处理等。在陕甘宁边区，高等法院院长还行使惩戒违法的司法人员及管理司法教育及其他有关司法事宜的职权。

司法行政机关是高等法院组织中负责司法行政的机构。陕甘宁边区高等法院未设专门的司法行政机构，而由院长直接管理司法行政工作，在院长之下设秘书 1 人，处理司法行政技术事宜。在晋察冀边区高等法院设司法行政科，在晋冀鲁豫边区高等法院称司法行政处。其职权是管理边区各级人员的铨叙、教育、训练及各级司法机关的司法收入和司法经费，同时负责管理边区各级司法机关的看守所和监狱（劳动感化院）。

检察机关，是边区高等法院组织中负责检察的机构。陕甘宁和晋冀鲁豫边区高等法院设置有检察处，由处长负责，有检察员若干人。晋察冀边区高等法院则设首席检察官 1 人与检察官若干人，其中首席检察官可以由边区行政长官兼任。检察处长或首席检察官执行检察职务，指挥并监督检察员的工作，处理检察员的一切事务，分配并监督检察案件的进行，决定案件的裁定或公诉。晋冀鲁豫边区还规定，检察处长还应指定检察员莅庭陈述对案件的处理意见，对高等法院判决如有不同意见，有权向边区政府提出控告。对于此项控告，边区政府或者组织特别法庭予以审理，或者发交高等法院复审。检察员的职权是负责案件的侦查、裁定、搜集证据，提起并实行公诉，协助或担当自诉，充当诉讼当事人或公益代理人，监督判决的执行。在执行职务时，如有必要可请当地驻军或公安部队予以协助。

民事与刑事法庭，是边区高等法院负责审理案件的机构。陕甘宁边区和晋冀鲁豫边区高等法院的民事与刑事法庭各设庭长 1 人，推事若干人。晋察冀边区高等法院的民事与刑事法庭未设庭长，只设推事若干人。民事与刑事法庭依法独立行使对民事与刑事案件的审判职权。其所管辖案件为重要刑事第一审诉讼案件，不服地方法院及县司法处第一审判决的民事与刑事上诉案件，不服地方法院裁定而控告的案件，非讼案件等。但晋察冀边区的有关规定中不包括重要刑事第一审诉讼案件，却包括复核县司法处所处理而未经上诉或撤回上诉或上诉不合未经第二审为实体上审判之刑事案件。一般由庭长负责执行审判事务，指挥并监督本庭推事的工作，分配并监督对案件的审判、决定出审案件和强制执行，决定判决或撤销判决。推事负责调查案件、传讯证人、检查物证、进行审判、制作与宣布判决书，并负责对案件的批签。

书记室，是边区高等法院负责书记文牍的机构。一般设书记长 1 人，书记员（包括主任书记员和一般书记员）若干人。在法院开庭审判时，书记员应服从审判员（推事）之指挥，随从检察处或法庭执行职务时，应服从检察长或庭长之指挥。书记室的具体职责是，登记司法人员的任免，案件的收发，登记与分配、保管、撰拟、缮写文稿，编制报告与统计，掌理记录，典守印信，保管证物等。

此外，边区高等法院组织中还有检验员、执达员、庭丁及司法警察等人员，各负责有关事务。陕甘宁边区高等法院中所设的总务科，有科长及科员若干人，服从法院院长的领导，在科长监督指挥下执行会计事项、庶务事项、生产事项及其他不属于各部门的有关事项的职权。

陕甘宁边区自 1943 年在各分区设置高等法院分庭。各分庭的组织比较精简，一般设庭长 1 人由专员兼任，推事 1 人，书记员 1 人或 2 人，法警1人或2人，从专署警卫队调用。庭长综理庭内司法行政及审判业务，对外一切行文均由庭长签发，判决书由推事副署。晋察冀边区高等法院分院，其内部组织和职权范围与高等法院大致相同。

二、地方各级司法机关的组织和职权

在陕甘宁边区和各个抗日根据地，边区（省）级以下的地方各级司法机关大体上分为三种，一是专署司法科，二是县、市地方法院，三是县司法处或司法科。

（一）专署司法科的组织和职权

在晋冀鲁豫、晋绥边区和山东省及华中根据地的苏中区，由于实行司法机构的三级结构制，专署一级均设有司法科（或称专署第三科），为二审机构。专署司法科内一般均有科长1人，必要时可增设副科长1人，科员若干人。专署司法科的职权一般是复审转呈县级司法机关判决而未经上诉的重要刑事案件，受理重大刑事第一审案件以及不服县级司法机关判决而上诉与裁定而控告的民事与刑事案件。

（二）县（市）地方法院和司法处（科）的组织和职权

陕甘宁边区的县（市）地方法院设院长1人、推事2人、书记长1人、书记员2人（或不设书记长，只设书记员3人），另有看守员、法警、公差、伙夫各1人。晋察冀边区的县（市）地方法院则设推事若干人、书记长1人、书记员若干人、院长1人由推事兼任。除此之外，还设有首席检察官1人、检察官若干人，一般首席检察官由县（市）行政首长兼任，检验员1人、执达员及庭丁各若干人。而县司法处（科）在最初的组织均较为简单，如陕甘宁边区，自1937年9月边区政府建立后，县只有承审员和书记员。12月改承审员为裁判员，少数县开始设有检察员。到1941年，边区高等法院发布指示，要求“各县司法的组织最低限度要有裁判员主持审判事务，检察员负责调查、检验，书记员负责记录抄写”，以分别执行司法工作的任务。但因为缺少司法干部，有些县连裁判员都未能设置。至同年 11 月，边区第二届参议会通过《陕甘宁边区政府组织暂行条例》确定各县在地方法院成立前设司法处，才明确了司法处的组织。其他各抗日根据地在县一级所设司法处（科）的组织与陕甘宁边区大致相同。

就职权而言，地方法院与县司法处（科）大致相同，都作为县（市）级的司法机关，行使司法行政、审判以及检察等职权。其中地方法院院长综理全院行政事务，设县司法处（科）者，其司法处（科）的行政事务由县长兼理。推事（或裁判员、审判员等）负责审判民刑案件。属于地方法院与县司法处（科）管辖的案件有民事与刑事第一审案件与非讼事件。检察官或检察员负责实施侦查、提起公诉、协助自诉、实行公诉、担当自诉及指挥刑事裁判的执行。但在陕甘宁边区则规定，对于“民事案件诉讼标的物其价格在边币一万元以上者，婚姻、继承、土地案件与政策有关，或与风俗习惯影响甚巨者”，“刑事案件之案情重要者”以及“军民关系案件之情节重大者”，在判决时，县司法处“须将案情提交县政府委员会或县政务会议讨论，再行判决”。

需要指出的是，在晋冀鲁豫边区县政府司法科虽是最基层的初审机关，但适应战争造成的分割状态，边区政府和高等法院赋予县之下的区级政府部分司法职权。即受县政府命令委托的区公所，有对违反法令的侵害事件科处 1000 元以下罚金的权力，受县政府特别委托的游击区区公所则有权处理最重本刑在徒刑 2 年以下、罚金 1000 元以下的刑事案件。但区公所在司法上并不构成独立的级别。

第三十六章　抗日民主政权的诉讼法规

第一节　诉讼法规的制定

陕甘宁边区的诉讼立法活动自 1938 年开始。是年 8 月 25 日，陕甘宁边区高等法院适应诉讼活动的急需，颁布了《关于裁判员工作手续的通令》。翌年又相继于 2 月 14 日颁布《关于管辖事件通知》，4 月 19 日颁发《为呈报判决死刑案件应将口供判决书等附送审核通令》，5 月 13 日颁布《重新规定办理案件手续通令》。1941 年 3 月 6 日，高等法院又颁布《管卷归档方法通令》，5 月 10 日发布《对各县司法工作的指示》，12 月 17 日发布《为饬严格遵行上诉程序训令》。到 1942 年，高等法院先于 4 月 15 日发布《关于诉讼手续的指示信》，后又于 10 月 12 日发布《为判决书上须注明上诉期间之命令》。在这一阶段，主要是通过边区高等法院颁布有关诉讼的单行法令，从而为陕甘宁边区政府制定较为全面系统的诉讼法规准备条件。自 1942 年开始，陕甘宁边区的诉讼立法进入一个新的阶段。是年 11 月召开的边区第二届参议会，委托曾任陕甘宁边区高等法院检察长、代理院长的著名法学家李木庵负责依据《陕甘宁边区施政纲领》及《陕甘宁边区保障人权财权条例》的规定，起草了陕甘宁边区《刑事诉讼条例草案》和《民事诉讼条例草案》。这两部诉讼条例草案是在总结经验的基础上制定的较为系统全面的新民主主义诉讼法规。其中《刑事诉讼条例草案》共有总则、第一审程序、上诉程序、再审程序、执行程序、附带民事诉讼等6章76条。《民事诉讼条例草案》共有总则、第一审诉讼程序、上诉程序、再审程序、执行程序5章50条。为慎重起见，边区政府在草案完成后决定，先在内部试行，不得公开引用，以便发现问题之后，随时予以充实修订，待成熟之后，再正式颁行。与此同时，陕甘宁边区政府于1942年6月25日发布了《为案件调查务须确实迅速的命令》，1943年1月15日公布了《陕甘宁边区调整军政民关系维护革命秩序暂行办法》和《陕甘宁边区军民诉讼暂行条例》。通过这一阶段的诉讼立法，逐渐制定了较有系统也较完整的诉讼法规体系，为边区诉讼活动提供了较为全面的法律依据。

其他敌后根据地的抗日民主政权，自建立之日起，即依据各该地区的施政纲领，制定了一系列单行诉讼法规。其中晋察冀边区于1940年5月15日根据边区政民联席会决议制定公布了《晋察冀边区陪审制暂行办法》，1943年1月通过了《关于特种刑事案件审理程序之决定》，2月12日公布了《关于改变公安机构及其工作范围之决定》和《关于边区司法机关改制之决定》，4月15日公布《关于处理监押犯之决定》，1944年5月29日公布《关于执行改进司法制度的决定应注意事项的命令》，5月31日公布《关于改进司法制度的决定》。晋冀鲁豫边区则在1942年相继于5月21日由边区政府和边区高等法院发布《关于执行决定之审级制度的命令》，7月30日由边区公安总局与高等法院发布《关于公安司法部门工作关系的联合指示》，8月10日由边区高等法院公布《关于执行死刑会议制度变通办法的决定》，10月19日由边区政府与高等法院发布《关于对根据地人民、敌占区民夫等抢劫盗毁食粮田禾处理办法的通令》，边区政府则于9月10日颁布《晋冀鲁豫边区民事诉讼上诉须知》，1943年1月20日边区高等法院发布《关于执行核案新决定的命令》。此外，其所辖的太岳边区行署还于1944年3月1日公布施行《晋冀鲁豫边区太岳区暂行司法制度》。该法规分为法庭、起诉、调查研究、案件处理、复判与上诉、执行等共6章60条，是一个比较系统全面的单行诉讼法规。在晋绥边区，晋西北行署在1942

年相继于 3 月 1 日公布《晋西北巡回审判办法》，4 月 15 日公布《晋西北陪审暂行办法》。山东根据地在 1941 年相继公布施行的有《山东省各级司法办理诉讼补充条例》《山东省改进司法工作纲要》，起草完成了《山东省陪审暂行办法草案》，1942 年又相继由战时工作推行委员会于 7 月 6 日发布《关于盗匪案件划归公安局审理的通令》，7 月 18 日发布《厉行判决批答严格审级的通令》，8 月发布《厉行保释，减少羁押人犯与改善犯人待遇的训令》及《厉行保释，减少羁押人犯与改善犯人待遇的决定》，9 月公布施行《山东省各级公安局拘押差犯暂行条例》。此外山东省还颁布过《县司法处刑事复判暂行办法》，其胶东区行署也曾颁布《各级军法会审委员会组织及审理暂行条例》。在华中抗日根据地，淮海区先后颁布了《审理司法案件暂行办法》《巡回审判实施办法》《徒刑案犯执行暂行办法》《审理敌伪区人民诉讼案件暂行办法》《拘票使用办法》，起草了《人民代表陪审条例草案》《公务人员非法拘押惩处暂行条例草案》等法规。苏中区除在 1944 年 9 月公布施行《惩治伪化诉讼暂行条例》，10 月颁行《处理诉讼案件暂行办法》等法规外，其第二行政区还于 1943 年 9 月 1 日公布了《诉讼暂行条例》与《征收诉讼费用暂行办法》等法规。

第二节　诉讼基本原则和基本制度

一、诉讼基本原则

抗日民主政权的诉讼基本原则，是在工农民主政权时期所形成的诉讼基本原则的基础上，以调查研究、实事求是、为了群众、相信并依靠群众的思想路线作为指导思想，通过诉讼实践，从而创造出新的诉讼原则，使诉讼原则体系更加完备详尽。

（一）拘捕、审判权由公安（保安）、司法机关依法统一行使的原则

这一原则的内容包括：首先，只有公安（保安）机关与司法机关才有行使拘捕、审判的职权，任何其他机关团体和个人均没有拘捕、审判之权。陕甘宁边区高等法院 1941 年 5 月 10 日《对各县司法工作的指示》规定：县裁判员或检察员得下令逮捕一切刑事犯，县保安科逮捕犯人，必须得县长的同意批准，乡长、区长只有在特殊情况下才可下命令逮捕一切刑事犯，但必须于逮捕后 24 小时内将犯人连同有关证据解送司法机关，“不得自行判决处罚”。军队逮捕非军人，必须先行通知当地政府会同执行。在山东抗日根据地与华中的淮海区，法令规定，逮捕权由县以上政府和团以上军事机关共同行使。

其次，任何单位或个人逮捕现行犯，必须立即解送公安（保安）、司法机关侦讯审判。《陕甘宁边区保障人权财权条例》规定：“非司法机关或公安职权之机关、军队、团体或个人，拘获现行犯时，须于二十四小时内连同证据送交有检察职权或公安机关依法办理，接受犯人之检察或公安机关应于二十四小时内侦讯。”

关于审判权，各根据地抗日民主政府一致规定，由司法机关依法统一行使，其他任何机关、团体、部队和个人都不得行使。公安机关（或称保安机关）作为预审机关，除法律另有规定外，对刑事案件只有实施侦查、执行逮捕、提起公诉直至提出处理意见的权力，但司法机关独立行使审判权，不受公安机关结论和意见的约束与限制。

（二）保障抗日人民人权的原则

依法保障各抗日阶级人民在诉讼中的人权是抗日战争时期各根据地诉讼基本原则。这一原则贯穿在诉讼活动的全过程中，其主要内容包括以下几个方面。

首先，法令规定各抗日阶级人民都有诉讼权利。对此，陕甘宁边区高等法院在对各县司法工作的指示信中强调："人民有诉愿和诉讼的权利。"《刑事诉讼条例草案》则具体规定，"犯罪之被害人及其亲属，均得为告诉"，"除亲告罪外，其他犯罪，任何人或团体知有犯罪嫌疑者得为告发。公务员因执行职务，知有犯罪嫌疑者，应为告发"。为了切实保证抗日人民，尤其是贫苦人民行使诉讼权利，抗日根据地废除一切诉讼费用。

其次，法令规定保护人民在诉讼中的人身权利不受非法侵犯。《陕甘宁边区保障人权财权条例》规定："司法机关或公安机关，逮捕人犯应有充分证据，依法定手续执行。""逮捕人犯不准施以侮辱、殴打及刑讯逼供，强迫自首。""司法机关，受理民事案件非抗传或不执行判决及有特殊情形时，不得扣押。"《冀鲁豫边区保障人民权利暂行条例》规定，逮捕审讯人犯时，"不得假借任何名义私行拷打、捆绑、审讯、处罚"，违者"不论何人，均以反坐论罪"。"一切拘捕人犯，须经法律程序于二十四小时内进行审讯。"

最后，依法制裁公安（保安）、司法人员在诉讼中非法侵犯人权的行为。陕甘宁边区和其他根据地的抗日民主政权在施政纲领和保障人权条例中，都赋予人民对公务人员非法侵权行为予以控告的权利，并明确规定对于公安（保安）、司法人员在诉讼中非法侵犯人权行为予以制裁。

（三）抗日人民诉讼权利平等原则

依照法律面前人人平等原则的要求，在抗日民主政权的诉讼法制活动中则把抗日人民诉讼权利完全平等作为诉讼基本原则。这一原则在当时的表现包括以下几个方面。

首先，一切抗日人民，包括工人、农民与地主、富农、资本家等在诉讼中适用法律一律平等，不因阶级成分及出身的不同而有所区别。如 1941 年 3 月颁布的《晋冀鲁豫边区太岳区暂行司法制度》就明确规定："人民在法庭上，不论贫富、男女，一律平等，没有等级。"即使曾因反对抗日民主政府逃亡在外的地主富农，返回根据地后，只要拥护抗日，遵守法律，均一律不咎既往，享有同工人农民平等的诉讼权利。

其次，一切公务人员，不论职位高低，功劳大小，与普通公民在诉讼中适用法律一律平等。在抗日根据地内“除汉奸及依现行法律褫夺公权者外，都是边区公民”。据此，不论是共产党员还是一般群众，公务人员和人民群众，首长和一般公务人员，指挥员和战士在法律面前一律平等，在诉讼中适用法律一律平等。

最后，在诉讼活动中，尊重少数民族的信仰与习惯，本着各民族一律平等的精神，实行少数民族人民与汉族人民法律地位平等原则。有些根据地，如陕甘宁、晋察冀、晋冀鲁豫边区，不但在施政纲领中规定了民族平等原则，而且在诉讼法规中规定，少数民族在诉讼中有使用本民族语言文字的权利。在监所中，少数民族犯人，如回族的吃住与汉族犯人分开，以尊重其信仰与习惯。

（四）简捷诉讼程序、便利人民原则

陕甘宁边区和各根据地的诉讼制度是反映广大抗日人民意志和利益的诉讼制度，这就必然要求在处于战争环境，又比较落后的农村根据地内，确立简捷诉讼程序，不搞形式主义，以便利人民的原则。依据这一精神，陕甘宁边区和各个根据地的抗日民主政权，都在施政纲领和有关诉讼法规中明确规定了这一原则。在《陕甘宁边区高等法院对各县司法工作的指示》中明确指出：“司法机关从受理案件一直到判决，都要便利于当事人。”《民事诉讼条例草案》规定：“法庭办理民事案件，以耐心调解双方当事人之实际问题，使之止争息讼为主要任务，不得拘守一判不再理之形式。”

（五）禁止刑讯、重证据不轻信口供原则

抗日战争时期又重新把禁止刑讯、重证据而不轻信口供确立为诉讼基本原则，在施政纲领、保障人权条例及有关诉讼法规中明确加以规定，为了贯

彻重证据不轻信口供的原则，首先，要从思想上制度上消除带有浓厚封建色彩的刑讯逼供方法，因为这种审讯方法并不可能真正弄清案件的真实情况。用这种方法审讯只能制造冤假错案，因而是和无产阶级广大人民的利益和要求格格不入的。其次，在审讯方法上不得轻信当事人的口供，即使这种口供并不是由刑讯逼供而取得，也可能因其他原因而出现假口供。因此，在审判工作中必须十分强调通过调查研究，取得证据，只有口供得到证实才是可信的。总之，依靠证据定案，才能使审判工作建立在科学的基础之上。

（六）相信群众依靠群众的原则

陕甘宁边区和各根据地的抗日民主政权把相信群众、依靠群众确立为重要的诉讼基本原则，在有关诉讼法令中作出了相应的规定。陕甘宁边区高等法院在《对各县司法工作的指示》中提出："边区的司法工作，要深入群众，要在群众中建立司法工作的基础。"在《民事诉讼条例草案》中则规定："司法机关得派审判人员流动赴事件发生之乡市，就地审理。流动审理时，审判人员应注意当地群众对于案情意见之反应为处理之参考。"《晋冀鲁豫边区太岳区暂行司法制度》中特别规定，在诉讼中，"法庭应重视群众意见，采纳群众意见"。为此还规定了三项具体内容："一、对于重大疑难案件，法庭人员应到群众中广泛征求群众和群众团体意见，并动员他们搜集材料，以达彻底了解案情。二、群众团体对于群众案件向法庭提出意见、法庭应郑重考虑。必要时，可共同研究讨论。三、群众对于案件向法庭提供意见，法庭亦应郑重考虑。"

二、诉讼基本制度

（一）审级制度

在陕甘宁边区，最初以县裁判员为第一审，边区高等法院为第二审，国民政府最高法院为第三审。因国民政府最高法院尚未与边区发生直接关系，不服边区高等法院判决的，可上诉于边区政府委员会，再交高等法院重审，因此仍实行了三级三审制。到 1942 年 8 月边区政府审判委员会成立后则确定以县司法处和地方法院为第一审级，边区高等法院及其分庭为第二审级，边区政府审判委员会为第三审级。1944 年 2 月撤销边区政府审判委员会后，实行二级两审制，凡关涉民刑诉讼，均以边区高等法院为终审机关。晋察冀边区自 1938 年开始实行二级二审制，即以县司法处和地方法院为第一审，边区高等法院（或司法处）为终审机关。自 1939 年 4 月至 1941 年 5 月"曾一度恢复三级三审制，但向最高法院报告的案件毫无音讯，再没有执行"。1941 年 5 月"仍改为二级二审制"。[①] 至 1943 年 2 月司法机关改制后，地方法院和县司法处为第一审级，边区高等法院及其设于各专员区的法庭为第二审级。对高等法院判决不服可申诉于边区行政委员会。

（二）管辖制度

1. 职能管辖

抗日战争时期的职能管辖，实际上就是依法划分司法机关及军法机关与公安（保安）机关受理或侦查刑事案件的范围。依据晋察冀边区的法令规定，凡属汉奸罪、盗匪罪、烟毒罪、贪污罪、破坏坚壁清野罪及法律规定的属于特种刑事的犯罪由公安机关负责受理。公安机关对证据确凿的特种刑事罪犯有权逮捕，并行使侦查、检察权。如果特种刑事罪犯属现役军人，由军事机关的军法官审判；如果属普通民人，则由同级政府首长兼理军法官审判。边区高等法院各法庭驻庭推事和县司法处审判官得代替专员和县长审理特种刑事案件。公安机关对于审判机关有关特种刑事案件的判决，如认为不当，可向上级审判机关提起上诉。

① 《晋察冀边区行政委员会工作报告》（1938—1942 年）。

至于普通刑事案件的受理则由司法机关负责。一般由检察部门实施侦查，审判部门进行审判。

2. 审判管辖

在抗日民主政权诉讼制度中的审判管辖中，适应抗战环境和根据地实际情形的特点，地区管辖和军民诉讼管辖显得特别重要，故在此仅介绍这两种管辖。

（1）地区管辖。在各抗日根据地，对于刑事案件除法律另有规定外，均由犯罪地或被告所在地的司法机关管辖。但鉴于抗日民主政权处于战争环境，在地域上有巩固区、游击区和敌伪区的区别，故有些根据地则从有利于抗日民主与惩治汉奸等犯罪的原则出发，实行了一些特殊的地区管辖制度。华中根据地的淮海区规定，凡敌伪区人民向该区提出刑事诉讼请求的，抗日民主政府司法机关应予以受理，依照该区有关法律进行审判。

至于民事诉讼的地域管辖，依照淮海区法律规定，凡当事人一方或双方住在敌伪区而所争执的标的物在抗日民主政权辖区的，或当事人一方或双方住在抗日民主政权辖区而所争执的标的物在敌伪区的，均由抗日民主政权的司法机关受理，并依法裁判。凡当事人双方住在敌伪区，所争执标的物也在敌伪区而双方合意向抗日民主政权辖区的司法机关提起诉讼的，抗日民主政权司法机关得依法受理，并作出裁判。如诉讼当事人一方或双方住在敌伪区，但传票确已送达三次以上仍不到庭，可以缺席裁判。该项裁判如不能即时执行，俟该地区解放后予以执行。如诉讼当事人一方住在敌伪区而无法传唤，抗日民主政权的司法机关得以裁定中止诉讼，但中止期间不受时效限制。

（2）军民诉讼管辖。各抗日根据地的有关诉讼法规确定军民诉讼管辖的总原则是：军事案件概归军法机关管辖，其他民刑案件均由地方司法机关审理。但在陕甘宁边区，1943 年 1 月由边区政府颁布专门条例，明定军民诉讼管辖制度，其具体内容包括：首先，军民双方有关土地、财产、债权债务、嗣续、婚姻、继承等民事诉讼，概归司法机关受理。其次，对于刑事案件，如系军人犯普通刑事罪的，由司法机关审理；普通民众违反军法构成犯罪，在战时由军法机关审理，平时由司法机关或除奸机关审理。如系军人与民众同案共犯的，凡触犯军法者，概由军法机关审判，触犯普通刑法者，均归司法机关审判。最后，当军民之间发生大规模或性质严重的重大案件，仅由军法机关或司法机关单独审判有所不便时，则组织临时军民诉讼委员会审判。此类案件不论是否已经第一审判决，均得由临时军民诉讼委员会提审。临时军民诉讼委员会由司法机关二人与军法机关一人组成，以资深者为主任委员，其审理案件适用军事诉讼程序，所作判决呈最高行政机关与最高军事机关会核后即为终审判决。

（三）人民陪审制度

人民陪审制度是司法机关相信群众、依靠群众审判案件的重要制度，是实现司法审判制度群众化和民主化的重要标志之一。依照陕甘宁边区和各根据地抗日民主政权有关规定，人民陪审制度适用于审判机关审理普通民事及刑事案件，也可以适用于特别刑事案件，但以不涉及机密的一审案件为限。人民陪审员的产生采取聘任制和选派制。聘任制即由司法机关聘请人民陪审员，选派制则是由群众团体或机关、部队及参议会选派代表参加陪审。其具体形式主要有三种：第一，群众团体代表陪审，即由各抗日群众团体依法推选或互举若干名代表作为陪审员参加案件陪审；第二，参议会驻会委员会代表陪审，在山东等一些根据地，审判机关可通知同级参议会驻会委员会自行推选参议员代表若干人，参加同级审判机关对案件的审理；第三，地方公正人士陪审，即由审判机关聘请参加抗日民主统一战线的开明士绅、乡学或区学教师、民选乡长及政府委员等当地公正人士担任人民陪审员。

人民陪审员参加陪审一般采用固定轮值的方式，但在一些根据地则实行由与案件有关的人民陪审员参加陪审的方法。如在陕甘宁边区，处理工人严重违反劳动纪律的案件，由工会选派的陪审员参加陪审；处理农民间的土地等纠纷案件，则请农会选派代表出席陪审；审理有关干部的案件，请县政府一科派陪审员参加陪审；审判婚姻案件，要请妇联选派陪审员参加陪审。《淮海区人民代表陪审条例（草案）》规定，参加陪审的人民陪审员必须具备如下条件：（1）负有地方信誉者；（2）在抗日民主政府建立后未受刑事处分之宣告者；（3）在出席陪审之法院或县政府无与人民发生刑事诉讼未结者；（4）与当事人及案情无关者。凡不符合上述条件者，不得作为人民陪审员出席陪审。

人民陪审员出席陪审案件时，就执行职务的范围而言，各根据地均依据本地区的实际情况作出不尽相同的规定。在晋察冀边区，刑事案件在侦查期间不适用陪审；在晋西北，刑事侦查庭和民事调查庭不适用陪审；而在苏中区，“陪审员有帮助调查案件证据”的责任；山东省则规定，陪审员在接到陪审通知后，“应即着手进行调查工作，其所获得之材料应于开庭一日前提交司法机关以备参考”。就其权利义务而言，在参加陪审时，陪审员征得审判员同意后有向当事人提问的权利，有参加案件评议的权利。评议的内容包括案件事实及证据的认定，刑事被告人是否有罪及所犯法条的确定，民事诉讼理由能否成立的判定等。对于陪审员的意见，如审判员认为正确即应予采纳，如认为尚有不妥在不予采纳时应予解释，但不影响及时作出判决。如多数陪审员不同意审判员的意见，按苏中区的规定，法庭应暂停判决，呈请上级作出决定。山东省则规定，对案件评议结束后，不论主审与陪审员的评议意见是否有分歧，主审均得把陪审员及主审本人意见提交所属行政委员会，以便作出最后决定，然后依据该决定对案件作出判决。为确保处理案件的公正性，防止徇私舞弊现象发生，各根据地的有关法令都明确规定了人民陪审员的回避制度。如《晋察冀边区陪审制暂行办法》规定：审理民事案件，如果陪审员或其配偶、前配偶、未婚配偶为诉讼当事人者；陪审员为诉讼当事人七亲等内之血亲或五亲等内之姻亲或曾有此亲属关系者；陪审员或其配偶、前配偶、未婚配偶在该诉讼事件中有共同权利人、共同义务人或偿还义务人之关系者；陪审员现为或曾为诉讼事件当事人之法定代理人或家长、家属者；陪审员现为或曾为诉讼事件当事人之诉讼代理人或辅佐人者；陪审员曾为诉讼事件之证人或鉴定人者；陪审员曾参与对该诉讼事件的前审裁判或公断者，均应回避。审判刑事案件，如果陪审员为被害人者；陪审员现为或曾为被告人或被害人之配偶、七亲等内之血亲、五亲等内之姻亲或家长、家属者；陪审员与被告人或被害人订有婚姻者；陪审员现为或曾为被害人或被告人之法定代理人者；陪审员曾为被告人之代理人、辩护人、辅佐人，或曾为自诉人附带民事诉讼当事人之代理人、辅佐人者；陪审员曾为证人或鉴定人者；陪审员曾执行本案检察官或司法警察官之职务者；陪审员曾参加前审之裁判者，均应予回避。回避的方式包括自行回避、当事人声请回避及审判员和军法官依法责令回避三种。

（四）辩护与代理制度

在刑事诉讼中实行辩护制度，在民事诉讼中实行代理制度，是抗日民主政权保障人民充分行使诉讼权利，以维护自身合法权益的重要内容之一。为此，陕甘宁边区和各抗日根据地都在诉讼法规中确认了辩护和代理制度。如陕甘宁边区在 1942 年试行的《刑事诉讼条例草案》中规定：“原告或被告，均得向法庭请求其亲属为辅佐人到庭辅佐陈述。”“刑事被告于侦查完毕后，得选任有法律知识之辩护人到庭辩护。”在《民事诉讼条例草案》中则规定：“当事人得委任代理人代理诉讼，明定代理权限。”山东根据地在《县司法处刑事复判暂行办法》中也规定，群众团体可以代理或代表其会员为诉讼。

抗日根据地代理和辩护权的行使，大致可分为被告人自己行使辩护权、被告及原告人的亲属或辅佐人辅佐被告人或原告人行使辩护权、原被告人聘请有法律知识的人充当辩护人或代理人行使代理权或辩护权、群众团体为其成员代理诉讼或充当辩护人。

被告人自己行使辩护权。指有行为能力的被告人，在全部诉讼活动中，都有权也能够为自己进行辩护。对于被告人的辩护，如同原告人的控诉一样，实行平等的原则，只要被告人的辩护有事实根据，有证据证明，公安（保安）和司法即不得加以歧视，而应将其辩护内容作为案件的证据之一。

原被告的亲属或辅佐人在诉讼中辅佐原被告行使辩护权，是指原告与被告人，不论其是否有行为能力，经过请求批准，均可用亲属为辅佐人到庭辅佐行使辩护权。依据有关规定，在刑事案件审理中，一般可由直系亲属担当辅佐人；对于民事案件，凡祖父母、父母、兄弟姐妹及子女等近亲属均可充当辅佐人。辅佐人有权为被辅佐的原告和被告的利益，根据事实，依据证据进行辩护，但不得做虚伪的陈述，也不得在辩护中进行无中生有的挑拨和制造矛盾。

原被告人聘请有法律知识的人充当辩护人或代理人行使代理权与辩护权。在陕甘宁边区和各个抗日根据地由于历史及环境条件的限制，当时还没有建立起人民的律师制度。但从充分保障人民合法权益与保证办案质量的原则出发，抗日民主政府仍仿效律师制度的内容，规定原被告人在案件审理中聘请有法律知识的人充当代理人或辩护人的，只有持有原被告的委托书，司法机关才承认其合法地位，允许其出庭代为进行诉讼或进行辩护。

群众团体为其成员代理诉讼或充分辩护人，是陕甘宁边区和各抗日根据地代理和辩护制度中特有的内容。抗日民主政府的法律一般都规定，当群众团体成员涉讼时，群众团体不仅可以代为起诉，而且可以主动向司法机关申请派出代表，出庭为本团体成员充当诉讼代理人或辩护人。在法庭审理时，经司法机关批准的群众团体代表当事人到庭承认为其辩护人或诉讼代理人后，即可合法地参加诉讼。

（五）证据制度

首先，确认证据在诉讼过程中的核心地位。陕甘宁边区高等法院在1941年发布的《对各县司法工作的指示》中规定，在审讯案件时，“既无口供，又无证据，也不能够提出充分犯罪的理由，无论如何重大的案件，亦不能凭空定案”。其他根据地的诉讼法规中也有类似的规定。

其次，规定了当事人举证责任与司法机关调查收集证据相结合的制度。举证责任是诉讼证据制度的重要内容。陕甘宁边区曾提出“自诉公诉均须证据”。《刑事诉讼条例草案》则规定：“公安机关对于检举或接受告诉、告发、自首之案，应将证据及被告人、自首人移送司法机关办理”，“讯问原告，应命其将诉追之事实，及其请求之目的，详为陈述，并命其提出证据。讯问被告时，应令对原告诉追之事实，详为答辩，并命其提出反证”。《晋冀鲁豫边区民事诉讼上诉须知》规定，当事人对第一审及第二审判决不服提起上诉，均应提出上诉理由的证据。在《苏中区处理诉讼案件暂行办法》中对此规定得比较全面：“原被告主张有利于己之事实，就其事实，有举证之责任。审判人员及陪审人员对于案情及证据，应直接、间接、公开或秘密进行周密之调查研究。”实行这一制度，就可以切实保证获得真实的证据，弄清案件真相。

最后，规定了比较全面的证据种类和认定使用不同证据的内容。

1. 物证。抗日民主政府的司法机关在审判活动中十分重视物证的作用，因此要求在审判中必须认真收集物证，在使用时“证物应令被告辨认”，并要进行审查。对此，《晋冀鲁豫边区太岳区暂行司法制度》特别规定：“法庭对于案内的赃物、证物、尸体等，都应详细的经过审查。虽细小之物品，如针如线或片纸只字，有时都能研究出问题。必要时，可请专门科学人材检验。”

2. 书证。对于书证，司法机关应细心收集，认真整理，附于案卷之中，妥为保存。在使用时，如果被告人或原告人不了解文书的含义，应告知其内容，凡案卷中的笔录及其文书可以作为书证，则应向当事人宣读，或告诉其主要内容与含义，并令当事人进行答辩。

3. 证人证言。为保护和充分发挥人民群众提供证言的积极性，同时也为了保证获得真实的证言，一方面法律规定作证是人民的权利和应尽的义务，另一方面又对可能因特殊关系而作伪证的部分人予以限制。在一般情况下，与原被告有亲属关系或有成见的人不能作证提供证言，“证人与原被告有血亲或姻亲关系，或订有婚约者，应拒绝证言”。同时，为使证人不做虚假证言，法律还规定，“询问证人，须先告以作证之义务及伪证之处罚”。凡秘密证人，司法机关还应为之保密。

4. 被害人陈述。在刑事诉讼中，被害人因直接遭受犯罪行为的侵害，对犯罪事实了解得最为直接、具体和详细，而且基于切身利害使其一般能积极揭露犯罪，提供证据，因而其陈述是重要证据。但由于被害人激动愤怒，在陈述中往往有夸大犯罪情节的倾向，因之，法律规定，对于被害人的陈述，法庭必须进行审查判断，与其他证据对照核实，排除夸大成分，取其真情。

5. 被告人的口供。被告人的口供是与被害人的陈述相对立的证据来源之一，对查清案情有不容忽视的重要作用。但对于被告的口供，在认定时必须注意，一方面考虑到被告人做虚伪供述的可能性极大，狡猾的犯罪分子往往拒不认罪，企图狡赖。另一方面又考虑到“被告在法律上，开始时往往是处于劣势地位，所以判案，尤其要倾听被告的意见和反证，必要时，并应召集双方当面对质”。而对于被告的供述，只有“查与事实相符合，得为证据”。

6. 鉴定结论。鉴定结论就是由有特别知识的人对案内某些专门性问题进行研究，并作出书面结论。如由医生确定伤害情况、死亡原因等，军事技术人员对枪弹的规格、痕迹进行鉴定以及会计鉴定等。鉴定人对于所鉴定的问题需作出书面结论，并签名负责。但如鉴定人故意歪曲事实，作虚伪之陈述，则按照伪证罪予以处罚，法院也以职权撤销其鉴定。

7. 勘验、检查笔录。这是公安、检察及审判人员对于与犯罪有关的场所、物品、人身以及尸体等进行勘验、检查所作的记录。它是书面材料，但因为它不是案件发生前存在或案件发生过程中产生的，而是由办案人员在诉讼过程中依法制作的。所以，法律规定勘验、检查必须仔细、全面、真实，并且应该命证人及鉴定人到场，还要由参加勘验、检查的人员及在场的见证人在笔录上签名或盖章。

上述七种证据中，证人证言、被害人陈述、被告人的供述和辩解均须做成笔录，向受讯的被害人、被告人及证人朗读，如有错误，则予以更正，最后由其签名盖章方为有效。除此之外，法律还规定了勘验、检查、搜索、扣押等具体方法。

第三节　刑事诉讼程序

一、侦查程序

在陕甘宁边区和各个抗日根据地，刑事诉讼除自诉的简单案件，因为犯罪事实清楚，证据充分明确可以直接审理外，一般案件都由侦查程序开始。一般规定特种刑事案件的侦查由公安司法机关负责，普通刑事案件由司法机关中所设的检察官员负责，不论是公安还是检察机关，对于案件的侦查都应遵守合法的原则，不得以威胁、利诱、欺骗等方法取得证据。在侦查程序中，公安、检察机关可以采取讯问被告人、询问证人、勘验检查、对被告人及其住宅及其他场所搜查、扣押物证、书证、鉴定、拘押逮捕等方法。对此，陕甘宁边区高等法院在《对各县司法工作的指示》中规定："受理案件以后，裁判员及检查员需要详细的审阅案件的内容。应传讯的即传讯，应调查的即调查，应检验的即检验，应拘捕的即拘捕，分别进行，不得耽误。传讯拘捕，必要裁判员或检察员签发传票或拘票。调查检验，必要有书记员的记录及证人的签盖证明。"侦查终结后，负责侦查的机关应作出是否起诉的决定。"如认为罪案成立即向裁判员提起公诉，如认为罪案不能成立，即将案件撤销。"

二、起诉程序

抗日民主政权在法律中规定的起诉可分为公诉、自诉、群众起诉等不同形式，根据不同形式又规定了不同的起诉方式。

（一）公诉

1. 公安机关提起公诉。法律规定凡特别刑事案件一般由公安机关在侦查终结后向审判机关提起公诉。公安机关在起诉时，必须使用书面起诉的方式，向审判机关送交公诉书，同时将人犯（被告）连同案件材料、证据等一并移送审判机关。审判机关对于公安机关的起诉必须受理，不得拒绝。如认为起诉材料不足，证据不充分，可发还公安机关进行补充侦查。

2. 检察机关提起公诉。检察机关依据法律赋予的职权，负责对普通刑事案件提起并支持公诉。在陕甘宁边区，检察机关还负责对特种刑事犯罪的公诉。

3. 一般机关、团体、部队起诉。太岳区等一些根据地规定，一般机关、团体及部队向法庭提起诉讼也是公诉方式之一，法庭对此种公诉“有受理任务”，但如其起诉“无具体事实和材料，法庭可以拒绝受理，让其搜集材料去”。

（二）自诉

自诉是当事人或其法定代理人直接向司法机关提起的诉讼。陕甘宁边区《刑事诉讼条例草案》中规定，凡属内乱罪、外患罪、汉奸罪、盗匪罪、破坏边区罪、故意杀人罪、妨害秩序罪、妨害金融罪、妨害公务罪、渎职罪、妨害工农政策罪、破坏交通罪、妨害水利罪、妨害选举罪、脱逃罪、烟毒罪、公共危险罪、有习惯性之犯罪、违反政府法令罪以及政府依法令检举的犯罪，均由公安、检察机关负责以公诉方式起诉。其他刑事案件，被害人及其法定代理人可以提起自诉。但对亲告罪，只有法律规定的人才能告诉。对于自诉，被告人有权提出反诉。

对于自诉的方式，各地法令规定不一。晋冀鲁豫边区的太岳区则明确规定自诉的方式包括面诉、状诉和代诉三种。面诉是当事人亲自到法庭告诉。只要告诉的有道理，即应受理。法庭认为告诉的没有道理，可劝其不告，但人民一定要告，只得受理。状诉是人不到案，只用状纸向法庭告诉。法庭对于状诉有答复责任，无受理责任。代诉是委托他人到案代理起诉，其效力“与本人到案面诉同”。对于“隐名密报，不认为起诉方式，法庭无受理任务，亦无答复责任”，但可进行调查，查明处理。

（三）群众起诉

群众起诉是群众团体代表群众利益向法庭提起诉讼。它既不同于公诉，也不同于自诉。太岳区规定：群众起诉有群众请愿和群众团体代为起诉两种方式。法庭只有受理任务，无拒绝权利。法庭对于此种案件，不但对群众负责任，而且应对群众团体负责。判决后，除给双方关系人送判决书外，并应给群众团体送判决书一份参考。

不管是公诉还是自诉，也不管是采用书状方式还是口头方式，凡起诉者均应在口头告诉记录及起诉书状中填写下列有关各项内容：原被告及证人、关系人姓名、年龄、性别、籍贯、住址、职业；事实与理由；请求目的；证人与物证；曾否调解或调解结果；受理机关；起诉年月日；告诉人签名盖章或捺指印；代写人或记录人签名盖章。

三、审判程序

（一）对案情的调查研究

各级司法审判机关对于案件的审判，首先应依法进行调查研究，在开庭审理前即做好各项准备工作。调查内容包括传讯证人、审查物证、勘验现场、人身检查等。

（二）审判方式

采取法庭审判、就地审判、巡回审判和人民公审四种方式。

1. 法庭审判。法庭审判在一些根据地又称为机关审判。在陕甘宁、晋察冀、晋绥、山东、苏中等抗日根据地，法庭审判除自诉的简单案件可以由审判人员独任审判外，一般均由审判员和人民陪审员组成合议庭进行庭审，有时也可以只由审判人员组成合议庭进行庭审。庭审时由主审（审判长）和帮审（审判员）主持，允许原被告两造充分陈述各自的意见，并延聘辩护人出庭辩护，法庭保护辩论自由，审判人员应将审问情形制作成笔录，由被审讯人按盖指印方为有效。如其拒绝按盖指印，应当在笔录上记明理由，审判人员也应在笔录上签字，以示负责。

经过审理，判明案件事实真相后，应先根据案件情形，属可和解者应予和解。除和解者外，根据犯罪的性质及“破坏公益的程度”、“犯罪的目的、犯罪的行为、犯罪的次数、群众的反映、犯罪后的态度”、犯罪人的特点，并考虑群众的要求和环境的需要，作出判决后，必须写成判决书，由审判长或审判员宣判。

2. 就地审判。亦称就审，“是初审机关走出法庭，携卷下乡，联系群众，处理案件，并通过具体案件的处理，进行政策法令宣传，教育群众，增强群众团结和促进生产的一种好方式”。

3. 巡回审判。巡回审判是抗日根据地在司法实践中创造的既适应战时环境又便利人民群众诉讼的审判方式，其组织形式基本有两种类刑。其一是审判员巡回审判，晋西北根据地法律规定，行署推事和县裁判员均得实行巡回审判，由行署司法处和各专署兼理司法的各县政府临时委派，定期深入基层，巡回审判各自管辖的案件。其二是巡回法庭或流动法庭代表派出单位巡回审判。太岳区规定，由专署组织第二审流动法庭，行署组织第三审流动法庭。淮海区法院由巡回推事去各县审理案件。

4. 人民公审。一般是选择典型刑事案件，组织一定规模的群众大会，进行公开审判。在司法实践中，各抗日根据地的人民公审形式有群众会审会公审、群众代表公审、巡回公审和宣判大会四种。公审法庭由庭长 1 人、主审 1 人、公诉人 1 人和人民代表 1 至 2 人组成。公审大会前要做好充分的组织准备工作。开庭时，先由庭长或主审人说明公审的意义，将被告押上会场，问明简历后，由检察员作为公诉人陈述公诉理由和意见，然后讯问犯罪事实，被告及其辩护人进行公开辩论，并允许在场群众发言，最后，由合议庭根据事实及法律决定判决内容，并当场宣判。

四、上诉审程序

（一）上诉的提起

提起上诉是上诉审的根据。陕甘宁边区，对于刑事案件，“不服第一审判决的原告人、被告人或其父母、配偶，以及辩护人”有权上诉。其他根据地一般都规定只有刑事诉讼的当事人，即原被告才有独立的上诉权。至于上诉期限，各地一般规定，自当事人收到判决书的翌日起 10 天内可以提起上诉，但晋冀鲁豫边区则规定，除普通刑事案件为 10 日外，特种刑事案件的上诉期为 5 日，太岳区又规定上诉期一律为 7 日。但因特殊情况而耽误者，可以延长。凡是在上诉期没有上诉的，即认为当事人舍弃上诉权。但为慎重起见，陕甘宁边区还特别规定：“上诉逾期之案，法庭审查原判内容实有冤抑或处刑失当者，得有再审程序更为处理，如原判并无冤抑而处刑尚属适当者，法庭应予以解释。”提起上诉的形式有口头和书面两种。口头上诉应作成记录。无论是口头上诉记录或上诉书状，均应说明上诉人的姓名、年龄、籍贯、职业、住址，不服原判的理由，对上诉审提出的请求，上诉的年月日。上诉可以向原审机关提出，也可以向上一级司法机关提出。上诉书状或口头记录如递交原审法院，则原审法院应将上诉书状、口头记录或宣判时当场声明的笔录连同全部案卷，移送上级司法机关。

（二）上诉审程序

对于上诉案件，当时采用的审理方法有书面审理和直接审理，即法律审和实体审。直接审适用于对初审判决不服而上诉的二审案件，书面审只适用于对二审判决不服而上诉的终审案件。凡上级司法机关接受上诉后，在审理时，一般不受上诉内容的限制。陕甘宁边区《刑事诉讼条例草案》规定："一案有多数被告人，仅有少数被告人上诉者，上级审应就全部被告人审判。""一人犯数罪，仅就一罪上诉者，上级审应就全部被告人审判。"

对于上诉审案件的处理，法律规定："上诉审认为上诉有理由者，应撤销原判，自为判决，或发回原审，更为审判；如认为无理由者，应将上诉驳回。""不服高等法院分庭判决之案，呈经高等法院本院加以复核，如原判实有不当者，得发回原审更为审判，并得变更原判自为判决。"

五、死刑复核程序

死刑复核程序是陕甘宁边区和各抗日根据地普遍实行的刑事诉讼程序之一。法令规定，除战时特殊情况外，对于死刑判决，不论被告人是否上诉，原审机关均必须将判决报请上级司法机关复核，经批准后方可执行。但在具体程序上，各地规定却不尽一致。在陕甘宁边区，凡各县判处死刑的案件，在平时必须先报请高等法院，得到高等法院的批准，始准宣判执行。陕甘宁边区政府审判委员会成立后，则由该委员会行使死刑复核权。在晋冀鲁豫边区，自 1942 年起，一审机关对死刑案件判决，须送二审机关（专署）复核后始为确定。二审机关判决的死刑案件，须经专员、专署司法科长、公安督察处长集体讨论决定，但专员有最后决定权。死刑执行后，应将案卷及讨论记录呈送高等法院备案。如有错杀等情形，由专员负主要责任。

六、执行程序

执行刑事判决的形式，一般根据犯人所判刑罚的种类，采取适当的形式。

1. 死刑执行。对于死刑判决，平时经复核批准后，始能执行，但是被执行人“如在心神丧失中，应报由边区政府命令停止执行。受死刑宣告之妇女怀孕者，于其生产前，停止执行。……停止执行者，于其疗愈或生产后，应呈报边区政府，在未得复准明文之前，不得执行”。执行时应由检察机关派员负责监刑。死刑执行一律用枪决办法，禁止使用残酷办法。但在战时或紧急情况下，可用绳绞或刀杀。执行时如犯人有遗嘱，应记明笔录，转告其家属。执行后应通知犯人家属认领尸体，无人领尸者，设法及时掩埋，并签订标志，不得暴露尸体。

2. 徒刑和苦役刑的执行。徒刑一般在监狱执行，短期徒刑犯人可在看守所执行。苦役刑可交区村执行。但受徒刑之人如有心神丧失，怀孕 7 月以上，或生产未满 1 月，或因疾执行劳役不能保其生命时，应送入医院或其他适当处所，待其疗愈或事故消失后再恢复执行。此外，为适应敌后战争环境的需要，各根据地还采用回村执行、易科罚金等监外执行办法。

3. 罚金与没收的执行。对于罚金，可依受刑人经济困难情况，在执行时采取变通办法。凡无力缴纳者，得按当地工资易服劳役，或酌予减免。对于没收财产刑的执行，应依据罪责自负的原则，只没收犯罪者个人所有的财产。司法机关没收的财产，除法庭依法处理的部分外，一律上交财政部门处理。

第四节　民事诉讼程序

一、起诉程序

民事诉讼程序自原告向司法机关起诉开始。对于民事诉讼的起诉权利，一般情况下，民事案件当事人的任何一方，包括其近亲属，作为直接利益关系人都可提起诉讼。群众团体为了维护其成员的利益也可以代其成员提起诉讼，对于原告的起诉，可以采用书面形式，也可口头告诉，由司法机关记录存卷。“委托别人到案代理起诉者，与本人到案面诉同。”对于民事案件的起诉，均应在口头告诉记录与起诉书状中具备原被告及证人、关系人姓名、年龄、性别、籍贯、住址、职业，事实与理由，诉讼请求目的，证人与物证，曾否调解或调解之结果，受理之主管司法机关，起诉年月日，告诉人的签名盖章或按指印，如有代写人还应有代写人或记录人的签名盖章等内容。

司法机关在接到原告起诉后，先予以审查，经审查后认为“告诉的有道理，即应受理，并立即确定审判日期”。凡认为起诉“没有道理，法庭可以劝其不告回去。但人民一定要告，只得受理，法庭没有拒绝受理之权”。太岳区规定，从受理之日起确定审判日期，县级不得过 10 天，专署级不得过 20 天，行署级不得过 30 天。

二、审判程序

司法机关受理民事诉讼后，首先必须对案件事实及证据进行调查研究，包括审问原被告，传证人证明，勘查实际情形，审查证物、赃物，征求群众和群众团体反映意见，并动员他们搜集材料，讨论、分析和研究。

在调查研究过程中，法庭认为可以和解的案件，先进行调解。和解成立后，由双方订立和解合同，由法庭备案并加盖关防，即算有效。凡自行和调的案件，原告可请求撤诉。对于不能达成和解者，法庭即予审判。审判方式主要有法庭审判、就地审判、巡回审判。此外，一些重大民事案件也可采用人民公审的方式进行审判。判决应制作判决书，说明案件经过及判决理由，向诉讼当事人宣判。同时将判决书交给诉讼当事人，使诉讼当事人对于案件的判决完全明白，并规定上诉期限。

三、上诉审程序

首先，当事人对于第一审民事判决不服的可以提起上诉。但提起上诉必须“依审级进行，未经第一审判决之案件，不得上诉于第二审机关，未经第二审判决之案件，亦不得上诉于第三审机关”。其次，上诉必须在法定上诉期间提起，即“提起上诉应于第一审或第二审判决送达后二十日内为之，但因战争关系，未能进行上诉者，其受战争波及之时间，不在二十日计算之内”。再次，上诉应向原审机关提出，“不经原审机关径行送呈上级审判机关者，视为不合法”。复次，上诉应以上诉状提出，上诉状应表明当事人及法定代理人，对于原判不服之程度，及如何废弃或变更之声明，新事实及新证据等事项。最后，上诉人提起上诉状，要依被上诉人数目，抄具上诉状缮本，一并呈交原审机关。凡不合以上规定者，司法机关应令上诉人补正之后即可受理。受理后首先由原审机关将上诉状缮本分别送达被上诉人，并呈送管辖之上级司法机关。被上诉人对于上诉状得就其上诉理由、事实提出答辩状，递送原审机关转呈管辖机关。但在一些根据地，法律规定当事人也可采用口头形式提出上诉。

对于民事上诉的审理，可采用开庭审理和书面审理等方式。在审理时，不受上诉内容的限制，根据具体情况分别处理，凡上诉有理由者，即撤销原判，由审理机关自为判决或发回原审更为审判；上诉无理由者，则驳回上诉。在晋冀鲁豫边区还特别规定，第三审为法律审，其判决得不经言词辩论（传讯）为之。对于第三审判决不得上诉，但如认为其判决援引法律错误，或发现诉讼新材料时，得声请再审。

四、执行程序

在陕甘宁边区和各个抗日根据地颁布的诉讼法规定中，对于民事判决的执行大都未作具体规定。一般情况下，民事判决由司法机关交付基层政府执行。在苏中区对民事判决“由司法机关命令乡（镇）政府执行之。执行完毕后，应将经过情形，详报备查”。在太岳区，第一审判决确定的案件，由法庭将具体执行办法填写执行书，交区、村公所执行。第二、三审判决确定的民事案件，由制作判决的法庭将具体执行办法填写执行书，发交第一审法庭执行。陕甘宁边区《民事诉讼条例草案》规定，对于债务判决的执行，如须要拍卖动产或不动产，由执行机关评定价额，当众拍卖，其卖得金，除偿还债务外，剩余部分返还债务人。如债务人实无财产可供执行者，执行机关得发给凭证交债权人收执，批明俟日后发现债务人别有财产或其经济能力恢复时，再予执行。“民事当事人有不履行确定判决之义务者，执行机关得用强制力执行之。”但如对“判决确定之案，经调解人在外调解成立，呈经原判机关销案者，停止其执行”。

第五节　马锡五审判方式

一、马锡五审判方式的产生

1944 年 1 月 6 日，在陕甘宁边区政府委员会第四次会议上，林伯渠主席作《边区政府一年工作总结》的报告时，首次提出“诉讼手续必须力求简便，提倡马锡五同志的审判方式，以便教育群众”。3 月 13 日《解放日报》又以《马锡五同志的审判方式》为题发表社论，阐述司法制度上的这一新创造。从此，马锡五审判方式成为一种崭新的人民民主审判方式的专用名称。

马锡五审判方式的创造者马锡五（1898—1962 年），陕西保安（今志丹）县人，贫农出身。1930 年参加革命，1935 年加入中国共产党。曾参与创建陕甘苏维埃的斗争，历任陕甘省粮食部部长、国民经济部部长、陕甘省苏维埃主席。抗日战争爆发后，任陕甘宁边区庆环专区、陇东专区副专员、专员。1943 年陕甘宁边区高等法院陇东分庭成立，又兼任陇东分庭庭长。1946 年任陕甘宁边区高等法院院长。中华人民共和国成立后，任最高人民法院西北分院院长。1954 年任最高人民法院副院长。1962 年 4 月因病逝世。在担任陕甘宁边区高等法院陇东分庭庭长期间，马锡五从一个人民司法工作者的立场出发，创造性地把马克思主义群众路线的方法运用到新民主主义司法实践中，深入基层，调查研究，依靠群众，不拘形式，公平合理地解决了一些缠讼经年的疑难案件，纠正了一些错案，深受群众欢迎，被人民称颂为“马青天”。被董必武赞颂为法曹“英贤”，被毛泽东称为“好审判员”。

马锡五审判方式并非马锡五个人的凭空创造，而是有着深刻的社会基础和思想根源。首先，陕甘宁边区“是人民民主的抗日根据地，是实施三民主义最彻底的地方”[①]。在这里，人民民主的本质决定了人民是政权的主人，拥有广泛的参与国事管理的权利，广大人民群众以主人翁的态度和责任感参与立法与司法活动，这就必然产生与这种人民民主司法制度相适应的审判制度。其次，1942 年开展的整风运动为马锡五审判方式的产生奠定了坚实的思想基础。整风运动前，陕甘宁边区的政权和法制建设，取得了很大的成就，但仍不同程度地存在以经验主义和教条主义为主要表现形态的“左”倾错误的影响，脱离实际，脱离群众，缺乏调查研究、实事求

① 毛泽东题词，《陕甘宁边区实录》，解放社 1939 年版。

是的精神，造成了某些案件的错判。而整风运动则从思想根源上摧毁了教条主义的枷锁，把人们从主观主义、机械主义的禁锢中解放出来。广大司法人员深入实际，联系群众，调查研究，实事求是，蔚成新风。这就为马锡五审判方式的产生提供了思想源泉和优良环境。最后，群众的智慧是马锡五审判方式产生的力量源泉。作为人民司法工作者的典范，马锡五抱着“全心全意为人民服务，当人民的勤务员”，“虚心向群众学习，甘于当群众的小学生”的态度，把“走群众路线”，贯彻“充分的群众观点”作为办案的宗旨。马锡五始终注意在司法审判中汲取群众的智慧与创造力，他强调：“当审判工作依靠与联系人民群众来进行时，也就得到无穷无尽的力量，不论如何错综复杂的案件或纠纷，也就易于弄清案情和解决。”① 正是由于马锡五在司法审判中把人民群众的智慧与创造力作为力量的源泉，“一刻也不离开群众”，才创造出崭新的人民民主的审判方式。

二、马锡五审判方式的特点

马锡五在担任陕甘宁边区高等法院陇东分庭庭长时，主审了很多民刑案件，其中有些案件具有典型意义，如依法公断华池县封捧婚姻上诉案，依据可靠证据审明苏发云兄弟“谋财杀人”嫌疑案，实地勘查正确解决王治宽企图霸占王统一土地案，依靠群众细心调解合水县丁、丑两家土地争议案。综合起来，马锡五审判方式具有以下鲜明的特点。

（一）实事求是，深入农村，调查案情，了解案情，摒弃主观主义审判作风

马锡五审判方式贯穿着马克思主义唯物辩证法认识论的精神，摒弃先

① 马锡五：《新民主主义革命阶段中陕甘宁边区的人民司法工作》，载《政法研究》1955 年第 1 期。

入为主、偏听偏信、不进行调查研究，单凭主观臆断和死啃法条的教条主义做法，一切从实际出发，实事求是地进行客观的、全面的和深入的调查研究，搜集一切与案件有关的人证物证，并在此基础上进行审慎仔细地分析研究，弄清案件的真相，找出是非曲直的客观根据，为正确处理案件奠定基础。而在抗战时期的陕甘宁边区，则是广大农村地区，案件又是在群众中发生的，群众最能掌握事实真相。据此，从切实照顾边区人民的实际生活出发，马锡五审判方式始终把调查研究与深入农村、到群众中作调查研究作为重要内容。而深入农村，调查研究的重点则是深入案件发生地，既取客观物证，又从群众中得到可靠人证，并通过分析研究，弄清真相。

（二）依靠群众，尊重群众意见，教育群众，依法合理处理案件

密切联系人民群众，依靠群众，是抗日民主政权一切工作的基本指导方针，马锡五审判方式最显著的特点之一就是认真在司法审判中贯彻群众路线，这既表现在调查案情时，善于依靠群众，以平等耐心的态度倾听广大群众的意见；也体现在处理案件时依靠群众，尊重群众合理合法的正确意见，“设身处地体会群众的感情与要求”，向当事人说理讲法，力求做好当事人的思想工作，消除对立情绪，从而彻底而又合理合法地处理案件；还表现在通过正确处理案件，教育群众树立法制观念和司法工作中人民群众中的信誉，确立人民司法工作的群众基础。

（三）消除“衙门”方法，实行审判与调解相结合，司法机关与群众共同处理案件

马锡五在审理案件时，不当官老爷，不用“衙门”式的问案方式，而是把人民调解与司法机关审判有机地结合起来。对于那些反复多次，单靠调解不能解决的案件，则给予明确的判决。而对于单靠判决还不能解决当事人实际问题的案件，则主要靠发动干部群众，耐心细致地进行调解。在调解时，则聘请在群众中有威望的人士进行，然后再由司法机关依据调解

结果进行判决。这样作出的判决，既符合法律规定，又体现了群众的意见，既符合法理，又合乎群众舆论和人情，使群众意见与法律规定在判决中有机地融为一体。结果不仅双方当事人心悦诚服，彻底从实际上解决了问题，而且以贴近群众的方式，教育了群众。所以马锡五说："真正群众的意见，比法律还厉害。"

（四）全心全意为群众服务，实行简便利民的诉讼手续，审判案件不拘形式

马锡五认为，陕甘宁边区大半是农村环境，行政区域辽阔，人民常常要到数百里以外的法庭进行诉讼，虽然具有不收讼费，口诉有同等效力的便利条件，但花盘费，误农时，还是当事人很大的负担。因此，马锡五提出，"我们移到人民那里去问案，只一个推事，一个书记员，带上笔墨案牍，走到任何一个乡村，就可以开庭"，"使受冤抑者随时随地可申雪"。在审判实践中，马锡五采取一系列简便利民的诉讼手续和形式，主要包括携卷下乡，亲赴案件发生地，就地审判；组织巡回法庭，定期巡视，随时随地受理案件；在审判中不摆官架子，讯问和气，态度和蔼，不敷衍，不拖延，不拘形式，接受群众申诉。可以说，马锡五的审判"是真正民间的，而不是'衙门'的，真正替人民服务，而不是替人民制造麻烦"。

总之，马锡五审判方式的本质特点就是在审判中坚持群众观点，走群众路线，把司法民主落到实处，体现在具体的审判活动中。而这也是抗日战争时期陕甘宁边区和各个根据地的新民主主义司法制度本质的典型体现。

第三十七章　抗日民主政权的人民调解法律制度

第一节　人民调解制度和调解法规的新发展

我国的人民调解工作，在抗日战争时期进入了新的发展阶段，大体上经历了以下两个阶段。1937 年至 1941 年为初期阶段。这一时期的人民调解制度，在减少诉讼案件，保障抗日革命根据地社会秩序方面，发挥过一定作用。但有的乡调解委员会或人民法庭形同虚设，人民调解工作存在调解原则不明确，调解范围比较狭窄，调解程序不完备等缺陷。

1941 年以后，人民调解工作进入制度化法律化阶段。这一时期，各地抗日民主政府在系统总结人民调解工作创造性经验的基础上，相继颁布了一系列适用于本地区的有关调解工作的单行条例、办法和专门指示。其中比较典型的有：山东省临时参议会通过，1941 年 4 月 18 日公布施行的《山东省调解委员会暂行组织条例》，共 18 条，这是抗日根据地最早颁布的调解专门条例。1942 年 3 月 1 日，晋西北行政公署公布施行的《晋西北村调解暂行办法》，共 14 条。1942 年 4 月 1 日，晋察冀边区政府公布施行的《晋察冀边区行政村调解工作条例》，17 条并有附则 6 条共 23 条。1943 年 6 月 11 日，陕甘宁边区政府公布施行的《陕甘宁边区民刑事件调解条例》，共 12 条。该条例在各抗日民主政权公布施行的调解法规中是最有影响的。

1944 年 4 月 20 日，渤海区行政公署公布施行的《渤海区村调解委员会暂行组织条例》，共 21 条。1944 年 6 月 1 日，晋察冀边区行政委员会作出《关于加强村调解工作与建立区调处工作的指示》和《关于区公所调处案件的决定（草案）》。1944 年 6 月 6 日，陕甘宁边区政府公布的《关于普及调解、总结判例、清理监所指示信》。1945 年 5 月，苏中区行政公署公布施行的《苏中区人民纠纷调解暂行办法》，共 19 条。晋冀鲁豫边区政府公布施行的《冀鲁豫区区调解委员会组织大纲》，分总则、组织、职权、附则 4 章 14 条。同时，冀鲁豫行署还颁布了《区调解委员会办事细则》，共 15 项。这些条例和办法的颁布，是调解工作制度化、法律化的重要标志。使司法机构和调解组织开展调解工作有章可循，提高了广大人民群众支持和参与调解工作的热忱，也大大加强了调解工作的法律地位。

第二节　调解工作的基本原则和特征

一、调解工作三项原则的形成

抗日根据地的调解工作，经过七八年的探索和反复的实践，逐步形成了比较完善和科学的三项基本原则，即自愿原则、合法原则和调解不是诉讼的必经程序原则。这是人民调解工作趋于完善的重要标志。

（一）自愿原则

从调解工作的本质特征和各抗日根据地民主政府颁布施行的调解法规来看，调解自愿原则包括两方面内容：一方面是调解协议的成立，协议的内容，协议的条件和协议的执行，都必须出于双方当事人的自愿和同意，不得有任何勉强。另一方面，调解双方达成的协议，不是强迫的产物，而是以理说服的结果。各抗日民主政府公布的调解法规都肯定了调解自愿原则。最早颁布的《山东省调解委员会暂行组织条例》第十一条规定，调解案件应以婉和公正态度耐心调解与说服，不得威逼利诱及其他一切不正当方法处理之。《陕甘宁边区民刑事件调解条例》第七条规定，调解须得双方当事人之同意，调解人无论是政府人员、民众团体或地邻亲友，均不得强迫压抑，并不得有从中受贿舞弊情事，违者处罚。

（二）合法原则

指调解必须遵守政府政策法令，照顾民间善良习惯。依照各根据地制定的调解法规的规定，调解不是无原则的息事宁人，必须符合各抗日民主政权法律和政策精神。如调解土地、房屋和债务纠纷，必须遵守抗日民主政权公布的土地法规。调解劳资纠纷，必须遵守抗日民主政权公布的劳动法规。调解婚姻家庭纠纷，要遵守抗日民主政权公布的婚姻法规和继承法规。同时调解还必须照顾善良习惯，如在民间存在的救济贫苦、抚恤残疾老幼、工人和雇工的传统假日、土地永佃权、开荒三年不问主、农村长期雇工须养老等习惯，应该在调解中予以考虑和照顾，作为调解的根据。但对于烧纸打经等封建迷信的落后习惯，不得作为调解的根据。

各抗日根据地民主政权公布施行的调解法规中都肯定了调解合法原则。如山东省规定，调解的法律依据以抗战法令与当地之善良习惯为主。晋察冀边区提出，调解成立的内容条件如违背政府的禁令，或有碍善良风化或涉犯罪行为，应即无效。

（三）调解不是诉讼的必经程序原则

这一原则是自愿原则的自然延伸，既然调解要贯彻自愿原则，而与审判有本质不同，民事案件和轻微刑事案件的当事人完全可以依照自己的自由意志，或者声请调解，或者径直向司法机关起诉，这是当事人不容侵夺的权利，任何人不得干涉与阻挠，所以这一原则又是保护人民诉讼权利的一项原则。

调解不是诉讼必经程序原则的确立，经历了一个曲折发展的道路和不断总结经验教训的过程。早在1941年10月，陕甘宁边区高等法院的指示信中就明确指出，调解“没有强制执行的权力，当事人不同意时，可以诉讼”。这一规定是正确的。《陕甘宁边区民刑事件调解条例》公布施行后，调解被提到不适当的高度，一度提出“调解为主，审判为辅”的方针，实际上把调解当成了第一审级。1943年12月20日陕甘宁边区高等法院发布《注意调解诉讼纠纷》的指示信，更把调解错误地规定为诉讼的必经程序。指示信说：“凡以后上诉的案件与呈报的案件，应调解而不予调解，原卷内未有和解记录与调解方案时，即证明司法人员未劝导当事人和解，违背政策，仍应发回重新处理，进行调解。”这种错误规定，导致民间纠纷先调解，后判决，判决行不通的，再调解，从乡到区，从区到县，从县到分庭，到高等法院，再到边区政府，三番五次地调解，拖延了诉讼，违反了实行调解是为了减少讼累、方便群众这一基本精神。其他各抗日根据地民主政权的调解法规也都有类似的规定。1945年陕甘宁边区推事、审判员联席会议决议中提出了上述缺陷和问题。《陕甘宁边区司法工作总结》明确指出：“对于民间纠纷，其性质可以调解的，应该推行和指导，依据自愿原则的调解政策，在这方面不需要采取‘干涉主义’，但如调解不成，则应依法审判，把调解当作诉讼的必经程序是不对的。”在1945年年底召开的陕甘宁边区第二届司法会议上，进一步阐明了审判与调解的本质区别，取消了“调解为主，审判为辅”的提法，明确规定“调解不是诉讼的必经程序”。可见，这一原则是在抗日战争后期最终确立的。它的确立表明我国人民调解制度进入了成熟时期。

二、人民调解制度的基本特征

（一）减少讼累，增强团结，方便群众，巩固抗日民族统一战线，是人民调解法律制度的指导思想

某些多年缠讼不休的案件，经过耐心调解得以顺利解决，教育和团结了

群众。所以各抗日根据地民主政权的调解法规都把减少讼累，杜息争端，增强团结，方便群众，巩固抗日民族统一战线，当作调解工作中的根本目的。如陕甘宁边区政府《关于普及调解、总结判例、清理监所指示信》中指出：调解可使大事化小，小事化无，增加农村和睦，节省劳力，以从事生产。

（二）依靠群众是人民调解工作的基础

调解工作的本质，是人民间的纠纷主要由群众自己解决。要搞好调解工作，从事调解工作的人必须具有相信群众、依靠群众的观念，必须坚定地贯彻党的群众路线，这是调解工作成功的基本条件。民间调解模范郭维德说："群众是面镜子，什么都能照得见。"因此，在调解工作中，首先要发动群众进行调查研究，弄清是非曲直。其次要依靠群众做好和解工作。根据纠纷的特点和需要邀请基层干部、地邻亲友、公正人士主持与参加双方当事人的说服教育和劝解，达成协议后，再到群众中听取意见和反映，以验证调解得是否恰当与合适。对案情复杂，有典型教育意义的，采用召开群众会的办法解决纠纷。

（三）说服教育是调解工作的主要方式

各抗日根据地民主政权的调解法规中，都要求调解人和调解组织开展说服教育进行调解工作。民间纠纷就其思想根源来说，多是由于一方或双方自私损害了他人的合法权益而造成的。在深入细致、合情合理、客观公平、感人肺腑的说服教育下，许多缠讼多年、难以解决的纠纷，经过调解就能消仇释恨，恢复旧谊。各抗日根据地的说服教育工作，灵活机动，多种多样。

（四）加强领导是搞好调解工作的保证

抗日民主政权调解工作的具体领导是双重的，各抗日民主政府的民政部门担负全面领导的责任，各级司法机关则从业务上进行指导。领导措施得当，业务指导及时，就能克服调解中的不良倾向，抵制封建迷信的影响；就能教育干部，提高认识，把调解工作当成为人民服务的具体行动；就能动员干部，学会和搞好调解，以实际行动起模范带头作用；就能宣传政策法令，尽快广泛交流调解经验；就能统筹安排，建立各种制度，保证调解工作经常化；就能经常检查调解人在调解中执行法律和贯彻调解原则的情况，及时教育调解人奉公守法，遵守纪律，有效制止调解人受贿舞弊，乱打乱罚等不良行为，可见加强领导是搞好调解工作的关键。

第三节　人民调解工作的主要制度

一、调解的范围

调解范围，是指哪些案件能够调解，哪些案件不能调解的问题。抗日根据地调解工作的范围以总结实践经验为基础，逐渐完成了规范化的过程。

（一）刑事案件的调解范围

各抗日根据地对刑事案件的调解范围，一般只限于轻微的刑事案件，而特种刑事案件和重大刑事案件，则不属调解范围。各地区对于刑事案件的调解范围，多采用列举式方法加以具体规定。不过列举的方式各有不同。晋察冀边区调解条例规定下列轻微刑事案件得予调解，包括：妨害风化罪、妨害婚姻家庭罪、伤害罪、妨害自由罪、窃盗罪等 10 种。陕甘宁边区则列举 23 种重大犯罪（如内乱罪、外患罪、汉奸罪、盗匪罪等）不准调解外，“其他各罪均得调解”。《冀鲁豫区区调解委员会组织大纲》则规定：凡住各该区之公民对有期徒刑二年以下之轻微刑事（如斗殴轻伤者），均得声请区调解委员会调解之。该规定的调解范围比较概括。其他各抗日根据地民主政府如晋西北行政公署、渤海区行政公署等亦有类似规定。

（二）民事案件的调解范围

一般说来，民事纠纷都可进行解决，但是各地区的具体规定略有不同。《陕甘宁边区民刑事件调解条例》规定："凡民事一切纠纷均应厉行调解。"《晋察冀边区行政村调解工作条例》规定：因债务、物权、亲属、继承发生的民事纠纷，得先请求村公所（民政委员会）调解。晋冀鲁豫边区规定：凡住在各该区之公民有关民事纠纷，均得声请区调解委员会调解。但下列事件不能调解：（1）禁治产事件及宣告死亡事件；（2）经提起反诉之事件；（3）认其声请调解关系不正当之目的者；（4）依法律关系之性质、当事人之状况或其他情事认为调解显无成立之望者。下列案件无须调解：（1）支付命令之声请（系属督促程序）；（2）附带民事案件。

二、调解的组织形式

各抗日根据地的调解组织形式，大体上有下列四种。

（一）民间自行调解

民间自行调解，就是人民群众自己解决自己的民刑事纠纷，而无须经过由政府组建的专门调解机构。民间调解最突出的特点，是群众的疙瘩群众解，自己管理和教育自己。在实践中，参与民间调解工作的有劳动英雄、公正人士、公正绅士、德高望重的长者、主持公道的老人，还有四邻、亲友、地邻、户族长老等。这些人或为人正直，或有和事的经历，在群众中有影响；或有调解的经验和说理的能力；或本人对调解感兴趣，热心为群众办事，群众也相信和尊重他们，愿意请他们调解。这是推行民间调解的社会和群众基础。抗日战争后期，民间调解广为推行，涌现出一大批民间调解模范，如淳耀县的房殿有、曲子县的朱启明、镇原县的安兆甲、新正县的张清益、延安县的申长林、绥德县西直沟村的郭维德等。

（二）群众团体调解

群众团体调解，是依靠群众组织解决群众之间的纠纷。群众团体调解，在各抗日根据地的实际运用不尽相同。陕甘宁边区各群众团体把调解争讼作为自己的日常业务之一，有的建立专门调解组织，如定边抗援会、延安县川口区五乡商会等为此设立了调解委员会和调解小组。晋冀鲁豫边区的太岳区则强调把工农青妇各团体以及冬学、互助组都变成群众自己解决自己纠纷的组织机构，不另设调解委员会。它们都是当时行之有效的形式，特别是调解工作搞得好的团体，为群众解决了许多实际问题。

（三）政府调解

政府调解，就是在基层人民政权主持下调解民间纠纷。政府调解在各抗日根据地的实际运用基本上采用两种形式：一种是由政府直接调解，即由当事人双方或一方申请乡（市）政府、区公署或县（市）政府，依法进行调解。各级政府调解纠纷时，得邀请当地各机关人员及民众团体、公正士绅，协助调解。陕甘宁边区的政府调解系指陕甘宁边区政府民政厅第三科，各专员公署、县（市）政府第一科，以及区、乡政府的调解。多数抗日根据地在各级人民政府设立负责调解工作的专门机构——调解委员会，它是同级政府的组成部门，并由同级政府负责人兼任主任委员。调解委员会的成员由政府在群众团体和公正人士中选聘，一般不脱产。条件是年满18岁，有正当职业，品行端正，素孚众望的人，还吸收一定数量的办事公正的开明士绅参加调解工作。政府调解一般先向村（乡）调解委员会声请，调解不成立时，再由区调解委员会调解。只有极少数人才到县政府民政科要求调解。

（四）司法调解

司法调解，是司法机关处理案件的一种形式，它与民间自行调解、群众团体调解和政府调解在性质上有根本区别。经司法调解达成的调解协议，具有法律效力，双方当事人必须无条件地执行。前三种调解形式达成的调解协议，均不得强制执行，允许当事人双方或一方反悔，向上一级调解组织提出调解声请，或径直向司法机关提起诉讼。

司法调解分为法庭调解和庭外调解。前者指由法庭直接调解法律允许调解的案件，调解成立后，由法庭录具当事人双方同意的条件，由当事人签名盖章存卷，同时制作调解笔录送达当事人收执，即将讼案注销。庭外调解是司法调解的主要形式，其主要方法有：（1）法庭指定双方当事人的邻居、亲友、公正人士、年老长者、劳动英雄、乡参议员或农会、工会、商会、妇女联合会、青年救国会、抗援会等民众团体进行调解。（2）法庭指定区、乡政府调解。（3）审判人员会同区乡干部、当地群众代表人物及双方亲族邻里共同进行调解。庭外调解成立后，除由调解人制作调解书交双方当事人外，应另录具一份送司法机关，请求销案。

司法调解是一种很好的调解方式，因为司法机关坚持原则，秉公执法，在群众中享有很高的威信。加之主持调解的是懂得政策和法律、熟悉司法业务的推事、审判员和兼司法领导职务的专员、县长，他们调解的案件，事实清楚，是非明确，说理充分，公正合法，当事人容易心服口服，所以具有更大的约束力。

三、调解程序中的有关制度

（一）调解的方式

调解方式是指解决纠纷的具体方式方法。一般分为赔礼、道歉、认错、赔偿损失、给付抚慰金，以及其他依善良习惯得以平气息争等方式。各抗日根据地民主政权颁发的调解法规中多有关于调解方式的专条规定。《晋冀鲁豫边区冀鲁豫区区调解委员会办事细则》第八、九、十项比较详尽地规定了座谈会的调解程序为：（1）由主任主持会场，宣布开会并指定委员一人当记录；（2）先由声请调解人陈述事实和理由，再由被声请调解人答辩，然后由双方之证人发言；（3）由调解人商定调解办法，如双方同意即可制作调解笔录；（4）宣读调解笔录；（5）进行调解时，各当事人不得随便退席；（6）调解成立后，将调解笔录正本送达各当事人每人一份收执；（7）调解结果如有利害关系之第三人，得通知其参加；（8）调解以两次为限，每次不得超过1天。其他抗日根据地民主政权亦有类似规定。

（二）合议制

合议制，是指调解案件应于调解委员会开会时进行，案件的最后决定，须经参与调解的各委员共同组织的评议会决定。《山东省调解委员会暂行组织条例》第七条和《渤海区村调解委员会暂行组织条例》以及《苏中区人民纠纷调解暂行办法》第七条都明确地规定了调解应采用合议制以及合议的原则规定。民间纠纷的调解采用合议制，可以防止个人专断，发扬民主，充分协商，为正确地、妥善地调解纠纷创造必要的条件。

（三）回避制

为了保证调解工作的公正性和保护当事人的合法权益，各抗日根据地的调解法规大都明确规定调解人员主动回避的制度。《晋西北村调解暂行办法》第三条规定：调解委员与本调解事件，有最近家属、配偶或历史关系，足认其执行职务有不公之可能者，应行回避。《山东省调解委员会暂行组织条例》和《渤海区村调解委员会暂行组织条例》的第六条，也都是关于回避的具体规定。

（四）和解书

和解书是双方当事人在自愿和同意的基础上达成的一种协议，是纠纷和解的凭证。《陕甘宁边区民刑事件调解条例》规定，在法庭外调解成立之事件，应由调解人制成和解书交双方当事人收执为据，如其事件系属司法机关有案者，应另写一份和解书送司法机关，请求销案。和解书一般包括双方争执的简要事由、调解成立的方式、双方同意和解的结果、双方当事人和调解人以及代书人等的姓名、签字、盖章或指印、调解的年月日和调解的地点等内容。

（五）调解纪律

各抗日根据地民主政权的调解法规大都有要求调解人奉公守法、廉洁调解、遵守纪律的规定。这种规定的内容，一是防止调解人受贿舞弊，要求调解人不收礼物，不吃请，不循私情，不报私仇，热心为人民服务；二是要求调解人遵守法纪，尊重当事人的人权，不准乱打乱罚。制定调解纪律的目的，在于保证调解人公正无私，廉洁奉公，取得群众的信赖，维护调解工作的声誉，做到调解结果的客观公正。

第三十八章　抗日民主政权的狱政制度

第一节　狱政工作指导方针

一、监狱既是惩罚犯人的场所，又是犯人的教育机关

陕甘宁边区和各个抗日根据地作为全中国抗日与民主的模范区，其监狱在本质上是无产阶级领导下的以抗日的广大人民为主体的抗日民主政权对汉奸反动派实行专政的工具。这一本质决定了其狱政工作的宗旨在于通过惩罚与教育，改造罪犯成为自食其力和对抗日对社会有用的新人。这一方针明确规定在各根据地的有关文件中。1942年的《陕甘宁边区司法纪要》强调："边区的监狱，固然是惩罚犯人的场所，同时也是犯人的教育机关。"

二、以尊重犯人人格为基点，以感化教育为主，实行教育与生产劳动相结合的改造罪犯的方针

抗日民主政权在狱政工作中，坚决反对并积极消除旧监狱各种形式的"报复主义""惩办主义""威吓主义"倾向，而采用以尊重犯人人格为基点，以感化教育为主、教育与生产劳动相结合的改造罪犯成为新人的方针。这一方针包括了三个方面的内容。

（一）树立犯人是人，尊重犯人人格的观念

把犯人当人看待，尊重犯人的人格是对犯人进行教育改造、促使犯人自新的基点，也是狱政工作的出发点，更是抗日民主政权狱政工作同一切剥削阶级狱政工作在指导方针上最重要的区别之一。为此，抗日民主政权采取了一系列切实有效的政策措施。首先，在司法工作者及监所工作者中要树立犯人也是人，必须尊重其人格的观点。1941 年 5 月，在总结陕甘宁边区政府工作时，林伯渠主席强调：对于犯人，“要恢复他的人格，必自尊重他是一个‘人’始”。其次，在有关狱政法规中规定保障犯人人格的内容。陕甘宁边区和各个抗日根据地除了在施政纲领及保障人权条例中规定禁止肉刑，禁止侮辱虐待犯人及禁止非法侵犯犯人人权和财权的原则性内容之外，还在有关的监所管理条例中规定了保障犯人人格的具体内容。如《陕甘宁边区高等法院监狱管理规则》规定：“对守法人不得有随意捆绑打骂及凌辱的行为”，“看守人的私人生活，不得随意支配守法人去做，对女守法人不得有随意调笑及任何不正当行为”，“守法人物质之待遇，照规定数量发给，不得克扣”。最后，以法律惩治侮辱犯人人格的违法者。如陕甘宁边区高等法院裁判员及延安市地方法院看守所所长曾因打骂体罚人犯被撤职。晋冀鲁豫边区，曾有两名看守所所长因犯有贪污勒索等严重罪行，被判处死刑。

（二）实行革命人道主义，感化教育罪犯

首先，主张“对于一般犯人，更多注意政治教育和感化，使他们改邪归正，禁止对犯人实行报复手段”。其次，以感化教育为主，以惩罚管束为辅。《陕甘宁边区高等法院工作报告》强调指出：“对于犯人，不是单纯的拘束其自由，给以惩罚，而主要是帮助他们认识自己的罪行，改正错误的思想意识和不正确的观念，及早成为社会上一个好公民。”同时，还从各方面为犯人的生活、前途考虑，注意消除犯人的对抗情绪，使犯人自觉

地进行改造。这种感化教育在当时取得了巨大的成效，连国民政府行政院非常时期服务团一些团员在参观陕甘宁边区的监狱后，也盛赞其“彻底实行感化教育，是为全国法院之模范”。

（三）教育为主，教育与生产劳动相结合

抗日民主政权从无产阶级立场出发，认为劳动创造了世界，人在创造世界的劳动中，也改造着自己的主观世界。而各个抗日根据地监所在押犯之所以犯罪的一个重要根源，就是因其好逸恶劳、不事生产，缺乏劳动习惯和技能。据此，1942 年的《陕甘宁边区司法纪要》指出：“监所生产教育的目的是改正轻视劳动观念，锻炼思想意识，消除犯罪邪念，提高生产技能，获得谋生手段。”这就明确了狱政工作中教育与生产的关系必须是将两者结合起来而以教育为主，生产劳动的目的仍是教育改造罪犯。

第二节　监所的设置

一、看守所的设置与组织体制

看守所是专门拘禁羁押未决刑事犯的机关。抗日根据地的看守所，包括公安机关所属的看守所和司法机关所属的看守所两类。前者的任务主要是羁押未决的汉奸、敌探、内奸以及破坏根据地的特种刑事犯，后者的主要任务是拘禁未决的普通刑事犯。在大多数抗日根据地，从边区（省）、行署，到专署和县，都分别设立公安局（科）看守所和高等法院及其分院、分庭、县司法处（科）或地方法院看守所。但在陕甘宁边区等一些根据地，专署一级不设看守所，仅在边区与县的司法机关与公安机关设置看守所。

各边区高等法院看守所的组织体制，在法院组织条例中均曾明文规定。高等法院看守所设所长、看守员及武装警卫队，其职责是掌管人犯之监管与教育事宜。具体包括：对人犯的收押、检查、点验及看管；登记及保管人犯的财物；计划及实施人犯之教育；组织及分配人犯之工作或劳动；考察人犯之活动；登记人犯之出入。公安总局所属看守所直接受预审科长领导，其组织机构及职责与高等法院看守所大致相同。

二、监狱的设置与组织体制

1939 年 1 月陕甘宁边区参议会决定在高等法院设立劳动感化院。4 月 19 日高等法院通令各级司法机关组织已决犯进行生产劳动，并将已决犯编为劳作队，在延安市三十里铺建立起生产劳动场所。1941 年 1 月 3 日高等法院将劳作队从看守所中分离出来，另组劳动生产所，从而正式建立起抗日根据地的第一个监狱。至 1942 年 9 月，才正式将劳动生产所改名为陕甘宁边区高等法院监狱。其他各抗日根据地，一般也是从 1941 年起，随着根据地的巩固稳定和民主与法制建设逐步走上正轨而逐渐建立起来的。

抗日根据地的监狱主要设置在各边区高等法院和某些独立性较大的行署法院（司法处），县级法院（司法处）都未设置监狱。也有个别抗日根据地因缺乏比较稳定的环境，始终没有设置监狱。

关于监狱的组织机构和人员设置，陕甘宁边区原劳动生产所设所长 1 人，科员 3 人，看守员 2 人。1942 年起又增设督察员、教员、会计、保管、医生、护士等。改为监狱后，典狱长兼教导员 1 人，看守员、会计、保管员、生产和伙食管理员各 1 人。1943 年起在各分庭下设“分监”。“分监”设典狱员 1 人，在分庭庭长领导下负责徒刑犯的管理教育事宜。晋绥边区高等法院监狱于 1941 年 4 月在陕甘宁边区境内正式设立，称“后方监狱”。该监狱为各边区监狱中规模较大的一个。晋察冀边区于 1940 年正式设立“感化院”，至 1941 年 7 月改名“自新学艺所”。1942 年 1 月经整顿后，成为对犯人进行教育改造的机关。淮海区的监狱设于区法院下，称“战时监狱”。

关于监狱与看守所的职责分工，在陕甘宁边区，凡判处徒刑 3 年以下者，由各县看守所执行。1944 年各分监建立后，凡判处徒刑 6 个月以上 3 年以下者由分监管教；判处徒刑 3 年以上者一律解送高等法院看守所劳动队（后来改为劳动生产所、监狱）集中管教。在晋绥边区，县看守所执行 1 年以下徒刑，专署司法科看守所执行 1 年以上 3 年以下徒刑；凡判处 3 年以上徒刑的犯人，一律送后方监狱统一管理教育。其他根据地的监狱也都承担管教刑期较长的徒刑犯人。

第三节　狱政管理制度

为了依法执行对犯人的管理与教育改造，抗日民主政权逐渐形成了一系列具有鲜明特色的狱政管理制度。

一、看守管理制度

1. 犯人进出监所登记制度。监所登记制度分为两个阶段。其一是审查阶段，其二是登记阶段。在审查阶段，主要是审查拘捕羁押及开释除名手续是否合法。只有有合法手续者方才予以进出登记。审查的具体内容：凡无逮捕权的单位或个人送来羁押者，不得接收；凡有逮捕权的单位解送羁押者，必须符合法定手续，并具送押证明。送监执行之已决犯，则要有司法机关的公文、判决书和罪行通知书，否则，监所拒绝接收。因无罪开释、刑满释放，保外执行、假释、解送等而出监所者，也必须经有权单位的批准，办理合法手续，并向监所发出开释和提解通知书。在登记阶段，由监所对审查合格的犯人认真填写进出监所登记册、登记内容包括犯人姓名、性别、年龄、籍贯、案情、送来机关、开释理由等。

2. 检查与接见制度。收押犯人及开释犯人都必须进行严格的检查，检查内容包括人身及所携带财物等。女犯人由女工作人员进行检查。在检查中，如发现与案情有关的赃证物件及可供法庭参考的材料，交由法庭处理。如查出违禁物品，须转告法庭依法裁判。被羁押人所携物品，除日常生活必需品外，均由监所代为保管。在押人犯的来往信件及送出送入之物品，也须经过检查无违反规定者，始许发出或接受。同时监所住室及犯人随时携带应用之衣物，得随时检查。

犯人接见亲友，必须经过监所审查批准，并在监所人员监督下进行，以防带入或带出违禁物品及危险品，并防止非法传递消息。

3. 犯人守法制度。为了督促在押犯人遵纪守法，悔过自新，陕甘宁等边区司法机关曾制定《监狱守法规则》，其主要内容包括：犯人应认真反省交代自己的罪行，不许欺骗政府、诬陷他人，进行串供、订立攻守同盟等。必须接受教育，在劳动中改造自己，不许怠工偷懒，散布不满情绪或破坏捣乱。必须服从监所干部与哨兵的指挥与警戒，不得擅自越出特定活动范围及拒绝指挥调动。不许私带武器、危险品或隐藏违禁品。必须遵守监所生活作息及卫生制度、遵守生产劳动纪律。不许争吵打骂、私拉帮派、打击诬陷他人或掩饰他人错误，不许调戏妇女等。对违反者，经教育不改或错误严重者，给予批评、开会批判、记过、罚劳役直至刑事处分。对守法悔罪表现好者，则给予表扬、物质奖励、记功、调服外役、假释以至减刑、提前释放等奖励。

4. 犯人财物保管制度。为了保障犯人合法财权，各地监所都实行了保管犯人财物的制度。其主要内容包括：犯人进入监所时携带及由监所外寄送之财物，除日用必需品外，一律由监所代为保管。犯人临时需用品必须经本人申请、监所领导批准，可酌情发给。保管犯人财物，必须详细登记，并当面对证清楚，由犯人捺手印。犯人出监时，应如数发还被保管财物，如有损失，除因突变及不可抗力所致外，由监所保管人员负责赔偿。

二、监所人员工作制度

抗日民主政权针对监所工作的特点，对监所工作人员的职责和纪律规定了严格的制度。

1. 监所人员工作职责。依照有关监所管理规则的规定，监所人员的职责包括：认真执行狱政工作方针和政策，搞好监所管理教育生产，抓好思想教育，通过个别谈话、集体上课、参加犯人生活检讨会和政治学习讨论会等方式，有的放矢地启发教育犯人改过自新。关心犯人生活，并认真听取犯人对监所工作的意见，改进监所工作。做好警戒看守工作，认真执行犯人出入监所的检查登记制度，在看守警戒时不得擅离岗位，对犯人早晚点名，认真执行检查犯人信件物品及监视会见制度，以防止犯人逃跑及意外事件。认真考核犯人在守法中的表现和转变错误的程度，作出鉴定，实行奖惩。

2. 监所人员工作纪律。其主要内容包括：监所工作人员应尊重犯人的法律地位，保护犯人的合法权益，不得侵犯监所给予犯人一定范围内的自由。严禁使用肉刑，不得随意捆绑打骂及侮辱犯人。犯人的物质待遇，须照规定数量质量发给，不得克扣。严禁贪污和挪用犯人的财物，收受犯人的贿赂。工作人员的私事不得随意支配犯人去做。不得对女犯人有调戏及其他不正当行为。凡违反纪律者，视情节轻重，分别予以政纪处分，甚至刑事制裁。

三、“犯人自治”制度

按照 1942 年的《陕甘宁边区监狱管理规则》的规定：“在规定范围内，建立守法人的自治组织。”其职责包括：（1）清洁卫生的管理督促；（2）生产学习任务的保证；（3）维持自治公约和所内纪律规定；（4）调解相互间的意见和争吵；（5）召集生活检讨大会。犯人自治组织在形式上一般分为两个系统，其一是监所领导下的组、队组织，其二是全体犯人的群众组织。组（或班）、队是各地监所在犯人中普遍建立的两级自治组织，组以住室为单位组成，设正、副组长各 1 人，组之上设队，队有队长 1 人。

组长、队长由犯人选举，监所领导批准或由监所指定认罪悔过好、带头遵守监视，能够开展思想斗争并有一定组织能力的人担任。全体犯人的自治组织各地名称不一，主要有“救亡室”或称“俱乐部”，晋绥边区称“文化俱乐部”，冀中称“悔过委员会”，晋冀鲁豫边区一些监所则成立“经济委员会”。“救亡室委员会”取自根据地各基层单位的群众性抗日救国组织，意在启发犯人抗日爱国意识，一般设主任委员1人，教育、生产、伙食、文化娱乐、卫生等委员各1人，由监所全体犯人在监所干部指导监督下选举产生，并报监所领导批准。

在监所领导监督下实行犯人自治活动，对于搞好监所管理教育和促进犯人悔过自新、发挥了重要作用。

四、政治、文化、劳动三结合教育制度

抗日民主政权在监所中，通过集体教育与个别教育的形式，对犯人实行政治教育、文化教育和劳动教育三结合的教育制度。在政治教育中，主要是对犯人进行抗日爱国教育，以启发其反抗侵略者的民族意识；进行新民主主义革命理论教育，帮助犯人认清中国革命的前途；进行政策法令的教育，提高犯人的守法观念，争取早日认罪服法，变成守法的公民。文化教育主要进行扫盲识字运动，在此基础上，争取提高犯人的自然和社会科学的一般文化知识。劳动教育主要帮助犯人树立正确的劳动观点，学习一定的劳动技能。历史事实证明，这三方面的教育是相辅相成的，互相促进的，都收到了良好的效果。

五、生活与卫生管理制度

1.犯人生活待遇制度。抗日民主政权以“尽一切可能，在物质上和精神上减除犯人痛苦的感觉”，确定了犯人的生活待遇制度。基本上遵循既

保证犯人最起码的生活需要，又反对绝对平均主义。要区别战时与平时、常年与灾年、已决犯与未决犯，并鼓励犯人通过生产劳动，增加监所收入，改善犯人生活。关于伙食供给标准，晋察冀边区规定，犯人每人每日小米1斤，柴菜金8分。晋冀鲁豫边区1943年规定，犯人每人每日供给小米1斤4两，柴菜金3角。陕甘宁边区犯人每人每日供给小米1斤3两，柴菜金6分。关于被服供给标准，陕甘宁和晋冀鲁豫边区规定，每人每年发单衣一套，两年发棉衣一套。

2. 卫生医疗制度。第一，实行严格的监所卫生制度。每天由犯人轮流值日，洒扫清除，保持内务和环境的整洁。定期洗澡、理发、洗衣、晒被褥，定时放风、晒太阳、室外活动。保证厨房卫生，饭菜清洁。对传染病患者和重病号实行隔离住宿。实行卫生检查和评比竞赛，奖优罚差。第二，进行卫生常识教育，有条件的地方，由医务人员对犯人上卫生常识课，以改变犯人中愚昧落后不讲卫生的习惯。第三，建立医疗制度，对犯人疾病及时诊治。医药费由政府与监所通过生产收入解决。第四，对不易诊治的重病患者，实行保外就医或交村执行。

六、劳动生产制度

各个抗日根据地监所从当时当地实际情况出发，选择既有利于对犯人的改造，又能以最少的投资取得最好的经济效果的生产项目，组织犯人从事多种多样的劳动生产活动。在陕甘宁边区，高等法院监狱在延安市三十里铺建立了农场、制鞋、烧炭等生产基地。晋绥边区监狱进行农业、手工业等生产。晋察冀边区自新学艺所主要开展农业、土建和采煤等生产。各县的看守所也开展了不同形式的生产活动。在生产活动中，逐渐形成了一系列组织领导和经营管理制度，其中主要有：第一，干部带头参加劳动生产。为了消除犯人在生产中的对立情绪，有利于干部以模范行动对犯人进行言传身教和了解犯人的思想与生产状况，更好地组织生产和进行思想教育，各根据地都把干部带头参加劳动生产确定为制度予以执行。第二，吸收犯人参加管理，严格执行奖惩制度。在生产活动中，从生产的组织领导到计划的制订，从开展劳动竞赛到评定奖励以及收入分红，监所都广泛吸收犯人参加，以充分发挥犯人自治组织和犯人积极分子的作用。第三，实行以解决监所开支为主，犯人个人“分红”为辅的收入分配制度。对此，陕甘宁边区规定，将犯人生产收入的15%用作个人分红，其余部分用来补助监所经费、扩大再生产基金和补助犯人生活。晋冀鲁豫边区政府1944年规定，监所收入的15%补助看守所经费，40%改善犯人生活，25%作储蓄金,20%补助医疗等费用。后来又规定实行“二八分红”或“三七分红”制度。

七、监外执行制度

为了适应抗战环境，尽量减少在监所服刑的犯人，以应付敌人袭击，并节省政府的人力和物力，抗日民主政府实行了多种监外执行制度。

1. 回村执行制度。回村执行又称回村服役，是敌后各抗日根据地普遍实行的一种徒刑执行制度。按照晋察冀、晋冀鲁豫、晋绥及山东等根据地法令的规定，回村执行的条件主要有：案情较轻，刑期较短者（晋冀鲁豫边区规定为5年以下徒刑，晋绥边区规定为2年以下徒刑）或刑期较长而表现较好者，不是汉奸、盗匪、累犯以及在监表现不好，有可能逃跑或重新犯罪者，或者会引起群众不满者。回村执行的程序包括，依据法令规定，认真研究审查，确定回村执行的对象。回村执行的犯人，必须讨取保证人的保状。然后由司法机关填写回村执行通知书、写明犯人的各类情况、案情及刑期起止日期，以及村公所的职权责任和犯人的义务。回村执行的犯人，一方面要接受村公所的指挥、管理，外出时须经村公所批准，由村公所派服一定时间的公役；另一方面监所要定期把犯人召回，进行短期教育，并经常派出工作人员，到所在乡村考察了解。对表现好者，可减刑、假释或提前开释；表现不好者，要批评、惩罚、撤销回村执行直至加刑。回村执行期限以残余刑期为准，一日折抵一日。

2. 调外服役制度。调外服役又称保外服役，指不脱离监所直接管理范围或有担保而脱离监所直接管理范围的犯人在监外服役。这种制度在陕甘宁边区、晋冀鲁豫边区等根据地曾广泛实行。依据有关法令规定，调外服役的条件是，在监所表现良好，无逃亡及再犯危险者，讨取可靠保证人出具保状。陕甘宁边区还规定，必须执行一定刑期，一般判处 2 年以下徒刑或劳役应执行 1/5 以上刑期，2 年以上 5 年以下徒刑执行 1/2 以上刑期。但如犯破坏边区、杀人等罪为群众所极端愤恨者及不易转变之累犯，不得调外服役。调外服役的手续，一般是先经犯人大会民主讨论通过，监所提出名单，交高等法院执行处详加审查，核对保状后即可。调外服役的犯人须受所服役单位的管教，服役单位应定期或不定期地向司法机关汇报犯人情况，司法机关与监所也要定期巡查。其中表现好者，可假释或提前释放。表现不好者，也可以实行警戒或看管。

3. 战时分遣制度。战时分遣也称战时假释。是敌后抗日根据地为应付战争环境而采取的临时分散犯人的措施。根据 1943 年晋冀鲁豫边区高等法院《对于战时分遣自新人的指示》，对于不适宜平时回村执行徒刑的犯人，在战争到来前，家在根据地者，令其返回本村隐蔽，家不在根据地者，可选择工作基础好的村子，令其到村隐蔽，战争过后，一律返监服刑。分遣犯人必须事先讨妥两个以上保证人，保证在分遣期间不报复、不逃跑、不犯法，战争过后及时返回监所。分遣到村的犯人，要绝对接受村公所的指挥和管理。村公所负责对其看管、隐蔽、生活供给，战后督促其返回监所。为保证分遣犯人不致发生逃跑和重新犯罪，对那些罪行严重及不思悔改者，仍由监所看押转移，不进行分遣。

上述管理办法，都是当时行之有效的监所管理制度，为后来解放区的监所工作，提供了可贵的经验。

第三十九章　解放区人民民主法制的发展

抗日战争胜利后，解放区人民民主法制随着全国和解放区政治斗争、阶级斗争和军事斗争形势的重大变化而发展变化。解放区人民民主法制建设，大致可以分为以下三个阶段。

第一阶段：抗日战争胜利至1946年6月全面内战爆发前阶段。在这个阶段，中国共产党面对蒋介石的战争和和谈的两手，采取了“以打对打”“以谈对谈”的两手。为了实现和平建国方针，中国共产党和解放区人民政权继续实行抗日战争时期抗日民主政权的政治法律制度，贯彻政协决议的精神。例如，解放区人民政权仍采取参议会组织形式，实行“三三制”政权政策；土地政策仍实行减租减息政策；其他法律法规仍继续有效。根据当时的政治形势和政协决议关于省得制定省宪的原则，陕甘宁边区于1946年4月颁布了《陕甘宁边区宪法原则》，准备制定宪法。为了惩办汉奸卖国贼和日本帝国主义分子，解放区人民政权还制定了有关的刑事法规，如1945年9月25日的《苏中区惩治战争罪犯及汉奸暂行条例》、1945年12月29日的《苏皖边区惩治叛国罪犯（汉奸）暂行条例》等。为保卫解放区，苏皖解放区于1946年6月公布施行《苏皖边区危害解放区紧急治罪暂行条例》。

第二阶段：从1946年6月全面内战爆发至1947年7月人民解放军转入战略进攻前阶段。在这个阶段，由于解放战争处于战略防御阶段，战争主要在解放区进行，解放区人民政权全力投入自卫战争中去。人民民主法制建设主要有以下一些变化：一是解放区人民政权虽然仍遵守政协决议的精神，但因全面内战的爆发，制宪工作停止了；二是在内蒙古解放区建立了民族区域自治政府，开创了民族区域自治法制建设的先河；三是随着国内阶级斗争的激化，农村农民与地主阶级的矛盾尖锐化，解放区人民政权根据中共中央 1946 年 5 月 4 日《五四指示》精神，将减租减息的土地政策改变为没收地主土地分配给农民的土地政策，标志着解放区土地政策的重大变化。

第三阶段：从 1947 年 7 月至 1949 年 10 月 1 日中华人民共和国成立前阶段。这是人民解放军由战略防御转入战略进攻，解放战争取得伟大胜利的阶段。随着人民解放战争的不断胜利发展，各解放区逐渐连成一片，并由农村发展到城市，各分散的人民政权也逐步趋向联合和统一，建立了大行政区的人民政府，为中华人民共和国中央人民政府的成立，奠定了基础。与这个伟大变化形势相适应，这个阶段人民政权的法制建设也有显著的变化和发展。在基本法方面，各解放区制定了施政纲领或施政方针。在政权法制方面，逐步实行各界人民代表会议制度，在新解放的城市，则实行军事管制委员会制度。在土地立法方面，1947 年 10 月公布的《中国土地法大纲》，是各解放区的基本土地法律。在经济立法方面，实行没收官僚资本、保护民族工商业的基本政策和贯彻发展生产、繁荣经济、公私兼顾、劳资两利的发展国民经济总方针。在刑事立法方面，颁布了关于惩治战争罪犯、惩治破坏土地改革罪犯、惩治贪污罪犯、惩治土匪罪犯、惩治窃盗罪犯以及肃清国民党特务分子等刑事法规、法令。在司法制度方面，设立了土地改革人民法庭和军事管制委员会的特别法庭，在大行政区，设立大区、省（行署）和县三级司法机关。为了建设解放区的人民民主司法制度，中共中央于 1949 年 2 月颁布了《中共中央关于废除国民党的六法全书与确定解放区的司法原则的指示》，指出："在无产阶级领导的工农联盟为主体的人民民主专政的政权下，国民党的六法全书应该废除，人民的司法工作不能再以国民党的六法全书为依据，而应该以人民的新的法律作依据。在人民新的法律还没有系统地发布以前，应该以共产党政策以及人民政府与人民解放军所已发布的各种纲领、法律、条例、决议作依据。”“司法机关的办事原则应该是：有纲领、法律、命令、条例、决议规定者，从纲领、法律、命令、条例、决议之规定；无纲领、法律、命令、条例、决议规定者，从新民主主义的政策。”中共中央这个重要指示，不仅为解放区人民民主法制建设规定了正确的基本原则和指明了方向，而且对中华人民共和国成立后的人民民主法制建设，也具有指导意义。

随着国民党反动政权在中国大陆的统治被推翻，中国共产党于 1949 年 6 月在北平主持召开了新政治协商会议，全面开展筹建中华人民共和国的工作。1949 年 9 月 21 日中国人民政治协商会议在北平召开，出席会议的有各民主党派、各人民团体、各地区、各民族、人民解放军和海外华侨的代表，具有全国最广泛的代表性。所以中国人民政治协商会议行使了全国人民代表大会的职权。会议通过了《中国人民政治协商会议共同纲领》，规定了中华人民共和国的国体是“新民主主义即人民民主主义国家，实行工人阶级领导的、以工农联盟为基础的、团结各民主阶级和国内各民族的人民民主专政”，政体是“各级人民代表大会和各级人民政府”“各级政权机关一律实行民主集中制”。还规定了国家政权机关的组织和活动的基本原则，公民的基本权利和义务，国家在经济、文化教育、民族和外交的基本政策。这是一部纲领性文件，又是宪法性文件，成为中华人民共和国建国初期的根本大法。会议还通过了《中国人民政治协商会议组织法》《中华人民共和国中央人民政府组织法》，选举了以毛泽东为主席的中国人民政治协商会议全国委员会和中华人民共和国中央人民政府。1949 年 10 月 1 日，中央人民政府在北京成立，同日向全国全世界宣布中华人民共和国成立。从此，中国历史揭开了新的篇章——中国进入了从新民主主义向社会主义过渡的历史，人民民主法制建设也进入了新的历史发展时期。

第四十章　解放区人民政权的宪法性法规

抗日战争胜利时，中国共产党创建了遍及 19 个省份，面积达到近 100 万平方公里，并拥有 1 亿人口的解放区。当时解放区处于被分割状态，不可能建立联合统一的政权，为了领导各解放区的政治、军事、经济和文化建设，各解放区根据中国共产党的纲领、路线、方针、政策，结合本地区的实际情况，制定了各自的施政纲领。例如，1945 年 9 月 26 日的《晋察冀边区行政委员会施政要端》、1945 年 12 月 31 日的《苏皖边区临时行政委员会施政纲领》、1946 年 4 月 23 日的《陕甘宁边区宪法原则》、1946 年 8 月 11 日的《东北各省市（特别市）民主政府共同施政纲领》、1947 年 4 月的《内蒙古自治政府施政纲领》和 1948 年 8 月的《华北人民政府施政方针》等。此外，人民解放军根据中国共产党的纲领、路线和基本方针、政策所发布的宣言和布告，也是解放区人民政权的重要政策，是对解放区施政纲领的补充。

以下以《陕甘宁边区宪法原则》《华北人民政府施政方针》《内蒙古自治政府施政纲领》作为具有代表性的宪法性文献，进行重点阐述。

第一节　陕甘宁边区宪法原则

1946 年 4 月 23 日陕甘宁边区第三届参议会第一次会议上通过了《陕甘宁边区宪法原则》。

《陕甘宁边区宪法原则》（以下简称《宪法原则》）共分政权组织、人民权利、司法、经济、文化五个部分，规定了陕甘宁边区政权的组织和活动的基本原则、人民的各项权利和经济、文化的基本政策。其主要内容有：

1. 规定了人民代表会议是人民政权的基本政治制度。《宪法原则》规定：边区、县、乡人民代表会议（参议会）为人民管理政权机关；人民采取普遍、直接、平等、无记名方式选举各级代表，各级代表会选举政府人员；各级政府对各级代表会负责，各级代表对选举人负责；人民对各级政权有检查、告发及随时建议之权，每届选举时则进行大检查；各级政府人员违反人民的决议，或忽于职务者，应受到代表会议的斥责或罢免，乡村则由人民直接罢免之；乡人民代表会议 1 年改选一次，县人民代表会议 2 年改选一次，边区人民代表会议 3 年改选一次；乡代表会即直接执行政务机关。这些规定说明，解放区人民政权准备由抗日战争时期的"三三制"的参议会制度发展到民主集中制和议行合一的人民代表会议制度。这是解放区人民政权法制的重要发展。

2. 规定了民族区域自治的原则。《宪法原则》规定：边区各少数民族在居住集中的地区，得划成民族区域，组织民族自治政权，在不与省宪抵触原则下，得订立自治法。解放区用宪法和制定自治法的形式把少数民族的自治区法律化、制度化，这是解放区人民政权在民族区域自治法制建设的重要成果和发展。

3. 规定了司法制度的原则。《宪法原则》规定：各级司法机关独立行使职权，除服从法律外，不受任何干涉。这在人民民主法制建设史上是第一次提出司法机关独立行使职权的原则。此外，《宪法原则》还规定了除司法机关、公安机关依法执行职务外，任何机关、团体不得有逮捕审讯的行为；人民有不论用任何方法控告失职的任何公务人员之权；对犯法人采用感化主义等原则。

4. 规定了人民享有有保证的各项权利。《宪法原则》规定：人民为行使政治上各项自由权利，应受到政府的引导与物质帮助；采用减租减息与交租交息、改善工人生活与提高劳动效率、大力发展经济建设、救济灾荒、扶养老弱贫困等方法，保证人民免于经济上偏枯与贫困的权利；实行免费的国民教育和高等教育、优待优等生、普施为人民服务的社会教育、发展卫生教育与医药设备的方法，保证人民免于愚昧和不健康的权利；边区人民不分民族，一律平等；妇女有与男子平等的权利，照顾妇女的特殊利益。还规定人民有武装自卫的权利。

5. 规定了经济的基本政策原则。《宪法原则》规定：应保障耕者有其田、劳动者有职业、企业者有发展的机会；用公营、合作、私营三种方式组织所有的人力、资力为促进繁荣、消灭贫穷而斗争；欢迎外来投资，保障其合理利润；设立职业学校，创造技术人才；有计划地发展农工矿各实业。这些规定，贯彻了新民主主义革命的经济纲领的精神，其中耕者有其田原则的规定，表明陕甘宁边区人民政权决定将抗日战争时期的减租减息政策改变为没收地主土地分配给农民的土地政策，标志着解放区土地政策的重大变化。

6. 规定了文化的基本政策原则。《宪法原则》规定：普及并提高一般人民的文化水准，从速消灭文盲，减少疾病与死亡现象；保障学术自由，致力科学发展。

《陕甘宁边区宪法原则》是陕甘宁边区人民民主法制建设经验的总结，是保卫和建设陕甘宁边区的根本法。它的制定，不仅为其他解放区制宪提供了经验，给国民党政府统治区人民树立了新民主主义宪政的榜样，而且对中华人民共和国成立后的制宪工作，也有重要的意义。

第二节　华北人民政府施政方针

《华北人民政府施政方针》（以下简称《施政方针》）是 1948 年 8 月由华北临时人民代表大会通过公布的。这是解放战争节节胜利，解放区迅速扩大，使原来分散的解放区连成一片到中华人民共和国成立前最有代表性的施政纲领。其主要内容：

1. 规定了华北解放区的任务。《施政方针》规定的华北解放区的任务是为解放全华北而奋斗，并继续以人力、物力、财力支援前线，争取人民革命在全国的胜利；有计划有步骤地进行各种建设工作，恢复和发展生产；继续建设为战争和生产建设服务的民主政治，培养各种干部和吸收各种有用人才，参加各种建设工作，以奠定中华人民共和国的基础。

2. 规定了华北人民政府的各项基本方针和政策。《施政方针》规定：在军事方面，解放华北的一切城市和乡村，进一步配合全国人民解放军的胜利进攻，完成解放全中国的伟大任务；继续建设和健全人民武装组织，参战、支前，配合军警，担任巩固区域内的警戒治安工作等；更有计划有效率地支援前线。

在经济方面，一是努力恢复和发展农业生产。在业已基本完成土地改革的地区，普发土地证，确定地权，调动劳动农民的热情，以恢复和发展农业生产；改定成分，适当补偿被侵犯中农，安置没有分给土地、浮财的地主富农，使一切农业人口，各得其所，安心生产；各阶层人民的土地财产受法律保障，不受侵犯；承认土地买卖自由和在特定条件下出租土地的权利；承认雇佣劳动自由，雇佣条件除法律已规定者外，由双方自定；承认私人借贷自由，利率在政府未规定最高标准以前，由双方自由议定。在土地改革已经进行而尚未完成的地区，应分别不同情况，适当调剂土地。在边沿、游击区和新解放区，除有特殊情况者外，一般应采取减租减息的社会政策和合理负担的财政政策。二是努力发展工商业。为了使工业生产能够普遍地、全面地发展，国营工业应该领导私营企业。国营商业的中心任务是促进和扶植生产。除国营商业外，应有计划、有系统、有步骤地组织供销合作社。在贸易政策上，对内贸易原则上采取自由贸易政策；对出入口贸易则应采取正确的管理方法，以保护和发展解放区的新民主主义的经济建设，争取做到经济上的独立自主。为了发展工商业，国家银行必须有计划地投资于国营企业、供销合作社、私人手工业以及一切对国民生计有益的私营商业。欢迎海外华侨和国民党统治区工商业者来解放区投资经营对国民生计有益的工商业，保障其合法营业不受侵犯。三是改革税制，整顿税收，力求不再加重人民负担。为了进一步建设华北，政府应编制经济建设计划，以国营经济做领导，以便把华北的整个国民经济，逐渐推向有组织、有计划的发展道路上去。

在政治方面：第一，要整顿区村级组织，并建立各级人民代表会议，首先是县村人民代表会议。第二，华北人民政府应提高行政效率，加强行政能力，严格执行行政纪律，反对地方主义和山头主义。第三，厉行政简便民政策。第四，保障人民的合法的民主自由权利，包括言论、出版、集会、结社、信仰、迁徙、旅行等自由与人身自由和安全，以及选举权和被选举权。第五，实行男女平等原则，提高妇女在社会上、政治上的地位，发挥妇女在经济建设上的积极性。禁止买卖婚姻，男女婚姻自由自主，任何人不得干涉。第六，实行民族平等原则，保障华北解放区内的蒙、回及其他少数民族在政治、经济、文化上和汉族享有平等权利，尊重蒙、回民族的宗教信仰和风俗习惯，在华北解放区居住或旅游的外国人，只要尊重中国主权和遵守华北人民政府法令，一律加以保护，并允许其从事合法的文化和宗教活动。

在文化教育方面：有计划、有步骤地努力发展文化教育工作。一是整顿各级学校教育，按照必要和可能，建立各种正规教育制度；二是加强社会教育，以提高人民大众的文化水平和政治觉悟；三是推广卫生行政，欢迎医务人才，团结中西医，提高中医的科学水平，增建医院和增进医药设备，减少人民的疾病和死亡；四是在文化工作上建立广泛的统一战线，团结和教育一切知识分子，共同为华北解放区的建设服务。

此外，还规定对新解放区与新解放城市，采取保护和建设的方针。

《施政方针》把党的新民主主义革命的政治纲领、经济纲领和基本方针政策系统化、具体化、法律化。它不仅是华北解放区革命和建设的指导方针和行动准则，而且也是华北人民政府的立法原则，许多政策原则和策略，不但充实和发展了解放区人民民主法制的内容，为其他解放区的法制建设提供了经验，而且对中华人民共和国成立后的民主和法制建设，也有着重要的影响。

第三节　内蒙古自治政府施政纲领

一、内蒙古自治政府的成立

抗日战争胜利后，内蒙古人民掀起了争取民主和要求自治的运动，在中国共产党的影响和领导下，1945 年 11 月在张家口成立了内蒙古自治运动联合会，统一领导内蒙古人民的自治运动。国民党政府发动全面内战后，内蒙古自治运动联合会领导下的内蒙古人民自卫军积极投入自卫战争，各地开展了反奸清算和减租减息的斗争，壮大了人民的力量。为了克服内蒙古一小部分上层反动分子破坏内蒙古人民的自治运动，中国共产党主张召开内蒙古人民代表会议，讨论成立内蒙古自治区问题，并提出了《内蒙古自治政府施政纲领（草案）》和《内蒙古自治政府暂行组织大纲（草案）》，以提交人民代表会议讨论。1947 年 4 月 23 日，由内蒙古地区各盟旗、各民族、各阶层的代表组成的内蒙古人民代表会议在王爷庙（后改为乌兰浩特）召开。会议通过了《内蒙古自治政府施政纲领》和《内蒙古自治政府暂行组织大纲》，并选举了自治政府委员会委员，组成内蒙古自治政府。1947 年 5 月 1 日，内蒙古自治政府宣告成立，成为解放区民族区域自治的政府，从此，内蒙古人民在自治政府的领导下，进入保卫和建设新内蒙古的历史阶段。

二、《内蒙古自治政府施政纲领》的主要内容

《内蒙古自治政府施政纲领》（以下简称《施政纲领》）共十七条。其

主要内容有：

1. 规定了内蒙古自治政府的性质及其自治区域。《施政纲领》规定：内蒙古自治政府是内蒙古蒙古民族各阶层联合内蒙古区域内各民族实行高度自治的区域性的民主政府。它以内蒙古各盟（包括盟内旗县市）、旗为其自治区域。自治区域是中国的组成部分。

2. 规定了内蒙古自治区的革命任务。《施政纲领》号召内蒙古自治区域的蒙、汉、回等各民族一致团结起来，坚决粉碎帝国主义及封建买办法西斯大汉族主义者对内蒙古蒙古民族及各民族人民的侵略压迫，并联合一切赞助内蒙古自治的民主党派及中国境内各民族为实现内蒙古民族彻底解放而奋斗。

3. 规定实行民族平等原则和建立新型的民族关系。如规定：内蒙古自治区域内蒙、汉、回等各民族一律平等，建立各民族间的亲密合作、团结互助的新民族关系，消除一切民族间的隔阂与成见；各民族互相尊重风俗、习惯、历史、宗教、信仰、语言、文字，各民族自由发展本民族的优良历史文化与革命传统，自由发展本民族的经济生活，共同建设新内蒙古。

4. 规定保障人民的各项自由民主权利。《施政纲领》规定内蒙古自治政府确保人民享有身体、思想、宗教、信仰、言论、出版、集会、结社、居住、迁徙、通讯之自由。所有内蒙古人民（包括农人、牧人、工人、知识分子、军人、公务人员、技术人员、自由职业者、地主、牧主、工商业家、喇嘛以及以前的王公等）的人权、财权，均受到自治政府的保障，对无悔改诚意的蒙汉奸、卖国贼等民族败类，则应受到内蒙古自治政府法律的制裁。凡年满 18 岁以上的内蒙古人民，不分阶级、性别、民族、信仰、文化程度，除褫夺公民权及精神病者外，均有选举权与被选举权。

5. 规定了自治区的政治制度。《施政纲领》规定内蒙古自治政府以民主集中制为组织原则。内蒙古自治区以内蒙古人民所选举的内蒙古参议会为权力机关。参议会选举内蒙古自治政府委员及政府主席、副主席组成自治区政府，是参议会闭会后的自治区的最高行政机关。自治区政府以下的各级政府，由各级人民代表大会选举产生。人民有罢免其代表和参议员之权。人民有权控诉有不忠于人民利益行为的任何公务人员。

6. 规定建设与发展内蒙古人民自卫军。《施政纲领》规定内蒙古人民自卫军必须忠于民族，忠于人民，拥护政府，遵守政府法令，加强团结，严整纪律，保卫民族和人民的利益，坚决粉碎大汉族主义者侵略，争取自卫战争胜利。政府必须爱护军队，保障兵源与供给，优待军属、烈属，抚恤伤亡。政府与军队协力发展人民自卫武装，共同肃清土匪、奸细，保卫社会秩序。

7. 规定保护蒙古民族土地总有权之完整。《施政纲领》规定保护牧场，保护自治区域内其他民族之土地现有权利。没收罪大恶极的蒙奸恶霸的土地财产分给无地及少地的农民及贫民，合理解决蒙汉土地关系问题，实行减租增资与互助运动，改善人民经济生活。

8. 规定发展各项经济事业，保障人民生活。《施政纲领》规定提倡劳动，发展农业、畜牧业、手工业、采矿业、林业；建设道路、通讯、邮电事业；保障公务人民、教员、技术人员、医生、文艺工作者等的生活；提倡机关、学校、军队的劳动生产，减轻人民负担，整顿财产，建立合理的税收制度，废止差役，厉行节约，严惩贪污；建立内蒙古银行，发行货币，发展工商贸易，取缔奸商。

9. 规定了教育文化卫生的基本政策。如规定普及教育，增设学校，开办各种学校，培养人才；推广蒙文书刊，研究蒙古历史，发展蒙古文化；增进医疗卫生设备，为贫苦人民免费治疗；公布禁止鸦片法，减少疾病和死亡；禁止堕胎，奖励生育，增加内蒙古人口。

10. 规定实行信教自由与政教分立的政策。并规定保护庙产，提倡喇嘛自愿投资经营农工商业与各种合作事业，奖励喇嘛自愿入学，参加劳动与行医。

11. 规定实行保障妇女权益的政策。规定保证妇女在政治、经济、文化、教育、社会上的平等，提倡婚姻自主及一夫一妻制度，禁止买卖婚姻、蓄奴纳妾、童养媳等一切不良制度。

此外,《施政纲领》还规定培养青年的政策原则，欢迎一切热心蒙古民族自治解放事业的各民族各阶层人士参加内蒙古自治工作。

《施政纲领》总结了内蒙古各族人民革命的胜利果实，确定了内蒙古各族人民当家作主管理自治区事务的权力，规定了建设新内蒙古的历史任务，贯彻了民族平等和民族区域自治的原则，为解放区贯彻民族平等原则和实行民族区域自治树立了榜样，而且为我国建立统一的多民族国家的国家结构问题创造了成功的范例。《施政纲领》的实施，也为中华人民共和国成立后实行民族平等政策和实行民族区域自治，提供了历史经验。

第四十一章　解放区的政权组织法

第一节　解放区人民政权的组织法规

一、解放区各级政权的发展变化

解放战争时期，解放区各级人民民主政权的发展变化，经历了两个阶段。

第一阶段，从抗战胜利到1946年6月内战全面爆发之前。这一时期解放区人民政权的性质及其组织形式与抗战时期基本相同。在新解放地区制定的政权组织法规，有1946年1月《辽西各市县临时参议会暂行组织条例》和同年3月《张家口市参议会组织暂行条例》。

第二阶段，从1946年7月至1949年10月。随着阶级关系的变化和解放战争的胜利发展，解放区不断扩大，逐步连成一片，为了适应新形势的发展，成立了大区人民政府。在新解放区的大中城市成立了军事管制委员会。此外，还在内蒙古成立了第一个少数民族的自治政府。在大区人民政府之下，建立了省（市）、县、乡甚至村的政权，大区人民政府内的各行政机构、司法机构及其他有关的机构也得到进一步健全和发展。

二、大行政区人民政府

随着解放战争的胜利发展，全国解放区除华东解放区外，其他如东北、西北、华北、中原解放区都先后成立了大区人民政府，统一领导各该地区的政务工作。

西北解放区，人民解放军转入外线作战后，陕甘宁边区已与晋绥解放区连接起来。为了争取大西北的全面早日解放，1949 年 2 月，陕甘宁边区参议会常驻议员、边区政府委员与晋绥解放区的代表开了联席会议，接受晋绥行署及晋绥临参会的请求，决定两个解放区合并，成立陕甘宁边区政府。根据 4 月 9 日通过的《陕甘宁边区政府暂行组织规程》规定：合并后的边区政府最高行政机关称陕甘宁边区政府，原晋绥边区行政公署撤销，划为晋南、晋西北两个公署，统归陕甘宁边区政府领导，扩大了政府组织机构，并规定了具体的权限。西安解放后，边区政府迁至西安市。1950 年 1 月建立西北军政委员会，陕甘宁边区政府完成了光荣的历史使命，建制撤销。

华北解放区是 1948 年 5 月由晋察冀解放区和冀晋鲁豫解放区合并而成，设立华北联合行政委员会，为该解放区最高行政机关。8 月 7 日华北临时人民代表大会在石家庄市召开，通过了《华北人民政府组织大纲》。成立了华北人民政府，综理全华北区政务，尔后陆续建起区的省、县（市）、村各级政权。华北人民政府的建立，不仅对华北人民的政治、经济、文化生活有很大意义，而且对联系其他各解放区、支援南线作战、恢复与发展生产发挥了重大的作用；特别是为中华人民共和国成立后中央人民政府各机关的建立奠定了基础。1949 年 10 月 25 日，政务院呈请中央人民政府委员会宣布由政务院接管华北人民政府，其所辖 5 省 2 市划归中央直辖。27 日，华北人民政府因完成其历史任务而奉命结束。

东北解放区人民政府成立时间较早。1946 年 8 月在哈尔滨召开了东北各省市代表联席会议，通过了《东北各省市民主政府共同施政纲领》和《东北各省市（特别市）行政联合办事处组织大纲》，组织了东北行政委员会。辽沈战役后，东北全境解放，此后在整个东北解放区建立了村、县、省各级民主政权。1949 年 8 月，东北人民代表会议在沈阳开幕，成立东北人民政府。从此，东北解放区进入一个新的阶段。

中原解放区，1947 年 7 月，我军转入战略大反攻，晋冀鲁豫解放军不仅收复了一年前撤离的中原解放区，而且与华东解放军配合作战又开辟了豫陕边、桐柏、江汉等解放区，从而迅速扩大了中原解放区的领域，先后建立起豫西、豫皖苏、鄂豫、皖西、桐柏、江汉、陕南等行政公署。1949 年 3 月，中原解放区召开临时人民代表大会，选举产生政府委员与主席，成立了中原临时人民政府，直到 1950 年 2 月才奉命撤销，为中南军政委员会所取代。

华东解放区，在中华人民共和国成立前未成立大区人民政府，直到 20 世纪 50 年代初才成立华东军政委员会。

三、城市军事管制委员会

解放战争后期，根据中共中央 1948 年 11 月 15 日发布的《关于军事管制问题的指示》的精神，解放军在占领大中城市时，建立军事管制委员会，对该城市实行军事管制。军事管制的目的是迅速肃清反动派残余势力，建立革命新秩序，以保障国家和人民生命财产的安全。1949 年 2 月，北平市率先成立军事管制委员会，开始接管工作；4 月 23 日南京解放，成立南京市军事管制委员会；稍后，武汉、西安、上海相继解放，也都成立了军事管制委员会。

军事管制委员会在人民解放军总部、军区及前线司令部的领导下，为该城市军事管制期间统一的军政机关。根据《北平市军事管制委员会组织条例》等规定，军管会的主要任务有：（1）镇压反革命分子的活动，肃清一切残余的敌人，扰乱社会秩序的散兵游勇，以及进行武装抵抗的分子，逮捕战犯及罪大恶极的反动分子，收缴一切隐藏在民间的军火武器及其他违禁品，解散国民党、三青团及南京政府系统下的一切反动党派、团体，收缴其反动证件，登记其各级负责人员，对其中少数分子实行管制。(2)接管一切公共机关、公共产业、公共物资及其他公共财产，没收官僚资本。(3)保障我国人民及守法侨民的生命财产安全，保护工农商学各界一切正当的权利，迅速恢复市政建设，建立正常的社会秩序，消灭一切混乱现象。(4)动员一切公私力量沟通与建设城乡正常经济关系，特别要解决好城市人民的粮食及燃料的供应，稳定物价，力求安定人民生活。(5)发动与组织革命的群众团体，作为革命政权的群众基础。(6)建立系统的革命机关，革命的警察、法庭和监狱，及时召集各界代表会议。为了执行上述军事管制任务，军管会有权发布戒严令和依据中共中央及解放军的政纲，发布临时法令。

军管会组织，各城市基本相同：设有主任、副主任、秘书长各一人，下设警备司令部(兼防空司令部)、市政府(设市长、副市长各一人，下设民政、财政、建设、工商、劳动各局及法院等机构)、财经接管部、交通接管部、文化接管部及公安处。这些部门分别掌理相应的职权。

军管会的特点：首先，它不是由人民选举产生，而是由解放军总部及军区委任人员组成。其次，在形式上看它是一个军事性质高度集中的对敌专政机构，但从实质上看它则是人民民主政权的一种表现形式。最后，设立军管会仅限于解放战争后期新解放的大中城市，并非在所有城镇都设此机构。军事管制委员会是在一定历史条件下，在特定地区，实行人民民主专政的一种过渡性的组织形式，它对于肃清反革命势力，镇压敌人的破坏和捣乱，安定社会秩序，帮助建立革命政权等方面发挥了巨大的作用，这是人民民主政权建设中创造的一条成功的经验。

四、内蒙古自治政府

1947年4月《内蒙古自治政府暂行组织大纲》规定：“内蒙古自治区域内，以内蒙古参议会为权力机关，参议会由内蒙古蒙古民族人民及其他民族人民选举之，参议会闭会期间，以内蒙古自治政府为最高行政机关。”

自治区临时参议会由内蒙古人民代表会议选举产生，行使最高权力。参议会主要由蒙古族代表构成，但也有适当名额的汉、回各族参议员，任期 3 年。临时参议会选出议长，副议长和驻会参议员若干人，驻会参议员对临时参议会负完全责任。

内蒙古自治政府由临时参议会选出主席、副主席及委员若干人组成，任期三年，自治政府对临时参议会负完全责任。自治政府下设办公厅、民政部、军事部、财政经济部、文化教育部、公安部、民族委员会、参事厅和最高法院分院等机构。各厅、部长及委员长由政府主席从委员中任命。自治政府在不抵触中央民主联合政府（尚未建立）法令范围内，自治区政府有权制定公布单行法。

内蒙古自治区地方行政区划为三级。自治区下辖有盟和旗、县、市以及区（称努图克，游牧区称苏木）、街或村（称嘎查，游牧区称巴格）。各级地方行政区之权力机关为各级代表大会。各级地方政府均为民选，由自治区或各旗县政府分别加委。

内蒙古自治区是我国建立最早、规模最大的民族区域自治地方。它的成立是内蒙古人民自治运动的伟大成果，是中国共产党民族政策的辉煌胜利，这对于国家的统一、民族的团结，本地区的繁荣与发展，支援解放战争的胜利，做出了重要的贡献，而且对鼓舞其他少数民族反对国民党政府的黑暗统治，争取民族彻底解放的必胜信心，为他们实行区域自治树立了成功的榜样。

第二节　人民代表会议制度

第三次国内革命战争时期，解放区人民政权权力机关经历了由参议会向人民代表会议制度过渡的过程。解放区人民代表会议制度，最初是在农村以区乡（村）两级人民代表会议的形式表现出来，在城市则是以各界人民代表会议为其雏形。

一、在贫农团和农会基础上建立区乡（村）两级人民代表会议

解放战争期间，在农村开展反对封建土地制度的斗争过程中，广大农民群众在党的领导下建立的农民协会和贫农团，行使了农村基层政权的职权。1947 年冬，晋绥边区的崞县、华北解放区的平山县等地区，在贫农团和农会的基础上，建立起了区、村人民代表会议，并选出政府委员会。这种由农民群众选举产生的权力机关一经产生，就显示出它的权威性，发挥了重要的作用。1948 年 4 月，毛泽东及时发现和总结了华北、晋绥两地的新经验，指出："在反对封建制度的斗争中，在贫农团和农会的基础上建立起来的区村（乡）两级人民代表会议，是一项极可宝贵的经验。只有基于真正广大群众的意志建立起来的人民代表会议，才是真正的人民代表会议。""这样的人民代表会议一经建立，就应当成为当地的人民的权力机关，一切应有的权力必须归于代表会议及其选出的政府委员会。到了那时，贫农团和农会就成为他们的助手。"[①] 并且还说："在区村两级人民代表会议普遍地建立起来的时候，就可以建立县一级的人民代表会议。有了县和县以下的各级人民代表会议，县以上的各级人民代表会议就容易建立起来了。"[②] 同年 12 月 20 日，党中央发布了《关于县、村人民代表会议的指示》，指出在土地改革结束以后，一切重要工作都必须通过人民代表会议讨论通过，未建立人民代表会议的地方，应迅速建立起来。这样，从 1948 年 9 月到 1949 年 3 月，在老解放区和半老区开展了群众性的建政活动，普遍建立了区村（乡）两级人民代表会议；许多地方还开始筹建县和省的各界人民代表会议。

① 《毛泽东选集》合订本，人民出版社 1964 年版，第 1203 页。
② 《毛泽东选集》合订本，人民出版社 1964 年版，第 1204 页。

二、城市各界代表会议制度

解放战争后期，城市虽逐步解放，但在政治、经济、文化等方面仍然存在着尖锐的斗争，加之城市新解放不久、市民对党的各项政策尚不甚了解，在这样的情况下，要把城市人民完全组织起来，需要一个过程，马上召开民主选举的人民代表大会是不现实的。但人民的政权又必须与人民群众保持密切的联系，才能体现出政权的人民民主本质，才能使城市的各项工作更好地开展起来。

中共中央总结了新解放城市工作的经验，于1948年11月30日发布了《关于新解放城市中组织各界代表会的指示》，明确指出："在城市解放之后实行军事管制的初期，应以各界代表会为党和政权的领导机关联系群众的最好组织形式。"在人民团体没有组织起来以前，由军管会及临时市政府出面邀请若干各界的代表人物，组成各界代表会，其性质是军管会及临时市政府传达政策联系群众的协议机关，是向人民代表大会过渡的半政权性的组织形式。

城市各界代表会议，由北平市首先实行。1949年8月，北平市召开了第一届各界代表会议，经充分讨论后，通过了大会宣言和《北平市第一届各界代表组织条例》，并建立了各级代表会议的常设机构——市协商委员会。根据条例规定，北平市各界代表会由322名代表组成，军管会主任、秘书长、市长、副市长、市政府秘书长、各局局长和法院院长为当然代表，共15人；其他党派代表由共产党和各民主党派的市级机关自行派出；团体代表则由工、农、青、妇、学等革命群众组织自行选派；军队及各机关自选代表；少数民族、工商业、新闻、文艺界、爱国民主人士等各界代表，则由军管会和市政府聘请。

各界代表会作为军管会和市政府传达政策联系群众的协议机关，其任务是：听取军管会和市政府的施政方针、政策、计划及工作情况的报告，经过代表充分讨论后，提出批评与意见；向军管会和市政府反映各界人民的意见与要求，并提出市政建设的建议；向其所代表的群众传达并解释军管会和市政府的施政方针、政策、法令及实施办法，并动员各界人民协助政府推行各项工作。

继北平市第一届各界代表会之后，上海、南京、天津、武汉、西安、杭州、福州等大中城市也先后召开了各界人民代表会议。不久，北京市于11月20日，军管会和市政府及时召开了北京市第二届各界代表会议，开始代行人民代表大会的职权，选举了北京市人民政府及北京市协商委员会。北京市政权的民主建设又向前推进一步，即由各界代表会议代行人民代表大会的职权。待条件成熟后，再召开正式的人民代表大会。

第四十二章　解放区的选举法规

第一节　选举立法概况

抗日战争胜利后，在老解放区基本上沿用抗日战争时期制定的选举条例。以后许多新解放区积极制定颁布选举法规。如东北解放区辽西行署制定了《辽西区各市县临时参议会暂行组织条例》。华北重镇张家口市于1946年年初草拟了选举条例，并于同年4月24日修正公布《张家口市参议会选举暂行条例》。

解放战争后期，随着人民解放军战略反攻的展开，解放区的不断巩固、扩大和民主建政的普遍开展，选举立法也相应地提上议事日程。1948年10月，华北人民政府根据华北临时人民代表大会和第一次政府委员会的决议，组织专门委员会详细研究了村、县人民代表选举条例，并草拟了村、县人民代表选举条例施行细则和选举手册，用以指导即将开始的村、县两级人民代表会议的普选运动。1949年1月1日，东北行政委员会颁发了《东北解放区县、村人民代表选举条例草案》。稍后，山东省人民政府发布了《关于召开山东省人民代表会议及代表选举办法的决定》。此外，一些地区在召开人民代表会议的决议中也规定了有关人民代表选举产生的原则与办法。这就构成了解放战争后期我国解放区选举立法的基本内容。

第二节　选举制度

解放战争初期，各解放区基本上实行普选制度。根据《张家口市参议会选举暂行条例》《辽西区各市县临时参议会暂行组织条例》等规定，“凡居住各市县年满十八岁以上之公民，不分性别、职业、民族、阶级、党派、信仰、文化程度、居住年限，均有选举权及被选举权”，只有伪满时期的警察、宪兵、特务、有汉奸和战争罪犯嫌疑的人、剥夺公权尚未恢复的人，经民主政府通缉有案的人和精神病患者，“停止或暂行停止其选举权与被选举权”。其他各解放区制定的选举法规也有同样的规定。

解放战争后期，各解放区的选举制度发生了较大的变化，并且形成与这个时期阶级关系变化以及革命形势发展相适应的选举制度。这个时期的选举制度有如下方面的内容与特点。

一、剥夺封建地主阶级和官僚资产阶级的选举权与被选举权

全面内战爆发后，整个封建地主阶级与官僚资产阶级已经成为革命的敌人。因此，人民政权必须坚决剥夺他们的选举权与被选举权。各解放区按照党的政策，注意分别不同情况，区别对待。例如，严格地把开明绅士同封建的地主、富农加以区别，只要他们赞成反美、反蒋，赞成民主不反共，赞成土地改革，就采取团结的政策。保障他们有选举权与被选举权，并且在各级人民代表会议中尽可能有他们的代表参加进去。这样就把开明绅士与封建地主、富农严格区别开来，前者作为反帝反封建反官僚资本主义革命统一战线中的一分子，享有参政权；后者则被剥夺选举与被选举权，成为解放区人民政权的专政对象。

此外，即使在剥夺封建地主、富农的选举权与被选举权方面，解放区

各级人民政权也采取原则性与灵活性相结合的办法。例如，在土地改革刚刚开始之际，为了保证土地改革的顺利进行，不给封建地主、富农以选举权和被选举权；在土地改革完成之后，则给少数地富分子恢复公民权，让他们参加基层选举。

二、普选制与推选制相结合

解放战争中后期，解放区人民政权逐步以人民代表会议替代原来的参议会的组织形式。这种转变，最先开始于陕甘宁边区的基层乡市政权，1947年冬晋察冀解放区的平山县和晋绥解放区的崞县，在土地改革运动中，在贫农团和农会的基础上，采取直接选举的方式建立区、村（乡）人民代表会。之后，各解放区（主要是老区和半老区）也相继建立了区、村（乡）两级人民代表会议。在这些地区，人民代表会议的代表均由民主选举产生，实行普遍直接的选举。在城市，当时重点是推行各界人民代表会议，而各界人民代表会议则主要采取推选制。以北平为例，1949年8月9日，北平市军事管制委员会和北平市人民政府联合召开的第一届各界代表大会，由332名代表组成。除一部分代表为聘请外，大部分代表分别由各民主党派、人民团体、部队和机关按系统自行选派，其他城市组织各界人民代表会议，也普遍实行这种推选制。在解放战争后期的特殊历史条件下，在城乡分别采取推选制与普选制相结合的选举制度，这反映了该时期中国共产党领导下的人民政权选举制度原则性与灵活性相结合的特点。同时，也应看到，在城市实行推选制，这只是在当时特殊历史条件下所采取的一种过渡性的措施，当条件具备时，它即为普选制所代替。

三、代表候选人提名制度的进一步完善

民主地提出和确定代表候选人，是选举制度的重要组成部分。解放战争期间，特别是中后期，各解放区认真总结和吸收了土地革命和抗日战争

时期的成功经验，并在新的形势下有所发展，具体表现在：

首先，放宽对选民提名候选人的限制。即在老解放区开展普选运动时，根据自由选举的方针，改变以往代表候选人提名的办法，实行代表候选人除由各民主党派、人民团体提出外，任何选民均有直接提出乡（市）代表候选人的权利，取消十人联署等的限制。

其次，发动群众充分酝酿代表候选人，以保证好人当选。许多乡村在提名和酝酿代表候选人时，通常采取开群众会、漫谈会的形式，讨论代表候选人的条件，使选民明确什么样的人才有当选代表的资格；然后把讨论和提出的代表候选人初步名单，综合在一起，再交给群众具体比较；最后经比较和会后的充分酝酿，确定代表候选人正式名单，但正式名单还要发动群众再进行讨论，然后再正式进行选举。经过几上几下的酝酿、讨论，选出的代表显然是能代表群众利益，是人民所信赖的人。

最后，实行差额选举制。即各地在乡和村一般的直接选举中，均实行差额选举制。一般是代表候选人名额多于应选代表名额的一倍至二倍。如果候选人过多，有些地区还创造了预选的办法，即经过选民反复讨论，最后用表决方式确定正式代表候选人名单。

此外，一些解放区在投票方法上也有新的创造，即采取秘密投票选举候选人的办法。这样更有利于充分表达民意，反映民情。

第三次国内革命战争时期，解放区实行的民主选举制度，意义重大。实践表明，实行这种民主选举制度，有利于保障人民群众实际享有管理国家的权利，极大地增强与提高了人民群众的主人翁感和政治积极性；通过这种民主选举，有利于在土地改革后的广大农村建立以无产阶级领导的、劳动人民为主体的人民民主政权，为解放区人民政权的巩固和发展奠定了坚实可靠的基础；同时，实行民主选举有助于有力地推动政权机关工作的改进与提高，有利于密切政府同解放区广大人民群众的联系。此外，实行民主选举制度还有利于促进干部作风的转变，提高干部的觉悟，转变不良的作风，增强广大干部为人民服务的事业心。

第四十三章　解放区的行政法规

第一节　行政机关的组织和职权

一、行政区划的调整

第三次国内革命战争时期，解放区的行政区划变动较大。行政区划的调整经历了以下发展过程。

抗日战争胜利时，抗日民主根据地的面积达到近 100 万平方公里，人口近 1 亿。为了适应形势的变化，一些老解放区着手对原来的行政区划进行必要的调整。1946 年 4 月，鉴于察哈尔、热河两省全部解放，晋察冀边区行政委员会决定把全边区重新划分为 5 个行政区，设察哈尔、热河省及冀中、冀东、冀晋三个行政公署，并把原行政区之下的 24 个专区合并为 19 个。同时，老区各县一律恢复战前旧制。扩大县辖区的范围，减少区的设置。晋冀鲁豫边区政府对太行、太岳等行政区的区划也做了调整，相应扩大了专区的行政区域，减少机构层次，紧缩编制定员。

随着人民解放战争的胜利发展，解放区迅速扩大，特别是辽沈、淮海、平津三大战役的胜利，解放区进一步扩大。到 1949 年 6 月，解放区占全国面积的 30% 以上，人口占全国总人口的一半以上。北平、天津、沈阳、上海、武汉等 120 多座大中城市相继转入人民手中。这样，长期被敌人分割的地区逐步连成一片，革命根据地由小到大，由分散到集中，从乡村发展到城市，这是历史性的变化，与之相适应的是形成了华北、西北、东北、中原等大行政区，并组建大区人民政府。大行政区和大区政府建立后，即对行政区划进行了一系列重大调整工作。其中有代表性的为华北、东北两大行政区。1948 年 10 月至 1949 年 7 月华北人民政府对全区行政区划作了两次大的调整。初期，将全区划分为冀岳、冀中、冀南、冀鲁豫、太行、太岳、晋中 7 个行政公署和石家庄、阳泉两个直辖市。华北全境解放后，1949 年 8 月 1 日，华北人民政府颁布《为重新调整行政区划通令》，宣布撤销 7 个行政区，改以原省界为基础，将全区划为河北省、山西省、察哈尔省、绥远省，并将鲁西、冀南、豫北衔接地区设立平原省。将北平、天津列为华北直辖市，保定、石家庄、唐山、秦皇岛、太原、新乡、安阳、张家口、大同等为省辖市。这次调整废除了行署制，代之以省（市）制，使华北区划发生了重大变化。

东北地区的行政区划，经历了合小省为大省，由省（市）与行署并存到实行统一的省（市）建制的演变过程。1947 年 8 月以前，东北解放区设 10 个省、两个行署和哈尔滨特别市。1948 年 10 月，改划为松江、合江、黑龙江、嫩江、吉林、辽宁、辽北、安东八省，另设东北行政委员会冀察热辽办事处，辖热河省和冀东、冀热察两个行署。1949 年 4 月，重划行政区域为辽东、辽西、吉林、黑龙江、松江、热河六省及沈阳、抚顺、鞍山、本溪四直辖市。

西北地区在中华人民共和国成立前没有实行省（市）建制，而是以陕甘宁边区扩大后的晋南、晋西北、陕北 3 个行署以及边区政府直属各专署作为西北大区的构成单位，直到中华人民共和国成立初期才恢复原有的省制。其他在中华人民共和国成立前夕新成立的解放区也相应调整了行政区划。

这次大区行政区划调整的最大特点，在于调整后的区划恢复到传统的省（市）建制的范围。

二、行政机关的组织和职权

在各大区行政区划调整的基础上，各解放区人民代表大会（会议）都通过了大区人民政府组织法。如 1948 年 8 月 16 日《华北人民政府组织大纲》、1949 年 3 月《中原临时人民政府组织大纲》和同年 4 月 9 日《陕甘宁边区政府暂行组织规程》等，都对解放区人民政府的组织机构和职权作了具体的规定。

根据这些法规的规定：各大区人民政府为各该区最高行政机关，统一全区行政领导。政府委员由 21 至 39 人组成；大区政府设主席 1 人，副主席 2 人。华北区政府设副主席 3 人。正副主席由政府委员会委员互选产生。

大区人民政府的职权是：根据本区人民代表大会通过的施政方针及决议案制定实施条例、法令及规程，制定全区生产建设、财政实施、金融贸易、文化教育、公安、司法的方针和计划；决定全区人力、物力、财力和负担政策及动员支前事项；决定行政区划及各级人民政府之组织设施以及全区各级人民代表大会的选举，任免大区政府各部、院、厅长、委员会主任、银行经理及行署主任级以上人员；负责全区预算、决算，组织全区人民武装及其他重大事项。

大区人民政府主席的职权是：召集政府委员会，并为主席；领导、督促和检查各级人民政府执行本区人民代表大会及人民政府委员会之决议情况，处理本府日常政务及紧急事项，但应由政府委员会决议之事项，须提请追认；对外代表政府等。

大区人民政府下一般设有民政、教育、财政、农业、公营企业、交通、公安、司法厅（部）、银行、法院、秘书处等机构，在主席领导下，分掌各有关事项。陕甘宁边区政府还设财经、人民监察、少数民族事务等委员会。各厅（部）、行、院、处、会对其主管的业务问题，有权监督、指导下级政府执行，并可发布命令和指示。如大区人民法院即可就司法工作的有关问题向全区各级司法机关发布命令、通令和指示等。

为了执行大区人民政府委员会的决议，解决所属各部门相互间有争议的工作问题，设立政务会议，由主席、副主席、秘书长、各厅（部）、行、院、处、会的领导组成。政务会议讨论执行中的问题。为了提高工作效率，加强责任制，法律规定赋予主席以最后的决定权。

第二节　行政机关的办事通则

随着大区人民政府及省（市）体制的建立，它们先后制定颁行了行政机关的办事通则，以保证解放区政权朝着正规化、法制化的方向发展。各地主要做法如下。

一、公文程式和公文处理规程

各解放区在这方面的做法不太一致，但又大同小异，其中有华北、松江、北平三种类型：

华北人民政府把公文种类分为：命令、令、指令、训令、通令、决定、指示、布告、通告、通知、报告、批复、状、函、电、签呈等。各类公文依内容、性质、审批权限等不同而确定行文名义。其中，由主管部门撰稿，部门负责人单独或联合会签后，呈送主席。

松江省人民政府于 1948 年 9 月颁布《关于公文处理办法》，明确了公文种类的具体作用。按其规定：令，用于颁布法令、条例，任免干部和指挥行政活动。布告，用于对人民群众宣布应行周知的事项。指示，用于上级机关阐明工作方针、任务和做法，或者就特定问题给下级机关以指导。批答，用于答复下级机关或人民群众请示的事项。通知，用于告知有关机关或个人需要知道的事项，比较重要者用通告。呈，用于向上级机关汇报工作，请示问题，呈以一文一事为原则。公函，用于同级机关或不相隶属机关之间商询问题，不重要的用便函。电报，又称代电，用于紧急事项，上下级及同级机关均可互相使用。签呈，用于本机关内各部门或个人在工作与个人问题上请求与建议事项。

北平市人民政府在1949年年初颁布的《公文暂行办法》中，对公文种类、体制、处理权限和程序作了更加具体的规定。它把公文分为上行、平行、下行三种。上行公文用签呈、呈、报告；平行公文用函、便函、通报、电；下行公文用令、指示、决定、布告、批、通知、状。

二、会议制度

根据行政机关办事通则的规定，大区政府和省人民政府设置的会议，主要有政务会议、部门工作会议和专门会议。政务会议由主席或主席指定的副主席召集、主持，重点研究政府委员会闭会期间发生的紧要事项，各部门工作中的重大问题以及各部门之间有争执的工作问题。部门工作会议以厅、处、局为单位定期召开，由各部门负责人和科长级以上干部组成。会议主要是传达上级的重要指示，检查本部门工作的进行情况，确定本部门的计划、制度、考核、评定和提请升黜所属干部等事宜。专门会议是不定期举行的为研究讨论专门问题而召开的会议，或由一个部门单独组织，或几个部门联合召开。此外，还有联席会议、工作汇报会议和解决紧急事件的临时会议等。

三、办公制度与行政纪律

各地办事通则对办公制度及行政纪律都作了较为严格的规定。首先是法定的八小时办公制度和各部门依照职责权限实行主管制度；其次是工作人员保守秘密及请假制度；再次是各部门集体办公解决相互间交叉的事宜及处理日常事务随时检查办结，不得稽延积压制度；最后是重大问题及重大政策方针的变更，事先需请示，事后需备案的制度。

四、报告制度

根据党中央《关于建立报告制度》和《关于建立报告制度的补充指示》等精神，各解放区政府发布了不少关于健全和厉行报告制度的指示和训令。明确指出：有关政策方针和重大工作的计划与决定，法令条例的修改，单行条例的制定，以及扩军、公粮负担，贷款的增减、重大工厂的兴建以及中等以上学校创办等，皆需事先请示上级批准，始得执行。同时还规定：行政公署、专员公署、市、县政府每月或两月分别向直属上级政府作综合报告一次，报告须由各级行政首长亲自动手；临时发生的重要问题，要及时向上报告，必要时以电告之。

第三节　行政干部管理制度

解放战争时期选任行政干部仍贯彻“任人唯贤”的干部路线与“德才兼备”的原则。同时，又根据各地区实际情况作具体规定：选任者必须是拥护与实行民主政府的施政纲领；忠实于人民事业，并有为人民服务之心；大公无私、廉洁奉公、艰苦朴素、恪尽职责等。

随着战争的胜利发展和大行政区政府建立后，任免干部的权能呈现出集中的趋势。如在华北原属晋察冀和晋冀鲁豫边区政府任免的干部，如行政督察专员等，在权限上不属各省，而由华北人民政府直接任免。在中原，专员以上的干部任免权，也由大行政区政府统一行使。其所属省政府只拥有任免县级干部的权力。东北解放区规定，省政府厅长、特别市局长、省高等法院院长、公安处长以及专员、县长、旗长等干部，均由东北行政委员会任免，其他干部由省政府任免。总之，主要干部任免权归属于大行政区政府，这是解放战争后期行政权日益集中的重要标志。

解放战争时期，干部的考核与奖惩制很大部分是实行抗战时期的制度。考核干部通常自上而下，先由被鉴定者作自我批评，然后民主讨论，再由上级行政负责人根据讨论意见做出结论，结论同本人见面并尽可能征得本人同意，有分歧的可附意见书。鉴定是作为奖惩考核干部的依据。

其中，重视司法干部的考核与奖惩，是这时期干部工作的一大特点。1948 年 8 月《关东地区司法工作人员奖惩条例》的制定即为例证。依规定，司法干部能正确掌握政策，坚决执行法律，恪守纪律；工作积极廉洁奉公，持久不懈；执法不阿，勇于同违法乱纪行为作斗争；尊重人民民主权利，为群众所爱戴；努力学习，钻研业务，办案迅速准确，成绩卓著者可接受精神与物质相结合的奖励，必要时提升工作职位。但对具有下列情形之一者：工作敷衍、不执行上级决定；违法失职；滥用职权，加害于人；生活腐化，行为不检；贪污受贿，徇私枉法及犯有其他较重过失者，则分别处以批评、警告、记过、减俸降级、撤职、撤职查办等惩戒。

第四节　人民监察制度的重建

专门的人民监察机关，抗战时期曾一度废止，解放战争时期又加以重建并有了新的发展，且初步形成了适合新的历史条件的人民监察制度。1948 年 8 月华北人民监察院建立，揭开了解放区人民监察制度建设的新篇章。按规定：华北人民监察院为行政监察机关，是华北人民政府的组成部分，该院设院长 1 人，由华北人民政府副主席兼任，在院长领导下，设立人民监察委员会，监察委员 5 至 9 人组成。其主要职能：检查、检举并拟议处分各级行政人员、司法人员、公营企业人员的违法失职、贪污浪费、违反政策、侵犯群众利益等行为；接受人民和公务人员对各级行政人员、司法人员及公营企业人员的控诉与举发，并拟议处理办法及其他有关肃正政风事项。华北人民监察院在执行监察工作之时，有权向有关机关进行调查，有关机关得接受检查，提供必要的材料。但监察院作出的处分决议，本身不得执行，分别依案情交法院或有关行政机关执行，执行情况或结果得函告监察院。如法院对提请案件持不同意见，监察院应说明理由，若发生疑难争议，会呈主席解决。

继华北之后，1949 年 4 月，陕甘宁边区也设置了隶属于边区人民政府的监察委员会，其性质、任务、职权和活动原则与华北人民监察院完全相同。监察机构的创设，为中华人民共和国成立后人民监察机关的建设提供了有益的经验。

第四十四章　解放区的战时动员法规

第一节　战时动员方针和动员立法

关于战时动员方针，1948 年《华北人民政府施政方针》规定：“继续动员华北的人力、物力、财力，更有计划地、有效率地支援前线。”

根据战时动员方针，各解放区政府制定了一些战时动员的规范性文件。以华北解放区为例，有《华北解放区扩军归队接收送补兵员工作规则》（1948 年 11 月 20 日）、《华北区年老病弱退伍军人待遇办法》（1948 年 11 月 23 日）、《华北区荣誉军人优待抚恤条例》（1948 年 11 月 23 日）、《华北革命军人牺牲褒恤条例》（1949 年 1 月 25 日）、《华北区革命军人家属优待条例》（1949 年 1 月 25 日）、《华北人民政府民政部关于烈士问题的解答》（1949 年 4 月 5 日）、《华北区革命工作人员伤亡褒恤条例》（1949 年 1 月 26 日）、《华北区民兵民工伤亡抚恤办法》（1949 年 1 月 25 日）、《为征集烈士史料的通令》（1949 年 4 月 5 日）、《为统一规定起运烈士尸体办法训令》（1948 年 11 月 22 日）等。其他解放区也分别制定了类似的法规。

第二节　战时动员办法

一、陕甘宁边区人民战时服勤暂行办法

为了支援前线，1947 年 7 月 10 日，陕甘宁边区政府颁布了《陕甘宁边区战时勤务动员暂行办法》，后经修改补充，到 1949 年 5 月 29 日又颁布了《陕甘宁边区人民战时服勤暂行办法（草案）》。后者从体例上、内容上都有很大提高。后者规定："农村战勤负担，依人力、畜力、财力评定每户之服勤能力（简称勤力），采取统一计算，以勤工或勤米负担之。"且具体规定了评勤的办法和标准。对于城市工商业者及其他居民，旧办法未作规定，新办法规定也以勤工勤米负担。新办法还特别规定对妇女单独评勤，怀孕妇女酌情照顾。

二、华北解放区扩军归队接收送补兵员工作规则

1948 年 11 月 20 日由华北人民政府和中国人民解放军华北军区发布的华北解放区《扩军归队接收送补兵员暂行工作规则》规定，由当地地方与军队等机关团体选派得力干部参加组成扩军工作委员会，并事先做好深入政治动员，提高群众觉悟，严禁一切徇私不公、强迫、欺骗、雇佣、收买甚至看押、监视、捆绑、捕抓等不良现象。凡逃亡离队或逾期不归的部队人员，各级政府查知后应立即严加教育，令其归队。同时还强调应加强提高军属地位的工作，免除战士后顾之忧。

第三节　参战民兵、民工供给办法

华北人民政府成立后，为了保证供给，统一标准，克服弊端，华北人民政府和中国人民解放军华北军区发布了《为统一规定三十八年度（即1949年）全区参战民兵民工供给标准的联合训令》（1948年12月17日）（以下简称《训令》）。详细规定了参战民兵、民工的供给办法及标准。

1. 供给对象。《训令》规定：凡参战之民兵、民工、担架运输队及带领民兵、民工的干部、勤杂人员、前方粮站器材转运人员，自向县以上各级后勤机构或县以上政府报到后，均为本规定供给对象，统依本规定供给。

2. 提供的各项开支及物资。《训令》对参战人员的口粮作了具体规定，包括粮、油、盐、粗菜、木柴等。参战民兵、民工的被服、鞋袜及零用费，原则上自带。

3. 供给办法及报销手续。参战民兵民工自县登记起程到返回的整个过程内，一切供给开支，均由各级后勤司令部供应部门供给报销。各项开支，由华北军区后勤司令部根据战役序列及民工之配备，造报预算，统一向华北人民政府领取。

第四节　革命军人和烈士家属优待条款

做好拥军优属工作是支持前线军人的一项重要工作。为了更好地完成这一工作，华北人民政府于1949年1月25日公布了《华北区革命军人家属优待条例》（以下简称《条例》）。使拥军优属工作走上了规范化的道路。

1. 军属资格的取得。《条例》所指革命军人，是人民解放军的野战军、地方军、脱离生产的游击队、后方各军事机构及军事系统其他取得军籍的人员。而革命军人家属是指与军人同居一家生活的妻（或夫）、父母（有的虽已和军人分居，亦得以军属论）、子女等直系亲属，及依靠其生活的16岁以下的弟妹，或军人自幼曾依靠其抚养长大，现在又必须依靠军人生活的其他亲属。军属须执有军人所在部队团级以上的机构开的证明文件，始得享受优待。但因战争或地理条件限制，部队证明一时无法取得者，得暂由村人民代表会或村政府证明，亦得享受优待。

2. 对军人家属的优待。《条例》规定了军属应享有的待遇：土改分配土地财物时，应予适当照顾；公有土地、房屋场所、器物，在分配、出借、出卖时，在与群众同等条件下，军属有优先权；军属子弟入学，有享受公费待遇优先权；公营工厂、商店雇工时，应优先雇佣军属；军属可减免医药费；军属有领取救济及借贷优先权；尊重军属并提高军属的社会地位。对军属生活的照顾，应以组织其生产、建立家务为主。组织军属参加各种农副业生产，帮助解决生产中的困难。当军属缺乏劳力而又无力雇人耕种时，还可予以代耕，并规定了相应的办法。

第五节　革命军人与参战民兵民工抚恤办法

一、革命军人牺牲抚恤条例

1949年1月25日华北人民政府公布了《华北区革命军人牺牲褒恤条例》，规定凡人民解放军的指战员，因作战参战牺牲，或因公牺牲，或被敌人杀害者，均称烈士，其家属称烈士家属，均得享受本条例规定之待遇。

烈属由政府发给《革命牺牲军人家属光荣登记证》，并按条例规定的标准发给一次性抚恤。烈士抚恤费由下列家属依次继承：（1）在家居住之妻（或夫）；（2）在家居住之子女；（3）父母；（4）十六岁以下之弟妹；（5）抚养烈士长大而现在又需依靠烈士生活之其他亲属；（6）参加工作之直系亲属。并规定无上述烈属者不发。烈属还享受军属优待，在同样条件下，应先优待烈属。

凡因在革命工作中积劳成疾而致死亡者，不能称为烈士，但得按烈士规格予以安葬，同时由县政府按规定发给一定量的抚恤费。

为表扬烈士事迹，条例规定各地得建立烈士纪念碑、塔、亭、祠、林、墓等。并定清明节为烈士扫墓节。各级政府得组织烈士事迹编纂委员会，负责收集编纂烈士事迹，行署以上政府得设专人负责此项调查收集的工作。

二、荣誉军人优待抚恤条例

为做好荣誉军人的优待抚恤工作，华北人民政府于 1948 年 11 月 23 日公布了《华北区荣誉军人优待褒恤条例》。规定凡人民解放军指战员因参战负伤致成残废者，均称荣誉军人（以下简称荣军）。荣誉军人依其残废轻重和失去劳作能力之大小，分为特等残废、一等残废、二等残废、三等残废。残废等级于荣军伤愈出院时，由医生据本条例规定填写《残废证明书》，经荣誉军人管理机关审核后处理安置。参加工作及住荣誉军人学校者，发给“荣誉证”。退伍回家或安家者，一律发给数量不等的抚恤费用。此外还规定荣誉军人在城市就业、看病、出战勤等方面的优待办法。

三、年老病弱退伍军人待遇办法

1948 年 11 月 23 日公布的《华北区年老病弱退伍军人待遇办法》，详细规定了退伍军人所应享有的各项权益。该办法规定：年老病弱退伍军人，是指那些已取得军籍的人民解放军指战员，因年老或长期病弱确实不能担任部队工作，经医生证明，旅以上政治机构批准退伍回家的人。退伍军人退伍回家时，得依其入伍期长短按规定发给生产补助金。对年满 45 岁，入伍 5 年以上者还有特殊照顾。患严重慢性病久治不愈者，还可酌情加发补助金。家在华北区的退伍军人在该区安家者，可依《中国土地法大纲》分得土地。当地政府、群众应帮助退伍军人组织生产，家境贫困者，可优先取得贷粮贷款。

四、民兵、民工伤亡抚恤办法

华北解放区民兵民工因参战而负伤致残或牺牲者，据《华北区民兵民工伤亡抚恤办法》的规定，均可享受抚恤。民兵民工因参战而牺牲者，应由县政府发给棺葬费，给予烈士称号。其家属称烈属，发给“革命牺牲民兵民工家属光荣纪念证”，得享受烈属之政治地位，并按规定一次发给抚恤费。民兵民工因参战牺牲后，村、乡政府应注意组织其家属生产，帮助解决生产中的困难。其个别家属劳力特别缺乏，生活又极困难者，经村人民代表会通过，由村政府呈请区公所批准后，酌情代耕其一部分土地。

第六节　解放战争后期老解放区关于清理、取消战勤动员的法规

一、陕甘宁边区清理战勤工作的命令

在人民解放军继续南下，全中国即将解放的新形势下，陕甘宁边区于1949年11月26日颁布了《关于清理战勤工作的命令》(以下简称《命令》)。其主要内容：

1. 战勤负担的调整。《命令》规定：凡新解放地区，自解放以来之战勤负担，应在发动群众基础上，一律以乡为单位，依《陕甘宁边区人民战时服勤条例》规定，按户登记过去实服勤工，并计算出应服勤工后，以长还短，进行清理。关于地主富农之财富勤力，已规定标准并公认合

理者，即依所评勤力负担战勤；未规定标准或标准不恰当者，暂按去年负担公粮额附加征工，并规定依实际情形民主评定。在还工方式上，《命令》规定家境较好的户以折价还工为主，而家境贫苦户可采用以工还工的办法。

2. 关于伤亡抚恤。民工在服勤中牺牲者，依抚恤条例发给遗属抚恤金，其家属要求搬运遗体回籍者，应发给路费、埋葬费，并介绍当地及沿途政府帮助寻找和动员民力搬运；运回安葬时，应派干部组织当地群众进行追悼；遗属确系贫苦无依为生者，适用烈军属优待办法，给予具体帮助。民工在服勤中残废者，应依抚恤条例发给抚恤金；因残废不能劳动生产者，且家中确实贫苦无法为生者，也得适用烈军属优待办法，给予具体帮助；其在伤病中尚未痊愈者，经县以上政府的批准介绍，得送公立医院治疗，或发给部分医药费，使其在家疗养。

3. 关于奖评民工。《命令》规定，各县对历次复员回来的民工，应有计划有领导有准备地召开村民大会，进行奖评。有功绩者除予以口头表扬外，并依功绩大小，由县政府审核，分别给予登报表扬，传令嘉奖或物质奖励。有特殊功绩者，可报请上级适当奖励。其有中途逃跑或过失者，依情节大小，分别予以口头批评，当众教育或适当处罚。

4. 关于赔偿损失。人民在服勤中损失的牲畜、车辆，其未经清偿者，得进行清理补赔工作。赔偿数量须由村委员会据实民主评定。连同损失地点、损失情况的证明文件，呈报县政府切实审核，转呈专署批准。人民军队修筑工事借用之民间器材，任务完成后应原物归还，仍可使用的，酌量赔偿其损失之一部，损毁程度已至不能使用或原物遗失的，参照赔偿牲口车辆的原则处理。

二、华北人民政府取消战争动员的命令

华北地区全部解放后，华北人民已光荣完成战勤任务。华北军区司令

部、华北人民政府于1949年8月19日发布《为取消战争勤务动员办法的联合命令》。该命令规定，自1949年10月起，决定将过去各省、区公布的战勤动员办法，除代耕勤务、公粮入库时的义运办法暂时保留外，其余一律取消。原有各级战勤机构，除村勤务干部外，其余一律取消。所有战勤案卷，均移交政府财政部门接收，其干部由各级政府另行分配。

第四十五章 解放区的土地法规

第一节 土地政策的重大变化

一、由减租减息向“耕者有其田”的转变

抗日战争胜利后，为了实现党的和平建国方针，恢复和发展经济，维护人民的利益，保卫解放区，解放区人民政权仍实行抗日战争时期的减租减息政策。为了贯彻这个基本政策，各解放区人民政权的施政纲领或宪法原则，都规定了减租减息的政策原则。

解放区从1945年冬开始的反奸清算、减租减息运动中，农民群众尤其是广大贫雇农，已经不满足于减租减息，而是迫切要求土地。他们不但把没收的敌伪汉奸的土地财产和追回的勾结敌伪势力的恶霸地主从农民手中巧取豪夺的土地财产分配给无地或少地的农民，而且发展到利用清算租息、清算高额剥削、清算抢掠霸占、清算转嫁负担、清算黑地挂地、清算无偿劳役、清算高利贷和其他剥削等各种方式，使地主的土地在偿还积债、交纳罚款、退还霸占、赔偿损失等名义下，转移到农民手里和折算或出卖到农民手里，实现耕者有其田。农民群众已经起来要求分配土地和摆脱封建剥削制度，要求党和人民政权坚决予以支持。

同时，当时国内的阶级矛盾已经成为主要矛盾，国民党反动派反共、反人民和进犯解放区的活动日益加剧，特别到1946年4月、5月间，全面

内战爆发的形势已经来临，党和人民政权必须依靠人民群众的伟大力量，才能改变敌强我弱的形势。为了坚决拥护农民直接实行土地改革的正义行为，批准农民已经获得和正在获得的土地，为了充分发动农民群众，壮大人民力量，准备自卫战争，中共中央在1946年5月4日发出了《关于土地问题的指示》即“五四指示”，决定把减租减息政策改变为没收地主土地分配给农民的政策，实现“耕者有其田”。所以“五四指示”标志着抗日战争胜利后，党和解放区人民政权的土地政策由减租减息向“耕者有其田”的转变。这个土地政策的重大改变，有力地推动了各解放区土地改革运动的普遍开展，并获得了很大成绩。

二、“五四指示”的主要内容及其特点

（一）“五四指示”的主要内容

1. 明确了解放区实行土地改革的方针。“五四指示”明确指出，“坚决拥护广大群众这种直接实行土地改革的行动，并加以有计划的领导，使各解放区的土地改革，依据群众运动发展的规模和程度，迅速求其实现”，“解决解放区的土地问题是我党目前最基本的历史任务，是目前一切工作的最基本的环节。必须以最大的决心和努力，放手发动与领导群众来完成这一历史任务”。

2. 规定了指导土地改革运动的基本原则。即“五四指示”第一条规定的：“在广大群众要求下，我党应坚决拥护在反奸、清算、减租、减息、退租、退息等斗争中，从地主手中获得土地，实现‘耕者有其田’。”

3. 规定了对各阶级、阶层的政策。对中农的政策，是坚决用一切方法吸收中农参加运动，使之在土地改革中获得利益，绝不能侵犯其土地。凡中农土地被侵犯者，应设法退还或赔偿。对富农的政策，是一般不变动富农的土地，如果由于广大群众的要求，不能不有所侵犯时，亦不要打击得

太重。应使富农与地主有所区别，对富农应着重减租而保存其自耕部分。对地主的政策，是对于中小地主的生活应给予相当照顾，对待中小地主与对待大地主、豪绅、恶霸应有所区别，应多采取调解仲裁方式解决他们与农民的纠纷。对汉奸、豪绅、恶霸要作坚决的斗争，使他们完全孤立，并拿出土地来，但仍应给他们留下维持生活所必需的土地，给他们生活出路。对于抗日军人及抗日干部的家属之属于豪绅地主成分者，对于在抗日期间，无论在解放区或者在国民党区，与我们合作而不反共的开明绅士及其他人等，在运动中应谨慎处理，适当照顾，一般应采取调解仲裁方式。对一切可能团结的知识分子，必须极力争取，给予学习和工作的机会；对开明绅士及其他党外人士或城市中的自由资产阶级分子，只要他们赞成党的民主纲领，均应当继续与他们合作，以巩固反对封建独裁争取和平民主的统一战线；对逃亡的地主及其他人等，应让其回家，并给予生活出路，以减少城市中反对群众的力量。对富农及地主经营的工商业的政策，是除罪大恶极的汉奸分子的矿山、工厂、商店应当没收外，凡富农及地主开设的商店、作坊、工厂、矿山，不要侵犯，应予以保全，以免影响工商业的发展。执行这些政策，旨在团结农村 90% 以上人口（农村中雇农、贫农、中农、手工工人及其他贫民共计约占 92%，地主、富农约占 8%），保持反封建的广泛统一战线，顺利解决解放区的土地问题，以巩固解放区，并推动全国人民走向国家民主化。

4. 提出了解决土地问题的方式。根据群众创造的经验，提出解决土地的方式有：一是没收和分配大汉奸土地；二是减租之后，地主自愿出卖土地，佃农以优先权买得此种土地；三是在减租后，保障农民的佃权，地主自愿给农民七成或八成土地，求得抽回三成或二成土地自耕；四是在清算租息、清算霸占、清算负担及其他无理剥削中，地主出卖土地给农民偿负欠。“五四指示”指出：凡是人民政权不巩固、容易受到摧残的边远地区，一般不要发动群众起来要求土地，就是减租减息亦应谨慎办理，以免造成红白对立及受到摧残。

5. 规定了胜利果实的分配原则。规定在运动中所获得的胜利果实，必须公平合理地分配给贫苦的烈士遗族、抗日战士、抗日干部及家属和无地及少地的农民。还规定：农民经公平合理得到的土地，应巩固其所有权，发扬其生产热忱，使其勤俭发家致富，以发展解放区生产。对于劳动勤俭发家致富者，应保障其财产不受侵犯。

从上述主要内容可以看出，“五四指示”贯彻了一个指导思想，这就是放手发动和领导群众，来解决土地问题。坚持了一个战略方针，就是团结农村 90% 以上的劳动人民，团结和争取一切可以团结和争取的人，建立反封建的广泛统一战线。它规定的满足农村无地和少地农民的土地要求，不侵犯中农的土地，对富农与地主，对地主中的中小地主、开明绅士与大地主、豪绅、恶霸实行区别对待，保护工商业，发展生产，保护劳动致富后的财产不受侵犯等政策。

（二）“五四指示”的特点

一是过渡性。“五四指示”虽然将减租减息政策转变到耕者有其田，但并没有完全废止减息政策，也就是没有彻底废除封建剥削；虽然规定使广大农民公平合理地取得土地，但并没有实行彻底平分土地的办法来满足农民对土地的要求。这说明，“五四指示”既拥护和批准农民从地主手中夺来的土地，实现耕者有其田，又没有达到彻底消灭封建土地制度的程度，是由减租减息政策到彻底消灭封建及半封建土地制度的过渡政策。这个过渡性，随着农民与地主阶级矛盾的尖锐化和解放战争的胜利发展，又表现其具有暂时性。

二是不彻底性。表现在“五四指示”没有明确规定彻底消灭封建及半封建的土地制度；规定没收和分配大汉奸土地，但对地主则采用清算租息、清算霸占、清算负担及其他无理剥削的办法，使地主土地转到农民手中和出卖给农民，而不是采取没收地主土地分配给农民的办法，解决农民的土地问题；对富农一般不动其土地，对地主给予较多照顾，不能满足无地少地农民对土地的要求。这些不彻底性，给解放区的土地改革带来局限性，使没收和分配土地都不彻底。一年以后中国共产党全国土地会议通过的《中国土地法大纲》，纠正了这个不彻底性。

第二节　《中国土地法大纲》

一、中国土地会议的召开和《中国土地法大纲》的制定

为了总结土地改革的经验教训，克服土地改革中存在的问题，在解放区深入、彻底实行土地改革，经中共中央批准，中共中央工委于 1947 年 7 月至 9 月在河北省平山县西柏坡村召开了全国土地会议。会议详细地研究了中国土地制度的情况，交流了各解放区实行土地改革的经验，提出了以后进行土地改革的意见，决定采取彻底平分土地的方针，制定了《中国土地法大纲》。中共中央于 1947 年 10 月 10 日批准和公布了《中国土地法大纲》，并建议各解放区民主政府、各地农民大会、农民代表大会及其委员会采纳和贯彻。各解放区人民政府都采纳中共中央的建议，使《中国土地法大纲》成为各解放区实行土地改革的法律依据。

二、《中国土地法大纲》的基本内容

《中国土地法大纲》共十六条。其基本内容如下。

（一）规定废除封建土地制度，实行耕者有其田制度的基本原则

彻底改革土地制度，是新民主主义革命的一项基本任务。没收封建阶级的土地归农民所有，成为新民主主义革命的三大经济纲领之一。《中国土地法大纲》第一条开宗明义规定："废除封建性及半封建性剥削的土地制

度，实行耕者有其田的土地制度。”这个规定，标志着解放区的土地改革改正了“五四指示”的某些不彻底性，从根本上彻底消灭了封建剥削制度，从立法上完成了从减租减息到彻底平分土地政策的过渡。土地改革的主要和直接的任务，是要满足无地和少地农民对土地的要求，使他们不仅有土地使用权、收益权，而且有土地占有权、处分权，也就是土地所有权，真正实现耕者有其田。由此可见，《中国土地法大纲》第一条的规定是彻底消灭封建剥削制度，解放农村生产力的基本原则。

（二）规定没收、征收土地财产的对象和范围

《中国土地法大纲》规定：“废除一切地主的土地所有权。”由于在土地改革以前祠堂、庙宇、寺院、学校、机关及团体的土地多为地主富农所掌握，这些土地多出租给农民并进行封建性剥削。因此《中国土地法大纲》规定：“废除一切祠堂、庙宇、寺院、学校、机关及团体的土地所有权。”土地改革前的乡村债务的债权人多为地主富农，所以《中国土地法大纲》宣布“废除一切乡村中在土地改革以前的债务”，这个规定实际上是废除地主、富农的高利贷。《中国土地法大纲》还规定：“乡村农会接收地主的牲畜、农具、房屋、粮食及其他财产，并征收富农的上述财产的多余部分，分给缺乏这些财产的农民及其他贫民，并分给地主同样的一份。”上述这些规定说明，《中国土地法大纲》规定的没收土地财产的对象是地主，不论大中小。他们的土地财产，都实行没收。这就改正了“五四指示”中对地主照顾过多的不彻底性。征收多余土地财产的对象是富农。《中国土地法大纲》规定富农的土地统一平均分配。征收富农多余部分的财产，这是对“五四指示”的一般不变动富农的土地政策的重要改变。被没收、征收的土地财产的范围，除了土地，还有牲畜、农具、房屋、粮食及其他财产。这就是说，既有不动产，又有动产；除了生产资料，还有生活资产。由此可见，所谓废除封建性及半封建性剥削制度，主要是没收地主的土地财产，征收富农的多余的土地财产，而其中最基本的是没收地主阶级的土地分配给农民。

（三）规定分配土地财产的原则和方法

《中国土地法大纲》规定：大森林、大水利工程、大矿山、大牧场、大荒地及湖沼等，归政府管理，不属于分配范围。除此以外，“乡村中一切地主的土地及公地，由乡村农会接收，连同乡村中其他一切土地，按乡村全部人口，不分男女老幼，统一平均分配。在土地数量上抽多补少，质量上抽肥补瘦，使全乡村人民均获得同等的土地，并归各人所有”。“土地分配，以乡或等于乡的行政村为单位”，必要时，各乡或等于乡的各行政村之间可作某些调剂。“在地广人稀地区，为便于耕种起见，得以乡以下的较小单位分配土地。”“分配给人民的土地，由政府发给土地所有证，并承认其自由经营、买卖及在特定条件下出租的权利。”没收和征收来的财产，“分给缺乏这些财产的农民及其他贫民，并分给地主同样的一份。分给个人的财产归本人所有，使全村人民均获得适当的生产资料及生活资料”。这些规定说明，分配土地财产的原则、标准和办法，一是按人口平均分配，是分田的原则和方法。在土地数量上抽多补少，质量上抽肥补瘦，使全乡村人民分得同等的土地。不但能够满足无地和少地的农民的要求，而且可以使地主也分得土地，有生活出路。二是以乡为分配土地的区域标准。以乡为单位分配土地，易于调查土地情况，便于农民就近耕田。三是分配财产采取填坑补缺的原则和方法，即分配财产不实行平均分配，而只分配给缺乏这些财产的农民及其他贫民。这个分配原则和方法，可以使贫苦农民和其他贫民都能得到适当的生产资料和生活资料，使他们的生产和生活条件得到改善，也使地主有必要的生产资料和生活资料。四是分配的土地财产归个人所有。这是新民主主义革命阶段土地革命的任务，也就是要“把土地从封建剥削者手中转移到农民手里，把封建地主的私有财产变为农民的私有财产，使农民从封建的土地关系中获得解放”[①]。上述分配土地财产的原则、标准和方法，是实现消灭封建性及半封建

① 《论联合政府》，载《毛泽东选集》第3卷，人民出版社1968年版，第1023页。

性剥削的土地制度、实现耕者有其田的土地制度的有效的原则、标准和方法，是完全适合于广大农民群众的要求的。

（四）规定保护工商业者的财产及其合法营业

农村进行土地改革，不但会遇到工商业问题，还会遇到工商业者兼地主，地主、富农兼工商业者。由于新民主主义革命只消灭封建主义和垄断资本主义，不是一般地消灭资本主义；由于中国经济落后，广大的上层小资产阶级和中等资产阶级所代表的资本主义经济的存在对解放区的经济有益，而且是国民经济中不可缺少的部分，所以党和人民政权只没收封建地主阶级的土地财产和没收官僚资本以及恶霸、反革命分子的工商业归国家和人民所有，对一般工商业采取保护的政策。因此《中国土地法大纲》规定："保护工商业者的财产及其合法的营业，不受侵犯。"此法所谓工商业者，是指一切独立的小工商业者和一切小的和中等的资本主义经济。按照这个规定，不但上层小资产阶级和中等资产阶级的工商业受到保护，而且地主、富农所经营的工商业，也同样受到保护。

（五）规定改革土地制度的执行机关和保证土地改革的措施

《中国土地法大纲》规定："乡村农民大会及其选出的委员会，乡村无地少地的农民所组织的贫农团大会及其选出的委员会，区、县、省等级农民代表大会及其选出的委员会为改革土地制度的合法执行机关。"土地改革的主要和直接的任务，是满足贫雇农群众的要求，因此满足贫雇农的要求，是土地改革的一条基本原则。在土地改革中，贫雇农还必须与中农结成巩固的统一战线，才能取得反对封建及半封建土地制度的胜利。坚决地团结中农，是土地改革的又一条基本原则。"依靠贫农，团结中农，有步骤地、有分别地消灭封建剥削制度，发展农业生产"[①]，是党和解放区人民

① 《在晋绥干部会议上的讲话》，载《毛泽东选集》第4卷，人民出版社1968年版，第1256—1257页。

政权进行土地改革的总路线。在土地改革中，组织雇农贫农群众的贫农团大会及其选出的委员会，使贫农团成为一切农村斗争中的领导骨干，并组织包括贫农雇农和中农在内的农民大会及其选出的委员会，是改革旧土地制度的重要组织保证。

上述各级农会在土地改革中有以下权力：一是接收和分配在土地改革中没收和征收来的土地财产；二是调整部分分配土地的区域标准；三是选举人民法庭的组成人员；四是保持土地改革的秩序和保护人民的财富；五是批评、弹劾和撤换、选举政府及农民团体的一切干部。由此可见，土地改革中的农民代表大会，不仅仅是改革土地制度的具体执行机关，而且已成为地方政权的权力机关。

此外,《中国土地法大纲》还规定要建立土地改革人民法庭以及若干特殊土地财产的处理办法。

第三节　新解放区的减租减息政策与大城市郊区土地改革的特殊政策

一、新解放区的减租减息政策

由于新解放区的群众尚未发动起来，党和人民政权一切尚无基础，因此在新解放区不应当一下就实行《中国土地法大纲》，而应当分阶段来进行。中共中央决定，在不具备进行土地改革条件的地区，“应当充分利用抗日时期的经验，实行减租减息和酌量调剂种子食粮的社会政策和合理负担的财政政策”[①]，而不是立即实行分浮财、分土地的社会改革政策。1949

① 《一九四八年的土地改革工作和整党工作》，载《毛泽东选集》第4卷，人民出版社1968年版，第1273页。

年4月25日《中国人民解放军布告》宣布："农村中的封建的土地所有权制度，是不合理的，应当废除。但是废除这种制度，必须是有准备和有步骤的。一般说来，应当先行减租减息，后行分配土地，并且需要人民解放军到达和工作一个相当长的时期之后，方才谈得到认真地解决土地问题。"[①]可见，新解放区实行减租减息政策，是为实行平分土地政策作准备。当大块解放区的国民党反动势力已被消灭，社会环境已经安定，群众已经觉悟和组织起来，战争已向遥远的地方推进，就进入分浮财、分土地的土地改革阶段。根据中共中央决定的精神，1948年10月8日中共中央中原局制定了减租减息纲领，据此中原人民政府公布了《中原新解放区减租减息条例》，豫皖苏区行政公署于1948年10月也公布了《豫皖苏区减租减息及调整土地条例》。

二、新解放大城市郊区土地改革的特殊政策

新解放大城市郊区的土地问题复杂，与一般农村不同。大城市郊区土地的地价、地租受城市经济的影响更大，其利益为少数土地所有者所侵吞；大城市郊区的封建土地占有制不仅束缚一般农业生产的发展，而且直接妨碍城市各项建设对土地的使用和城市建设事业的进行；封建地租的征收，不但直接束缚供给城市人民蔬菜的菜农生产的发展，而且直接影响城市人民的生活。在大城市郊区，虽然需要废除封建及半封建的土地制度，却不能和乡村一样实行平分土地和平分土地后的一般私有制。在土地改革中，需要有特殊的政策，北平市军事管制委员会于1949年5月31日发布《关于北平市辖区农业土地问题的决定》，对北平市郊区的土地改革作了特殊的规定，如：（1）农民自耕土地的耕种权和所有权不变。（2）没收地主土

① 《中国人民解放军布告》，载《毛泽东选集》第4卷，人民出版社1968年版，第1395—1396页。

地征收富农出租的土地，由人民政府管理并酌量出租。（3）耕地原耕不动，维持现状。（4）可耕荒地分给少地的农民使用。

第四节　土地改革的成就及其历史意义

改革封建的土地制度，是中国新民主主义革命的主要内容。解放区人民政权的土地法规，是解放区人民民主法律的重要组成部分。它随着革命形势的发展变化而不断发展和充实，成为解放区人民政权指导和实行土地改革的有力武器，保证了解放区土地改革的开展并取得伟大成就。据统计，到 1949 年上半年，在拥有 2.7 亿人口、面积约 230 万平方公里的解放区（内蒙古自治区和华南不在内）里，约有 1.51 亿人口（其中农业人口约 1.25 亿），已全部完成了土地改革，消灭了几千年的封建的土地剥削制度，使约有 1 亿农民分得了土地，成为土地的主人，解放了农村生产力。土地改革激发了农民的生产积极性，促进了农业生产和其他经济的发展，改善了农民的生活，提高了农民的经济地位。经过土地改革运动的锻炼，农民提高了政治觉悟和组织程度，有力地推进了农村的民主政权建设，巩固了解放区。翻身农民还以很高的革命热情，大力支援人民解放战争，使人民解放军拥有雄厚的兵源和物质力量，保证了人民解放战争的顺利发展。

第四十六章　解放区的劳动法规

第一节　劳动立法的新发展

一、中共中央关于劳动立法方针的若干重要指示

1. 发展国民经济的指导方针即劳动立法的总方针。党中央确定的“发展生产、繁荣经济、公私兼顾、劳资两利”的国民经济指导方针，也就是劳动立法的总方针，这一方针是个不可分割的统一整体。为了发展生产，繁荣经济，必须实行公私兼顾和劳资两利的政策。所谓“公私兼顾”，就是在服从国营经济领导的前提下，适当照顾私人经济的发展，在符合全国最大多数人民的最高利益和长远利益的原则下，对个人利益要给予必要的照顾。在国营企业中的职工个人同工厂的关系，也应按“公私兼顾”的原则加以处理。所谓“劳资两利”，就是在承认工人阶级的领导和有利于发展生产的前提下，合理调整劳资双方的利益。发展生产，繁荣经济，是实现劳资两利的基础；而劳资两利政策的正确实施，又会反过来促使生产的发展，繁荣解放区的经济生活。如果离开上述方针，片面地、孤立地强调某一方面，就会发生“左”的或右的错误。

2. 中共中央对哈尔滨市劳动法的指示。哈尔滨市在 1948 年年初起草了《哈尔滨特别市战时暂行劳动法草案》，经中央审核后，于 1948 年 2 月 6 日发出《中共中央对东北局关于哈尔滨市劳动法的指示》，针对该草案中

存在的问题，着重指出：（1）草案起草者没有领会自抗战以来中央历次关于劳动方针的指示。草案仅对劳动者的福利详加规定，其中有些是只顾工人的片面利益并且是难以实行的（如8小时工作、年休二星期等），而对于与厂方合作、积极奋斗、发展生产、繁荣经济、公私兼顾、劳资两利的责任和劳动态度，则没有提到，或提得不够。（2）该草案对公私企业未作原则区别，也是原则性的错误。指出应认清解放区公营企业中工人与厂方的关系，解放区私营企业中的劳资关系，蒋管区民营中小企业中劳资关系与官僚资本帝国主义资本企业中的劳资关系，乃是四个性质上各不同的关系，因而必须采取不同的态度。解放区公营企业中，从厂长到工人都是同一阶级，其中没有剥削，共产党必须唤起工人觉悟到这是自己与人民的事业，应与厂方通力合作，在战时更应节衣缩食，加紧生产，牺牲目前与局部的某些次要的利益，以换取长远与全体的根本利益。解放区有益于国民经济的私营企业（包括暂时允许存在的外资企业），在接受人民政府领导的条件下，允许其一定的发展是于工人阶级劳动人民及新民主国家有利的，因此，与不受人民政府领导的蒋管区私营企业不同，与完全反对人民的官僚资本更不同。（3）决定重新起草劳动法，由东北局及哈尔滨市委召集公私企业中的工会代表、厂方代表开会共同研究，根据实际可能，“提出既照顾工人利益，也照顾全体人民利益与资本家利益；既规定工人的权利，也规定工人对生产的劳动态度；既为工人所接受，也为政府与资本家所接受的草案；并提出与此相配合的工厂法（其中亦须区别公营私营两种）”。

3. 中共中央关于工资问题的指示。中共中央针对各地在工资问题上存在的偏向，于1948年6月1日发出《中央关于工资问题的指示》，强调说明过去根据地的工厂和现在新解放城市工厂的重大区别：过去在乡村建立的工厂，时间短，工人工龄也短，而现在新解放城市，有数十年工龄的老技术工人，技术较高，所以工资应该超过过去兵工厂规定的最高工资标准。又因为城市工人的生活水平和文化水平高于农村工人，所以城市工资与农村工资也不能完全一致。同时还指出各地应吸收旧时代各种工资制度的经验，根据当时当地情况，适当规定具体企业的最高工资与最低工资。并酌情逐步推广按件、按等分红及其他奖励制度，以鼓励工人和技师的工作积极性。

此外，在这一时期内，中央关于劳动政策的指示，还有《中共中央对东北局关于公营企业工资标准草案及说明的几点意见》(1984年8月9日)、《中央关于立功运动与保险条例给东北局的指示》(1948年8月23日)、《中共中央关于修改劳动保险条例给东北局的指示》(1948年12月4日)、《中共中央关于大量提拔产业工人干部的指示》(1948年12月21日)、《中共中央关于新解放城市职工的工资薪水问题的指示》(1949年1月10日)、《中共中央关于私人工厂复工等问题给天津市委的指示》(1949年2月)、《中共中央关于处理劳资纠纷问题的数点提议》(1949年7月5日)、《中共中央关于贯彻全国工会工作会议精神加强工会工作的指示》(1949年8月26日)，等等。这些指示对解决当时职工运动中出现的新问题以及正确制定各项劳动法规，具有重要指导意义。

二、《关于中国职工运动当前任务的决议》确定了解放区劳动立法的基本原则

全国第六次劳动大会于1948年8月1日至22日在哈尔滨召开，讨论通过了《关于中国职工运动当前任务的决议》以及《中华全国总工会章程》。大会选举执行委员，组成中华全国总工会执行委员会，推举陈云为全国总工会主席，李立三、朱学范、刘宁一为副主席。

全国第六次劳动大会通过的《关于中国职工运动当前任务的决议》共分四章。以后全总执委会又对决议作了说明。第一章规定中国职工运动的总任务。第二章是关于国民党统治区职工运动的任务。第三章关于解放区职工运动的任务。第四章关于恢复全国总工会。决议规定了解放区职工运动的任务是：

1. 解放区的工人阶级已成为国家政权的领导阶级，职工们已成为企业

的主人。解放区的职工应组织起来，选派优秀代表到国家机关中去工作。在国营工厂企业中建立工厂管理委员会和工厂代表会，积极完成生产任务。在私营企业中的职工应遵守劳资订立的契约，督促资方执行政府法令。

2. 实行适合战时经济条件的劳动福利政策。（1）工厂工人一般实行 8 小时至 10 小时的工作制。（2）工资必须保障普通职工的最低生活水平，即连同本人在内，要维持两个人的生活。同时还规定要采取等级工资制及计时、计件工资制。（3）女工童工实行同工同酬原则。女工产前产后共休息 45 天。不得使用未满 14 岁的童工。学徒期限不得超过 3 年。（4）尽可能改善工厂健康和安全设备。伤病老残等医疗津贴抚恤，暂由工厂和工会共同负责办理。有条件的地方可创办劳动社会保险。私人企业由工会参照固有习惯，与厂主协商确定。（5）国营企业中的劳动竞赛，仍应提倡，并给予正确领导。（6）采用集体劳动契约的形式。劳资争议采用协商、调解及仲裁方法。不服仲裁者，得向法院控诉。各解放区政府须设立劳动行政机关。上述决定成为解放区人民政府制定劳动法规的基本指导原则。

各解放区的人民政府或军事管制委员会以及职工代表大会或全国工会工作会议，依照全国第六次劳动大会的决议，结合本地区的实际情况，制定了许多单行的劳动法规或规章，内容丰富，涉及面也较广泛，是我国劳动立法史上最兴盛的发展阶段。

第二节　劳动立法各项基本规范的发展变化

一、集体合同

1948 年全国第六次劳动大会决议提出："劳动须有契约，并尽可能采用集体契约形式。"1949 年 7 月《中共中央关于处理劳资纠纷问题的数点提议》，指出在一个城市中，有几个同一性质的工厂企业，而资本家又有联合组织者，可由产业工会同资本家的组织订立集体合同，而不要个别订立，以免高低不齐，互相影响，也能防止过左过右的偏向。

1949 年 7 月全国工会工作会议通过的《中华全国总工会关于私营工商业劳资双方订立集体合同的暂行办法》，确定适用全国的统一规范。

1. 规定劳资集体合同的主要内容：应包括雇佣与解雇手续，规定厂规、铺规的制定手续及内容，工资，工作时间及假期，女工童工问题，有关劳动保护与职工福利问题等。

2. 订立集体合同的步骤和手续：由各行各业劳资双方所组织的团体，分别开会推出委员会拟定各自集体合同草案，由劳资双方代表，在平等自愿的基础上，采用民主协商方法，对双方拟定的草案，研究达成初步协议，将初步协议分别在本组织内征求意见后，双方代表再次讨论，将第二次协议分别交由各自的代表会议讨论通过，然后由双方代表签字，申请劳动局批准施行。

3. 集体合同的生效与废止：集体合同经劳动局批准后，在有效期间内适用于订立该合同的各产业行业，双方全体人员均须一律遵守执行。在合同有效期内，劳资任何一方因特殊理由提出修改或废止时，得由双方代表协商解决。如不能达成一致意见，得申请劳动局调解或仲裁解决。合同期满后，如双方仍愿继续执行者，得由双方代表签订延期协定，申报劳动局备案后延长有效期限。

二、工作时间和休假制度

1. 关于工作时间的规定。第六次劳动大会决定基本上实行 8 至 10 小时工作制。特殊情况经政府批准可以延长或缩短。除战争紧急需要外，每日劳动时间连加班在内，最高不得超过 12 小时。加工连续不得超过 4 天，全月不得超过 48 小时。

2. 休假制度。1948 年 9 月，中华全国总工会《关于职工运动当前任务决议案中几个问题的说明》指出：在战争时期对于休假制度一时难作统一规定，只提出下列原则：职工必须有一定休息日期，但实际工作日不能过少，应争取全年工作日须在 300 天以上。星期日休息由各企业自行安排。旧习惯又需照顾，但年节纪念日不能休假太多。可由各地总工会提出建议，由各解放区政府酌情规定。待全国解放后，再作统一规定。

三、工资制度

1948 年 8 月全国第六次劳动大会决议规定工资的原则是，必须保障职工的最低生活水准，即连职工本人在内能维持两个人的生活。同时又要保障职工的劳动积极性以及技术的进步，因而提出实行交叉累进等级工资制。即工资等级的排列是交叉的，等级间的差额是累进的。工资的形式，采用计时或计件，应依据劳动具体情况而定。工资计算办法，应以几种必需品的实物作为工资计算的基础，例如东北的“分”和华北的“饻”，并采用货币和实物混合的支付形式。

1949 年年初，中共中央针对新解放城市中提出的工资问题，曾作过多次重要指示，确定以下原则：（1）新解放城市不要忙于制定新的工资标准。凡留用原职的职工和公教人员，暂时一律照旧支薪，即按解放前最后 3 个月的实际工资平均数领薪。（2）过去铁路工人与一部分矿工的年终双薪及铁路工人冬季一吨煤的煤票，仍按旧例完全照发。但其他工人按旧规没有这种规定者，不要增加。另外，有些企业实行年关花红或抚恤金等，也按往年实际情况发给。（3）原供给制干部到新城市工作者，暂不改为薪金制。华北人民政府 1949 年 7 月决定将供给制的发放办法，改为“包干制”，即以小米为标准，每月大灶 140 斤、中灶 170 斤、小灶 230 斤，发给包干费。

四、对女工的特殊保护

1. 禁止女工做夜工及有碍健康的工作。1946 年 5 月《苏皖边区保护工人劳动暂行条例》规定，太劳累的有碍健康和危险的工作，都不叫女工去做。1948 年第六次劳动大会决议中规定，关于禁用女工的产业及禁止女工做夜工的劳动，由各解放区地方政府以法律规定。

2. 女工的特殊例假。1945 年 10 月《山东省第二次职工代表大会关于公私营工厂职工工作的决定》规定每月给予女工三天例假。

3. 女工产假。解放战争初期，各地规定的产假长短不一。1948 年第六次劳动大会决议中，统一规定：女工产前产后共休息 45 天；小产在 3 个月以内者，休息 15 天，3 个月以外者，休息 30 天，均照发工资。

4. 哺乳时间和设立托儿所。1949 年 7 月《太原国营公营企业劳动保险暂行办法》规定，哺乳女工每日给两次哺乳时间，每次以 20 分钟为限。1949 年 2 月《东北公营企业战时暂行劳动保险条例试行细则》规定，工厂女职工有 3 周岁以下无人照管的小孩 10 人以上者，可设立托儿所。

五、对童工和学徒的保护措施

1. 禁用童工的年龄。第六次全国劳动大会决议规定：妨害身体发育的劳动，不得使用未满 14 岁的童工。关于禁用童工的产业及禁止童工做夜工的劳动，由各解放区地方政府以法律规定。

2. 学徒制度。第六次全国劳动大会根据多年来改革学徒制度的经验教训和进入大城市后面临全国解放的新形势，对学徒制统一规定如下：（1）区分“学徒”与“养成工”。规定“经过一定年限，学习技术，而成为技术工人者，为学徒”，“各种单纯劳动的熟练工人，虽然也需要一定时期的学习和训练，但这种时期一般很短，此种学习的工人，可称作养成工，而不要称为学徒”。这种区分对确定各自学习期限和生活待遇，都是有利的。（2）学徒年限，一般不超过三年。在公营企业中，进步特快的学徒，经过一定形式的考察，学习年限可以缩短。（3）学徒待遇依其进度逐步增加。最低够吃，最高除够吃穿外，给予相当津贴。（4）建立符合中国特点的新型师徒关系，以严守尊师爱徒为原则。

六、劳动安全与卫生

1948 年第六次全国劳动大会的决议规定，尽可能改善工厂健康设备和安全设备，政府定期派人检查。按此原则，各大城市人民政府规定了各项具体办法。以哈尔滨市为例，1949 年 6 月 16 日制定了《哈尔滨市工厂机械安全改进暂行办法》，规定工厂机械皮带须装设皮带盒，明齿轮须装设齿轮盒，动力砂轮须装设砂轮盒，轮锯须装设锯罩。机床及其他机器与墙壁，互相间须有一米以上的距离。工人须配紧口套袖、手套、围裙等。

1949 年 10 月《哈尔滨市化学业工厂安全卫生暂行办法》规定，凡公私营之火柴、铅丹、硫化青、硫化碱、火碱、氧气厂等行业，工作室须有换气孔及抽风机，并有足够的防火设备和急救药物，以及其他必需的防护设备。此外还有 1949 年 7 月 18 日《哈尔滨市工厂夏季卫生注意事项》，1949 年 9 月东北铁路总局公布的《铁路卫生防疫工作条例》4 章 14 条，明确规定了各项卫生设施和防疫要求。

七、劳动保险

1948 年 12 月 27 日，东北行政委员会颁布了《东北公营企业战时暂行劳动保险条例》，共 6 章 29 条。主要内容是：

1. 自 1949 年 4 月 1 日，本条例暂在东北解放区的国营铁路、矿山、军工、军需、邮电、电气、纺织等企业着手试行。

2. 劳动保险基金之征集，规定各有关企业管理机关须按月缴纳于本企业工资支出总额3%的劳动保险金。将其中30%缴存于政府指定的银行，作为劳动保险基金，70%保存于本企业之会计处，作为本企业开支之劳动保险基金。

3. 应举办的各项劳动保险事业，包括：因公负伤残废与因公死亡之抚恤金；疾病及非因公残废医疗补助金；职工本人及直系亲属之丧葬补助金；老年职工生活补助金；女职工生育儿女补助金。

4. 劳动保险基金的支配方法：（1）保存于各企业之劳动保险基金，为支付本企业职工应得劳动保险金之用。遇有意外事件，不够开支时，得请求上级工会调剂，或转请东北职工总会允许，从劳动保险总基金中予以补贴。（2）缴纳于政府指定银行之劳动保险总基金，因东北总工会决定用于职工疗养所，职工残废院，丧失父母的职工儿女保育院及学校，老工人休养所，以及各企业意外事件的劳动保险之补贴。但劳动保险基金除用于劳动保险事业外，不得移作其他用途。

5. 各企业均须设立由行政与工会共同组织之"劳动保险委员会"，决定劳动保险基金的支配使用办法。另须设立"劳动保险基金审核委员会"，每月审查劳动保险基金收支账，并予以公布。东北行政委员会劳动总局为监督实行劳动保险事业的最高机关。凡有违犯本条例者，得予以纪律处分，或转送司法机关惩办。

此外，劳动保险法规，还有1948年11月2日《华北区年老病弱退职人员待遇办法》、1949年7月5日《太原国营公营企业劳动保险暂行办法》。

八、建立工厂管理委员会和工厂职工代表会议

1946年2月《晋察冀边区总工会关于八项组织工作决定》就提出在公营工厂要建立工厂管理委员会，边区政府专门制定了公营工厂管理委员会条例。1948年7月《东北局关于接收敌伪和蒋占企业后的改造管理与工会工作方针的决议（草案）》规定，应建立以厂长为首的党与行政、工会三

位一体的领导制度。1948 年 8 月第六次全国劳动大会决议中，提出为了实行管理民主化，在公营企业中要建立工厂或企业管理委员会和工厂职工代表会议，并对其组成和职权作了原则规定。

1949 年 5 月，华北第一届职工代表大会制定了《关于在国营公营工厂企业中建立工厂管理委员会与工厂职工代表会议的实施条例》，经华北人民政府审核批准，于 1949 年 8 月 10 日予以公布。其要点是：

1. 工厂管理委员会的组织。凡国营、公营工厂企业均应组织管委会，由厂长（经理）、副厂长（副经理）、总工程师（或主要工程师）及其他生产负责人和相当于以上数量的工人职员代表组成。

2. 管委会的性质任务与厂长的职权。管委会是在上级工厂企业管理机关领导下的工厂企业中统一领导的行政组织。管委会的任务是根据上级企业领导机关规定的生产计划及各种指示，结合本厂实际情况，讨论与决定一切有关生产及管理的重大问题，并定期检查与总结工作。管委会以厂长为主席，管委会的决议以厂长命令颁布实施。管委会多数委员通过的决议，厂长如认为与该厂利益抵触或与上级指示不合时，厂长有停止执行之权。但须立即报告上级，请求指示。如管委会多数委员认为厂长的前项措施不合适，或对其报告有异议时，亦可将自己的意见同时报告上级，一并请求指示。但在未经上级指示前，应执行厂长的决定。遇有紧急问题不能等待管委会开会时，厂长有权处理。事后须报告管委会请求追认。

3. 管委会的常务委员会。在大工厂中，可由厂长、工会主席及管委会推选之委员一人，组成管委会的常务委员会，厂长为当然主席，在管委会决议的精神下，协商处理一切比较重大的有关生产、管理、人事、工资、福利等日常工作。在新解放区实行军事管制时期的工厂企业中，驻厂军事代表，应为管委会及常委会的当然委员。

4. 工厂职工代表会议的组织和职权。凡有职工 200 人以上的国营、公营工厂，必须组织工厂职工代表会议。职工甚多的大厂，在总厂之下得设立分会。200 人以下的工厂中不建立代表会议，但每月须召集全厂职工会议一两次。代表会议的代表，由各生产部门的基层组织选出，每年改选一次。每个代表直接向其所代表的职工负责。工厂职工代表会议的职权是，听取与讨论管委会的报告，检查管委会对于工厂的经营管理及领导作风，对管委会进行批评与建议。职工代表会议关于工厂行政上的一切决议，须经管委会批准，由厂长公布后，方为有效。因工厂职工代表会议就是该厂工会组织的代表会议，所以代表会议对于工会事务的一切决议，工厂工会委员会有全部执行的义务。

1949 年 10 月 25 日陕甘宁边区政府颁布的《国营公营工厂企业中建立工厂管理委员会与工厂职工代表会议的组织规程》与华北区的上述条例完全相同。

九、劳动争议（劳资纠纷）处理办法

解放战争后期，当人民解放军进驻大城市之后，劳资纠纷大量增加，成为影响城市安全和生产发展的重要社会问题。1949 年 7 月 5 日《中共中央关于处理劳资纠纷问题的数点提议》为第六次全国劳动大会对解决劳资纠纷作了原则规定。1949 年 7 月全国工会工作会议通过了处理关系问题的三个文件，即《关于劳资关系暂行处理办法》30 条、《关于私营工商企业劳资双方订立集体合同的暂行办法》9 条、《劳资争议解决程序的暂行规定》14 条。这三个文件通过后，即在各解放区参照执行。同年 8 月 19 日上海市军管会《关于私营企业劳资争议调处程序暂行办法》和《关于复业复工纠纷处理暂行办法》所规定的基本原则，也为其他城市所采用。综合起来主要规定以下内容：

1. 确定解决劳动争议的专管机关为市劳动局。即把劳动争议集中到市一级来统一解决，区和街道不得处理劳资纠纷案件。同时规定劳动局作为调解仲裁劳资争议的专管机关，其他机关、团体（包括工会）没有这个职权。

2. 劳动争议的范围。规定一切公营企业和合作社经营的企业中的劳动争议，以及私营企业中的劳资纠纷，都可按规定程序进行处理。一切企业中的职工及工会，公营企业的主管人，私营企业主及其所组织的同业公会，如有争议事项，或任何一方认为对方有违反集体合同和劳动合同及其他不合理行为而不能解决时，均有向劳动局进行申诉之权。争议的内容，包括职工劳动条件（如工资、工时、生活待遇等），有关职工雇用、解雇及奖罚事项，有关劳动保护事项，有关企业内部的工作规章事项，集体合同劳动合同及其他一切涉及劳动争议事项。

3. 解决劳动争议的步骤和程序。第一步骤为双方协商解决。第二步骤为劳动局调解。第三步骤为劳动局的劳动仲裁委员会进行仲裁。如有任何一方对仲裁表示不服，须在接到仲裁决定书 5 日内通知劳动局，并呈请法院处理。

4. 劳动争议过程中的注意事项：（1）劳动争议发生后，在协商、调解、仲裁过程中，双方均应维持生产的原状，厂方不得有关厂、停薪、停伙及其他减低待遇之处置，劳方亦应照常生产与遵守劳动纪律。要求提请法院处理时，在法院未判决前，双方仍应遵照仲裁决定办理。（2）劳动局在处理一切争议时，有对争议双方及其代表机关进行传讯的权力。当事人凡接到劳动局之传讯通知后，须按时到达指定地点听候询讯，不得违反。（3）一切劳资争议，均须按上述规定的手续依法解决，任何一方不准向对方采取人身侮辱等强迫行为。

上述法规的贯彻实施，使进城以后的大量劳动争议案件得到正确及时地解决。同时这些法规，在中华人民共和国成立以后的一定时期内，继续为各地所沿用，为制定新的劳动法规提供了直接的经验。

第四十七章　解放区的婚姻和继承法规

第一节　婚姻法规

一、婚姻立法概况

各解放区人民政府先后制定颁行了一些新的婚姻条例、命令、解答等法律规范性文件。如《陕甘宁边区婚姻条例》（1946 年 4 月 23 日）、《陕甘宁边区抗属婚姻处理办法》（1946 年）、《晋绥边区关于保障革命军人婚姻问题的命令》（1946 年 4 月 23 日）、《华北人民政府司法部关于婚姻问题的解答》（1948 年）、《修正山东省婚姻暂行条例》（1949 年 7 月 19 日）、《华中行政办事处关于孀妇带产改嫁问题》等。上述法规在婚姻自由、一夫一妻制、禁止包办买卖婚姻、男女平等、禁止重婚纳妾、父母子女关系等立法原则和主要内容方面，基本上沿用抗日战争时期各根据地民主政权曾颁行的有关婚姻法规。同时，也作了一些适时的修改和补充。在离婚、军人婚姻、干部婚姻方面有许多新的规定。

二、对一般婚姻关系的调整

（一）城市婚姻问题的处理政策

针对城市中一些人对婚姻自由的误解和一些恶意的歪曲，各解放区人民政府明确宣布，和已婚男女恋爱，是不道德的妨害他人家庭的违法行为，重申各根据地曾颁布的妨害婚姻治罪条例仍然有效。对城市离婚后财产的处理，法律也作了具体规定。如华北人民政府司法部在“城市离婚带产和赡养费问题怎么办”的解答中指出：男女婚前财产（含互赠部分）离婚时归各人私有，婚后财产均分或按劳动力多少分配；婚后债务离婚时由男方负责，但亦可依双方经济状况、劳动能力分担；男方提出离婚获准后，女方无私产离婚后不能维持生活，男方应酌给部分赡养费。[①] 全国各解放区也普遍实行上述规定。这些规定对在城市正确贯彻新民主主义的婚姻法规起到了推动作用。

（二）农村中婚姻与土地财产问题的规定

针对农村土地改革后，因婚姻而产生的土地财产等分配问题，各解放区人民政府也作了相应的规定。主要内容是，男女分得之土地归各人所有，姑娘出嫁可带走分得之土地与财产，孀妇改嫁可带走属于她的全部私产。孀妇家庭土改时分得土地的平均数，为孀妇私产，改嫁时可出卖、互换、合法出租，他人不得干涉。

（三）强调离婚的阶级条件

各解放区法律针对因阶级地位、社会成分、政治思想观点不同而造成的感情意志根本不合等离婚问题，作了相应的规定，原则上准许因上述原因提出的离婚要求。

三、对军属、干部婚姻的特别规定

（一）对革命军人的婚姻采取限制离婚原则

各解放区政府在明令援用原有保护抗日军人婚姻的有关法规基础上，

① 《华北人民政府司法法令汇编》。

又作了一些新的具体规定。原则上“凡系革命军人妻室，不论已婚或未婚，在未得其丈夫本人同意正式宣布离婚或解除婚约前，任何人均不得与其非法结合。过去造成既成事实者，在法律上一概无效，并须追究责任；如有故违，当事人男造方面应科以刑事处分。干部中如有违犯者，更须从严加倍论处”[①]。这是从限制第三者的角度来维护军婚。当时的华北人民政府司法部在《关于军属、干属及其他婚姻问题的解答》中，对许多具体问题作了说明。如“军属只是因为家庭困难而要求离婚，不能批准。其困难问题应责成村政府设法帮助解决之”。“男方为避免离婚而参军，无论其动机如何，毕竟是踏上了人民解放事业的光荣道路，与一般逃避离婚诉讼者不同，仍应照军属婚姻规定办理，对女方予以说服。”[②]这是从限制军属（女方）的角度维护军婚。此外，“解放军人与妻感情不合的”，如系长年不归，为了照顾女方前途幸福，可写信请求原县政府通知女方办理离婚。“如女方坚决不同意，只好等该军人回家后，再办理离婚。”[③]这是从限制军人（男方）的角度来维护军婚。上述法规对稳定军心和军属支援前线，起到了积极的作用。

（二）干部离婚的原则和程序

针对当时比较突出的干部离婚问题，各解放区政府制定了一些针对干部离婚的规定。一是坚持“夫妻感情意志根本不合”这一标准。二是对一方坚持离婚，对方坚决不离的，进行调解，对有过错的一方批评教育限期改正。三是对以威胁、利诱、欺骗等手段制造离婚理由的，原则上不准离婚。按上述规定，经调解无效，确属感情意志不合，无法同居的，即使一

① 《华中行政办事处、苏北支前司令部关于切实保障革命军人婚姻的通令》（1949年4月4日）。

② 《华北人民政府司法法令汇编》。

③ 《华北人民政府司法法令汇编》。

方坚持不离，仍应判决离婚。但在离婚后财产的分割上应多照顾非干部的一方。

同时，各解放区规定了干部离婚的具体程序。如华北人民政府司法部在《关于军属干属及其他婚姻问题的解答》中规定：夫妻均为干部提出离婚的，“可由双方通信协商同意，经任何一方所在地的民政机关，或司法机关备案即可。如一方不同意，须向被告所在地政府提起离婚诉讼”。当事人须服从县政府的判决，不得以势压人无理取闹。不服判决可以上诉。离婚后须经地方政府发给离婚证方为合法，不得私下了结。干部未取得正式离婚手续，以任何形式或借口结婚的，以重婚罪论处。

随着解放区的扩大和新民主主义婚姻政策的宣传与普及，广大妇女的社会地位获得了空前的提高，人们开始摆脱旧婚姻的束缚，追求新的婚姻生活。这一时期各解放区人民司法机关受理的离婚诉讼案件也有明显的增加。如《哈尔滨市人民法院一九四九年工作总结》中统计，该法院受理的离婚案件 1948 年为 893 件，1949 年为 1144 件，年增长为 28.11%。

第二节 继承法规

一、华北人民政府关于继承问题的解答

1948 年《华北人民政府关于继承问题的解答》是解放战争时期具有代表性的继承法规，其内容均涉及妇女继承权问题。该解答突出强调男女平等的原则。这是解放区人民政府继承法的鲜明特色。同时强调“男女无论结婚与否都有继承权”。

但是，贯彻男女平等的原则，还须从实际情况出发。针对土地平分后形成的社会的家庭共有经济形态，该解答规定：女子出嫁，如在婆家分得财产，则享受婆家共有经济之继承权，同时不再享有娘家财产继承权；如

在娘家分得土地，出嫁后带走，也丧失了继承权，若未带走，则婆家与娘家共同协商，继承其应得之一份。分配遗产时，如已出嫁女子自愿放弃，则财产全归儿子。如果没有儿子，只有女儿，则继承权属于女儿。还规定分配遗产时，若“男儿经营父母的土地出过一定的劳力，女儿没有劳力或出劳力很少，可以少继承一部分”。由于有了这些规定，使土地改革中妇女取得的经济权益得到切实保障。

二、哈尔滨市处理继承办法草案

1949 年哈尔滨市人民政府制定了《哈尔滨市处理继承办法草案》，是当时解放区比较具体的继承法规。其主要内容如下。

（一）规定了法定继承和遗嘱继承两种继承方式

首先是法定继承。它是以继承人与被继承人之间的婚姻、血缘关系为基础而确定的。在死亡人没有遗嘱的情况下，推定其本人的意思是把遗产留给他最亲近的亲属。法律规定的继承人的范围和顺序是：（1）配偶（包括同居 3 年以上的姘居关系人）、直系卑亲属（包括养子女）、无劳动力的父母，在被继承人临死之前曾连续受被继承人抚养 1 年以上丧失劳动力者；（2）有劳动力父母；（3）祖父母；（4）兄弟姐妹；（5）与被继承人在同一经济生活单位，且又为其生活所必需者。同一顺序的继承人有数人时，原则上按人数平均继承，但同时又规定法院可参照各继承人经济情况，按其需要分配遗产。有继承权人中之一人发生死亡的情况下（在被继承人之前），其继承部分由该继承人之继承人代位继承。

其次是遗嘱继承。遗嘱是被继承人生前对遗产所作的处分行为。草案规定须是在财产所有人未侵害未成年人或丧失劳动力的人的前提下，得以遗嘱将其财产赠与国家机关、社会公益团体（不是封建迷信团体）或经济地位显然低于继承人的个人。

（二）对于一些特殊情况的规定

《哈尔滨市处理继承办法草案》对继承人失踪、死亡等情况作出了规定。当失踪人失踪满 5 年时法院得宣告为死亡人。但失踪人遭遇特别灾难者满 3 年即可宣告死亡。自死亡宣告时起，其继承人开始继承。

继承人不知其被继承人死亡或受死亡宣告，或继承人所在不明时，法院应通知或公示催告，限期呈报承认继承，逾期不呈报视为放弃继承权。

当继承人为其他社会主义国家或新民主主义国家的公民时，他有权继承中国人的动产或不动产的使用收益权，而其他外国人仅能继承中国人之动产。被继承人为社会主义国家或新民主主义国家的公民，其继承权的确定依本国习惯。

《哈尔滨市处理继承办法草案》还规定：无继承权的财产应归国库。但若被继承人为其他社会主义国家或新民主主义国家之公民，其财产归该国国库。

（三）男女平等的继承原则

《哈尔滨市处理继承办法草案》第 4 条规定：“女子与男子享有平等继承权，不因出嫁或寡妇改嫁而受影响。”

《哈尔滨市处理继承办法草案》的颁布和执行，一方面保护了广大人民的利益，维护了社会秩序；另一方面也丰富了解放区的司法实践，并为新中国的继承法打下了良好的基础。

第四十八章　解放区的城市房屋法规

解放战争后期，由于解放了若干大中城市，因而有关房地产和房租问题的立法，得到空前发展。这是革命根据地法制建设的一大特色。

第一节　解决城市房屋问题的基本方针

大城市解放初期，房屋纠纷大量增加，成为当时人民生活中急需解决的重要问题之一。从司法机关受理的案件来看，房屋纠纷占民事案件的首位。据北平市人民法院 1949 年 3 月至 10 月统计，房屋纠纷占民事案件的 40%。其他大城市也大体相同。为了申明房屋政策，迅速解决房屋纠纷，以安定人民生活，并为鼓励房屋修建和发展城市建筑起见，1949 年 4 月 25 日《中国人民解放军布告》明确宣布："城市的土地房屋，不能和农村土地问题一样处理。"[①] 为了从理论上阐述这一问题，《人民日报》于 1949 年 8 月 12 日发表了新华社信箱《关于城市房屋、房租的性质和政策》，指出："城市的房屋和农村的土地，基于两种所有制关系的不同，而产生了两种不同性质的剥削关系。农村的土地是自然物，由于地主阶级对土地私有权的垄断，这种土地所有权制度是封建性质的。因此，对于这种封建性的土地所有制和封建地租，必须在民主革命中予以废除。而城市的房屋则与

① 《毛泽东选集》合订本，人民出版社 1964 年版，第 1348 页。

此不同。房屋是劳动的产物，而不是自然物。在商品生产的社会中，房屋也是一种商品。由于建筑房屋需要投资，而且还要出资加以修缮。这种以收取房租为目的而使用在房屋上的投资，也就成为一种资本。因此，城市私人房主对房屋的占有，除了特殊者外，一般是属于资本主义性质的剥削。所以人民政府对于这种私人房屋仍然像对待民族资本主义一样，予以保护。至于和城市房屋相联系的地产的占有，由于其中含有若干投资（如填平、修整土地），并经多次转手买卖，已经构成房屋资本不可分离的一部分。因此，《中国人民解放军布告》才规定："城市的土地房屋，不能和农村的土地问题一样处理。"至于一部分由官僚资产阶级以政治权势掠夺的房产，则属于官僚资本的构成部分。两者的界限不应混同。

关于城市私人房屋的租金，则是借贷资本的一种特殊形态。不包括地皮在内的单纯房租，是投在房屋上的资本的利息和偿还金。因此，它和一般借贷资本一样，不构成独立的生产方式，而是以不同的地位存在于阶级社会中。在半殖民地半封建的旧中国，房租的剥削性质，基本上有以下两种：一种是资本主义性质的剥削。即房主出租个人所有的房屋，房东房客是在相对平等的地位上，用自由协商方式议定房租。租额除扣除房屋偿还金外，大体上相当于社会上的正当平均利润（这是指单纯房屋而言，但实际上在一般房租中是包括单纯房租和地皮租两部分）。另一种是封建主义和官僚资本主义的剥削。即少数官僚资产阶级或豪绅恶霸以政治权势垄断大量房产，收取高额房租，并且勾结官府，欺凌穷苦房客。这种房租，则不再属于一般资本主义性质的剥削，而是封建性的特殊高利贷剥削。另外，还有一部分是国民党各级政府的"公有房屋"，其性质与第二种相同。

在解放区的新民主主义社会里，房租的性质已发生重大变化。主要有以下两种：一种是资本主义性质的，即私人出租的房屋。另一种是社会主义性质的，即由人民政府接管或修建的房屋。这些房产是全民所有的财产。其所收取的低额房租，并不带有任何剥削，而是人民政府对于公有房屋进行分配、使用、修理和扩建的一种合理取值。

第二节　城市房屋法规的主要内容

一、城市房屋所有权和城市房租

北平市军管会 1949 年 5 月 16 日《为规定房屋问题办法》的布告、同年 6 月北平市人民政府《规定城市公私房地产登记注意事项》的布告、上海市军管会 1949 年 6 月 13 日《关于接管反动党军特务机关及没收官僚资本战犯首恶分子的房地产公告》、同年 6 月 23 日上海市军管会《上海市房地产管理暂行条例》，明确规定了房地产、房屋、房租问题的处理原则。

1. 属于官僚资本和国民党政府各部门所占有的房屋地产，即由军管会接管。属于战争罪犯、罪大恶极的首要反革命分子的房产，经法院判决没收，则归国家所有。凡被国民党反动派强行霸占之市民房屋，而由人民政府接管者，经查明确实后，得准原业主具保领回管业。

2. 凡房地产具有下列情形之一者，概由政府房地管理处暂行代管：（1）已逃亡之国民党政府公务人员之房地产无人经管者。（2）由国民党政府代管之汉奸房地产。（3）凡外侨之房地产，因原业主不在又无人经管以致被人窃占者。

3. 承认一般私人房屋的合法所有权，并保护产权所有人的正当合法经营。禁止任何机关、团体或个人任意占用私人房屋。允许房屋自由买卖，但要禁止以房屋进行投机倒把，或擅自破坏房屋等非法行为。所有房地产所有人，应向政府进行登记，并照章缴纳一定的房地产税。房地产权转移时，须由新旧业主赴地政局声请登记。

4. 房屋租约，由主客双方根据公平合理的原则自行议定。房客须依约缴租，房主应依约保障房客的权利。租金不宜过高，以保护广大劳动人民的利益；但也不宜过低，以鼓励房主修建房屋的积极性。原则上除扣除房屋折旧费和必要的修缮费外，使房主尚有一定的利润可得。在房客依约缴租的情况下，房主不得收回房屋。如房屋确系为了自住或改建时，该房屋可以收回；但须于3个月前通知租户并应依约或依照习惯给房客补贴一定的搬迁费。

5. 政府有权保护所有房屋及监督房主进行必要的修缮，并且奖励私人建筑新房。如房屋破漏需要补修时，除另有约定或有习惯者外，概由房主负责。

6. 凡因房屋纠纷双方争执不决者，应呈请政府进行调解或仲裁，如仍有不服者，任何一方得声请法院依法处理。

7. 凡伪造证件企图侵占或冒领公共房地产者，或未经政府登记批准而擅自侵占使用公共房屋者，房地产管理处除有权收回外，并向司法机关检举法办。

上述政策法令公布后，澄清了各种混乱思想，房主房客重新制定新约，使房屋租赁关系逐步正常化，进一步安定了城市生活秩序。

二、城市房地产管理制度

（一）公房公产管理办法

进入城市之后，由于没有及时制定对于公共房产的管理与分配办法，曾出现许多不应有的混乱现象。为了解决这一问题，中共中央于1948年12月20日发布《关于城市中公共房屋问题的决定》。根据这一决定，华北人民政府于1949年4月颁布《公房公产统一管理的通令》。同年9月23日《上海市房地产管理暂行条例》第四章专门规定对公有房地产的分配管理办法。主要规定以下各点：

1. 中央规定在一切有公共房产的城市，要由军管会或当地政府任命成立公共房产管理委员会及公共房产管理处，统一管理与分配该城市的一切公共房屋，不许有任何例外。

2. 一切公共房连同房屋中的家具、设备、衣服、草木等在内，不论有无机关或个人居住和已否分配，一律由房管会接收和保管，并进行登记，造具清册，成为国家财产。任何机关、团体或个人，均不得私自占用民房，非经特许，不得私自租借民房。公共房管会接收公共房产后，即拟订计划，按照该城所有公共机关、团体、工厂、学校的实际需要，将所有房屋包括家具及其他设备，一律重新作一次统一的合理的分配。

3. 经过统一调整分配后所空出的公共房屋，由管委会划作公共场所、文教机关、工农群众的招待所，并可酌量出租一部分房屋给市民。对原有的公共场所、学校、古迹名胜，应予保护，不得破坏。

4. 所有公共机关和个人被允许居住公共房屋及以公共房屋办公者，均须向房管会缴付必要的房租，作为修理房屋与水电设备、添置家具及管理人员的经费与建造新房之用。由政府制定章程，规定承租、退租手续、房租缴纳办法、损坏赔偿、管理人员的职责与职权等。

5. 中央规定：严禁一切霸占、争夺、移走、拆毁公共房产、家具、设备等行为。

（二）不动产登记办法

1948 年 10 月 14 日，哈尔滨市人民政府委员会批准试行《哈尔滨市人民政府不动产登记暂行办法》，主要内容：

1. 规定不动产的登记，以土地及建筑物为限。不动产登记物权，分为所有权和地上权两种。不论公产、私产及各社会团体所有者，皆适用本办法。不动产物权未经登记者，对抗第三人不生效力。租权已经登记者，对于以后所得物权之人，亦生效力。

2. 不动产登记声请书须载明不动产坐落、种类、地段、号数及面积；登记原因及其年月日；登记之标的；不动产的价格；证明登记原因文件、件数及参考事项；登记主管单位；声请人（或代理人）之国籍、姓名、住所、职业。

3. 受理登记时，有下列情形者不予登记：事件系不应登记者；当事人或其代理人不到场，或代理权限不明者；声请书不合格式者；声请书所载不动产之权利标示与原登簿及证明原载原因不符者；不附具声请书所必要之文件者；未经声请人或其代理人签名盖章者；不缴纳登记税者。

4. 凡因不动产移转，或因不动产赠与取得所有权者，须依不动产价值缴纳登记税。不动产所有权如有转移或其他变更时，须于 6 个月内声请登记。未经登记之不动产，经发现后命其登记者，得照登记税加倍征收。

（三）公有土地出租条例

1948 年 10 月 14 日哈尔滨市人民政府委员会批准试行《哈尔滨市公有土地出租暂行条例》，主要规定以下内容：

1. 凡承租公有土地，须由市政府按照呈请先后、建筑情形以及利用目的，酌情决定。公有土地出租年限，以建筑住宅为目的者，不得超过 50 年。以建筑工商业为目的者，不得超过 60 年。属于前两项以外者，得临时酌情决定。

2. 公有土地租金，每年评定一次。按照出租年限，逐年交纳。

3. 为了奖励建筑，繁荣市面，须依下列年限免征租金：（1）建筑水泥铁筋楼房者，免征 4 年。（2）建筑砖造铁盖楼房者，免征 3 年。（3）建筑砖造铁盖平房者，免征 2 年。（4）建筑木造砖根铁盖平房者，免征 1 年。

4. 公有土地出租后，一切捐税均由承租人负担。指定界标，经市政府建设局核准后，方准按期动工。

5. 承租土地，有下列情形之一者，须呈请政府批准后施行之：使用目的变更者；地上建筑物转让或抵押与他人者；租期届满欲继续使用者；不能如期完成建筑，须延期者；承租人姓名改换者。

6. 承租土地，有下列情形之一时，得将契约一部或全部解除：欠租金逾期六个月以上者；不服改正租金时；租期届满，不办续租手续时；违背契约条款时；如期未完成建筑亦未办理延期手续时；因都市建设计划需要或因公用必须使用时；未经建筑之土地，私自出让时。因以上各项情形解除契约时，不退还既交之租金。但对上述原因解除契约时，其地上建筑物，由政府依当时市价买收。

（四）禁止乱建乱拆房屋的规定

1. 北平市人民政府于1949年4月26日发布《取缔商民侵占公地建筑房屋办法》的布告，规定：（1）凡在本市区建筑房屋搭建厂棚者，必须分别向地政、建设两局申请核准后，始得动工。（2）凡占用公地者应向地政局申请租用，并须照章缴租，否则定予取缔。（3）凡擅自建筑房屋厂棚，有碍交通者，一概不准。

2. 哈尔滨市人民政府发现市内个别投机房主，借口“修理”或“危险”，私自拆除建筑物，而出售建筑材料，特于1949年4月5日颁发布告，规定：今后凡因修理或确有坍塌危险，欲拆除建筑物之一部或全部者，须至建设局请求许可后，方可拆除。责成各区、街政府及公安局、所，严加检查，倘有故意违犯私自拆除者，一经查出，定按情节轻重，予以处罚。

（五）外侨房地产登记办法

北平市人民政府于1949年9月15日颁发布告，公布了《北平市外侨房地产声请登记办法》，主要规定：

1. 凡在本市辖区内之外侨房地产，均须由取得人或合法代理人携带委托书，到地政局领取声请书，进行登记。

2. 进行登记时，应具备下列手续：（1）呈验全部契证（凡属于外国文契证，一律须加具中文详本，并以中文为准），以便审查，并由地政局制给收据。（2）声请人之名章及居留证明文件。（3）声请人如为教会、学校、公司、商号、社会团体或其他组织时，应由负责人或指定代理人办理。

3. 登记时间，自 1949 年 9 月 15 日至 10 月底为限。外侨在本办法公布前，假借中国人名义或其他化名，取得之房地产，亦须一律据实声请登记，不得隐匿，尤不得有掩护敌逆房地及侵冒公私房地权利之行为，违者依法处理。

第四十九章　解放区的经济管理法规

第一节　经济立法基本指导原则

抗日战争胜利后，解放区的经济法规，基本上沿用抗战时期的有关规定。1946 年 4 月，党中央为了巩固和平，恢复与发展解放区的经济建设，发布了《中共中央关于工业政策的决定（草案）》和五个附件，即《关于公营工业的发展方针》《关于私营工业的奖励办法》《关于扶植合作经营的工业发展方针》《关于技术专家的优待办法》《关于敌伪工业的处理办法》。根据上述精神，陕甘宁边区在 1946 年 4 月 23 日召开的第三届参议会上，通过了《陕甘宁边区一九四六年到一九四八年建设计划方案》，对边区经济建设的任务及方针政策作出具体规定。

解放战争后期，为了正确指导国民经济的恢复与发展，确定经济立法的指导原则，中共中央于 1947 年 12 月召开的工作会议上，确定了新民主主义革命的三大经济纲领和发展国民经济的根本方针。

一、新民主主义革命的三大经济纲领

"没收封建阶级的土地归农民所有，没收蒋介石、宋子文、孔祥熙、陈立夫为首的垄断资本归新民主主义的国家所有，保护民族工商业。这就

是新民主主义革命的三大经济纲领。”[1]

（一）没收官僚垄断资本

所谓“官僚资本”，就是国民党反动集团20多年来，搜刮人民血汗而集中起来的垄断资本。它在抗日战争时期和日本投降以后，达到了最高峰，价值约达100亿到200亿美元，垄断着全国的经济命脉。这个垄断资本，和国家政权结合在一起，成为国家垄断资本主义。这个垄断资本主义，同外国帝国主义、本国地主阶级和旧式富农密切结合着，成为买办的封建的国家垄断资本主义。这就是国民党反动政权的经济基础。这个国家垄断资本主义，不但压迫工人、农民，而且压迫城市小资产阶级，损害中等资产阶级。这个官僚资本主义的内部，由于政治腐败，管理不善，生产力非常低下，严重阻碍着我国经济的发展。为了解放社会生产力，必须没收官僚资本主义，即彻底废除封建买办的国家垄断资本主义，这是新民主主义革命的重要任务之一。

没收官僚资本，具有双重的革命意义。就摧毁国民党反动统治的经济基础，变买办封建的官僚资本为人民的企业来讲，是完成了新民主主义革命的一项重要历史任务。另一方面，由于中国的现代工业主要集中在帝国主义和官僚资产阶级手中，这些官僚资本在客观上给我国的社会主义经济准备了物质条件。没收官僚资本归无产阶级领导的人民共和国所有，就使得人民共和国掌握了国家的经济命脉，使国营企业成为整个国民经济的领导力量。因此，从改变官僚资产阶级所有制为社会主义所有制来讲，这又是完成我国社会主义革命的一大任务，为我国的经济恢复以及社会主义改造和社会主义建设事业，奠定了经济基础。

（二）保护民族工商业

保护民族工商业，是新民主主义革命三大经济纲领的组成部分。这是

① 《毛泽东选集》合订本，人民出版社1964年版，第1149页。

因为中国的私人资本主义工业，占了现代性工业中的第二位，是个不可忽视的力量。中国的民族资产阶级及其代表人物，由于受了帝国主义、封建主义和官僚资本主义的压迫或限制，在人民民主革命斗争中常常采取参加或保持中立的立场。同时还由于中国经济还处在落后状态，在革命胜利以后一个相当长的时期内，需要尽可能地利用城乡私人资本主义的积极性，以利于国民经济的向前发展。因而在这个时期内，一切不是于国民经济有害而是于国民经济有利的城乡资本主义成分，都应当容许其存在和发展。这不但是不可避免的，而且是经济上必要的。根据这一指导思想，先后在《中国土地法大纲》《中国人民解放军宣言》《中国人民解放军布告》以及各解放区人民政府的文告中，以法律形式加以确认，并作了具体规定。如1948年3月31日《陕甘宁边区政府关于保护工商业的布告》中具体规定：在土地改革中因错定成分受到侵犯的工商业，应一律迅速改正，退偿损失。对某些尚存顾虑，窖藏货物不敢营业等，应宣传鼓励其恢复营业。凡属工商业的借贷和来往账债，应予保护。“工商业者的财产及其合法经营，得受边区法律的保障。如被侵犯，工商业可依法向政府司法机关提出控告。”

此外，关于没收地主土地问题，已在本卷第十六章中论述。

二、发展国民经济的指导方针

“新民主主义国民经济的指导方针，必须紧紧地追随着发展生产、繁荣经济、公私兼顾、劳资两利这个总目标。一切离开这个总目标的方针、政策、办法，都是错误的。”[①] 这一方针后来即发展成为“公私兼顾、劳资两利、城乡互助、内外交流”的四面八方政策。

为了发展生产，繁荣经济，必须实行公私兼顾、劳资两利的政策。为

① 《毛泽东选集》合订本，人民出版社1964年版，第1151页。

了发展生产，繁荣经济，还必须实行城乡互助、内外交流的政策。所谓“城乡互助”，就是在进入城市之后，党的工作重点虽然转移到了城市，但是为了实现城市领导乡村，继续巩固工农联盟，必须实行城乡互助，以工业品大力支援农村的发展，并从农村获取粮食和必要的原料。所谓“内外交流”，既包括各解放区之间和待解放地区的物资交流，也包括国际经济交往。这是这一时期经济立法的一大突出特点。

只有将上述公私、劳资、城乡、内外四面八方的关系调整好，纳入国家计划的统一指导下，才能使整个国民经济尽快得到恢复和发展。后来这一方针，明确规定在《中国人民政治协商会议共同纲领》中，即实行“公私兼顾、劳资两利、城乡互助、内外交流的政策，达到发展生产，繁荣经济的目的”。

根据上述纲领和方针，各大解放区及省市人民政府和大城市的军事管制委员会先后制定了许多新的经济法规。

第二节　工商、矿业、营造、交通法规

一、工商业管理法规

（一）《华北区工商业声请营业登记暂行办法》

为了促进生产，发展贸易，华北人民政府于1948年12月18日颁布《华北区工商业声请营业登记暂行办法》，主要规定：（1）凡在本区设有固定厂址门市字号工商业，除应领营业牌照之艺匠小商贩外，均应依本办法声请登记。由当地县市工商主管审查属实，发给营业证，方准营业，并受到合法保护。（2）因故歇业者，须于事前呈报工商主管机关批准，并缴销原证。工商业于发给营业证者，满6个月尚未开业，或因故停业1年者，应撤销

其登记，并追缴其营业证。（3）营业证不得转让、借用或涂改，违者予以半月以上两月以下停业处分。

陕甘宁边区政府于1949年8月8日颁布《陕甘宁边区工矿商业登记暂行办法》，与华北区的规定基本相同，唯其范围较广（包括公营、私营或合作社经营之一切工、矿、商业）。

（二）《北平市药商声请注册发给许可证暂行办法》

北平市人民政府1949年制定，主要规定：（1）本办法所称药商，系指经营中药业汤剂饮片之药铺、生药庄及经营西药业之药房、药厂等而言。凡本市区域内，以贩卖或制造中西药品为营业之药商，应呈报市卫生局核准注册发给许可证，再凭证赴市工商申请登记发给营业执照后，方准营业。（2）经营中药业者，其所用店伙须熟谙中药寒热温平，气味厚薄以及有无毒性。其制售成药者（按古方或由中医师自行发明之秘方）须呈经卫生主管机关审查核准。经营西药贩卖业者，须以领有职业证明之药剂师或药剂生管理药品调剂处方。经营西药制造业者，必须由领有职业证书之药剂师制造药品。

（三）《北平市人民政府管理摊贩暂行办法》

为了保护工商业的正常发展，并整顿街道管理市场与交通秩序，防止车祸和火灾，保障社会治安，1949年5月北平市人民政府公布《管理摊贩暂行办法》。主要规定：（1）凡本市设摊零售之商贩，均须申请登记，经主管机关核准发给牌照后，始得营业。（2）因商业习惯自然形成之各业交易市场，得设交易所。各临时露天市场及马路旁摆设浮摊之地点，得视工作需要，设置管理所，负责管理市场之一切行政事项。（3）凡摊贩违反本办法规定者，得由区政府同公安局作以下处分：①警告；②一定时期停止营业；③撤销执照或牌照，勒令停业；④处以所纳营业税或牌照税1倍至5倍之罚金。

（四）《天津市管理广告规则》

天津市人民政府为了加强广告管理、整顿市容起见，于 1949 年 4 月 7 日核准施行《天津市人民政府公用局管理广告规则》和《管理广告商规则》，主要规定：（1）凡在本市揭布含有宣传招徕介绍性质之各项文字图画广告者，皆由公用局办理审查收费事宜。关于广告的保护与取缔事项，由公安局及各区政府协助进行。（2）商民声请揭布广告，遇有下列内容之一者，公用局得予核驳：进行反人民宣传者；有伤风化道德者；有挑拨诱惑及蒙混欺骗之恶意者；窃用他人商标版权者；事涉迷信者；含有赌博性质者；妨碍行政者；妨碍交通者；妨碍市容者；妨碍消防工作者；易于发生危险者；悬置过低妨碍行人视线者。（3）凡军政各界之文告、标语，得免办声请审查手续，须于本机关门首自备牌栏及公用局特设公告牌张贴。凡医师及药品声请办理广告者，须呈验卫生局之登记验许证，否则一律禁止揭布。凡无营利目的之寻人寻物揭贴，得免办审查手续，迳向本市广告牌栏揭布。凡指定为设置军政标语及公共建筑物，不得揭布广告。（4）如有违章广告，由公用局会同公安局派员会商取缔清除之。（5）《管理广告规则》规定：凡代人设计绘画揭布招徕宣传等项为业之广告商，须先呈请公用局登记审查合格，发给登记证。广告商承揽各项广告，须具有忠实介绍服务社会之精神，并遵守本规则办理，按其所需材料成本及劳动代价，合理收费。

二、矿业开采管理法规

为了进行长期经济建设，保护与发展煤矿事业，北平市人民政府制定了《平西煤矿业开采管理暂行条例（草案）》，1949 年 9 月 23 日公布试行。主要规定：（1）本区一切矿藏，非依本条例规定进行采矿权的申请登记，经主管机关核准取得执照，不得进行开采。在开采期内，须受政府的指导与监督。（2）申请采矿权者，应备具申请书及矿区图，呈县政府转报北平市政府核发矿照，并转呈华北人民政府备案。（3）申请开矿权者，应于领照后 6 个月内进行开采。如无正当理由逾期未开采，而又无开采准备者，原核准机关得撤销其开采权。申请采矿权者，于领得矿照后，不得私自出租或不按计划滥采。（4）政府对任何矿产物均保有收购优先权，矿藏开采人不得拒绝。已开采之矿区，必要时政府得随时收回矿权，停止开采，并按具体情况，征购其设备之一部或全部。（5）未经核准擅自开采者，除立即令其停止开采外，并处一定罚金。如蓄意破坏矿区，纵火放水影响生产者，除应负赔偿责任外，并依情节轻重，送法院处理。

三、建筑师和营造业管理法规

北平市人民政府成立不久，发现公私建筑中，常有因设计草率或施工不良，危害建筑物的安全，特于 1949 年 5 月 17 日发出《建筑师及营造业登记办法》的布告，规定凡拟在本市承办公私土木建筑工程之设计、绘图、估算、监工或包工者，均应先向建设局申请建筑师或营造者登记（持有旧登记证者，亦须在一个月内重新申请审核登记），未经核准发给登记证者，不得擅自开业。为了具体执行这一规定，又于同年 8 月 13 日公布了《北平市建筑师管理暂行规则》和《北平市营造业管理暂行规则》及其施行细则。

（一）《北平市建筑师管理暂行规则》

1. 建筑师受公务机关或当事人委托，办理关于建筑物的设计、检查、估价、鉴定及监造各项业务。建筑师分为甲乙两等。建筑师无论单独或共同执行业务者，其办事处概称“建筑师事务所”。

2. 建筑师领有甲等临时开业证书者，得承办关于建筑物之设计，检查、估价、鉴定及监造各项业务。领有乙等临时开业证明者，得承办仅照成规设计，无须结构计算之工程。建筑师代业主设计之草图，以能得业主之同意为标准。

3. 建筑师不得应允非工程师假借本人名义执行业务。建筑师有违反本规则之行为，或因业务上的玩忽，致使他人蒙受损害者，除应负法律上的一切责任外，由建设局视其情节轻重予以下列处分：（1）警告；（2）两个月以上两年以下停止业务；（3）撤销临时开业证书。

（二）《北平市营造业管理暂行规则》

1. 所称营造业，指经营建筑或土木工程之营造厂、公司或合作社。经营营造业者，应于开业前向建设局申请登记，由建设局审查合格后，发给营造业登记证，再向工商局申请登记。

2. 营造业分为甲、乙、丙等，以资本总额的多少、经营本业年限的长短、营造工程累计数额的大小，作为分等的标准。同时还规定营造业之资本，包括现金、不动产和动产。

3. 营造业应凭登记证，向建设局领取工程记载表，于每次工程完工后，在表内填明该工程有关事项，由建设局加盖印章发还。

此外，北平市人民政府 1949 年 9 月 26 日明令规定：凡公私建筑，须先向建设局申报核准发照后，方可施工，否则应严加取缔。公安机关凡遇未经建设局核准发照之建筑工程，应即制止，一面电告建设局，一面令其携带图章及产权证件，向建设局申报，待建设局核准发照后再准动工。

四、交通业管理法规

（一）华北区、上海市《战时船舶管理暂行办法》

为了恢复各解放区之间的通航和内海、内河的航行，以利商民人等的往来，华北人民政府和上海市军管会分别于 1949 年 3 月 1 日和 6 月 1 日公布了《战时船舶管理暂行办法》，主要规定以下内容：

1. 华北区规定：凡本国轮船向本区航政局申请，经核准发给许可证者，准在外埠与本区各港埠间行驶，或在解放区内务港埠间行驶。上海市规定：凡本国船舶向本市航政局申请注册，经核准发给规定旗号，准在本埠进行行驶。凡以本埠为船籍港之本国轮船，未经申请核准者，不准调离本埠。

2. 凡被许可进出之船舶，须遵守以下规定：（1）以载运货物及旅客为限，不得装运违禁品。（2）进出各港埠时，必须悬挂规定的旗帜及绿色灯号。（3）船员登陆时，须经船长签证，并随身携带本人海员手册或其他证件。登陆后应服从政府法令，不得有走私或其他违法行为。

3. 船舶管理检查事项，依下列规定执行：（1）进出口货物之许可检查、报税，皆依外贸管理办法及征收进出口货物税办法办理。（2）旅客之检查，由当地军警机关执行。（3）轮船之检查、引水及船员之管理，由航政局办理。（4）灯塔、灯船、标志等，由海关管理。（5）病疫之检查，由海口检疫所办理。

4. 上海市还规定了引水员及高级船员的管理雇用办法：（1）引水员及船员持有证书及手册者，须向航政局加盖新关防。（2）引水员及高级船员之执业，暂以领有原证书及手册而仍在原岗位者为限。（3）凡行驶本港区的船只，必须聘用引水员，以策安全。聘用引水员可直接与区引水公会联系。

（二）护路养路办法

1.《华北区公路征收汽车胶皮轮大车养路费暂行办法》。1949 年 4 月 23 日，华北人民政府公布了《华北区公路征收汽车胶皮轮大车养路费暂行办法》，实行用路者养路的原则，具体规定：（1）凡以营利为目的的汽车与胶皮轮大车，不论公私经营，均须依规定征收养路费。但支援前线军用运输，纯系动员性质或仅发成本费者，免征养路费。（2）养路费征收标准是：①汽车按运费价额征收 5%—8%；②胶轮车按月按套征收（单套车每月征小米 25 斤，双套车 40 斤，三套车 55 斤）。（3）违犯前条纳费规定者，得视情节轻重按隐报运费价额处 1 倍至 5 倍之罚金。

2.《哈尔滨市道路、桥梁、河川暂行保护条例》。哈尔滨市人民政府早在 1947 年曾颁布过《哈尔滨特别市政府道路桥梁及下水道雨水井暂行条例》，以后经过补充修改，又于 1949 年 10 月 28 日重新颁布了《哈尔滨市道路、桥梁、河川暂行保护条例》。主要内容如下：（1）本条例所称之道路，系指马路、市郊公路、人行便道及其附属之岗崖侧沟、街渠、下水道、视查井、雨水井而言。规定：①柏油（沥青）路禁止铁轮车及拖拉机等有伤路面之车辆通行。②禁止在道路两侧及岗崖下挖掘黄土，禁止向道路上及下水道、视查井、雨水井内倾倒污水垃圾粪尿及豆浆粉汁等。（2）本条例所称桥梁，系指市内各江河及道路上架设之水陆桥梁及涵渠而言。规定：①禁止在桥上堆货营业，或停车系马。②禁止挖掘桥侧黄土或在离桥 10 米内燃火。（3）本条例所称河川，系指市内江河本流之堤防、护岸码头、闸门及江河两岸 30 米内之土地与沙滩而言。条例规定：①禁止在江河堤岸上长期堆积物品及在江河内堆积倾倒垃圾等物。②禁止于自来水吸水管上流倾倒污水粪便及洗濯衣物，或在堤岸上晒粪、晒皮子、刈草种菜及牧畜等。（4）奖惩办法。凡破坏道路、桥梁、河川者，送公安机关依法处理。凡违犯上述禁令，分别情况，处以罚金。凡发现破坏公物窃取器材而及时报告政府者，分别按罚金比例给予奖励。

3.《哈尔滨市挖路暂行办法》。为了维护公共安全，保护道路完整，哈尔滨市人民政府于 1949 年 4 月 7 日公布施行《哈尔滨市挖路暂行办法》。规定：（1）凡在本市辖区内因故挖掘道路时，须先填具挖路许可呈请书，经建设局核准后，方准动工。（2）挖掘路面，尽可能以不妨碍交通公安及故意扩大损害路面铺装为原则。施工中，须设置日夜标志，负责防止发生交通危险。竣工后两日内，须用土填平压实。原拆之大小石块，须分别暂置路旁，不得妨碍交通，以备复旧路面之用。（3）如违反以上规定，分别情况，处以复旧费 1 倍至 5 倍的罚金，倘因此发生危险时，除由挖路者负责损失外，并送交司法机关依法处理。

第三节　农林牧业法规

一、华北人民政府关于发展农业的方针政策

1948 年 8 月《华北人民政府施政方针》指出：由于解放了若干城市并将继续解放大批城市，急需要供应粮食和工业原料，这便要求各解放区必须大力发展农业生产，增加商品粮和工业原料作物。因此，华北人民政府非常重视农业生产，向各级政府提出了以下具体要求：（1）节省民力，改变一切不利生产的活动方式。明确规定：在农业季节，必须停止对于生产无益的群众会议，停止对生产无益的各种“运动”。农闲季节，也必须照顾群众的副业生产。（2）要将农民组织起来，“在自愿结合、等价交换的原则下，继续发展农民的生产合作互助组织”，就是把农村的一切劳动力，包括已被分配给了土地的地主旧富农在内，尽可能地都组织起来，使全劳动力、半劳动力、辅助劳动力都能在生产上发挥其应有的作用。（3）必须改良提高农业技术，增加与改良农具，选用优良品种，改良耕作方法，繁殖牧畜，蓄积肥料，防除虫害，改良土质，治河防水，兴修水利以及植树造林等。（4）必须尽可能地发放无利或低利农业贷款，但须纠正平均分配和不贷给中农的错误方针，有计划有重点地贷给农村从事生产的人，并要简化贷款手续，保证全部贷款能很快到手，以免耽误生产。贷款必须有借有还，定期收回积累资本，扩大再生产，反对只贷不收的恩赐观点。

二、森林保护法规

抗日战争胜利后，各解放区继续推行抗日根据地既定的森林法规，有的地区作了补充规定，如晋察冀边区 1946 年 3 月 7 日公布的《晋察冀边

区奖励植树造林办法》，就是对 1939 年保护公私森林办法的重要补充。

以后随着解放战争的胜利发展，解放区逐步扩大，特别是在拥有大量森林和牧场的东北解放区和内蒙古自治区，护林防火工作显得更为突出。因此，内蒙古自治政府于 1948 年 4 月 13 日发布《禁止居民放野火的通令》，饬令各机关团体，切实教育居民严禁放野火，并由林务机关设法划定防火区，牌示布告，并与产林区之政府商讨组织群众，防御野火烧林。倘发现有人放火，就地捕送当地政府法办，并予捕送者以相当奖励。

以后辽宁省人民政府于 1949 年 9 月 28 日颁布了《辽宁省森林管理暂行办法》，特别是同年 7 月，东北行政委员会颁布的《东北解放区森林保护暂行条例》是这个时期具有代表性的森林法规，主要内容如下：（1）划定“保安林”。凡有防风、防沙、防水、防旱及有关军事、航行、渔业、卫生、游憩、风景之必要者，均得编为保安林。凡编入保安林者，非经东北行政委员会许可，任何人不得采伐林木、开垦荒地、挖根剔皮、采薪、烧炭及采取其他副业。（2）规定保护措施。林务管理局认为对植树造林有必要时，得限定期限、地区禁止采伐、开垦、放牧及采取树根树皮等副业。森林内绝对禁止引火。为防止滥伐盗伐，各地车站接收托运木材时，须有省以上林务机关证明，否则不予托运。为保护森林之安全，林务机关得设立护林武装，执行森林巡逻任务。（3）规定林区政府和居民的职责。林区政府应与当地林务机关取得密切联系，严格依法负责进行护林育林工作。林区政府得协助林务机关，有计划地动员组织群众，在农闲期间，参加林业生产和护林防火工作，经常宣传森林利益，教育群众树立爱护森林的观念，并组织各种护林团体（护林委员会及护林小组），林区农会和民兵均有护林之任务，林区居民群众均有消灭火灾和虫害的义务。（4）规定奖惩办法。保护森林有卓著成绩者，得奖励之。凡引火烧山、滥伐林木、偷盗林材者，除依法惩治外，并须赔偿损失。

三、奖励牧业保护家畜法规

（一）晋察冀边区保护家畜奖励牧业条例

为了增殖改进与保护各种家畜，发展畜牧事业，晋察冀边区行政委员会于1946年3月7日颁布了《保护家畜及奖励牧业条例》，主要规定以下奖励办法：（1）凡愿在本边区境内经营畜牧事业（如开办畜牧场、种畜场、养鸡场等），其因规模宏大，私人资力不足者，得拟具体计划书，申请政府批准协助。（2）凡在本边区境内私人经营、合作经营或公私合营之各种家畜家禽，经政府及有关部门组织之专门机关评定优胜者，分别予以奖金或荣誉奖励。凡私人之种畜种禽经评定优胜者，如欲出售，政府得以高价收购。（3）凡经评定合格之牝种畜，一律免纳累进税，并在繁殖年龄不得强为使役。（4）禁止打杀胎羊，禁止屠杀耕牛及1岁到15岁之马骡驴，1岁至12岁之牝牛，1岁至6岁之牝羊，以及其他种用家畜。（5）凡查获宰杀法禁家畜，或因报告而致查获者，得从罚金中提取5%作为奖金。对于能够防止牲畜瘟疫，或治疗畜病有显著成绩或有新创造者，由当地政府或转请上级政府予以奖励。

（二）陕甘宁边区发展牲畜办法

1949年4月陕甘宁边区人民政府公布《陕甘宁边区发展牲畜暂行办法》。其具体规定与晋察冀边区各有所侧重，可互为补充参考。（1）为了保护母畜、幼畜和种畜，规定了减免战勤办法；（2）规定了奖励种畜办法；（3）规定优待兽医办法；（4）严禁宰杀耕牛，凡齿老残废，不能役用者，须经当地政府批准，方得宰杀。此外，还规定牲畜发生传染病，必须切实隔离消毒，疫病死亡牲畜，必须深埋，严禁食用买卖。故意违犯者，得酌情惩处。

第四节　税收法规

为了发展生产，保障供给，《华北人民政府施政方针》确定以下税收原则：改革税制，整顿税收，力求不再加重人民负担。在土地改革已经完成的区域，废除农业统一累进税，实行按土地常年应产量计算的比例负担制，以达到农村负担的公平合理，并规定农业税负担最高不超过全区人口平均的农业总收入的20%。工商业税以不妨碍一切有益于国计民生的工商业发展为原则，最高不超过以货币计算的纯收入的25%。实行统筹分配，严禁任何人以任何名目摊派募捐或强迫慰劳等非法行为。根据上述精神，各地根据不同对象，分别制定了有关农业税（公粮）、营业税（包括公营企业所得税）、进出口货物税、摊贩营业牌照税和城市房捐、契税等法规。

一、农业税征收办法

1949年7月22日，正式颁发了《陕甘宁边区农业税暂行条例》。

1. 征收原则和计算标准：凡有农业收入之土地，不论公私经营均于扣除一定数量之免征点后，以一定比例征收农业税，非农业收入之土地（包括房院、地基、林牧地、荒地、道路、坟地等）及农家副业收入，不征农业税。农业税由土地所有人缴纳，但典当土地之农业税，由承典承当人缴纳；租佃土地之农业税，由主佃双方负担（负担办法双方自定），并由土地所有人负责缴纳。农业税一律依土地常年产量为征收标准。所谓土地常年产量，系指各种耕地，以当地主要谷作物平常年成之产量而言。

2. 免征点与征收办法：凡依靠农业收入为生活来源者，其家人口每人扣除6市斗小米（产米地区）或每人扣除9市斗麦子（产麦地区）。革命烈士、革命军人及革命工作人员，均在其本人家庭中扣除，凡贫苦之烈军工属及缺乏劳动力之退伍人员与新分土地之贫苦农民，经群众评定，呈县政府批准后，得酌情提高其免征点（一般不超过小米 8 市斗或麦子 12 市斗）。农业税之征收，于扣除免征点后，由行署（或专署）依据各县人口、土地、产量情况，在 20% 至 23% 范围内作具体规定，呈请边区政府批准。地方粮得由各县政府在不超过农业税额 1/5 范围内附征之。农业税每年征收一次，分夏秋两季缴纳。凡因遭受灾害，致收成特别减少的地区，得分别予以减征或免征。

3. 组织领导：各县应以乡（村）为单位，组织 7 至 9 人的农业税征收委员会，以乡（村）长为主任委员，其他人选由农会及群众中推选公正农民充任，经区政府审查批准。

这一条例，只适用于土改完成地区。在未经土改的新区，陕甘宁边区政府于 1949 年 6 月 30 日另行制定《新区征收公粮暂行办法》，主要确定凡土地收入（包括土地各种产物及地租收入）一律征收收益税。地主富农之土地，另征土地税。上述税额，在一般地区以不超过农业总收入的 15%，丰产地区不超过 25% 为原则。

其他解放区的农业税收办法，与陕甘宁边区的规定大同小异。

二、公营企业所得税征收办法

1949 年 3 月 2 日华北人民政府训令公布《征收公营企业所得税办法》主要规定：

1. 凡公营企业，无论工厂、矿窑、电业公司、运输公司、贸易公司、商店等，均以其纯收益计征工商所得税。所得税税率，分别规定如下：工矿业，课纯收益额的 12%；商业，课纯收益额的 15%；运输业、电业，课纯收益的 10%。

2. 纳税手续：（1）华北级经营的各种企业，不论某总分支公司、厂店、行局，均由其主管部门分别汇总，向华北税务总局缴纳。（2）各行署、省、华北直属市直接领导经营的公营企业，统一由该直属主管部门，分别汇总向各该省（市）税务局缴纳。（3）至于机关生产及地方财政经营的企业，或公私合营企业，均依工商所得税税则规定，向所在地之税务机关交纳，不列入公营企业征税范围内。

3. 公营企业除依上列规定完纳工商所得税外，其货物出产税、矿区税、盐产税、酒税、烟税、印花税、交易税等，均依条例规定就地完纳。为了补助建设地方费用，各公营企业均应依法向当地交纳工商业所得税地方附加税。

4. 凡公营企业不依规定按期完纳税款者，除依法追究其责任外，得依其应缴税款时之物价，折“饻”[①] 计算，并得依银行贷款之利率处以逾期罚金。

三、营业税征收办法

陕甘宁边区政府于1949年7月12日颁行《陕甘宁边区营业税暂行条例》，主要规定：

1. 征税原则。营业税依各业户营业性质（如工业、商业）、经营状况、利润多寡，采取民主评议计分累进原则，合理征收。凡从事临时流动营业者，均须交纳临时营业税。工商业者兼营农业者，分别计算征收工商营业税和农业税。

2. 减免范围。为奖励有利国计民生的工矿手工业以及军工、交通、国营企业、合作社等事业之发展，营业税得分别予以减免。

3. 征收办法。营业税一般按四个季度征收。征收时，组织评议委员会

① “饻”（读息），是当时华北解放区计算职工薪金的单位名称。为了保障职工工资不因物价波动而受影响，规定一“饻”等于小米二市斤，麦子一市斤，土布一市尺，煤一斤半，油五钱，盐五钱的总和。按上述实物当时当地的市价，折成现金或米，逐月支发。

进行评议。营业税经确定后，由纳税人在规定期间内，向当地税务机关直接交纳，并须取得财政厅制发的税票为凭。公营工商业得依其营业纯收益，由税务总局另行征收。凡逾期不交税者，除照章补税外，并处以应纳税额一倍以下之罚金。用其他方法企图偷税者，处以应纳税额两倍以下之罚金。抗不交纳或伪造税票章记者，得依法送司法机关惩治。

这一条例颁布后，很快解放了大片地区，为了统一税收名目，陕甘宁边区政府特于1949年9月13日发布通令，决定将老区之营业税，统称为营利事业所得税，并将过去规定半年征收一次，改为按季征收。

四、进出口货物税征收办法

到1949年，根据形势发展的需要，华北区和陕甘宁边区都分别制定（或修订）了进出口货物税条例，其基本原则是一致的，但具体办法，又各有特点。

（一）华北区进出口货物税暂行办法

《华北区进出口货物税暂行办法》共15条，1949年3月15日华北人民政府公布，主要内容：

1. 凡经准许出入本区之应税货物，皆按本办法征收进口或出口货物税。货物出入本区时，须先呈缴本区对外贸易管理局或其分局签发的进出口许可证，并办理检验纳税或免税登记手续后，始得进口或出口。各解放区间贸易往来，持有起运港口贸易管理机关之证件者，以内地贸易论，不征进出口货物税。

2. 凡应税之普通进出口货物，一律从价计征，其价格由海关按当地市场上周平均批发价格估定。商旅进口本区携带自用之行李、家具、旅途用品及馈赠之礼物等，确非贩卖性质者，均免除课税。

3. 凡违法走私漏税，一经查获，除照章追缴外，并按情节轻重，处以税额 1 倍至 3 倍之罚金；其属特许出进口货物走私漏税者，查获后一律没收。查获走私漏税之罚没提奖办法，按漏税或没收货物罚额 30% 提奖。凡直接稽征人员及其他任何机关人员，如有擅行处理罚没货物或勒索舞弊情事者，人人均可举发，经查明后，依法惩处。

（二）陕甘宁边区进出口货物税暂行条例

1949 年 7 月 12 日陕甘宁边区政府修正通过，共 4 章 24 条，主要规定：

1. 凡非本边区与友邻解放区所必需之货物，一律禁止进口。准许纳税进出口之货物，从价征收。区别必需品、半必需品、非必需品，规定不同税率。其税率最低为 5%，最高为 40%。免税入口货物，有各种交通器材、医疗用具、军用器材、机器零件、印刷器材、汽油等。禁止入口货物，有鸦片及各种毒品、各种赌具、反动淫秽书画、化妆品、迷信品等。

2. 本区与各解放区间之货物税依下列规定处理：（1）邻区已税货物运销本区者，不再征税。（2）邻区应税未税之货物运销本区时，得照本区章程纳税。（3）邻区无税货物，运销本区或经本区出境时，得按本区之规定照章补税。

3. 进口应税货物均须在进口之第一税务机关报验纳税。出口有税货物须在起运地报验纳税。凡在境内免税或无税运销之货物，如改运出境者，应在当地或就近税务机关报请查验并按出境货物规定，办理手续。

4. 凡违犯上述规定之一者，或拒绝检查、涂改税票花证、重用税票花证者，货票不符而无正当理由及证明者，用其他方法偷税者，除责令补交应纳税额外，得按应税额处 2 倍以下之罚金。凡偷运禁止进出口货物，经查获后，全部没收，暴力抗税者得送司法机关惩办。如有伪造税票花证戳记者，除没收其货物外，人送司法机关惩办。凡税务人员有违章收税或敲诈勒索行为者，依法办理。

到 1949 年 9 月，西北解放区的形势发展迅速，边区所产之货物逐渐增多，在一般货物能够自给的情况下，应大量奖励边产货物出境，以利刺激生产。因此，陕甘宁边区政府于1949年9月13日发布命令决定：凡已征收过产销税的货物出境时，一律免征出境税。如无产销税之边产货物出境时，只按进出口货物税条例征收出境税，即可允许出境。

五、摊贩营业牌照税征收办法

1949年7月25日北平市人民政府公布《北平市摊贩营业牌照税暂行办法》，主要规定：

1. 凡在本市城区及市郊营业之摊商小贩，不论有无固定场所，都依本法征收营业牌照税。凡不经登记而营业者，处应纳税额五倍以下之罚金，情节严重者，停止营业。

2. 营业牌照税，分为以下三种：（1）免征营业牌照税者，一是资金总额不满1万元（小米200斤），二是独立劳动之肩挑艺匠（补锅、补鞋、补车、擦皮鞋者）。（2）普通营业牌照，包括有固定地址之摊贩和独立经营之小家庭营业，以及自制自卖之小手工业者。按资本多少，分为七等纳税。（3）特种营业牌照，是指资本额超过5万元以上，而无固定行业之流散商人。除按前项计征外，每增加1万元，其税率按增加资本额征收10%，10万元以上者，每增加1万元，其税率按增加资本20%征收。

六、房捐征收办法

1949年8月9日天津市人民政府公布《征收房捐临时办法》，主要内容：

1. 除农村房屋外，向城市房屋所有人或受益人征收房捐。

2. 房捐率，分别规定如下：（1）出租房屋供营业使用者，按全年租金20%征收；住家使用者，按全年租金10%征收。（2）自用房屋，依建筑情况分为14等（楼房5等，平房9等），规定不同的房捐率。

3. 免征减征者，规定政府机关公立学校占用的公房，全部免征房捐。慈善团体自有自用房屋而无收益者，得申请减免房捐。本市解放后新建房屋，自竣工之日起，免征房捐一年。

4. 房捐逾征收期仍延宕不缴者，依延宕日期长短，分别加征滞纳金1/10至4/10。如逾期隐匿房产不报，或以不正当方法希图短漏捐额者，除令其补交捐款外，并处5倍以下罚款。

七、契税征收办法

华北人民政府为了奖励发展城市建筑，保护私人土地房屋所有权与买卖自由，特于1949年8月16日颁布《北平、天津市契税暂行办法草案》14条和《施行细则草案》17条，主要规定以下内容：

1. 凡本市土地房屋之买卖、典当、交换、分割、赠与、占有，成立契约后，其承受人均应依照本办法完纳契税。凡以前未投税之契纸亦依此办法纳税。契纸分为买契、典契、交换、赠与、分割、占有六种。

2. 房屋契税由市政府税务局按以下办法征收：买卖契税，为其契价7.5%；典当契税，为其契价5%；交换契税，按实际价值征收2.5%；赠与契税，按实际价值征收7.5%；分割契税，按实际价值征收2.5%；占有契税，为其契价7.5%。

3. 完纳契税，应于契约成立或承得所有权之事实成立后两个月内为之。逾期不纳者，除责令交纳，并科以应纳税额10%至100%的罚金。完纳契税时，匿报契价者，除令换契纸，据实补缴短纳额外，并按其短纳税额分别科处2倍至12倍的罚金。用欺诈方法伪造证据，侵占他人产业，或以应没收之敌逆土地房屋蒙蔽投税者，除没收已交税款外，并送司法机关依法处理。

第五节　金融法规

一、货币改革法规

在这个时期内，解放区的货币改革法规，大致可分为前后两个阶段。抗战胜利初期，主要是在所收复地区宣布废止敌伪钞票的流通，限期兑换边币。解放战争后期，在各大解放区连成一片以后，决定发行统一的人民币，逐步收回各地边币，禁止伪金圆券流通。

（一）晋察冀边区关于禁止伪“联银”券流通和以边币作为法定通货的布告

抗战胜利收复张家口后，鉴于张家口是伪蒙疆政府的首府，是敌伪统治察绥的主要据点，过去曾发行大量伪钞，晋察冀边区行政委员会为了发展经济，稳定金融，特于1945年9月15日发出布告，宣布：（1）晋察冀边区银行的钞票（边币），为本地区的法定通货，买卖计价，订定契约，均须以边币为准，所有公私款项来往，一律通用，不得拒绝使用，违者以扰乱金融论罪。（2）在察绥及雁北境内，伪“联银”券禁止携带流通，违者没收其“联银”券，巨额者或以贩卖伪钞赢利者，皆以扰乱金融论罪。

（二）华北人民政府为成立中国人民银行发行统一货币的训令

为了适应革命形势的发展和解放区经济建设的需要，华北人民政府经与山东省政府和陕甘宁、晋绥边区政府商定，为了统一华北、华东、西北三大解放区的货币，特于1948年11月22日发布了《华北人民政府为成立中国人民银行发行统一货币的训令》，决定：（1）华北银行、北海银行、西北农民银行合并为“中国人民银行”，以原华北银行为总行，所有三个银行发行的货币及其对外一切债务，均由中国人民银行负责承受。（2）自1948年12月1日起，发行中国人民银行钞票（即人民币），票面为1元、5元、10元、20元、50元、100元6种，定为三大解放区的本位货币，在各地统一流通，所有公私款项收付及一切贸易，均以人民币计算。各解放区发行的旧边币，准备逐步收回。在未回收以前，新旧货币按以下比价照旧流通，不得拒绝。人民币对冀南币（包括鲁西币）、北海币固定比价均为1∶100；人民币对晋察冀边币为1∶1000；人民币对西北农民币为1∶2000。如有违反以上规定，拒绝使用或私定比价，投机取巧扰乱金融者，一经查获，定予严惩。

（三）上海市军管会关于使用人民币及限期禁用伪金圆券的决定

上海解放不久，上海市军管会即于1949年5月28日发出金字第一号布告，宣布人民币为统一流通之合法货币，不得再以伪“金圆券”或外币为计算及清算本位。决定人民币1元折合伪“金圆券”10万元进行兑换。凡此以前之一切债权、债务、契约、合同等，均须按此比价进行折算。

上海市军管会接着在5月29日和30日连续发出金字第二号和第三号布告，宣布：“严禁伪造解放区各种货币，如有此项违法行为，一经查获，决予严惩不贷。”为了防止投机分子扰乱金融，还规定其他各解放区发行的货币，一律不得在本市流通，亦不许在本市人民银行兑换人民币。目前在江南各地流通的华中票，亦不得在本市流通，但可到上海市人民银行按既定比价兑换人民币。

二、国内汇兑办法

为了促进国内各地物资交流，繁荣经济，并便利人民汇兑，华北人民政府在1949年3月14日公布了《华北区区外汇兑暂行办法》。这里所说的“区外汇兑”，系指解放区以外国内尚未解放的城市，因贸易或非贸易所发生的一切电汇、票汇、押汇、承兑、汇票、支票、信用委托书及其他付款凭证而言。决定以“中国银行”负责经营外汇业务管理。同时，中国人民银行也得指定平津向重信誉之商业银行若干家，发给许可证，准许其在中国银行的管理下，经营区外汇兑业务。

区外汇兑之汇价，由中国人民银行牌告。指定银行得于汇价比值以外，酌收汇水。但事先须将拟收汇水额数，呈报中国人民银行核准。中国人民银行于必要时，得规定某一时期汇出或汇入的最高额。

中国人民银行授权各指定银行，根据以上规定，负责办理私人汇款及500万元以下之商业汇款。500万元以上之商业汇款，须由指定银行送请中国人民银行事先审核批准后，始得汇出。

三、金银管理办法

晋察冀边区行政委员会早在1945年10月13日就发布《关于禁止白银行使的决定》，北京市军管会在1949年3月9日发出《根绝银元买卖流通规定检查处理办法》和布告，宣布：凡行使买卖银元或以银元计价者，一经查获，除没收其所使用银元的全部或一部外，并依情节轻重予以惩罚。但私人可以保存银元，如欲行使时，可向银行按规定价格兑换法定货币。如欲携带出境，须有一定批准手续。

为了稳定金融，保护人民财富，防止走私，维护本币信用，华北人民政府在1949年4月27日颁布了《华北区金银管理暂行办法》13条，并于同年5月3日又发出《华北人民政府关于执行金银管理办法的指示》，主要内容如下：（1）本办法所称金银，系指金块、金叶、金条、金砂、银块、银条、银币、元宝、金银首饰及其他杂质金银而言。（2）除经本府批准特许出境者外，严禁一切金银带出解放区。在解放区内允许人民储存，并可向人民银行按牌价兑换人民币，但不得用以计价、行使、流通与私相买卖。（3）人民储存之金银，如在解放区内迁移必须携带者，应有区以上政府的证明。自其他解放区携带金银途经本区者，或自解放区外携带入境者，应有原地政府证明。但出口物资经批准换回的金银，得免除此项手续。（4）属于人民自行佩戴之金首饰不超过一市两，银首饰不超过四市两，私人馈赠之银质器皿不超过20市两者，不受限制。（5）自愿出售金银时，须到当地人民银行及其委托机关按牌价兑换本币。（6）金银饰品业除出售制成品外，不得私自买卖金银，不得收兑金银饰品，并应将所存材料成品及交易情况，呈报人民银行，接受银行的监督。（7）凡军民人等对以上各项的现行犯均有检举、告发、查获之权，但处理权属于县以上政府。对于报告人、查获人，政府酌情予以一定比例的奖励。

此外，中国人民解放军华东军区司令部也在1949年6月10日颁布了《华东区金银管理暂行办法》，陕甘宁边区政府在1949年8月25日颁布了《管理银洋暂行办法》，基本原则与华北区的规定大体相同。这些办法的贯彻实施，对于打击金银投机，稳定金融，提高人民币的威信，起了积极的作用。

四、私营银钱业管理办法

为稳定金融，扶植生产，保障社会正当信用，华北人民政府在1949年4月27日颁布了《华北区私营银钱业管理暂行办法》，主要内容：（1）私营银钱业，系指私人资本经营的商业银行、银号、钱庄而言。除银钱业外，其他公司行号，均不得经营存放款、汇兑、贴现等业务，违者除令其停业，并以扰乱金融论处。（2）凡欲经营银钱业者，应事先订立章程，呈请当地政府转呈本府核准登记后，方得营业。凡已核准登记设立之银钱业，欲停止营业，撤销分支行庄或变更名称组织及合并与增减资本者，须说明理由，呈请当地政府转报本府核准后，始得办理。（3）银钱业应按期造送营业报告表，呈送当地人民银行查核。

第六节　奖励科技发明法规

1946 年 4 月《中共中央关于工业政策的决定（草案）》和《关于技术专家的优待办法》明确规定：欢迎一切科学家、技术专家以及技师技工来解放区，为工业建设服务，不得因思想信仰不同，而予以不同的对待。生活习惯上要尊重他们，给以较高的生活待遇，使他们安心工作。在技术上要信任他们，并给以研究和深造的机会。奖励技术专家的发明创造，其试验费用一般由其服务的企业供给。如有特殊试验费用过多者得请求政府补助。其成功的发明，除政府给奖外，并得享有专利权。依照上述精神，哈尔滨市和华北人民政府先后制定了奖励科技发明及优待技术人员的专门法规。

一、哈尔滨市优待技术人员条例

1948 年 5 月 7 日哈尔滨市人民政府公布《哈尔滨市优待专门技术人员暂行条例》，规定凡在本市的专门技术人员，不分国籍，不分公私企业，不分在业失业，来本府登记经审查鉴定及格者，得享受下列优待：（1）有新的创造发明者，给予物质和名誉奖励，并保证其专利权。（2）有特殊价值之发明研究，无力继续者，政府给以支援，缺乏资金者，政府给以帮助。（3）本市所属各单位专门技术人员之薪金，除照发已定的工资标准外，并给以技术津贴。凡改善工人待遇而颁布的一切法规，对专门技术人员同样适用。公营商店、消费合作社出售的定量廉价物品得增加两倍。从事研究中一部分成品出售，经工商管理局审查后，认为确有价值者，得给以减税或免税的优待。技术人员失业者，给予介绍职业，在生活上予以资助。免除技术人员的战时勤务。（4）违背上述规定者，得视情节轻重予以适当处罚。

二、华北区奖励科学发明及技术改进条例

为发展生产，奖励科学发明及技术改进，华北人民政府于1948年12月20日颁布《华北区奖励科学发明及技术改进暂行条例》，主要内容：（1）凡从事于工矿、农林、畜牧、水利、交通、医药各业技术之研究试验，获有本条例所列各项发明或改进之一，且于国民经济有实际贡献者，得呈请当地县（市）政府，经行署复核后，转报华北人民政府予以奖励。（2）凡致力于上述各业技术之创造或改进者，如其资力不足，得向各级政府申请补助，经华北人民政府核准后，介绍其赴公营研究试验机关继续研究，或酌给部分资金用具，自行研究。对于确有显著成效之发明或改进而自愿深造者，得呈请政府核准，予以深造之机会。（3）奖励办法，分为荣誉奖与奖金两种。

第七节　商标法规

一、商标法规的立法概况

商标，是不同生产者或经营者为了使自己销售的商品同其他商品相区别而使用的标志。在革命根据地，自第二次国内革命战争以来，在某些公私工商企业中，对部分产品就采用过商标。但是，由于革命根据地商品经济不发达，因而没有制定商标法规。抗日战争胜利后，解放了若干城镇，特别是在解放战争后期进入大中城市之后，公私企业迅猛增加。各解放区人民政府为了保护商标牌号的专用权，促使商品生产者为维护其商标信誉而努力提高产品质量，以期达到“发展生产，保障供给”和保护消费者利益的目的，先后制定了若干商标注册法规。具有代表性的法规，前期有1946年4月18日苏皖边区政府制定的《苏皖边区商品商标注册暂行办法》，

同年8月23日晋冀鲁豫边区政府制定的《晋冀鲁豫边区商标注册办法》；后期有1948年5月14日旅大地区制定的《关东公署商标登记暂行办法》，1949年6月11日华北人民政府公布的《华北区商标注册办法》及《华北区商标注册办法施行细则》并附有“商品分类表”（共分为29项），同年8月陕甘宁边区政府也公布了《陕甘宁边区商标注册暂行办法》。此外，天津市人民政府工商局在1949年4月10日公布了《商标注册须知》，同年4月7日天津市人民政府公用局制定的《管理广告规则》中，也有关于商标问题的规定。可见解放战争时期商标法已有较大发展。

二、商标法规的主要内容

（一）商标注册办法适用的范围及其先决条件

凡解放区公私经营的工厂及手工业作坊所生产的商品，以及商号加工、拣选、批售的商品，欲专用商标者，应依法呈请注册。但未取得营业证者，不得进行商标注册。为此，各地人民政府先后颁布了有关的法规，如《陕甘宁边区工矿商业登记暂行办法》《华北区工商业声请营业登记暂行办法》《北平市药商声请注册发给许可证暂行办法》。

苏皖边区政府规定，凡有下列情形之商品商标，一概不予注册：（1）商品质量极劣，不适于应用，或有碍卫生者；（2）假冒或有意混同其他商品之商标式样名称者；（3）制造于社会有害或经法令禁售之商品；（4）工厂无固定资金者。陕甘宁边区规定“属于迷信品与违禁品之产品，不得申请商标注册”。

关东公署在1948年就明确规定，有下列各款之一者，不得作为商标：（1）相同或近似于各国国旗者；（2）滥用各国领袖、伟人及烈士像者；（3）有伤社会风化及善良风俗者；（4）相同或近似于他人注册之商标者。

（二）商标注册申请及审批手续

申请商标注册时，须呈送商标图样和货样，并填具申请书。陕甘宁边区规定申请书须载明下列事项：厂名、经理人、企业性质、类别、资金额、主要机器设备、每月产量、所需主要原料及来源、行销范围、商标牌号名称及其所代表商品的特点。

商标注册审批手续，最初晋冀鲁豫边区采取分级管理办法，即按其产销情形，分别向各级政府登记。凡在一县市境内销售者，在县市政府登记；产量较大出县经营者，由县市政府转请行署批准登记；行销全边区甚至出境行销者，由县市政府请边区政府批准注册。苏皖边区规定商标注册事项，一律由边区建设厅办理。陕甘宁和华北两区规定商标注册核驳之权，属于边区政府工商部（厅）。但因为战争环境和地区辽阔，为了便利商民起见，得向行署或市的工商处（局）呈递申请书，经其审查合格，转呈工商部（厅）核准后，准于注册。

呈请专用之商标，经审查合格者，除以审定书通知呈请人外，应先刊载于商标公报或指定的报纸，满两个月后，别无利害关系人之异议，或经辨明其异议时，始行注册，发给注册证，并依法缴纳注册费。

（三）保护注册商标专用权

商标自注册之日起，由注册人取得商标专用权。苏皖边区规定，商品商标注册后，得享受以下权利：（1）政府予以商标专用权，如有他人假冒，得受法律保护。（2）商品销售发生困难时，可呈请政府予以减税出口。（3）各工厂创制精良之商品，或有益于社会民生之商品，政府予以奖励。晋冀鲁豫边区规定，有冒用其他商标牌名者，依法论处。陕甘宁边区规定："商标专用人，发觉有伪造其商标时，得向司法机关起诉。"

（四）商标专用期限及专用权的转让和撤销

商标专用期限，华北区规定自注册之日起，以20年为限，关东公署规定为10年，陕甘宁边区规定有效期间为5年。满期后得呈请续展，每次仍以20年（或10年、5年）为限。商标专用权，得与其营业一并移转于他人，并得随使用该商标之商品分析移转。须由关系人联署，并附原注册证及转移字据，继承者须附呈合法继承证明字据，申请工商厅批准，并收缴旧注册证另换新证。

商标专用权除得由注册人随时呈请撤销外，华北人民政府规定，凡在注册后有下列情事之一者得撤销之：（1）于其注册商标自行变换（或加附记）者；（2）注册后并无正当理由，迄未使用已满1年（晋冀鲁豫边区规定为半年），或停止使用已满两年者（陕甘宁边区规定已满1年者，关东公署规定已满3年者）；（3）商标移转后已满1年（陕甘宁边区为半年），未经呈请注册者。

综观上述规定，不难看出，注册商标专用权是商标法规的核心问题。商标专用权又是以核准注册商标和核定使用的商品为前提。所以核准注册商标与核定使用的商品是密不可分的统一体。其主要目的是通过对商标的管理进一步监督并促进厂商不断改进商品的质量。

解放区的商标注册办法，是采取自愿注册和强制注册相结合的原则。审定核驳的标准，基本上以“注册在先”为原则，但在特殊情况下，也可参考出品之先后、质量之优劣、数量之多寡，由工商行政机关加以裁定。

法律保护注册商标专用权是有条件的，即只有具备以下三个条件，才能受到法律的保护：第一，商品质量的规定性。商品质量是商标信誉的基础。因此保证商品质量，是生产者的职责，也是保障消费者利益的基本要求，工商行政部门通过商标管理，鼓励生产部门提高商品质量。即实行“奖优罚劣”的原则，对优质产品予以奖励，对劣质产品予以制止或必要处罚。第二，商标时间的规定性。法律保护注册商标专用权，是有一定期限的。这一法定期限不宜过长或过短，到期可以续展。此外，对于已经核准的注册商标，还规定了未用、停用的最长时效，以及办理移转手续的期限。第三，商标地域的规定性。商标专用权，一般是在本国领土范围内有效。在革命战争时期，则是在各该行政管辖区内有效。但是，后来随着解放战争的胜利发展，解放区不断扩大并逐步连成一片，商标适用地域也随之扩大。如晋冀鲁豫边区和晋察冀边区合并为华北解放区后，原在各边区核准注册的商标，已按华北人民政府的规定，重新登记注册者，即可在全华北解放区各省市适用。

上述商标注册法规，是解放区制定的重要经济法规之一。尽管有些法规在某些方面还规定得不甚具体，各地也不尽统一，但在当时却依照这些法规审核批准了一定数量的注册商标，这对于在城市中建立正常的经济秩序，巩固国营经济，发挥私营工商业者的积极性，保证商品的质量，起到了应有的作用，并且为新中国成立后制定商标法规积累了重要经验。

第八节　对外经济法规

解放战争后期，解放区人民政府和大城市军事管制委员会，根据需要与可能，制定了有关对外贸易管理、外籍轮船进口管理和外汇管理的法规，有代表性的有以下几个方面。

一、对外贸易管理办法

为了推广输出，管理进口，华北人民政府于 1949 年 3 月 15 日公布了《华北区对外贸易管理暂行办法》。不久，中国人民解放军华东军区司令部在同年 6 月 6 日也公布了《华东区国外贸易管理暂行办法》，并于 6 月 9 日公布了《华东区国外贸易管理暂行办法实行细则》，华东区外贸局于 6 月 13 日公布了《进出口贸易厂商登记办法》，主要规定了以下内容：

1. 关于本办法的适用范围。华东区明确规定只适用国外贸易，而华北区则规定对外贸易系指本区与国外之贸易往来而言，但本区与解放区以外国内其他各地之贸易往来，也暂按对外贸易管理办法进行管理。至于本区与其他解放区之间的往来贸易，以内地贸易论，只要有各该地区贸易管理机关的证明，即为有效。

2. 关于“进出口商”的规定。（1）凡经营进出口业务的本国商人，均须呈请外贸管理局或分局批准，领取进出口贸易营业执照。（2）凡愿与我国进行进口贸易，并遵守人民政府法令的外国商人，或外国商业机构之代表，不论其所经营者系永久或临时性质，均须经人民政府外侨事务处的介绍，向外贸局申请核准，领取进出口贸易营业执照，方得经营业务。（3）华北区规定本国商人与外国商业机关进行批发贸易时，须由一方事先呈请外贸管理局核准介绍，或由对外贸易管理局代为接洽。本国商人与外国商业机关订立的合同、契约，均须呈请外贸管理局批准，始得有效。（4）进出口商如有违法舞弊情事，除违法部分由司法机关处理外，得由外贸管理局分别情节轻重，予以警告、限期停业，或撤销其营业执照。

3. 关于“出口贸易”的规定，华北区规定出口货物分为“普通出口”和“特许出口”两种。华东区分为下列三类：（1）准许出口者得由出口商自由出口。（2）特许出口者，经申请特许出口证后，始得出口（当时规定五金矿砂、石油、棉纱等为特许出口货物）。（3）禁止出口货物，非经人民政府特许不得出口（当时规定银币、块银、金块、古物国宝、历史真迹、古版书籍等为禁止出口货物）。出口商输出货品，应向指定银行签具出口外汇移存证，凭证报关出口，由海关在外汇移存证签证后，交指定银行将外汇或信用状移存中国银行，调换外汇存单。但非属商业行为之对外捐赠、广告品及样品，其总值在人民币5000元（华北区）或2万元（华东区）以内者，经海关查验属实，可免除上项手续。华北区还规定经营本区货物出口，须换回相当价值之货物进口，必要时外贸局得命令出口商换回指定货物。

4. 关于“进口贸易”的规定。进口商在向国外订购货品前，必先向外贸管理局申请领取进口许可证。进口货物，华北区分为“普通进口”和“特许进口”两种。华东区分为：（1）准许进口者，得由进口商凭进口许可证，在指定之外汇市场购买外汇存单进口，或自备外汇进口。（2）特许进口者，由国营对外贸易公司申请特许进口证进口。（3）禁止进口者，非经人民政府特许，不得进口。非属商业行为之国外馈赠、广告口品及样品，其总值在5000元（华北区）或2万元（华东区）以内者，经海关查验属实，准予输入，可免办进口手续，但禁止进口类，不在此限。此外，华东区还规定进口商如欲以易货方式进行进口贸易者，经外贸管理局特许，领取易货证明书，方得进行。华北区规定对外贸易于必要时，得指定国营对外贸易公司对进口货物优先收购，其收购价格应使进口商能获得一定的利润。

二、外籍轮船进出管理办法

为恢复上海港对外贸易，上海市军管会特制定了《对外籍轮船进出管理暂行办法》17条，于1949年6月14日公布施行，主要规定以下内容：

1. 凡进出本港之外籍轮船，不论进口或出口，每人均须经上海市军管会财经接管委员会贸易处批准。凡是挂外国旗号之轮船进入本港后，如贸易处认为有事实上之需要，得经特准由此装运客货至中国另一口岸。

2. 凡经上海市军管会贸易处或直接经上级准许进口之外轮，于到达本港前，代理人应有中文呈请文件，连同批准文件，请航运处航政局查核后，通知代理人办理入口手续。凡经准许进口之外轮，即应填具船舶入口准单申请书及请派引水声明书，连同批准文件，送经航运处航政局查核，发给船舶入口准单，并派定引水员，方准进口。

3. 外轮于抵埠24小时内，或停泊吴淞口外48小时内（星期例假除外），应由船长或代理人，将航海日志、进口舱单、船员名册及各种船舶证件，送经航政局查验。外轮抵达港口后，不得使用船舶电台发报。停泊及移泊地点，必须预先呈请航运处航政局核准，不得任意移动。

4. 外轮出口前，代理人应填具出口准单申请书，及请派引水申请书，连同船员名单、旅客名单、出口舱单、完税清单、货物出口证件等，送经航政局查核，发给出口准单，并派定引水员后，方准出口。外轮进出本港，如需雇用拖轮及驳船，应填具请派拖轮驳船申请书，送请航运处航政局核准，指定拖轮驳船予以拖运。

5. 本港现有外国轮驳，其代理人应将船员名单及船员考核及格证件、船舶证件，送由航运处航政局核准后，只准暂供黄浦江两岸间运送本公司及本厂人员来往使用，不准载运客货，不得经营该公司或有收益之客运货运。

6. 凡经批准进出口之外国轮船，货物检查报税，由海关办理；旅客检查，由军警机关办理；病疫之检查，由海口防疫所办理；船舶检查船员验证，由航政局办理。

三、外汇管理办法

为了推进国外贸易，便利侨汇，平衡国际收支，防止投机，繁荣经济，华北人民政府于1949年4月7日公布了《华北区外汇管理暂行办法》18条，又于同月11日公布了《华北区外汇管理暂行办法施行细则》15条。华东军区司令部也在1949年6月3日公布了《华东区外汇管理暂行办法》14条和《施行细则》15条，主要内容：

1. 所谓“外汇”，系指在国内外支付之一切外币款项，包括外国币券及以外币支付之票据、电汇、即期汇票、见票汇票、远期汇票、支票、旅行支票、半年以内到期付款之期票、银行通常经营之半年以内之一切付款凭证、银行及商业承兑汇票等。

2. 由中国人民银行指定中国银行为执行管理外汇任务及经营外汇业务之机构。人民银行华北或华东区行，得指定信誉卓著之银行为“指定银行”，代理中国银行买卖外汇，并代理客商买卖外汇，及代办国外汇兑事务。

3. 凡属本办法之外汇皆须存入中国银行作为外汇存款，换取外汇存单，或直接售与中国银行，换取人民币。外汇存单持有人得将其外汇存单在交易所自由交易。中国银行为法定之外汇交易场所，各指定银行皆为交易员。交易所每日牌价，由中国银行根据市场情况报经中国人民银行核准挂牌。交易员得按交易所牌价介绍或代理客商买卖，收取手续费，严禁一切场外交易。

4. 非依下列用途并持有证件者，不得购买外汇存单：（1）办理进口，持有外贸局所发之进口许可证者。（2）持有适当证件，已经中国银行核准购买外汇，预付出口货物费、佣金及保险费者。（3）持有适当证件，已经中国银行核准购买外汇付亲属或国内公司驻外职员生活费者。（4）持有出国证件，已经中国银行核准购买外汇支付出国旅费者。（5）持有经省（市）人民政府或行政公署核准之其他用途须购外汇者。外汇购买人如因交易之全部或一部分取消而不需要之外汇，原购买人应即如数按照原价卖与中国银行。因公务入境或短期旅行持有证件者，所持外币或票据，须在中国银行入境口岸兑换机构兑成人民币，或作原币存款，使用时按交易所市价支取人民币，于离开国境时，得将所余存款原币取回。

5. 指定银行，不得自己买卖外汇，并不得有代客或自己经营有关资金逃避及套汇，或其他投机行为。也不得买卖外币、有价证券及其他未经中国银行核准之业务。如有违犯规定，人民银行得撤销其准许证，并没收其外汇。除中国银行及指定银行外，任何人不得自行经营、代客买卖外汇，保存或私自转让，违者得没收其外汇，并科以罚金。

第五十章　解放区的刑事法规

第一节　主要刑事立法和犯罪种类

解放区的刑事立法，是随着革命斗争形势的变化而发展，并紧紧为革命战争的胜利和各个阶段的中心工作服务的。解放战争时期是中国人民同帝国主义和国内反动派进行战略决战的时期，因此，取缔一切反动组织，惩办反革命罪犯，便成为人民民主专政的首要任务。与此同时，由于新解放地区的不断扩大，特别是进入大城市之后，为了维护社会治安，同其他刑事犯罪分子的斗争任务，也显得更为繁重。为了完成上述任务，各解放区人民政府分别制定了各种刑事法规，确定以下各种罪名。

一、反革命罪

（一）叛国罪（汉奸罪）

汉奸罪，本是抗日战争时期的主要惩办对象。抗日战争胜利后，各解放区继续捕获大批汉奸罪犯。有些地区即按原制定的惩治汉奸条例进行审理。有些地区则制定了新的条例，将汉奸罪称为叛国罪或战争罪犯。具有代表性的刑法文献，有 1945 年 9 月 25 日《苏中区惩治战争罪犯及汉奸暂行条例》和《苏中区汉奸自首自新暂行条例》，1945 年 12 月 10 日《太行行署对战犯处理的指示》和 1946 年 4 月 8 日《太行行署关于处理伪军伪组织人员的原则及执行中应注意事项的指示》，1945 年 12 月 29 日《苏皖边区惩治叛国罪（汉奸）暂行条例》，1946 年 6 月《苏皖边区第一行政区惩治汉奸施行条例》。苏皖边区规定：“凡投敌、通敌、助敌及进行一切有利于敌人之行为，而危害国家民族利益者，为叛国罪。”条例列举 18 种叛国罪行，按其罪恶轻重，分别判处各种刑罚。

（二）内乱罪（危害解放区罪）

国民党反动派在 1946 年，利用和平谈判的时机，秘密派遣反动分子潜入解放区，大肆进行破坏活动，妄图颠覆人民政权。针对这种情况，晋冀鲁豫边区高等法院于 1946 年 6 月发出《关于特种案犯运用刑法的指示》，规定“对于意图破坏而有组织有计划地以非法之方法，着手颠覆解放区各级民主政府（地方性联合政府）及破坏和平建国纲领及有关之一切政策法令者，其为国家民族罪人，应以内乱罪惩治之”。其处理原则是：“如确系胁从或盲从分子，悔改有据，或其情节为人民所原宥者，应减轻或免除其刑；如确系首谋分子或情节严重为人民所痛恨者，得处以死刑或无期徒刑。”苏皖边区于 1946 年 6 月公布了《苏皖边区危害解放区紧急治罪暂行条例》，明确规定：“凡手持武器、爆炸物、毒药或放火危害前方战斗或后方治安者，或危害本边区党政军民生命者，处死刑。”依照这一条例，苏皖边区第一行政区于 1947 年 1 月制定《破坏解放区革命秩序治罪办法》，列举了 14 项主要罪行，并规定具体处刑办法。

（三）破坏土地改革罪

1947 年 10 月《中国土地法大纲》规定：“对于一切违抗或破坏本法的罪犯，应组织人民法庭予以审判及处分。”根据上述规定，各解放区政府制定了有关破坏土地改革的治罪法规。如 1947 年 11 月晋察冀边区行政委员会、中共晋察冀中央局、人民解放军晋察冀军区联合发布《对破坏土地改革者的制裁问题》的布告。晋冀鲁豫边区政府于 1948 年 1 月 15 日公布了《晋冀鲁豫边区破坏土地改革治罪暂行条例》，主要规定：(1) 蓄意破坏土地改革，而带头组织或勾结反动武装，举行暴动，对农民实行倒算，杀害农民或干部，或有其他重大危害农民利益者，处死刑。次要分子或包庇帮助者，处 5 年以下劳役。(2) 企图妨碍土地财产的公平分配，而宰杀牲畜，砍伐树木，破坏农具、水利、建筑物或其他物品者，处 2 年以下劳役。该条例的打击锋芒主要指向地主恶霸反革命分子，同时也规定还要制裁违反土地法大纲的其他犯罪分子。

（四）战争罪犯

1947 年 10 月 10 日《中国人民解放军宣言》明确提出："逮捕、审判和惩办以蒋介石为首的内战罪犯。"后来在《中共中央毛泽东主席关于时局的声明》中，也将"惩治战争罪犯"列为和平谈判八项条件的第一项。依照上述宣言，人民解放军总部在 1948 年 11 月 1 日发布《惩处战争罪犯命令》，具体规定：

1. 凡国民党军官及其党部政府各级官吏，命令其部属实行下列各项罪行之一，而证据确凿者，均以战犯论罪：(1) 屠杀人民，掠夺人民财物或拆毁焚烧人民房屋者；(2) 施放毒气者；(3) 杀害俘虏者；(4) 破坏武器弹药者；(5) 破坏通讯器材，烧毁一切文电案卷者；(6) 毁坏粮食被服仓库及其他军用器材者；(7) 毁坏市政水电设备、工厂建筑及各种机器者；(8) 毁坏海陆空交通工具及其设备者；(9) 毁坏银行金库者；(10) 毁坏文化古迹者；(11) 毁坏一切公共资材及建筑物者；(12) 空袭轰炸已解放之人民城市者。

2. 凡带头执行以上各项罪恶行为之一者，亦应依法惩办。

3. 凡采取有效方法，因而使人民的生命财产及一切属于本军的战利品及城市建设获得安全或免于破坏者，均给予应得之奖励。

二、取缔一切反动组织

1949 年 1 月 27 日《中共中央关于国民党、三青团及特务机关的处理办法的决定》指出：（1）由军管会或市政府出布告，明白宣布："中国国民党、三民主义青年团（当地如有中国青年党、民主社会党或其他反共、反人民、反民主的党派团体的组织与活动应一并列入）均为反动组织。""宣布中国国民党党员通讯局（原名国民党中央党部调查统计局）及其所属的一切组织，伪中央政府国防部保密局（原名军事委员会调查统计局）及其所属的一切组织，伪中央政府国防部第二厅及其所属的一切组织（当地如有其他与'中统''军统'性质相同的一切残害人民的特务组织亦一并列入），均为反动特务组织。"（2）所有这些反动党派、团体及特务机关的组织和机关，应一律解散封闭，并没收其所有的公产、档案，严禁其继续进行任何活动。（3）饬令上述一切反动党派团体的各级委员会成员及特务组织的每一个特务工作人员，向市政府或军管会所指定的专管机关（或公安局）进行登记（反动党团的普通成员，均免于登记）。（4）凡属上述应该依法登记的反动党团人员和特务工作人员，如有拒绝登记，或有破坏登记行为，或藏匿与毁坏武器、电台及重要证件、文件、档案，或履行登记手续后继续进行反革命活动者，均应受到法律的制裁。上述人员如对登记清查工作有特殊贡献者，得酌情减免其应得之罚刑，或给以奖励。依照上述决定，各地军管会发布具体实施办法，如天津市于 1949 年 2 月 23 日颁布《关于天津市国民党、三青团、民社党、青年党登记实施办法》和《关于天津市国民党特务人员申请悔过登记实施办法》。上海市军管会于同年 6 月 6 日分别发布关于解散反动党团和一切特务组织的布告。

1949 年 1 月 4 日《华北人民政府解散所有会门道门封建迷信组织的布告》指出：会门道门不仅为封建迷信组织，而且常为反动分子操纵利用，进行各种反革命活动，如充当敌探，散布谣言，甚至组织武装暴动，严重扰乱社会治安。因此特宣布：（1）自布告之日起，所有会门道门组织，一律解散，不得再有任何活动。（2）所有会道门的首要分子，应即向当地县市政府公安机关进行登记。其曾与匪特勾结或有犯罪行为者，如能悔过自新，当予以宽大处理。如抗不登记，继续活动，定予严惩。（3）所有被胁迫或被诱骗而参加会道门的一般会员群众，一经脱离组织，停止活动，一律不予追究。能揭发匪特奸谋及破坏活动者，酌予奖励。

三、其他刑事犯罪

各解放区人民政府，为了整顿社会秩序，维护国家利益和人民的安全，颁布了许多重要刑事法规。特别是辽北省在刑事立法方面，做出了突出的贡献。

（一）贪污罪

这一时期制定的惩治贪污条例，有 1947 年 5 月 6 日《东北解放区惩治贪污暂行条例》、1948 年 1 月 10 日《晋冀鲁豫边区惩治贪污条例》和 1949 年 9 月 10 日《苏北区奖励节约惩治贪污暂行条例》。凡机关、部队、团体、工厂、学校、合作社及其他公营和公益事业的一切人员，有下列行为之一者，以贪污罪论处：在土地改革中侵占或窃取群众斗争果实者；缴获敌人物资不交公私自留用者；凭借政治地位或职权，勒索、强占、敲诈或受贿者；吞没或盗卖公物、公粮、公产者；买卖公物从中舞弊者；浮报、冒领、克扣、截留应发给或解交的财物粮款者；挪用公有财物供私人营利或享受者；伪造账目，以少报多，或其他利用职权对公有财物舞弊者。各地区皆规定依据贪污数目多少、影响大小，判处相应的刑罚。如东北解放区规定贪污 60 万元东北币以上者（东北币 30 元合高粱米 1 斤），处死刑、无期徒刑或 10 年以上徒刑。晋冀鲁豫边区规定贪污数目相当于 7000 斤小米市价以上者，处死刑、无期徒刑或 10 年以上 15 年以下有期徒刑。

（二）抢夺罪、抢劫罪与盗窃罪

《辽北省惩治土匪罪犯暂行办法（草案）》规定抢夺罪，按以下办法处刑：（1）不持械初次抢夺他人财物，价值微小者，科处3月以上1年以下有期徒刑。（2）连续犯或累犯抢夺罪者，科处1年以上3年以下有期徒刑。（3）合伙3人以上进行抢夺者，主谋及首领科处8年以下5年以上有期徒刑，其余者科处5年以下1年以上有期徒刑。抢劫罪按以下规定处刑：（1）持枪械以强暴胁迫而抢劫他人财物，系初犯者，科处3年以上6年以下有期徒刑。（2）带枪械抢劫连续犯，或累犯强盗罪者，处5年以上10年以下有期徒刑，情节严重者处死刑。（3）合伙3人以上，携带枪械，以强暴胁迫方法抢劫财物者，主谋及首领处15年以下8年以上有期徒刑，情节严重者处死刑，其余者处8年以下5年以上有期徒刑。此外，还规定乘水灾、火灾或其他不幸事件而抢夺他人财物者，处1年以上5年以下有期徒刑，持械抢劫者，处极刑或10年以上有期徒刑。

《辽北省惩治窃盗犯暂行办法（草案）》规定凡窃盗公私财产者分别按以下规定处刑：（1）初次窃取他人财物，价值微小者，处2月以下拘役。（2）连续犯或累犯窃盗罪者，处6月以下有期徒刑。（3）出身恶劣，以小偷为常业，或窃盗较重之财物者，处6月以上1年以下有期徒刑，累犯者按原刑加重1/2。3人以上合伙窃取他人财物者，比照以上三项规定了较重的刑罚。

（三）杀人伤害罪

《辽北省惩治杀伤犯暂行办法（草案）》，分别就杀人罪和伤害罪规定了具体量刑标准。

关于杀人罪具体规定：（1）故意杀人罪，因贪欲嫉妒者，或危害多人，方法残酷者，或利用被害人之孤立无援而杀害者，处死刑、无期徒刑或10年以上有期徒刑。不属于上述之故意杀人，处10年以下有期徒刑。（2）因过失致人死亡者，或超过防卫范围致发生杀人之结果者，处3年以下有期徒刑。(3)因威逼虐待或污辱而使人自杀者，处死刑、无期徒刑或3年以上有期徒刑。(4)未成年人犯杀人罪，规定未满14岁者，不判刑，施以感化教育。14岁至17岁犯杀人罪者，酌情减刑。(5)未经许可的医生或巫医治死病人时，处5年以下有期徒刑、拘役或罚金。母亲杀死婴儿者，处3年以下有期徒刑。

关于伤害罪具体规定以下处刑办法:(1)故意伤害人身致轻伤者，处2年以下有期徒刑、拘役或罚金;致重伤者，处3年以上7年以下有期徒刑;致人死亡者，处无期徒刑或7年以上有期徒刑。(2)因过失或防卫过当而伤人者，处1年以下有期徒刑或拘役。(3)其他伤害，如凌辱虐待未成年男女致使妨害身体发育者，处1年以下有期徒刑、拘役或罚金。故意对人拷打、殴击或其他强暴行为使人肉体疼痛者，处6个月以下有期徒刑、拘役或罚金。机关工厂负责人对于从属地位的职工勤杂人员犯前项之罪者，处1年以下有期徒刑或拘役。

(四)妨害婚姻罪和奸害罪

《辽北省惩治关于婚姻与奸害罪暂行条例》对于妨害婚姻罪规定以下处刑办法:(1)强迫妇女结婚，或劫夺妇女与其结婚、同居者，处2年以下有期徒刑。(2)有配偶而重婚者，经其配偶告诉，或由政府与人民团体检举者，处2年以下有期徒刑。(3)用诈术骗婚、拐婚者，处2年以下有期徒刑。(4)男女双方或其亲属，以交付或收受金钱及其他财物，作为娶亲之报酬者，处6个月以下有期徒刑、拘役或罚金(但纯系纪念品交换，不在此限)。媒介人图利较大，或促成买卖婚姻者，处拘役或罚金。

关于奸害罪规定以下处刑办法:(1)与性机能未成熟之人性交，使之身体受害者，处5年以下有期徒刑。强奸者处8年以下有期徒刑。(2)用强暴、胁迫、恐吓、药剂、催眠或其他办法，使对方不能抗拒而遭奸淫者，处5年以下有期徒刑。(3)如2人以上共同轮奸者，处7年以下有期徒刑。(4)犯以上各罪招致被害人自杀，或身体遭受严重伤害者，处无期徒刑或

8年以上有期徒刑。（5）对于经济上、职务上处于从属地位的妇女，强迫使之发生性关系者，处3年以下有期徒刑。（6）对妇女乘其心神丧失，或其他相类似的情形，而奸淫之者，处5年以下有期徒刑。（7）意图营利而引诱或容留妇女与他人奸淫者，处2年以下有期徒刑、拘役或罚金。（8）直系血亲发生私奸者，处8年以下有期徒刑。

（五）烟毒罪

各解放区政府为了肃清烟毒危害，制定了许多禁止烟毒的法令，如1945年10月17日晋察冀边区行政委员会发布禁烟布告，同年11月21日制定《晋察冀边区鸦片缉私暂行办法》，1946年8月25日辽吉区行政公署制定《辽吉区禁烟禁毒条例》和《辽吉区查获鸦片毒品暂行办法》，1949年7月16日华北人民政府制定《华北区禁烟禁毒暂行办法》，同年8月20日绥远省人民政府依照华北人民政府的规定，制定了《绥远省戒吸毒品暂行办法》。不久，苏北行署也制定《苏北区禁烟禁毒暂行办法》，与华北区基本相同。采用行政措施与刑法相结合的解决办法。主要规定：（1）严禁种植鸦片烟苗、私存烟土及其他毒品，违者予以铲除或没收，并给予处罚。（2）严禁制造贩运烟毒，从事烟毒营业者立即停业，交出烟毒用具，向政府具结，违者定予严办。（3）染有烟毒嗜好者，须登记限期戒除。辽吉区具体规定量刑幅度，如贩运鸦片在500两以上者，处无期徒刑或极刑，500两以下者，处3至10年有期徒刑。设灯供人食用鸦片者，处3年以上有期徒刑或处以罚金，重犯者处无期徒刑或极刑。

（六）破坏经济罪

1. 破坏森林罪。1948年4月内蒙古自治政府发布《禁止居民放野火的通令》，1949年7月东北行政委员会颁布《东北解放区森林保护暂行条例》，规定发现放火者，就地捕送政府法办。凡滥伐林木、偷盗木材者，除依法惩治外，须赔偿损失。

2. 扰乱金融罪。1949 年 3 月 9 日北平市军管会颁发《为禁绝银元买卖流通的具体检查及处理办法》的布告，同年 4 月华北人民政府公布《华北区金银管理暂行办法》，规定银元不准在市面流通，也不准以银元计价，违者按扰乱金融论处，除没收所使用的银元的全部或一部外，并酌予刑事处罚。凡以银元走私资敌者或伪造货币者，予以严惩。但银元仍允许私人保存或向人民银行按牌价兑换。

3. 盗卖交通器材罪。晋冀鲁豫边区、东北、华北解放区和河南省军政机关先后发出训令，规定禁止市场自由买卖各种铁路交通器材，或将交通器材毁坏改做他用，违者除将器材没收外，并送法院惩办。凡破坏及偷窃铁路邮电设备器材者，处以徒刑，如因破坏上述设备造成重大事故者，处以极刑。

第二节　刑罚种类和减刑假释

一、刑罚种类

这个时期的刑罚种类，没有统一规定，在各地区的刑事立法中，主要有以下各种规定：

1. 死刑。1948 年哈尔滨市规定：死刑案件须经市政府审核，呈请东北行政委员会批准后执行。苏皖边区规定：处决死刑案犯一律用枪决。冀南区规定：判处死刑案犯如怀有胎儿者，呈请上级产后执行。

2. 无期徒刑。各地区对各种重要罪犯，基本上都规定适用无期徒刑。

3. 有期徒刑。有的地区规定最高刑期为 10 年，有的规定为 15 年，有的规定数罪并罚最高不得超过 20 年。最低刑期有的规定为 6 个月，有的规定为 3 个月。有期徒刑的执行方式，1948 年晋察冀边区人民法庭判处 2 年（或 3 年）以下徒刑之人犯，一般可交村服劳役，超过 2 年（或 3 年）者可交县监所执行强迫劳动。

4. 拘役（监管、拘禁、苦役或劳役）。有的地区规定对轻微罪犯判处6个月以下（或1年以下）拘役。

5. 管制。是这一时期规定的新刑种。1948年11月15日《中共中央关于军事管制问题的指示》规定：对反动党团各级负责人员进行登记后，对其中少数分子"实行管制，每日或每星期须向指定的机关报告其行动"。1949年1月27日《中共中央关于国民党、三青团及特务机关的处理办法的决定》，重申上述规定。

6. 罚金。一般规定为专科或并科罚金，也有规定易科罚金的，如1945年12月太行区规定对汉奸罪犯判处徒刑群众不太痛恨者，"可将刑期易科罚金，每日以10元至30元为折合标准"，但在原判刑期内，仅有生活上的自由，仍无公权。1949年9月苏北行署规定："徒刑易科罚金之办法，决定仍暂不施行。"皖北行署则规定："被告经判处徒刑后，可否易科罚金，须视案情大小与案件性质如何酌定，不能一概而论。"如犯罪者判刑后以在监执行为宜（如盗匪小偷），虽其刑期较短，亦不宜易科罚金。如罪情较轻，又因特殊原因（如有特殊职业），易科罚金即能收到教育改造之效的，则予易科罚金。但须注意不要为有钱阶级所玩弄。

7. 没收财产。1946年2月《辽西区行署关于没收财产问题之决定》：没收财产包括动产和不动产，以被告本人应继份或其自置产为限，家属共同财产或其他共有人应得份，不得没收。没收财产中，原有契约、借贷、典押等，执行机关应负责清理，不得侵害第三人之权利。没收之财物一律缴归国库。对没收财产之权利有疑义者，应在一定期间发布公告，促使关系人声报权利。如有声报者，应待调查后进行处理。如过期无人声报者，即得执行没收。经县级判决没收财产者，须经专署以上政府核准施行。晋察冀边区规定：关于没收财产事，一律报省政府或行署核准。

8. 褫夺公权。1947年4月《山东省胶东区行政公署司法处关于"褫夺公权"的几个问题》，作如下规定：（1）所谓"公权"，是民主社会里在政治上法律上一律平等的原则下，人民对国家所具有的民主权利。范围很广，但对犯罪者宣告褫夺的公权，应是指人民所公认的最荣誉最重要的资格而言。包括：选举权与被选举权；罢免权；创制权与复决权；公职候选人的资格；为公务人员的资格；学校教职员的资格；其他公认的最荣誉的资格。可根据实际需要，单独宣告褫夺其某一部分权利，如贪污犯，褫夺其为公务员的权利。（2）宣告“褫夺公权”的运用问题，通常应随主刑同时宣告，必要时也可专科褫夺公权。一般对奸特恶霸等犯应宣告夺权，普通刑事犯，估计到准其行使公权尚不致危害群众利益者，一般可不必宣告夺权。褫夺公权的期限，过去多与徒刑相同或少于徒刑，今后如系单独宣告夺权，一般不超过2年；判徒刑而宣告夺权者，一般不超过5年。开始执行的时间，单独宣告夺权者，应自判决确定时起算；判徒刑宣告夺权者，应自徒刑执行完毕时开始计算。褫夺公权须经司法机关之宣告。褫夺公权未满期前，表现好者，得由村政府请求县政府批准复权，并应召集复权大会加以宣布。1946年苏皖边区规定：对汉奸罪判处无期徒刑或死刑者，褫夺公权终身；对一般汉奸罪犯，将褫夺公权1年以上10年以下；情节轻微者，酌处褫夺公权1年以下。

除此之外，还有“驱逐出境”（主要是对外国人犯罪，认为必要时可判处“驱逐出境”）和“教育释放”（主要适用情节轻微的犯罪）。

二、减刑和假释的规定

1. 减刑。1949年1月《华北人民政府为清理已决及未决案犯的训令》规定：对判刑无误之案犯，刑期执行满1/3后，有下列情形之一者，得由监所呈报原判司法机关减刑，转呈行署核准执行：（1）经常遵守规则遵守纪律者；（2）对错误坦白真实且有清楚认识者；（3）主动积极从事劳动能完成或超额完成任务者；（4）学习经常且能帮助别人者；（5）其他适合于减刑之行为者。但前项减刑，不得超过宣告刑的1/3，不得少于宣告刑的1/10。

2. 假释。1949 年 1 月《华北人民政府为清理已决及未决案犯的训令》规定，监所对案犯之合乎下列条件者，应备具理由报请该管司法机关，转呈行署核准假释：（1）对所犯罪行有深刻认识，且悔改有据者；（2）无期徒刑执行逾 8 年，有期徒刑执行逾 1/2 者。但半年以下有期徒刑不在此限。

第五十一章　解放区的司法机关

第一节　土地改革中的人民法庭

《中国土地法大纲》总结了以往土改的经验，规定组织人民法庭，审判及处理那些违抗或破坏土地法大纲、危害土改运动和侵犯人民民主权利的案件。据此，各解放区先后设立了人民法庭，作为专门审理土改运动中案件的临时司法机关。

人民法庭的设置，基本上有两种形式，如东北解放区，设有区、村两级人民法庭，由区、村农民大会或农民代表大会及其选出的农民委员会领导，同时受上级政府领导（村人民法庭受区政府领导，区人民法庭受县政府领导）。各级人民法庭设审判委员会。村人民法庭设审判委员 7 人，由村民大会或村民代表大会选举 6 人，区政府委派 1 人共 7 人组成审判委员会。区人民法庭设审判委员 5 人，由区农民代表大会选举 4 人，县政府委派 1 人组成审判委员会。

晋察冀边区情况稍异于东北解放区。其人民法庭设于各县，采取分区办事，巡回审判或就审的方式。在各区，由县政府委派的审判员 1 人，区农民代表会选派审判员 2 至 4 人组成该区的县人民法庭审判委员会，受县政府领导。

人民法庭受理案件的范围，依据《中国土地法大纲》及各解放区人民政府颁布的补充条例，主要有如下几类：（1）一切违抗或破坏土地改革法令之造谣生事阴谋犯罪行为。（2）一切破坏或妨碍土地改革秩序，如隐瞒分散、私相授受、任意宰杀牲畜、砍伐树木、破坏农具、财产、水利设施、建筑物、农作物等行为。（3）一切浪费、侵吞、贪污、偷窃、强占、私自赠送以及贩卖土改果实的行为。人民法庭有权判处当众坦白、赔偿、罚款、劳役、褫夺公权、有期或无期监禁、死刑或宣告无罪。判处劳役的人犯，得委托区、村政府监督执行；判处监禁者应解送县监狱执行；判处死刑者，按其犯罪性质分别经省或县政府批准执行。被告对人民法庭判决不服时可以上诉，属于土改案件者，县政府为终审机关；属于政治案件者，省政府为终审机关。

中共中央十分重视人民法庭的工作。毛泽东在为党中央起草的《关于目前党的政策中几个重要问题的指示》中说："土地法大纲上规定的经过人民法庭审讯判决的这一斗争方式，必须认真实行，它是农民群众打击最坏的地主富农分子的有力武器，又可免犯乱打乱杀的错误。"①

第二节　城市军事管制时期的军事法庭

解放战争时期，在一些大中城市实行军事管制时期，设立军事法庭。军事法庭是行使特殊审判职能的非常设机构，其诉讼程序不同于一般司法机关。其主要任务是审判重大的反革命案件，目的是迅速果断地镇压反革命破坏活动，以维护革命秩序。名称上有的解放区称之为军事法庭，有的解放区称之为特别法庭。它们的职权范围和审判程序，在各个不同的历史阶段，由各解放区人民政府颁布的法律文件具体规定。

抗日战争胜利后，山东解放区即同时设有军事法庭和特别法庭。军事法庭设于山东军区司令部，以及胶东、渤海、鲁中、滨海、鲁南等军区司

① 《毛泽东选集》合订本，人民出版社 1964 年版，第 1166 页。

令部和实行军事管制的各城市卫戍司令部。山东军区军事法庭审理日军大佐以上，伪军少校以上，伪政权道以上，伪警佐以上，以及其他全省性的战争罪犯和汉奸。其他战争罪犯或汉奸，由各捕获之军区军事法庭审理。若该犯在其他地区作恶严重，也可解往该地审判。[1] 除军事法庭外，根据1946年5月24日颁布的《山东省审判汉奸战犯暂行办法》的规定，山东解放区还设有临时特别法庭。临时特别法庭和军事法庭在审判职权上的不同点在于，前者只审理叛国罪犯，后者既审理叛国罪犯，同时也审理日本战犯，而以审理日本战犯为主。组织领导上的不同点在于，前者是地方审判机关，后者虽有地方司法机关人员参加，但由军事机关直接统辖。结构上特别法庭为四级，分设于县、专署、行署及省。

在华中解放区的部分地区，如苏皖边区、苏中区等，审判汉奸战犯的职权由临时组成的专门委员会行使。在苏皖边区称为惩治叛国罪犯委员会，在苏中区称为惩治战争罪犯及汉奸委员会。这类委员会由行政、司法、公安、参议会、群众团体所推举的代表组成，向同级的地方政府负责。在苏中区的区、分区、县三级惩治战犯及汉奸委员会均由同级政府首长任主任委员。审判活动由委员会组织的特别法庭或人民法庭主持，有权判处被告人有期徒刑、无期徒刑直至死刑，但均需呈请上级政府核准才能执行。

解放战争后期，由于对大批新解放城市实行军事管制，而在军事管制委员会之下，设立特别法庭。这时特别法庭的使命不同于抗日战争胜利后设立的特别法庭，它的任务是维护革命秩序，保障人民权利，镇压重大反革命罪犯。特别法庭的组织与活动，由各军事管制委员会颁布的法令规定。

① 《山东省各级军事法庭组织条例》(1945年)，载山东省《战时法令》。

第三节　各级人民法院的建立

解放战争前期，除东北解放区外，其他解放区司法机关仍基本沿袭抗日时期的体制和名称。随着战争形势的发展，各解放区逐渐连成一片，大解放区人民政府相继成立，相应地建立了大解放区的司法机关。

1948 年 9 月 6 日，东北行政委员会发出通令，各级司法机关一律改称人民法院，推事一律改称审判员，并逐步完善了东北大区，各省、各县三级人民法院的体制。并将最高法院东北分院改称东北高级人民法院，各省高等法院改称省人民法院，各地方法院与司法科改称市（县）人民法院。

在华北，1948 年以前，晋察冀边区和晋冀鲁豫边区各设有高等法院。晋察冀边区所辖察哈尔省和冀中行署设有边区高等法院分庭，专署和县设司法处。晋冀鲁豫边区所辖太行、太岳、冀南、冀鲁豫四个行署设有司法处，专署和县设司法科。华北人民政府成立后，为加强全区司法机关的建设，采取了一系列重大措施：1948 年 8 月 16 日由华北临时人民代表大会通过了《华北人民政府组织大纲》，其中规定：华北人民政府下设华北人民法院，在华北人民政府主席的领导下行使审判职权。同年 10 月 23 日，华北人民政府颁发了《为统一各行署司法机关名称恢复各县原有组织及审级的规定》，通令各行署原有的司法机关一律改称人民法院，各县也要恢复原有的司法机关，其名称在普选的政权机关正式成立前，仍照旧称司法科或人民法院，专署司法机关不作独立一级，暂作行署人民法院的分院。此后，华北地区各县普遍开展了成立人民代表大会的民主建政工作，县级司法机关也改称县人民法院。这样，在华北区也形成了大区、行署、县三级人民法院。

在新解放的大中城市，一般在市人民政府领导下，设立市人民法院。在市人民代表会议制政权建立后，人民法院便向代表会议负责。

解放区的人民法院，继承了抗日战争时期人民司法工作的优良传统，坚持奉行镇压敌人、保护人民的基本原则，同时将严明革命队伍法纪，作为自己的神圣职责。解放区人民法院，以它的严格依法办事，坚持实事求是和密切联系群众的革命作风，赢得了广大人民的尊敬和信赖。

第四节　司法行政机关和司法行政制度

随着革命形势的发展，人民司法制度也有了很大发展，尤其是司法行政机关发展尤为显著。在华北，华北人民政府成立后，实行了司法行政和审判的“分立制”。华北人民政府设司法部，专掌司法行政事宜。华北人民法院，掌管审判工作。1949 年 3 月，中原临时人民政府成立，也设立了司法部。但在一段时间内，在省市以下则实行审判与司法行政合一制，由人民法院兼管司法行政事宜。以后随着形势的发展，这一状况逐步得到改变。例如，根据中原人民政府秘政字第 53 号令，河南省人民政府设立了司法厅，主管全省司法行政工作。

这一时期的司法行政工作较之抗战时期更为系统化、规范化。据当时法律、法令的规定，司法行政主要有以下几项内容：（1）关于民事、刑事的行政事项；（2）关于人民法院判决重大案件的复核事项；（3）关于司法法规的编拟事项；（4）关于人民法庭的组织与领导事项；（5）关于监所犯人的教育管理事项；（6）关于各级司法人员的铨叙、教育等事项；（7）关于法院、监所的设置与变更事项；（8）关于司法经费的预算、审核、开支、报销事项；（9）其他有关司法行政事项。

司法行政机关的构成，以华北人民政府司法部为例，设有正副部长，下设二处三室。即第一处、第二处、秘书室、视察室、编辑研究室。并直辖华北第一监狱。第一处主管司法行政，设行政、复核、监狱三科；第二处主管司法干部，设铨叙、训练二科；秘书室设行政、人事、机要、事务等秘书，以及文书、统计人员。

各大区司法部成立后，采取了一系列有效措施，如规定各级司法机关报告制度，大力推广各级法院的司法工作经验，及时发现和指出司法机关应予注意的问题等，通过这些措施，有力地推进了解放区的法制建设。司法行政的分立，是司法行政工作的重大发展，它为建立新中国统一的司法行政体制和开展司法行政工作积累了经验。

第五十二章　解放区的诉讼制度和人民调解制度

第一节　诉讼制度的发展变化

解放战争开始后，随着解放区的扩大与联合，为了更好地宣传和实施新民主主义法制，人民的诉讼制度也不断地得到充实和发展。

一、刑事诉讼制度

（一）检察机关与公安机关职权的划分与运用

解放战争时期检察权的行使依然是附设于人民法院的检察机构（或人员），公安机关也在不同程度上行使检察职能。依据当时各解放区颁布的法令、法规，在处理刑事案件时，公安机关和司法机关权责的划分基本有以下三种类型：

1. 依据案件的性质划分权责。《华北人民政府关于县市公安机关与司法机关处理刑事案件权责的规定》《苏北行政公署关于县市公安机关与司法机关处理刑事案件权职的规定》是这方面有代表性的法规。其中规定：反革命案件（汉奸、特务及内战罪犯等）的侦查权属公安机关。此类案件一经起诉，司法机关则有权审理，依法论罪科刑。在司法机关审理过程中，公安机关可追诉，可提出意见，但司法机关是否采纳对于被告人认定有罪或无罪、量刑或轻或重，公安机关不得干涉。如有不同意见，公安机关可上诉，但不得干涉司法机关行使职权。至于普通刑事案件，公安机关除采取紧急与必要措施外，应移交司法机关处理。

2. 按照起诉方式划分权责。在冀南地区刑事案件有公诉、私诉之分。对于公诉案件，任何人均有检举告发之权，一切反革命案件必须经由公安机关侦查向司法机关起诉。未经公安机关侦查而起诉的案件，应送公安机关侦查。若侦查不具体或材料不充分的案件，须由公安机关再行侦查。侦查完毕，应将案件连同被告及一切证据移交司法机关审理。对于自诉案件，告诉人可用口诉或状诉，由司法机关直接受理，受理后以口头或书面方式答复。匿名信不以起诉论，只作调查材料处理。

3. 对于反革命案件和其他刑事案件，由公安机关代行司法机关之检察权。解放战争时期依据1946年边区政府的规定，各级公安机关对于反革命案件及其他一般刑事案件代行司法部门的检察权，而不限于24小时的拘留权。公安机关对于案件侦查预审后，以检察机关资格向司法机关提起诉讼。根据这一规定，各司法机关的检察部实际上已经不存在了。但判决权仍属于司法机关。公安机关只是依法行使检察权和处理违警案件。东北地区各级人民法院设有检察员1至5人，负责侦查提起公诉，实行上诉、协助自诉、指挥刑事裁判的执行。据当时法律规定，这些检察员均由公安机关首长或其他公安负责人充任，实际上仍是公安机关代行司法机关的检察权。只不过是法律规定的形式有所不同而已。除公安局有向人民法院提起公诉之权利，一般刑事案件被害人亦有权向人民法院据实起诉，其他机关团体、部队或个人也有权向人民法院据实起诉。

（二）刑事复核制度的发展

解放战争时期刑事复核制度在各解放区得到进一步的发展与完善。这方面的代表性法规有:《晋冀鲁豫边区关于审级及死刑核定的暂行规定》(1946 年)、《太行行署关于重新规定审级审核制度的通令》(1946 年)、华北人民政府发布了《关于确定刑事复核制度的通令》(1948 年)、《内蒙古自治政府关于确定死刑审核及上诉制度的命令》(1949 年)。华北人民政府《关于确定刑事复核制度的通令》规定:(1)各县市人民法院(包括县司法处或司法科)判处不满 5 年的有期徒刑、拘役或罚金的案件,原被两造均不上诉或已过上诉期的,原判决即为确定之判决。但应将判决书每月汇订成册,呈请省或行署人民法院核阅。核阅中认为某案有复核之必要时,应即调卷复核。(2)县市人民法院判处 5 年以上徒刑的案件,原被两造声明不上诉或过上诉期限时,由原审判机关呈送省或行署人民法院复核。若经核准,原判决即为确定之判决,若认为原判不适当,得行改判或发还更审。(3)各县市人民法院,各省、各行署、各直辖市人民法院及其分院,判处死刑的案件、被告声明不上诉或上诉期限超过时,县市人民法院呈经省或行署人民法院核转,或省、行署、直辖市人民法院迳呈华北人民法院复核,送经华北人民政府主席批准,始为确定之判决。(4)各省、行署或直辖市法院判处有期徒刑、拘役、罚金的案件,原被两造声明不上诉或过上诉期时,即为确定之判决。但应将该判决书每月汇编成册,呈请华北人民法院备查。华北人民法院如认为某案有核查之必要时,得调卷复核。

二、民事诉讼制度

(一)诉讼费征收制度

解放战争时期,晋察冀边区行政委员会为了提倡民间调解,减少诉累,进一步扩大了民事诉讼费用范围。规定讼费包括审判费、执行费及当事人因诉讼支出的费用三种形式。(1)审判费:民事因财产而起诉者,依诉讼标的之金额或价额之多少标准征收审判费。民事非因财产而起诉者,依申请办理。民事申请包括申请再审、抗告或再抗告、申请假处分、申请回复原状、申请除权判决等，一律征收审判费10元。反诉与本诉标的同范围的，免征；反诉标的范围较大者，按余数征收。第一审与第二审及申诉审判费用相同。（2）执行费：不满千元者免征；千元以上者每千元征收10元；不经拍卖手续的执行费减半征收；诉讼费用的执行，不征执行费。（3）当事人因诉讼支出之费用：包括当事人食宿费及路费、证人食宿费及路费、状纸费、勘丈勘验费、鉴定费、翻译费。在判决时应注明负担费用方。抗日军人家属与贫苦工农免征审判费。晋察冀边区和晋冀鲁豫边区的冀南区各级司法机关征收的诉讼费用均视为司法收入，不准挪用与截留，一律由财政部门转上级政府。

1948年8月，华北人民政府成立后，为方便人民的诉讼，于11月27日发布取消一切诉讼费用。在这一通令中，华北人民政府还同时废除了区村介绍起诉制度。

（二）简易诉讼程序

解放战争期间，诉讼立法有了很大的发展。1946年中冀南地区制定了《冀南区诉讼简易程序试行法》，1948年10月24日哈尔滨特别市政府常委会通过了《哈尔滨特别市民事刑事诉讼暂行条例（草案）》。1949年在哈尔滨市人民法院工作总结中，进一步分别提出了“刑事诉讼办法草案”和“民事诉讼办法草案”。表明新民主主义的诉讼法规已步入新的发展时期。《冀南区诉讼简易程序试行法》分三部分：民刑通用诉讼程序、民事诉讼程序、刑事诉讼程序。

三、非讼事件

东北地区的法令法规中曾规定有非讼事件的处理办法。1946年10月19日的《东北各级司法机关暂行组织条例》第一章第三条规定：各级司法机关审判民刑诉讼案件，并管辖非讼事件；地方法院及县司法科管辖非讼事件；最高法院东北分院管辖非讼上告案件。

哈尔滨市人民法院1949年工作总结中，非讼案件涉及有确认继承权，确认契约有效，变更名义、确认所有权，选任遗嘱执行人，管理财产，公证遗嘱，认证委任状，交付遗产等10余项内容，为全国解放后司法工作提供了一定经验。

第二节 人民调解制度的发展

解放战争后期，随着战争向全国的推进，大城市相继解放，人民调解制度开始由农村向大城市发展。在各解放了的大城市中逐步建立起人民调解组织并积极开展人民调解工作。

一、华北人民政府关于调解民间纠纷的决定

1949年2月25日，华北人民政府颁布了关于调解民间纠纷的决定。虽然这仅是对华北广大农村多年调解工作的经验总结，但它所确定的原则同样“适用于城市”，成为人民调解制度由农村向城市发展的标志。

（一）调解的组织及方式

调解进行首先是应依靠公正的双方当事人的亲友、邻居及村干部；其次是政府调解。村政府须设立调解委员会，村主席是当然委员或兼任主任委员，其余委员由村人民代表会选举或村政府委员会推举。区公所依工作繁简可设调解助理或调解委员会。区调解委员会以区长为主任委员，委员则由区公所聘请群众团体代表或在群众中有威信的人士充当。最后是已起诉司法机关的案子，如认为必要时，亦可调解。方式有：（1）法庭调解，

在法庭上劝解当事人和解息讼；（2）指定双方信任的人在法庭外调解。

（二）调解范围

凡民事案件均得进行调解，但不得违反法律上的强制之规定，如买卖婚姻，超过规定出租金或利息等。凡刑事案件损害国家、社会、公共团体、公共治安及损害个人权益较重者，不得进行调解。一般轻微刑事案件皆可进行调解。

调解应以劝说和解为主，但也必须依据政策法令，提出必要的处理办法，不可强迫服从；亦不可无原则地“和稀泥”。有坚持不和解者应依法审判。

不属调解范围，经县司法机关指令纠正或撤销时，调解人或调解机关及双方当事人应服从，不得违抗。

二、人民调解制度在大城市的推行

从1949年3月15日，天津市人民政府公布的《关于调解程序的暂行规程》之中，可以看出这一时期的大城市调解工作的概貌。

（一）调解组织的结构及其权限

天津市人民政府倡导的调解，从性质上来说属于政府调解。调解组织由政府设定，为三级结构，分别设于市政府、区政府和街政府。市设调解仲裁委员会；区设调解股，是区政府的组成部分，行政上由区政府领导，业务上接受人民法院的领导，工作上接受市调解委员会的直接领导；街设调解委员会，是街政府的组成部分，行政上由街政府直接领导，业务上接受区调解委员股的领导。

区、街调解组织的工作范围仅限于劳资、东伙、房租、婚姻、借贷、继承等普通民事纠纷；外侨劳资及其他情节复杂的民事纠纷，区、街调解组织不得擅自处理，应当及时报告市调解仲裁委员会处理。

（二）调解工作的原则及一般程序

各级调解组织在工作中必须坚持自愿原则、合法原则。只有当事人双方自愿才能构成调解的基础，而调解必须以军事管制委员会和人民政府颁布的法令和政策为依据，不得无原则地调解，以免群众利益受害。强调调解的自愿原则并不影响调解组织主动地进行调解或根据当事人一方或双方的自愿申请进行调解。

在调解过程中，当事人的一方或双方如有正当理由可以提出要求调解人员回避的申请；调解人员如认为本人有回避的必要时，也可以自行回避。为了提高工作效率，区调解股和街调解委员会可在当事人所参加的人民团体或其他社会关系中约请调解人参加。

对于事件轻微而又须迅速了结的纠纷，调解组织得以当事人双方言词上的首肯为和解成立。对于复杂而又重要的纠纷，则要制作和解笔录，载明当事人双方的姓名、年龄、职业、籍贯、住址、事实经过、和解理由和条件，和解成立的时间，并应有调解组织和双方当事人的签名、盖章。调解成立后，除双方同意废止外，随即发生法律约束力。

第五十三章　解放区的狱政制度

第一节　对教育改造罪犯经验的全面总结与发展

抗日战争胜利后，解放区人民民主政权的狱政建设面临新的形势。第一，随着人民抗日武装对大片国土的收复和解放区的迅速扩大，清理、惩治汉奸和教育改造各种刑事犯罪分子的任务也随之繁重起来，这就要求加强解放区的狱政建设。第二，大批县城和部分中等城市获得解放，建立起比较稳定的根据地，为监所建设提供了有利条件。第三，为了加强解放区的民主与法制建设，必须把解放区的监狱建设成为我国历史上最文明最进步的监狱，这已成为解放区司法战线的一项重要任务。在这种形势下，各解放区政府一方面健全了监所设置，充实了监所机构；另一方面，全面总结革命根据地监所工作经验，从理论上、政策上，丰富和完善了新民主主义的狱政思想和监狱制度。1945 年 12 月的陕甘宁边区推事、审判员联席会议，1946 年太行区司法工作会议等，进一步明确了以下观点和方针政策：

1. “把犯人当人看待”。陕甘宁边区高等法院在边区司法会议的总结报告中指出：“犯人也是人”，是“犯了法的普通人”，“不能把犯人不当人看”。这是解放区监所工作的一个根本观点。从这个观点出发，第一，对犯人要实行革命人道主义，禁止侮辱、虐待、打骂等一切非人道待遇，改良监所的卫生环境和犯人的生活待遇，建设文明监狱。第二，采取“治病救人”的态度。对犯人的教育改造，要从尊重其人格开始，关怀其前途，关心其生活，以说服教育的方法，帮助其认识犯罪的根源和获得新生的道路。

2. 实行“教育改造主义”。太行区司法会议指出：“看守所不仅是看管自新人的所在，而且主要是个非常尖锐复杂的思想斗争场所，是个治病（思想病）救人的地方。”监所三大任务——管理、生产、教育之间的关系，“生产是为了教育，管理也是为了教育，进行思想的感化教育，是监狱看守所工作的中心一环”。陕甘宁边区司法会也指出：“对犯人的教育是监所工作的中心，而教育是以实际改造其思想为主。”与此相适应，各边区都批判了单纯看守的思想为“报复主义”与“惩办主义”。强调对犯人进行三大教育即政治教育、劳动教育和文化教育。

3. 以思想教育为主。解放区人民政府总结长期的实践经验，进一步提出以思想教育为主的观点。各地司法会议一再强调，对罪犯的教育改造，必须以思想教育为主，以实际改造其思想为目的，并把思想教育作为推动监所各项工作的中心环节，贯彻始终。要根据不同对象，不同的思想问题，进行转变思想的工作。

4. 教育与生产劳动相结合。解放区人民政府明确提出教育与生产劳动相结合的方针。根据这一方针，既要反对只抓劳动，不抓教育的单纯生产观点，又要反对不抓生产，单纯依靠政府财政支持的思想。认为在战争时期政府财政困难的情况下，“生产工作是看守所一切建设的物质基础”。又因为绝大多数犯罪分子都是好逸恶劳、剥削阶级意识严重的人。培养其劳动观念、劳动习惯和劳动技术，乃是对其进行教育改造的必由之路。

5. 监所领导下的“犯人自治”。解放区的监所，继承了抗日时期实行“犯人自治”的经验，并对其进行了总结和推广。1946 年太行区司法会总结“犯人自治”的经验时指出：集中犯人中的积极力量，在监所干部领导帮助下，于一定范围内实行“民主管理”，是个成功的经验。建立“自新人生活管理委员会”或“俱乐部”，其干部由犯人推选，监所批准，组织犯人的学习、劳动及文化体育活动，并可对监所工作提出建议与批评。这可以激发犯人工作及自我改造的积极性，培养其适应群体生活的民主习惯，也可以对监所干部起监督作用，有利于改进工作。

第二节　对汉奸、战犯及反革命分子的教育改造

解放战争时期，解放区人民政府创造了“联合看守所”“联合监狱”“俘虏军官教导队”“管训队”等新的监所形式，作为对汉奸、战犯及国民党政权中的反革命骨干分子进行看守、审查和教育改造的机关。

“联合看守所”。日本投降后，在收复中小城市的过程中，由地方公安机关、军队政工、保卫部门采取联合行动，对日伪汉奸分子进行清理。为适应这种形势，一些县、市政府建立了“联合看守所”。收押各有关部门逮捕的日伪汉奸分子，对他们进行集中关押和审查。

“联合监狱”。根据联合看守所的经验，有些地区还进一步建立了“联合监狱”，它建立于行署一级，由行署司法处、公安处、军分区保卫部等单位的负责人组成领导小组，对联合监狱的重大事项作出决定，指导全面工作。联合监狱主要收监已判决徒刑的汉奸犯和其他刑事犯，同时兼收所在地的未决犯。

“俘虏军官教导队”，是人民解放军系统建立的，对战争中俘虏的国民党军队中的战争罪犯及一定级别的军官，进行集中教育审查的机关。它和一般的看守所、监狱不同。首先，根据优待俘虏的政策，给他们以较好的生活待遇。在管理上除严格警戒防止逃跑暴动外，在内部给以较多的活动自由。其次，它以政治思想教育，转变其政治立场为主。除对其中的战争罪犯、特务分子和其他反革命罪犯，将移送公安、司法机关处理外，绝大部分皆予以开释。

“管训队”，是地方公安机关领导的，对国民党反革命骨干分子进行集中管教和审查的临时监所机构。一般设于边区政府、行署和新解放的大中

城市，由公安局预审处（科）直接管理。其任务是：第一，收押看管在日伪及国民党反动机构中担负一定领导职务的汉奸及反革命骨干分子，防止其破坏与捣乱。第二，对其进行政治教育，促使其转变反共反人民的立场。第三，审查他们的历史罪行，根据其罪行大小与悔罪程度等情况分别处理，或遣返回国民党统治区，或安置使用，或移送司法机关审判。其中大部分留待全国解放后处理。第四，收集整理国民党党政警宪特务系统的组织及人员资料，以便彻底清理国民党反革命势力。全国解放后，管训队陆续以大城市的旧监狱为地址，与一般监所合住分管。

解放区人民政府对汉奸、战犯及国民党党政军骨干分子的教育改造，取得了巨大的成功，大批反动营垒的成员经过教育，放弃了反动立场，站到人民大众一边。绝大多数人坦白交待了他们的罪行，表现了悔改的愿望，得到了从宽处理。这一成功表现了中国共产党和人民政府政策的正确性和巨大威力，也是人民政府监所工作的伟大成就。

第三节　进入大城市后的狱政建设

解放战争后期，随着大城市陆续解放和党与人民政府工作重点转向城市，解放区的狱政也进入了以城市大监狱为中心的系统化正规化建设的新阶段。

一、接管改造旧监狱，建立人民民主政权的新监狱

从前国民党政府在各省建立了陆军监狱及各种特务机关的看守所、“训导队”、“集中营”等监所，用以镇压迫害革命人士和劳动群众。人民政府进入大城市后，对特务机关的监所一概查封废除，对于普通监狱则进行改造，把它变成人民民主专政的工具，用以镇压反动势力的颠覆破坏活动，

教育改造反革命罪犯及其他多种危害人民民主专政秩序的犯罪分子。

解放区人民政府在接管旧监狱后，首先对在押犯进行清理。对凡因从事革命活动而被关押者，立即迎接出狱；凡属被迫害的人民及一般刑事犯罪，一律释放；对于惯匪及因国民党内部斗争而被关押的反革命骨干分子，则暂不释放，留待以后审查处理。其次，废除旧的监狱管理机构，对于旧的管理人员，进行清理，区别对待，将其中罪恶严重的反革命分子、特务分子，交由公安机关管训审查；对那些恶习较深，不堪留用者，或遣返，或另外安置就业；对少数经过审查教育，尚可使用者，特别是有一定专长者（如生产管理人员，财务、医务等技术人员），则酌情安排使用。最后，建立新的监狱管理机构，一般设典狱长 1 人，担负全面领导责任。在典狱长下分设总务科、管理科、教育科、生产科，分掌各有关事务。

随着大城市的陆续解放和接管，迅速建起了人民民主政权新的监狱体系。各省省监狱及其分监狱（或称第二、第三监狱）成了解放区监狱的主体。判处 1 年以上徒刑的犯人，都送交省监狱及其分监狱教育改造。地区和县一般只设看守所，主要拘押未决犯和判处 1 年以下徒刑或拘役的犯人。这样，解放区的监狱建设，就走出了以农村为基地的状态，形成了以城市大监狱为主体的新体制。

二、建设正规化的新型监所制度

监所管理正规化，是把解放区长期以来形成的监所工作的优良传统和教育改造工作的成功经验，变成适应城市环境的完整、系统、规范化的管理制度。同时也是彻底废除旧监狱管理制度，建设具有革命人道主义精神，体现感化教育和劳动改造相结合方针的新型监狱管理制度。

1. 建立干部学习制度，抓好干部教育。由农村进入大城市，管理大监狱，老干部要提高政策管理水平，新吸收的大批青年知识分子需要革命理论和政策的武装。搞好干部教育，乃是管好监狱工作的关键。因此，各单位普遍建立了正规的干部学习制度，学习马列主义毛泽东思想和党的新民主主义革命的理论与政策，学习解放区的新型狱政思想、方针、政策，批判剥削阶级的狱政思想和管理作风，引导干部树立新民主主义的法制观点，教育改造主义的狱政观点，执行人民政府的刑事政策和监狱法规。从而培养出一支具有高度政治觉悟，良好的狱政业务水平和优良工作作风的新型狱政干部队伍。

2. 建立正规的犯人教育制度和思想工作制度。与旧监狱的“惩办主义”“奴役主义”相反，人民政府对犯人实行感化教育的方针，建立系统的教育制度和思想工作。监狱不仅设有管教干事，负责犯人的思想工作，而且设立了专职教员，建立经常的上课制度，负责犯人的学习。组织犯人学习党的新民主主义理论和政策，学习人民政府的法令。还请有关领导和社会人士作报告。有的还组织犯人参观，对其进行社会教育。

新的监狱还建立起深入细致的思想工作制度。首先对犯人在狱中的各个阶段及各个环节上的思想活动规律要进行深入了解，并进行有针对性的教育，克服其抵触、恐惧、想家、苦闷等不正常情绪。还针对各个犯人的不同思想问题，进行个别教育。针对不同类型犯人的特点，进行分类教育。如哈尔滨市监狱按犯罪性质特点，把犯人分为反革命、贪污、窃盗、强盗、贩毒、通奸等十四种类型，分析其犯罪原因、危害后果和错误思想，进行分别教育，起到了很好的教育作用。

3. 积极组织监狱生产，建立劳动改造机关。人民政府接管旧监狱后，为开展监狱生产，建立劳动改造制度，作了极大努力，并迅速取得了重大成果。如哈尔滨市监狱，在 1947 年 7 月就提出“组织生产、自给自足”，“通过劳动、改造犯人”的方针。建立了织布厂、印刷厂、被服厂和铁工厂。到 1948 年，仅用生产收入的 27%，就实现了监狱全部经费自给。还用 35% 的生产收入搞扩大生产，30% 的收入搞基建，使监狱条件有了重大改变。许多犯人通过生产劳动，养成了劳动习惯，学会了生产技能，并在获释后谋得了正当职业。

4. 改良监狱环境和犯人待遇，建设文明监狱。人民政府从革命人道主义出发，大力改造了旧监狱的恶劣环境，修缮监房，清理环境卫生，建立卫生医疗设备，严格的卫生制度，把监狱建成通风、明亮、清洁、文明的处所。

在监狱管理上，人民政府坚决改变旧监狱那种把犯人不当人看，任意摧残、折磨、盘剥的恶习和单纯囚禁的管理方法，实行感化教育、劳动改造和革命人道主义。严格禁止肉刑和侮辱、虐待犯人，除个别有发生意外事故危险的重犯外，一般不得使用手铐、脚镣等戒具。销毁了旧监狱的刑具。改变犯人的生活待遇和生活制度，首先使犯人吃饱饭，在发展监狱生产的基础上，改善犯人生活。改变犯人终日蹲监守法的状况，丰富犯人生活内容。实行新的作息制度，一般安排有早操、整理内务、读报、上课、劳动、学习讨论与生活检讨会、文化娱乐等，利用各种方式对犯人进行教育，并促进其身体健康，活跃其情绪。建立犯人“俱乐部”或“自治会”，开展犯人自我教育活动，并协助监狱行政进行管理。

在党和人民政府的正确领导下，解放区广大狱政干部依靠根据地形成的先进的狱政思想及工作经验，发扬革命作风，在短时期内迅速建立起了以城市大监狱为主体的新的监狱体系，为新中国的狱政事业奠定了良好的基础。

第四节　劳动改造制度的发展

解放区人民政府除了组织大监狱的劳动改造工作以外，还闯出一条走出监狱，组织“劳动改造队”，在农村、矿区建立劳动改造基地的路子，从而形成了监狱和劳动改造队两种对犯人进行劳动改造的场所。

1946 年，晋察冀边区高等法院自新艺所在灵寿县，带领近 300 名犯人，在山区开荒种地。明确以“劳动改造队”的名义，在矿山农村建立劳改基地，对大批犯人进行劳动改造，则是在解放战争后期。如沈阳市法院建立的弓张岭铁矿劳改队，松江省和哈尔滨市法院建立的双鸭子矿劳改队等。

劳改队虽然也是执行徒刑、教育改造罪犯的单位，但它和监狱又有所不同。第一，它是根据生产的需要和生产单位的客观条件来安排犯人的居住和管理，而不是根据监狱的条件和要求来安排生产。在开阔的生产场地，从事矿山、农业等野外生产，犯人有着较大的活动范围。第二，它是按军事组织形式来组织管理犯人。数人编为一组，数组一班，其上有小队、中队和大队等编制。第三，劳改队更突出地把生产劳动作为改造犯人的途径。各地劳动队都开展了更活跃、更丰富的思想教育、政治宣传和各种文化活动，加强了考核、评比、奖励和惩罚制度，以调动犯人自我改造和生产劳动的积极性，进一步加强了犯人自己教育自己、管理自己的“自治”活动。第四，由于上述特点，劳改队一般比监狱的基建投资和经费开支小，管教人员和警卫武装少，而生产效益却比监狱大。但劳改队不能完全替代监狱的职能。

图书在版编目（CIP）数据

中国法制通史 / 张晋藩主编．—北京：中国法制出版社，2021.1

ISBN 978-7-5216-0784-0

Ⅰ．①中…　Ⅱ．①张…　Ⅲ．①法制史－中国　Ⅳ．① D929

中国版本图书馆 CIP 数据核字（2019）第 281247 号

策划编辑：舒　丹　靳晓婷

责任编辑：王雯汀　侯　鹏　靳晓婷　　封面设计：李　宁

中国法制通史

ZHONGGUO FAZHI TONGSHI

主编 / 张晋藩

经销 / 新华书店

印刷 / 三河市紫恒印装有限公司

开本 / 710 毫米 ×1000 毫米　16 开　　印张 / 395.75　字数 / 5470 千

版次 / 2021 年 1 月第 1 版　　2021 年 1 月第 1 次印刷

中国法制出版社出版

书号 ISBN 978-7-5216-0784-0　　定价：1680.00 元

北京西单横二条 2 号　邮政编码 100031　　传真：010-66031119

网址：http://www.zgfzs.com　　**编辑部电话：010-66034242**

市场营销部电话：010-66017726　　**邮购部电话：010-66033288**

（如有印装质量问题，请与本社印务部联系调换。电话：010-66032926）